Insa Cassens · Marc Luy · Rembrandt Scholz (Hrsg.)

Die Bevölkerung in Ost- und Westdeutschland

D1670560

VS RESEARCH

Demografischer Wandel –
Hintergründe und Herausforderungen

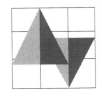

Herausgegeben von
Prof. Dr. Gabriele Doblhammer
Prof. Dr. James W. Vaupel

Unsere Gesellschaft verändert sich tiefgreifend: Immer mehr Menschen erreichen in Gesundheit ein hohes Lebensalter, immer weniger Kinder kommen zur Welt, neue Partnerschafts- und Familienstrukturen entstehen, Menschen wandern über regionale und nationale Grenzen hinweg. In Zeiten einer alternden und schrumpfenden Bevölkerung sind neue Entwürfe für Biografien, für das Zusammenleben, für den Arbeitsmarkt, für den Wohlfahrtsstaat aber auch für die Regional- und Stadtplanung gefragt. Mit dieser Schriftenreihe wollen die Herausgeber zur verantwortungsvollen Diskussion um die Hintergründe und Herausforderungen des Demografischen Wandels beitragen und aktuelle Forschungsergebnisse in kompakter, allgemein verständlicher Form darstellen.

Insa Cassens · Marc Luy
Rembrandt Scholz (Hrsg.)

Die Bevölkerung in Ost- und Westdeutschland

Demografische, gesellschaftliche
und wirtschaftliche
Entwicklungen seit der Wende

VS RESEARCH

Bibliografische Information der Deutschen Nationalbibliothek
Die Deutsche Nationalbibliothek verzeichnet diese Publikation in der
Deutschen Nationalbibliografie; detaillierte bibliografische Daten sind im Internet über
<http://dnb.d-nb.de> abrufbar.

1. Auflage 2009

Alle Rechte vorbehalten
© VS Verlag für Sozialwissenschaften | GWV Fachverlage GmbH, Wiesbaden 2009

Lektorat: Christina M. Brian / Dr. Tatjana Rollnik-Manke

VS Verlag für Sozialwissenschaften ist Teil der Fachverlagsgruppe
Springer Science+Business Media.
www.vs-verlag.de

Umschlaggestaltung: KünkelLopka Medienentwicklung, Heidelberg
Gedruckt auf säurefreiem und chlorfrei gebleichtem Papier
Printed in Germany

ISBN 978-3-8350-7022-6

Inhalt

Kapitel II: Gesellschaftliche und wirtschaftliche Aspekte

Einführung

Insa Cassens, Marc Luy, Rembrandt Scholz

1945 ging der Zweite Weltkrieg zu Ende, das besiegte Deutschland wurde unter den Besatzungsmächten USA, Großbritannien, Frankreich und der Sowjetunion aufgeteilt. Zwei Blöcke entstanden: Die Integration der westlichen Besatzungszonen in die Gemeinschaft der Westmächte und die des östlichen Teils in das System der UdSSR fand im Jahr 1949 ihren Höhepunkt mit den Gründungen der Bundesrepublik Deutschland (BRD) und der Deutschen Demokratischen Republik (DDR). In der parlamentarischen Demokratie einerseits und der kommunistischen Volksdemokratie andererseits waren die Menschen in diesen zwei Staaten in den folgenden 60 Jahren gänzlich unterschiedlichen politischen, wirtschaftlichen und gesellschaftlichen Rahmenbedingungen ausgesetzt. Beim Mauerfall 1989 trafen so auch zwei Bevölkerungen aufeinander, die sich inzwischen bezüglich vieler demografischer, ökonomischer und sozialer Charakteristika deutlich unterschieden. Wie haben sich diese Unterschiede nach einer solchen gesellschaftspolitischen Umbruchsituation entwickelt? In welcher Form und mit welcher zeitlichen Verzögerung haben Anpassungsprozesse zwischen den wiedervereinigten Staaten stattgefunden? Diese spannenden Forschungsfragen standen im Mittelpunkt eines Workshops, der gemeinsam vom Rostocker Zentrum zur Erforschung des Demografischen Wandels und der Deutschen Gesellschaft für Demographie im Rahmen der Statistischen Woche 2006 in Dresden organisiert wurde. Antworten und Ergebnisse sind nun im vorliegenden Buch zusammengestellt und stehen der interessierten Öffentlichkeit zur Verfügung.

Die Wiedervereinigung als wissenschaftliches Experiment

Die 20 Jahre nach der Wende stellen aus Sicht der Wissenschaft eine einmalige Experimentalsituation dar, welche es ermöglicht, demografische Entwicklungen und andere bevölkerungsrelevante Aspekte nicht nur zu beschreiben, sondern auch nachzuvollziehen und in ihrer Wirkung einzuschätzen: Die Übernahme des Rechtssystems der alten Bundesrepublik Deutschland im Gebiet der ehemaligen DDR bedeutete, dass die ostdeutsche Bevölkerung in kürzester Zeit eine vollständige Umstellung der gesellschaftlichen Verhältnisse – vom sozial-politischen System bis hin zu den Lebensbedingungen eines jeden Einzelnen – und einen Umbruch der

Bedingungen auf dem Arbeitsmarkt erlebte. Derart beschleunigte Prozesse des sozialen und politischen Wandels stellen hohe Anforderungen an die Umstellungs- und Anpassungskapazitäten der Menschen. Die ostdeutsche Bevölkerung war nicht nur gezwungen, sich im institutionellen Gefüge der Bundesrepublik Deutschland neu zu orientieren, sie war in ihrem Alltag auch mit bisher unbekannten Problemen, wie erhöhter Arbeitslosigkeit, konfrontiert. Zudem ist davon auszugehen, dass soziale Gruppen mit ihren verschieden ausgerichteten Orientierungen nicht gleichermaßen auf die plötzlichen Veränderungen von Werten, Prestigegütern und Lebensentwürfen reagiert haben. Kulturelle Umbrüche dieser Art sind in der Geschichte sehr selten dokumentiert. Vergleichbar ist am ehesten die Situation in den Nachfolgestaaten der ehemaligen Sowjetunion (Transformationsstaaten), die sich im Übergang von der Zentralverwaltungsgesellschaft in eine marktwirtschaftliche Wirtschaftsordnung befinden. Allerdings vollziehen sich die Anpassungsprozesse in jenen Staaten zumeist unter sehr viel schlechteren ökonomischen Rahmenbedingungen und eine direkte Vergleichbarkeit wie im Falle Ost- und Westdeutschlands ist nicht gegeben. Die Umbruchsituation in den neuen Bundesländern öffnete letztlich allen Wissenschaftsdisziplinen, die sich mit der Bevölkerungsentwicklung beschäftigen, ein spannendes Forschungsfeld – mit der Möglichkeit von Fragestellungen, deren Bedeutung weit über die Grenzen Deutschlands hinausgeht.

Welche Bedeutung hat die Ost-West-Trennlinie heute?

Demografische Entwicklungen sind langfristige Prozesse, die häufig Beobachtungszeiträume von mehreren Jahrzehnten notwendig machen. So ist die heutige Altersstruktur der Bevölkerung in Deutschland beispielsweise nach wie vor durch die dezimierten Generationen aus den beiden Weltkriegen geprägt. Die Demografie ist darüber hinaus eng mit den Lebensverhältnissen einer Gesellschaft verbunden. 40 Jahre Trennung zwischen der DDR und BRD hinterließen Spuren und führten zu unterschiedlichen Wertesystemen in der ost- und westdeutschen Bevölkerung, mit – teilweise bis heute andauernden – Konsequenzen für demografische Parameter. Überlagert ist dies vom so genannten „demografischen Schock", den der Osten zeitgleich mit dem Mauerfall verzeichnete: So brach beispielsweise die Zahl der Geburten und auch Eheschließungen dramatisch ein; eine Beobachtung, die mit den veränderten, häufig als unsicher und herausfordernd empfundenen Lebensbedingungen zur Zeit der Wiedervereinigung erklärt wird. Vor allem Abwanderungen verstärkten zudem den Demografischen Wandel in den neuen Bundesländern. Seit der Wende hat der Osten massiv an Bevölkerung verloren, insbesondere junge Menschen und mehr Frauen als Männer haben die neuen Bundesländer in Richtung Westen verlassen. Vor allem Gegenden mit ungünstiger Arbeitsmarktlage, die von der wirtschaftlichen und gesellschaftlichen Entwicklung abgeschnitten sind, verzeichneten infolgedessen einen deutlichen Rückgang bei den Einwohnerzahlen und gleichzeitig einen stark anwachsenden Anteil an älteren Menschen. Heute, zwei Jahrzehnte nach der Wende, haben sich zwar zahlreiche demografische Kennziffern[´] in den neuen und alten Bundesländern angeglichen – allerdings nicht flächendeckend und auch nicht vollständig. Dies gilt gleichermaßen für die meisten ökonomischen und gesellschaftlichen Entwicklungen. Vielmehr ergeben Beobachtungen, dass die einfache Ost-West-Trennlinie verstärkt abgelöst wird durch neue Differenzierungen, die vor allem die Wirtschaftskraft einzelner Regionen widerspiegeln: Es sind Unterschiede zwischen Stadt und Umland, Boomregion und wirtschaftsschwachem Standort oder auch altindustrieller Wirtschaftsstruktur und moderner Dienstleistungsindustrie, die sich zunehmend und sowohl in Ost als auch in West ausprägen.

Wohin mit Berlin? – Fortschreibung von Zeitreihen bei Ost-West-Vergleichen

Eine wichtige Grundlage für Untersuchungen demografischer Parameter sind Zeitreihen über Stand und Bewegung der Bevölkerung. Bei Ost-West-Studien hat sich die Datengrundlage allerdings verkompliziert: Denn durch die Verwaltungsreform in Berlin, bei der 2000 die Anzahl der Verwaltungsbezirke reduziert und gleichzeitig ehemalige Ost- mit ehemaligen Westbezirken zusammengelegt wurden, war es für die amtliche Statistik nicht mehr möglich, alte Zeitreihen mit traditioneller Ost-West-Aufteilung fortzusetzen. Seither gibt es drei verschiedene Möglichkeiten, Zeitreihen Ost-West über das Jahr 2000 hinaus zu erstellen. Sie unterscheiden sich darin, wie Berlin auf- beziehungsweise zugeteilt wird, und führen entsprechend zu unterschiedlichen Ergebnissen. So hat insbesondere das Statistische Bundesamt bis vor kurzem Zeitreihen erstellt, bei denen das gesamte Berlin den neuen Bundesländern zugerechnet wird. Einzelne Datenquellen, wie der Mikrozensus, die Rentenstatistik oder die amtliche Meldestatistik, ermöglichen hingegen weiterhin die regionale Zuordnung von Personen oder Haushalten im Berliner Stadtgebiet und somit die Rekonstruktion alter Bezirksstrukturen. Unter Verwendung dieses Datenmaterials können also Zeitreihen mit der vor 2000 üblichen Ost-West-Aufteilung fortgesetzt werden; eine Methodik, die beispielsweise auch der Human Mortality Database des Max-Planck-Instituts für demografische Forschung in Rostock zugrunde liegt. Drittens und letztlich finden sich Untersuchungen mit Ost-West-Zeitreihen, die Berlin insgesamt ausschließen. Für jede dieser Berechnungen finden sich Beispiele in dem vorliegenden Band, was die auf den ersten Blick vielleicht verwirrend wirkenden zum Teil leicht unterschiedlichen Ergebnisse in den Beiträgen erklärt.

Inhaltlich ist das Buch in zwei große Kapitel unterteilt: Im ersten Abschnitt „Demografische Aspekte" finden sich demografische Studien im engeren Sinne, in denen die Betrachtung der Fertilität, Mortalität und Migration im Ost-West-Vergleich im Mittelpunkt steht. Die Beiträge des zweiten Abschnitts „Gesellschaftliche und wirtschaftliche Aspekte" wenden sich dann angewandten Aspekten zu und untersuchen Ost-West-Unterschiede in Bezug auf Arbeitsmarkt und Erwerbstätigenpotenzial, Einstellungen, Lebensformen und Verhaltensweisen. Aus Platzmangel konnten leider nicht alle Workshopbeiträge im Tagungsband mit aufgenommen werden. Dennoch denken wir, dass der vorliegende Sammelband eine interessante und umfassende Übersicht über die vergangenen Entwicklungen und über die gegenwärtige Situation der Bevölkerungen in Ost- und Westdeutschland liefert.

Kapitel I: Demografische Aspekte

Überblick über die demografische Entwicklung in West- und Ostdeutschland von 1990 bis 2004

Evelyn Grünheid

Der Beitrag gibt einen allgemeinen Überblick über die demografische Entwicklung in den alten und neuen Bundesländern seit 1990. In den letzten Jahren ist es bei der Analyse demografischer Unterschiede zwischen dem früheren Bundesgebiet und den neuen Bundesländern zu Problemen gekommen, weil die Daten für Berlin nicht mehr nach Ost- und Westberlin getrennt werden konnten und somit eine Vergleichbarkeit mit früheren Berechnungen nicht mehr gegeben war. Dabei waren die Jahre, ab denen diese Trennung nicht mehr vorgenommen wurde, je nach Fragestellung (z.B. Eheschließungen, Ehescheidungen) sehr unterschiedlich. Um hier auch für die Zukunft eine Vergleichbarkeit zu ermöglichen, wurde mit Unterstützung des Statistischen Bundesamtes versucht, ab 1990 beziehungsweise dem jeweils frühest möglichen Jahr Berlin aus den alten und neuen Bundesländern herauszurechnen – lediglich bei der Verwendung des Mikrozensus wurde noch die alte Gliederung beibehalten. Wenn also von alten und neuen Bundesländern die Rede ist, sind die Angaben jeweils ohne Berlin gerechnet.

1. Bevölkerungsbilanz und Altersstruktur der Bevölkerung

Von den 82,5 Millionen Einwohnern in Deutschland lebten im Jahr 2004 knapp 80 Prozent in den alten Bundesländern, rund 16 Prozent in den neuen und etwa vier Prozent in Berlin. Der Anteil der Bevölkerung in den neuen Bundesländern ist dabei seit 1990 kontinuierlich abgesunken. Bedingt war dies durch sowohl hohe Sterbefallüberschüsse als auch durch umfangreiche Wanderungsverluste, vor allem im Rahmen der Binnenwanderung. Bezogen auf die jeweiligen durchschnittlichen Einwohnerzahlen wiesen die alten Bundesländer im Jahr 2004 einen Gestorbenenüberschuss von 9,7 je 10.000 Einwohner auf, dem ein Wanderungsgewinn von 19,1 gegenüberstand. Bei den neuen Bundesländern verringerten sich die Bevölkerungszahlen sowohl durch Verluste aus der natürlichen Bevölkerungsbewegung (2004 gab es einen Sterbefallüberschuss von 34,6 je 10.000 Einwohner) als auch durch Abwanderungsüberschüsse, die 2004 eine Höhe von 33,1 erreichten. Abbildung 1 zeigt die Tendenzen der Entwicklung von natürlicher und räumlicher Bevölkerungsbewegung je 10.000 Einwohner. Während die neuen Bundesländer durch den starken Geburtenrückgang nach der Wende bereits seit Beginn der 1990er Jahre hohe Sterbefallüberschüsse zu verzeichnen hatten, die seit Mitte der 1990er Jahre durch die wieder angestiegenen Geburtenzahlen um rund ein Drittel zurückgegangen sind, war die erste Hälfte dieses Jahrzehnts für die alten Bundesländer mit einem fast ausgeglichenen Saldo aus Geburten und Sterbefällen verbunden. Erst seit Mitte der 1990er Jahre treten hier negative Salden auf. Noch deutlicher sind die Unterschiede zwischen alten und neuen Ländern in Bezug auf den Wanderungssaldo. Dieser ist in Westdeutschland bereits seit Mitte der 1980er Jahre durchgängig positiv, wenn auch in den letzten Jahren die Höhe des Saldos – bedingt durch die gesunkenen Außenwanderungsgewinne – tendenziell rückläufig war. In Ostdeutschland wird der Wanderungssaldo im Wesentlichen durch die Binnenwanderung bestimmt, hier ist es nach den hohen Abwanderungsverlusten im Rahmen der Wende in den Jahren 1993 bis 1997 sogar zu einer positiven Wanderungsbilanz gekommen (die gesunkenen Binnenwanderungsverluste konnten durch Außenwanderungsgewinne aufgefangen werden). Seit 1998 ist jedoch die Wanderungsbilanz Ostdeutschlands wieder negativ – die Binnenwanderungsverluste stiegen bis 2001 wieder.

Ihren Niederschlag finden diese unterschiedlichen Trends der natürlichen und räumlichen Bevölkerungsbewegung in West- und Ostdeutschland auch in differenzierten Altersstrukturen. Durch die Geburteneinbrüche in Ostdeutschland in der Wende- und Nachwendezeit hat sich der Anteil der Kinder und Jugendlichen von einem 1990 deutlich höheren Ausgangsniveau als in den alten Bundesländern zu einem erheblich geringeren Anteil junger Menschen in der Gegenwart reduziert (der Anteil unter 15-Jähriger sank in den neuen Ländern von 19,6 Prozent aus dem Jahr 1990 auf 10,7 Prozent in 2004 – in den alten Ländern liegt er bei rund 15 Prozent). Entgegengesetzt vollzog sich die Entwicklung in den höheren Altersgruppen, hier liegen die neuen Bundesländer 2004 mit einem Anteil von 20,2 Prozent bei den 65-Jährigen und Älteren mittlerweile über dem Niveau der alten Länder mit 18,4 Prozent.

Abbildung 1: Natürliche Bevölkerungsbewegung (Geburten (+) - bzw. Sterbefall (-) überschuss), Wanderungssaldo und Gesamtbilanz der Bevölkerung je 10.000 Einwohner, 1990 bis 2004

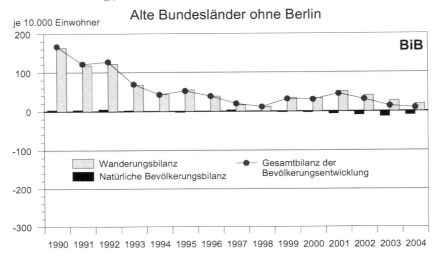

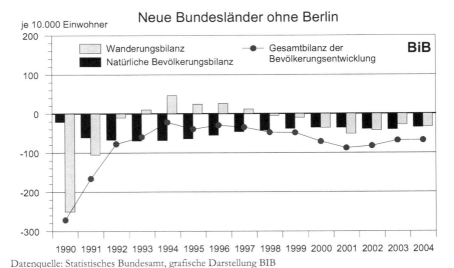

Datenquelle: Statistisches Bundesamt, grafische Darstellung BIB

Grafisch sind diese Unterschiede in der Abbildung 2 zu erkennen – in den neuen Ländern stehen höheren prozentualen Anteilen bei den 15- bis 25-Jährigen und den etwa 50-Jährigen vor allem im Kindesalter deutlich geringere Besetzungen gegenüber.

Abbildung 2: Altersaufbau der Bevölkerung in West- und Ostdeutschland, 31.12.2004 (in %)

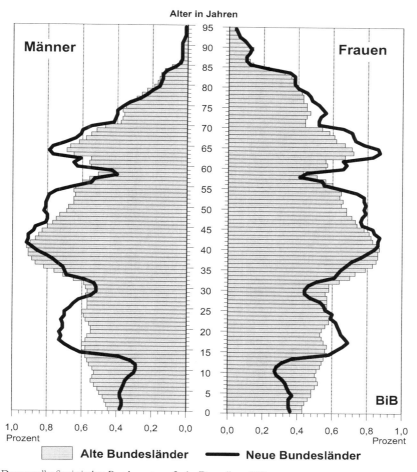

Datenquelle: Statistisches Bundesamt; grafische Darstellung BiB

Mit Hilfe des Billetermaßes, das zeitliche und räumliche Vergleiche ermöglicht und die Entwicklungstrends sowohl in der Fertilität als auch in der Mortalität berücksichtigt, lässt sich der langfristige Alterungsprozess in den neuen und alten Bundesländern verdeutlichen. Bereits seit Mitte des 20. Jahrhunderts weist dieses Alterungsmaß ein negatives Vorzeichen auf, das heißt, die Zahl der Kinder und Jugendlichen unter 15 Jahren liegt unter der Zahl der 50-Jährigen und Älteren (Abbildung 3). Mit dem langfristig abgesunkenen Geburtenniveau zeichnete sich diese Tendenz bereits in der ersten Hälfte des vergangenen Jahrhunderts ab, die vorhandenen Daten zeigen letztmalig für 1939 ein knapp im positiven Bereich liegendes Billetermaß. Nach einem kurzen Aufhalten des Alterungsprozesses durch den so genannten Babyboom Mitte der 1950er bis Mitte der 1960er Jahre zeigt sich in Westdeutschland ein fast kontinuierlich fortschreitender Prozess der Bevölkerungsalterung. In der ehemaligen DDR wurde dieser Prozess in den 1970er und 1980er Jahren durch ein relativ hohes Geburtenniveau abgebremst, mit dem Geburteneinbruch zur Wendezeit aber hat er sich rasant beschleunigt und ist jetzt in den neuen Ländern deutlich weiter fortgeschritten als in den alten Bundesländern.

Abbildung 3:   Alterungsprozess anhand des Billetermaßes, 1960 bis 2004

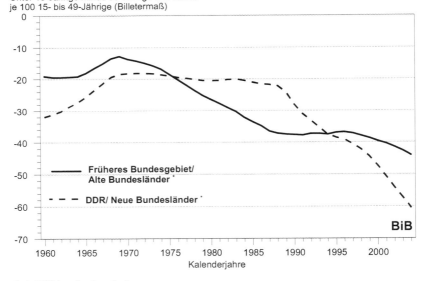

Unter 15-Jährige minus 50-Jährige und Ältere
je 100 15- bis 49-Jährige (Billetermaß)

* ab 1990 jeweils ohne Berlin

Datenquelle: eigene Berechnungen nach Daten des Statistischen Bundesamtes

16

2. Eheschließungen und Ehescheidungen

Die Entwicklung des Heiratsniveaus ist in den alten und neuen Bundesländern seit 1990 durch folgende Trends gekennzeichnet gewesen:

- In den alten Bundesländern entsprechen die Ausgangsdaten des Jahres 1990 noch dem Niveau der 1980er Jahre, seitdem ist jedoch bis zum Jahr 2003 ein Rückgang des Eheschließungsniveaus zu erkennen – die zusammengefassten Eheschließungsziffern sinken tendenziell ab und das durchschnittliche Erstheiratsalter steigt kontinuierlich an. Im Jahr 2004 zeigt sich ein leichter Anstieg der Heiratshäufigkeit gegenüber dem Vorjahr, der sich allerdings im Jahr 2005 nicht fortsetzt.
- In den neuen Bundesländern hatte es nach der Wende einen rapiden Abfall bei den Eheschließungen gegeben, seitdem ist ein tendenzieller Wiederanstieg zu verzeichnen, der sich 2004 deutlich verstärkt hatte und auch im Jahr 2005 noch – wenn auch in erheblich geringerem Ausmaß – anzuhalten scheint. Das bezieht sich sowohl auf die Erst-Ehen als auch auf die Wiederverheiratungen.
- Ungebrochen hingegen ist der Trend zu einem steigenden Erstheiratsalter. Bei einem deutlich niedrigeren Ausgangsniveau im Heiratsalter haben die neuen Bundesländer mit 31,4 Jahren bei den Männern und 28,8 Jahren bei den Frauen mittlerweile sogar ein höheres Erstheiratsalter aufzuweisen als die alten Bundesländer. In Ostdeutschland wird ein bedeutender Teil der Eheschließungen erst nach der Geburt von Kindern realisiert (über die Hälfte der Kinder werden mittlerweile unehelich geboren) – das könnte eine der Ursachen für das relativ hohe Alter ostdeutscher Frauen und Männer bei der Erstheirat sein.

Abbildung 4: Zusammengefasste Erstheiratsziffern und durchschnittliches Erstheiratsalter der Frauen, 1960 bis 2004

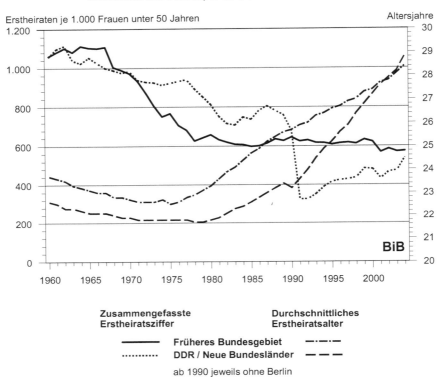

Quelle: Statistisches Bundesamt, eigene Berechnungen

Während In den alten Bundesländern der Anstieg des Heiratsalters seinen Schwerpunkt bereits in den 1970er und 80er Jahren hatte, hat sich diese Entwicklung in den neuen Bundesländern zum großen Teil erst in der ersten Hälfte der 1990er Jahre vollzogen. Das Heiratsmuster des Jahres 1990 weicht noch sehr deutlich von dem der späteren Jahre ab, wie Abbildung 5 zeigt.

Abbildung 5: Heiratsziffern nach Alter (Eheschließende je 1 000 Personen des jeweiligen Altersjahres) und Geschlecht, ausgewählte Jahre

Alte Bundesländer

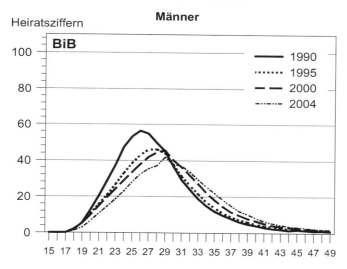

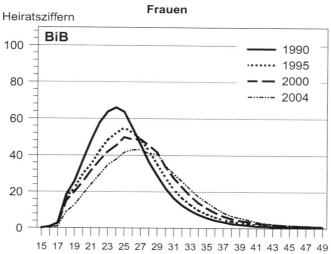

Neue Bundesländer

Männer

Heiratsziffern

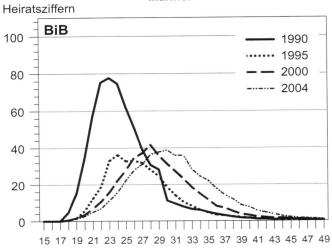

Frauen

Heiratsziffern

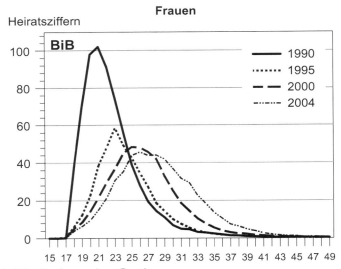

Quelle: Statistisches Bundesamt, eigene Berechnungen

Bei den Ehescheidungen hat sich das Niveau in den alten Bundesländern seit dem Beginn der 1990er Jahre nahezu kontinuierlich erhöht. Wurden 1990 von 10.000 bestehenden Ehen noch rund 80 geschieden, so waren es im Jahr 2004 bereits 123. In den neuen Bundesländern liegt das Scheidungsniveau mit rund 95 Scheidungen je 10.000 bestehende Ehen deutlich niedriger als in den alten Ländern. Auch die zusammengefasste Scheidungsziffer über den Zeitraum von 25 Ehejahren macht das wachsende Scheidungsrisiko für die bestehenden Ehen sichtbar. Unter den Scheidungsverhältnissen des Jahres 2004 wären nach 25 Ehejahren 43 Prozent der Ehen in Westdeutschland und 37 Prozent der Ehen in Ostdeutschland geschieden worden. Um die Entwicklung der letzten Jahre seit der deutschen Wiedervereinigung besser einordnen zu können, wurden in Abbildung 6 die zusammengefassten Scheidungsziffern (Summe der ehedauerspezifischen Scheidungsziffern für die ersten 25 Ehejahre) um den Zeitraum ab 1970 erweitert. Deutlich zu erkennen ist die steigende Scheidungsneigung. Der Trend ist in Westdeutschland nur unterbrochen durch einen tiefen Einschnitt Ende der 1970er Jahre, als mit der Einführung des neuen Scheidungsrechts im früheren Bundesgebiet verfahrensrechtliche Änderungen zu Verzögerungen führten, und in Ostdeutschland zur Zeit der Wende, als es vor allem durch die Einführung eines Trennungsjahres oder durch notwendige Umstellungen in der Arbeit der Familiengerichte zu einem Absinken des Scheidungsniveaus kam. In beiden Fällen handelt es sich also um so genannte Timingeffekte und keine Veränderungen in den Trends.

Betrachtet man das Scheidungsgeschehen nach der Ehedauer, so zeigt sich ein Anstieg der Scheidungshäufigkeit vor allem bei länger Verheirateten. Die durchschnittliche Ehedauer der geschiedenen Ehen lag im Jahr 2004 in den alten Bundesländern bei etwa 13 Jahren und in den neuen Ländern etwa zwei Jahre höher bei 15 Ehejahren.

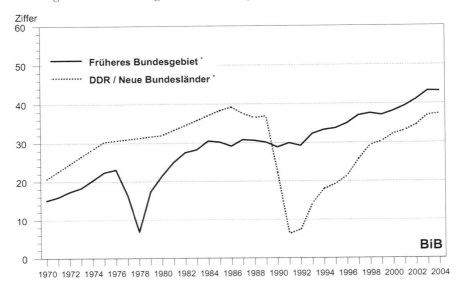

* ab 1991 jeweils ohne Berlin

Quelle: Statistisches Bundesamt, eigene Berechnungen

3. Geburtenentwicklung

Im Jahre 2004 wurden in Deutschland 705.600 Kinder geboren und damit 0,2 Prozent weniger als im Vorjahr. Das beruht vor allem auf einer Verringerung der Geburtenzahlen in den alten Bundesländern um 0,7 Prozent, in den neuen Bundesländern wurde ein deutlicher Anstieg der Geburtenzahl registriert. Für das Jahr 2005 zeichnet sich sowohl für West- als auch für Ostdeutschland ein erheblicher Rückgang der Geburtenzahlen gegenüber 2004 ab.

Diese Gesamtzahl der Lebendgeborenen ist von zwei Faktoren abhängig: einerseits von der Zahl und der Altersstruktur der Frauen zwischen 15 und 49 Jahren und andererseits vom generativen Verhalten dieser Frauen (Anzahl der Kinder, die die Frauen im Verlaufe ihres Lebens unter den Fertilitätsverhältnissen des jeweils zugrunde gelegten Kalenderjahres zur Welt bringen würden).

Für die neuen Länder wirkt der Alterstruktureffekt seit Anfang der 1990er Jahre negativ, das heißt, die Veränderungen in der Altersstruktur der Frauen im gebärfähigen Alter führen zu einem kontinuierlichen Rückgang der absoluten Geburtenzahlen. In den alten Ländern wirkt dieser Faktor seit 1994 in negativer Richtung, wenn auch deutlich weniger ausgeprägt als in den neuen Ländern. Wesentlich stärkeren Veränderungen unterliegt der Einflussfaktor generatives Verhalten. Nach dem deutlichen Einbruch zu Beginn der 1990er Jahre zeigt sich in Ostdeutschland mit Ausnahme des Jahres 2001 ein positiver Einfluss der Verhaltenskomponente auf die absolute Zahl der Geborenen. In Westdeutschland hingegen schwankte der Einfluss des generativen Verhaltens auf die Geburtenzahlen in den einzelnen Jahren beträchtlich. In der Überlagerung beider Komponenten kam es in Ostdeutschland nach dem enormen Rückgang der Lebendgeborenenzahl zu Beginn der 1990er Jahre in den meisten folgenden Jahren zu einem Wiederanstieg – Ausnahmen waren die Jahre 2001, 2002 und jetzt auch das Jahr 2005. In Westdeutschland hingegen ging die Lebendgeborenenzahl in fast allen Jahren (mit Ausnahme von 1996 und 1997) im Ergebnis beider Einflussfaktoren zurück.

Das ostdeutsche Geburtenniveau ist seit dem Einbruch nach der Wende nahezu kontinuierlich wieder angestiegen, die zusammengefasste Geburtenziffer lag 2004 bei 1,31 und nähert sich stark an das westdeutsche Niveau von 1,37 an. Erst im langfristigen Vergleich (Abbildung 7) zeigen sich zeitliche Veränderungen im Geburtenniveau auch in Westdeutschland. Mit dem Zweiten Geburtenrückgang ab Mitte der 1960er Jahre in Westdeutschland erreichte etwa um 1975 das Geburtenniveau einen Wert von unter 1,5 Kindern je Frau und hat sich in den letzten 30 Jahren dann nur noch geringfügig verändert. Das ostdeutsche Geburtenniveau lag bis zur deutschen Einheit deutlich über dem westdeutschen und sank danach drastisch ab. Heute nähert es sich wieder dem westdeutschen Niveau an.

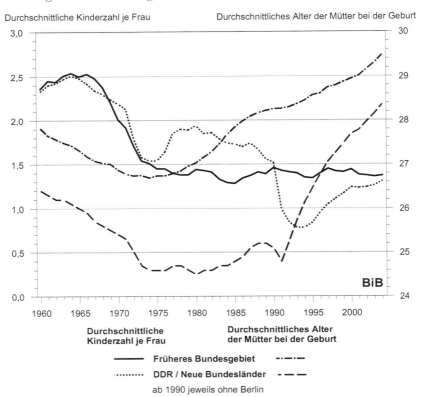

Durchschnittliche Kinderzahl je Frau   Durchschnittliches Alter der Mütter bei der Geburt

**Durchschnittliche
Kinderzahl je Frau**

**Durchschnittliches Alter
der Mütter bei der Geburt**

—————— **Früheres Bundesgebiet**   ·–·–·–

············ **DDR / Neue Bundesländer**   – – –

ab 1990 jeweils ohne Berlin

Quelle: Statistisches Bundesamt, eigene Berechnungen

Deutliche Veränderungen hat es seit 1960 auch im Alter der Mütter bei der Geburt ihrer Kinder gegeben. Abbildung 7 zeigt, dass sich das durchschnittliche Alter der Mütter in den alten Bundesländern bis Mitte der 1970 Jahre verringerte und seitdem nahezu kontinuierlich angestiegen ist. Im Jahr 2004 waren die westdeutschen Mütter bei Geburt rund 29,5 Jahre alt (die Berechnung erfolgte über Geburtenziffern, um die Altersstruktureffekte zu minimieren und liegen damit unter den Werten, die das Statistische Bundesamt ausweist), die ostdeutschen Mütter sind bei der Geburt ihrer Kinder noch rund ein Jahr jünger – hier hat es allerdings seit 1990 einen enormen Anstieg des Durchschnittsalters gegeben. Eine wichtige Ursache für das jüngere Alter ostdeutscher Mütter liegt im hohen Anteil der nichtehelich Geborenen – im

Jahr 2004 kamen in Ostdeutschland fast 58 Prozent der Kinder nichtehelich zur Welt, in Westdeutschland lag dieser Anteil lediglich bei 22 Prozent. Bei der Geburt nichtehelicher Kinder sind die Frauen deutlich jünger als bei ehelich Geborenen (in den alten Bundesländern um 2,8 Jahre und in den neuen um 3,2 Jahre), was auch mit der späteren Heirat nach der Geburt der Kinder zusammenhängt, so dass die im jüngeren Alter der Mütter geborenen Kinder nichtehelich und die im höheren Alter Geborenen zum Teil ehelich zur Welt kommen.

Innerhalb der Altersgruppen der Frauen haben in West- und Ostdeutschland unterschiedliche Entwicklungen zur Erhöhung des Durchschnittsalters der Mütter bei Geburt beigetragen. In den alten Bundesländern ließ sich bis Mitte der 1990er Jahre ein leichter Rückgang der Geburtenhäufigkeit bei den jungen Frauen unter 25 Jahren erkennen und ein deutlich ausgeprägtes Absinken bei den 25- bis unter 30-Jährigen. Nach dem Jahr 2000 setzt in diesen Altersgruppen ein erneuter deutlicher Rückgang der Geburtenhäufigkeit ein, gleichzeitig ist bei den Frauen über 30 und insbesondere über 35 Jahren eine steigende Geburtenhäufigkeit festzustellen (Abbildung 8). Damit haben im Jahr 2004 die 30- bis unter 35-jährigen Frauen das höchste Geburtenniveau aller Altersgruppen in Westdeutschland erreicht. Die neuen Bundesländer zeigen erwartungsgemäß ein ganz anderes Entwicklungsmuster bei den altersgruppenspezifischen Geburtenziffern. Dort weisen die 25- bis unter 30-Jährigen immer noch ein deutlich höheres Geburtenniveau auf als die anderen Altersgruppen. Die 1990 noch geburtenfreudigste Altersgruppe der 20- bis unter 25-Jährigen ist am stärksten abgesunken. Ein markanter Aufschwung der Geburtenhäufigkeit in Ostdeutschland entfällt jedoch auf die 30- bis unter 35-Jährigen.

Altersgruppenspezifische Geburtenziffern *), 1990 bis 2004

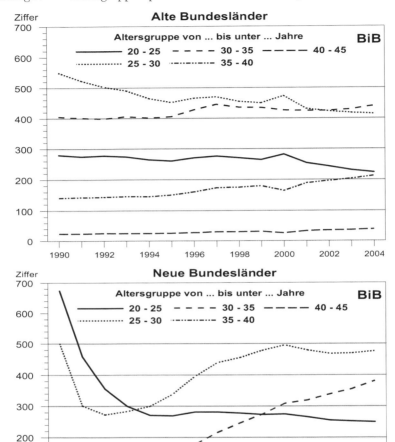

* Summe der Geburtenziffern für die einzelnen Altersjahre innerhalb der jeweiligen Altersgruppen, die Summe über alle Altersgruppen ergibt die zusammengefasste Geburtenziffer – wobei die unter 20-Jährigen in der Abbildung nicht enthalten sind.
Quelle: Statistisches Bundesamt, eigene Berechnungen

Bereits weiter oben wurde auf die steigende Bedeutung der nichtehelichen Geburten im Fertilitätsgeschehen hingewiesen. Abbildung 9 zeigt, dass der Anstieg des Nichtehelichenanteils in den alten Bundesländern vor allem zum Rückgang der ersten Kinder in der Ehe geführt hat – zwar sind auch die Anteile zweiter sowie dritter und weiterer Kinder zwischen 1991 und 2004 abgesunken, aber nicht so schnell wie die der ersten Kinder.

Abbildung 9: Struktur der Lebendgeborenen nach Legitimität und Geburtenfolge in der bestehenden Ehe, 1991, 1998 und 2004

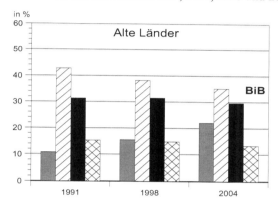

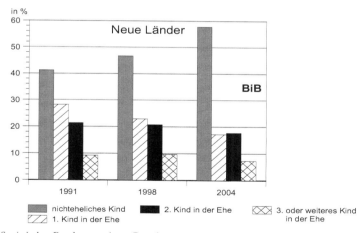

Quelle: Statistisches Bundesamt, eigene Berechnungen

In Ostdeutschland wurde im Jahr 2004 schon mehr als jedes zweite Kind nichtehelich geboren, für diese Kinder sind leider keine Angaben zur Lebendgeborenenfolge möglich. Auch für die neuen Bundesländer zeigt sich der Trend, dass vor allem weniger erste Kinder geboren werden. Betrachtet man nur die ehelich Geborenen, so ging der Anteil der ersten Kinder zwischen 1991 und 2004 von 48 Prozent auf 41 Prozent zurück, während der Anteil zweiter Kinder von 36 Prozent auf 42 Prozent anstieg, ebenso gab es einen leichten Anstieg bei den dritten und weiteren Kindern, deren Anteil jetzt ebenso wie in den alten Ländern bei 17 Prozent liegt. Damit lässt sich – zumindest für den Bereich der ehelichen Fertilität – eine Tendenz der Polarisierung nachvollziehen, die in Darstellungen zur Fertilität häufig angesprochen wird und einen Rückgang von Familien mit nur einem Kind zugunsten von Familien mit zwei Kindern und zugunsten von Kinderlosigkeit (die an dieser Stelle noch nicht in die Betrachtung einbezogen war) beinhaltet.

4. Schwangerschaftsabbrüche

Seit dem 1.1.1996 werden in Deutschland die Schwangerschaftsabbrüche nach neuen gesetzlichen Regelungen erfasst, wodurch gegenüber den Vorjahren eine höhere Erfassung (mit Ausnahme der im Ausland vorgenommenen Abbrüche) und eine kleinere Dunkelziffer gewährleistet sind. Da aus diesem Grunde die Daten von 1995 und früher nicht mehr mit den folgenden Jahren verglichen werden können, beginnen die hier vorgelegten Datenreihen erst mit dem Jahr 1996.

Bis Mitte der 1990er Jahre galten für Schwangerschaftsabbrüche in West- und Ostdeutschland unterschiedliche gesetzliche Regelungen: während in der DDR beziehungsweise in den neuen Bundesländern die Abbrüche legal waren und in Krankenhäusern durchgeführt werden mussten, war der Schwangerschaftsabbruch in Westdeutschland illegal und ist auch heute noch deutlich stärker mit dem Stigma des Unrechtmäßigen behaftet. So gelten jetzt zwar seit dem 1.10.1995 in ganz Deutschland die gleichen gesetzlichen Grundlagen und seit dem 1.1.1996 auch die gleichen Modalitäten zur Meldepflicht und zur Erfassung der Schwangerschaftsabbrüche, das Niveau bezüglich der Abbrüche aber ist in Ostdeutschland nach wie vor noch deutlich höher als in Westdeutschland – es lag im Jahr 2004 beim 1,5fachen, in der Tendenz ist allerdings eine Annäherung festzustellen – 1996 hatte das ostdeutsche Niveau noch das 2,7fache des westdeutschen betragen.

Betrachtet man die Altersstruktur der Frauen, die einen Schwangerschaftsabbruch vornehmen ließen (Abbildung 10), so zeigt sich ein gegenläufiger Zusammenhang zur Erhöhung des Alters der Mütter bei Geburt ihrer Kinder. In den alten Bundesländern sind die Schwangerschaftsabbrüche bis zu 30 Jahren deutlich angestiegen, zwischen 30 und 35 Jahren nur noch geringfügig, während sie oberhalb von

35 Jahren in der Tendenz zurückgingen. Bei den ostdeutschen Frauen ist bereits oberhalb von 25 Jahren ein Rückgang der Schwangerschaftsabbrüche zu erkennen.

Abbildung 10: Schwangerschaftsabbrüche nach dem Alter der Frauen, 1996 und 2004

Abbrüche je 10.000 Frauen

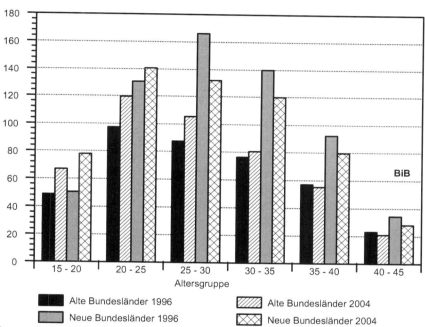

Datenquelle: Statistisches Bundesamt, grafische Darstellung BiB

Besorgniserregend ist deshalb vor allem der erhebliche Anstieg des Anteils junger Frauen unter 25 Jahren, der sich in Ostdeutschland noch wesentlich schneller vollzog als in Westdeutschland, so dass 2004 fast 40 Prozent der ostdeutschen Frauen bei einem Schwangerschaftsabbruch jünger als 25 Jahre waren, während 1996 ihr Anteil noch unter 24 Prozent lag (Westdeutschland 1996: 29 Prozent, 2004: 37 Prozent).

Nicht nur hinsichtlich der Altersstruktur, sondern auch in Bezug auf den Familienstand und die Anzahl der bereits vorhandenen Geburten haben sich zwischen 1996 und 2004 deutliche Veränderungen vollzogen (Tabelle 1).

Tabelle 1: Schwangerschaftsabbrüche nach Familienstand, Anzahl der vorangegangenen Schwangerschaften und Ort des Eingriffs, 1996 und 2004 (Anteile an allen Schwangerschaftsabbrüchen in %)

	1996		2004	
	ABL*	NBL**	ABL*	NBL**
nach Familienstand				
Ledig	41,7	34,6	48,4	55,4
Verheiratet	51,6	56,9	45,6	39,4
Verwitwet	0,6	0,6	0,4	0,3
Geschieden	6,1	7,9	5,6	4,8
nach Anzahl der vorangegangenen Lebendgeborenen				
Keine	41,5	20,0	42,0	33,0
1	22,7	30,5	24,3	33,0
2	24,0	35,9	23,1	25,8
3	8,5	9,9	7,7	6,0
4	2,4	2,5	1,9	1,6
5 und mehr	1,0	1,1	1,0	0,6
nach Ort des Eingriffs				
Krankenhaus (ambulant)	29,9	41,1	12,0	46,3
Krankenhaus (stationär)	6,1	39,9	2,7	7,1
Gynäkologische Praxis	63,9	19,0	85,2	46,6

* ALB … Alte Bundesländer; ** NBL … Neue Bundesländer (jeweils ohne Berlin)

Die Frauen, die einen Schwangerschaftsabbruch vornehmen lassen, sind 2004 weitaus häufiger ledig als 1996, was sowohl mit dem geringeren Lebensalter der betreffenden Frauen einerseits als auch mit der geringeren Anzahl bereits vorhandener Kinder andererseits korrespondiert. Überproportional stark sind diese Verschiebungen wiederum in den östlichen Bundesländern. 1996 war dort eine Frau bei einem Schwangerschaftsabbruch typischerweise zwischen 25 und 30 Jahre alt, verheiratet und hatte bereits zwei Kinder. Acht Jahre später war über die Hälfte dieser Frauen ledig, eher zwischen 20 und 25 Jahren alt und hatte entweder kein oder maximal ein Kind. Auch in Westdeutschland sind die Frauen beim Schwangerschaftsabbruch im Jahr 2004 eher jung, ledig und kinderlos – hier zeichneten sich diese Tendenzen aber bereits seit Mitte der 1990er Jahre ab. Starke Verschiebungen haben sich in den letzten acht Jahren auch im Hinblick auf den Ort des Eingriffes durchgesetzt. In Westdeutschland werden heute vier von fünf Schwangerschaftsabbrüchen in gynäkologischen Praxen durchgeführt – 1996 waren es noch weniger als die Hälfte –, nur in Ausnahmefällen finden diese Eingriffe noch stationär in Krankenhäusern statt. In den neuen Bundesländern werden Schwangerschaftsabbrüche zu gleichen Anteilen ambulant im Krankenhaus und in gynäkologischen Praxen durchgeführt.

5. Sterblichkeitsentwicklung

Im Jahr 2004 starben in Deutschland rund 818.300 Personen, das ist die geringste Anzahl von Gestorbenen seit Mitte der 1950er Jahre. Auch bezogen auf die Bevölkerung – also gemessen durch die rohe Sterbeziffer – zeigt sich sowohl in den alten als auch in den neuen Bundesländern für das Jahr 2004 eine gegenüber dem Jahr 2003 deutlich gesunkene Sterblichkeit. Zu berücksichtigen ist allerdings eine Besonderheit des Jahres 2003, die nicht nur Deutschland betroffen hat: der heiße Sommer 2003 hat vermutlich zu einem Anstieg der Sterbefälle in diesem Jahr geführt und infolgedessen zu einer geringeren Zahl von Sterbefällen im Jahr 2004 (vgl. dazu Kyi 2005: 1). 2005 hat sich die Anzahl der Sterbefälle dann wieder erhöht. Die Anzahl der Gestorbenen und auch das Sterblichkeitsniveau hängen nicht nur von der zahlenmäßigen Größe, sondern auch von der Altersstruktur der jeweiligen Bevölkerung ab – stärkere Besetzungen in den hohen Altersjahrgängen tragen zu einer höheren Sterblichkeit bei. So weisen die rohen Sterbeziffern zwischen 1990 und 2004 einen Rückgang auf rund 85 Prozent des Sterblichkeitsniveaus auf, während bei gleich bleibender Altersstruktur ein Absinken auf 71 Prozent festzustellen war. Der Rückgang bei den Männern auf ein Niveau von 69 Prozent ist dabei noch deutlicher ausgeprägt als bei den Frauen mit 73 Prozent.

Die auf der Basis der Sterbetafeln berechnete Lebenserwartung ist ein besonders aussagekräftiges und weit verbreitetes Maß für die Darstellung der Sterblichkeitsverhältnisse und soll deshalb an dieser Stelle zur Darstellung der Unterschiede in West- und Ostdeutschland verwendet werden.

Die Unterschiede in der Lebenserwartung zwischen den alten und neuen Bundesländern haben sich seit Beginn der 1990er Jahre deutlich verringert. Im Jahr 2004 erreichen die neugeborenen Jungen in den alten Ländern eine durchschnittliche Lebenserwartung von 76,2 Jahren, in den neuen Ländern liegt sie bei 74,7 Jahren und damit um 1,5 Jahre niedriger – zu Beginn der 1990er Jahre betrug diese Differenz noch mehr als drei Jahre (Tabelle 2). Außerdem nimmt die Differenz mit steigender Altersgruppe ab und macht bei den 80-jährigen Männern nur noch 0,4 Jahre aus. Bei den Frauen sind die West-Ost-Unterschiede bereits nahezu verschwunden, sie liegen in allen Altersgruppen bei maximal einem halben Jahr, während es 1991/1993 in den jüngeren Altersgruppen noch deutlich mehr als zwei Jahre waren.

Tabelle 2:   Lebenserwartung nach dem Alter, 1991/93, 1996/98 und 2002/04

	Alte Bundesländer			Neue Bundesländer		
Alter	1991/93	1996/98	2002/04	1991/93	1996/98	2002/04
Männer						
0	73,1	74,4	76,2	69,9	72,4	74,7
20	54,0	55,2	56,8	51,0	53,3	55,4
40	35,2	36,1	37,6	32,6	34,6	36,3
60	18,1	18,9	20,2	16,5	17,9	19,5
80	6,3	6,8	7,3	5,7	6,3	6,9
Frauen						
0	79,5	80,5	81,6	77,2	79,5	81,3
20	60,2	61,0	62,2	58,0	60,1	61,8
40	40,7	41,5	42,6	38,7	40,6	42,2
60	22,5	23,2	24,2	20,7	22,4	23,7
80	7,9	8,3	8,7	7,0	7,9	8,4

Unterschiede zwischen West- und Ostdeutschland in Jahren

	Männer			*Frauen*		
0	3,2	2,0	1,5	2,3	1,0	0,4
20	3,0	1,9	1,5	2,2	0,9	0,4
40	2,6	1,5	1,3	2,0	0,9	0,4
60	1,6	1,0	0,7	1,8	0,8	0,5
80	0,6	0,5	0,4	0,9	0,4	0,3

Quelle: Statistisches Bundesamt, eigene Berechnungen

6. Wanderungen

Betrachtet man nur das Binnenwanderungsgeschehen zwischen West- und Ostdeutschland – also ohne die Wanderungen innerhalb der alten beziehungsweise neuen Bundesländer –, so stehen für den Zeitraum von 1991 bis 2004 2,18 Millionen Fortzügen aus den neuen in die alten Bundesländer 1,28 Millionen Zuzüge in die neuen Länder gegenüber. Es hat also aus der West-Ost-Wanderung einen Abwanderungsverlust von etwa 900.000 Menschen für die neuen Bundesländer gegeben (Abbildung 11). Das sind rund sechs Prozent der Bevölkerung, die im Jahr 1990 in der DDR (ohne Berlin-Ost) gewohnt hat. Seit dem Jahr 2001, dem Höhepunkt ostdeutscher Abwanderungsverluste nach 1991, ist ein langsamer Rückgang dieser Verluste festzustellen.

Abbildung 11:   Wanderungen zwischen Ost- und Westdeutschland (ohne Berlin), 1991 bis 2004 (in 1.000)

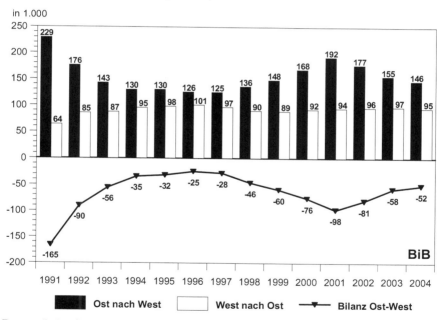

Datenquelle: Mai/Schon 2005: 25

33

Die einzelnen Bundesländer sind unterschiedlich von diesem Binnenwanderungsgeschehen betroffen gewesen. Während die westdeutschen Bundesländer meist mehr Zu- als Abwanderer aus der Binnenwanderung aufwiesen, waren die ostdeutschen Bundesländer mit Ausnahme von Brandenburg – das von der Berliner Stadt-Umland-Wanderung profitierte – die Verlierer des Binnenwanderungsgeschehens. Die wichtigsten Gewinner unter den Bundesländern waren seit der deutschen Wiedervereinigung Rheinland-Pfalz und Bayern, die im Gesamtzeitraum von 1991 bis 2004 einen Zuwachs von 54 beziehungsweise 44 Personen je 1000 Einwohner aus der Binnenwanderung verzeichneten (Abbildung 12). Am anderen Ende der Skala standen die neuen Bundesländer, insbesondere Sachsen-Anhalt und Mecklenburg-Vorpommern mit Verlusten von 86 beziehungsweise 75 Personen je 1.000 Einwohner.

Abbildung 12: Binnenwanderungssaldo je 1.000 Einwohner nach Bundesländern, insgesamt von 1991 bis 2004

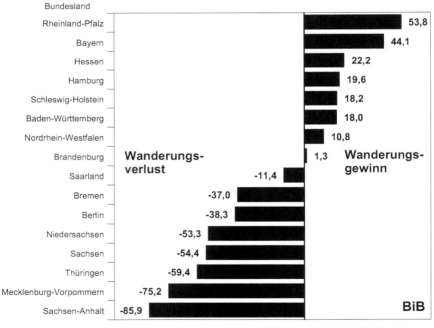

Binnenwanderungssaldo je 1000 Einwohner von 1991 bis 2004

Datenquelle: Statistisches Bundesamt, eigene Berechnungen

Problematisch ist dabei nicht nur die Größenordnung des Wanderungsverlustes der neuen Bundesländer, sondern auch ihre alters- und geschlechtsspezifische Selektivität. Von den 900.000 Personen, die die ostdeutschen Bundesländer per Saldo seit 1991 im Rahmen der Binnenwanderung an die westdeutschen Länder verloren haben, waren fast ein Viertel junge Frauen im Alter zwischen 18 und 25 Jahren, weitere knapp 14 Prozent gleichaltrige junge Männer und ebenfalls fast ein Viertel Kinder und Jugendliche unter 18 Jahren. Das heißt also, dass Ostdeutschland nicht nur junge Menschen, sondern auch in großem Umfang potenzielle Mütter und Väter verloren hat. Lediglich bei den Älteren ist in der Summe von 1991 bis 2004 eine nahezu ausgeglichene Binnenwanderungsbilanz zwischen Ost- und Westdeutschland zu verzeichnen, bei den Männern war hier sogar ein Überschuss zugunsten Ostdeutschlands zu erkennen.

Welche Auswirkung dieses selektive Wanderungsgeschehen auf die Geschlechterstruktur der Herkunftsgebiete hat, verdeutlicht Abbildung 13, die in Anlehnung an eine Darstellung in den niedersächsischen Statistischen Monatsheften erstellt wurde. Entsprechend der Tatsache, dass etwa 105 bis 106 Jungen je 100 Mädchen geboren werden und sich dieses Geschlechterverhältnis erst im Alter von etwa 50 Jahren durch die höhere Sterblichkeit der Männer ausgleicht, sind auf der Karte in Abbildung 13 – die sich ja nur auf die Altersgruppe der 18- bis unter 30-Jährigen bezieht – die beiden Gruppen zwischen 100 und 110 als normal einzustufen. Eindeutig aber ist das Ergebnis in fast allen ostdeutschen Kreisen. Von wenigen Ausnahmen – vor allem im Umfeld der großen Städte – abgesehen, gibt es in den Kreisen der neuen Bundesländer einen erheblichen Überschuss an jungen Männern.

Abbildung 13: Geschlechterproportion der Altersgruppe 18 bis unter 30 Jahre nach Kreisen, 2004

Auf 100 Frauen im Alter von 18 bis 30 Jahren kommen ... Männer in derselben Altersklasse

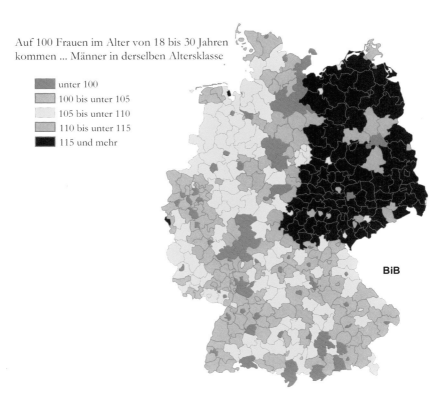

Quelle: Statistisches Bundesamt, eigene Berechnungen

Auch im Rahmen der Außenwanderung über die Grenzen Deutschlands hinweg haben die alten Bundesländer deutlich höhere Wanderungsgewinne zu verzeichnen als die neuen. Während die westdeutschen Bundesländer im Zeitraum zwischen 1991 und 2004 einen durchschnittlichen Zuwanderungsüberschuss von jährlich rund 25 Personen je 10.000 Einwohner erzielten, war der Überschuss der ostdeutschen Bundesländer nur etwa halb so hoch. In den Jahren 2003 und 2004 gingen die Überschüsse aus der Außenwanderung deutlich zurück, die ostdeutschen Bundesländer wiesen im Jahr 2004 sogar einen leichten Außenwanderungsverlust auf.

Diese Tendenzen finden ihre Widerspiegelung im Anteil der ausländischen Bevölkerung in West- und Ostdeutschland. Während der Anteil ausländischer Personen an der Gesamtbevölkerung in den alten Bundesländern Mitte der 1990er Jahre seinen Höhepunkt mit 10,5 Prozent erreichte und seitdem auf knapp zehn Prozent zurückgegangen ist, stieg der Ausländeranteil in den neuen Bundesländern von einem sehr niedrigen Ausgangsniveau von unter einem Prozent auf 2,4 Prozent im Jahr 2004 an. Abbildung 14 verdeutlicht den großen Niveauunterschied im Ausländeranteil von West- und Ostdeutschland.

Abbildung 14:   Anteil ausländischer Personen an der Gesamtbevölkerung, 1990 bis 2004 in %

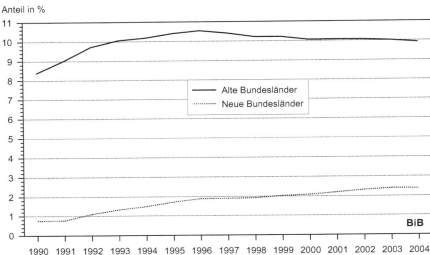

Quelle: Statistisches Bundesamt, eigene Berechnungen

7. Haushaltsstrukturen

Seit Jahren gibt es in Deutschland einen ungebrochenen Trend wachsender Haushaltszahlen und gleichzeitig sinkender Haushaltsgröße. Bereits seit Mitte der 1970er Jahre ist der Einpersonenhaushalt in den alten Bundesländern die Haushaltsform mit dem größten prozentualen Anteil, im Jahr 2004 wurden 37,2 Prozent aller westdeutschen Haushalte nur von einer Person bewohnt. Auch die Zweipersonenhaushalte sind eine Haushaltsform mit steigender Bedeutung, ihr Anteil lag 2004 in den alten Bundesländern bei 34,1 Prozent. Haushalte mit mehr als zwei Personen weisen einen sinkenden Anteil auf, was einerseits mit den sinkenden Kinderzahlen und den steigenden nichtehelichen Lebensgemeinschaften (zumeist ohne Kinder) korrespondiert und andererseits auch mit der steigenden Anzahl von Zweipersonenhaushalten im höheren Lebensalter zusammenhängt. In den neuen Bundesländern hat sich diese Entwicklung im Wesentlichen erst nach der Wende vollzogen, hier haben wir es seit 1990 mit einer deutlich höheren Dynamik zu tun, wie die Abbildung 15 verdeutlicht.

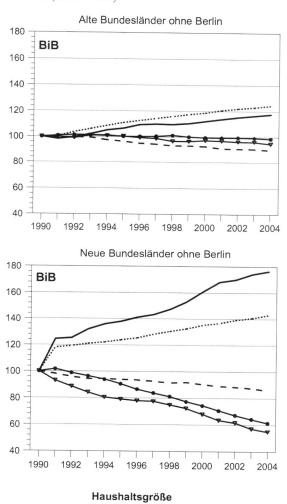

Abbildung 15: Entwicklung der Privathaushalte nach der Haushaltsgröße, 1990-
2004 (1990 = 100)

Alte Bundesländer ohne Berlin

BiB

Neue Bundesländer ohne Berlin

BiB

Haushaltsgröße

———— Haushalt mit 1 Person ⋯⋯⋯⋯ Haushalt mit 2 Personen

– – Haushalt mit 3 Personen ——●—— Haushalt mit 4 Personen

——▽—— Haushalt mit 5 u.m. Personen

Datenquelle: Statistisches Bundesamt, Mikrozensus, eigene Berechnungen

Beim Vergleich der Haushaltsstrukturen nach Gemeindegrößen lässt sich für die neuen Bundesländer eine eindeutige Verschiebung zugunsten ländlicher Gemeinden erkennen (ohne Abbildung). 28,0 Prozent aller ostdeutschen Haushalte entfielen im Jahr 2004 auf ländliche Gemeinden unter 5.000 Einwohnern, in Westdeutschland lag dieser Anteil nur bei 12,6 Prozent. Seinen Niederschlag findet das auch in der Darstellung der häufigsten Haushaltstypen: Der anteilmäßig größte Haushaltstyp westdeutscher Haushalte sind Singlehaushalte in großen Städten über 200.000 Einwohnern, gefolgt von Zweipersonenhaushalten dieser Städte. In Ostdeutschland hingegen führen Zweipersonenhaushalte in ländlichen Gemeinden diese Reihenfolge vor Einpersonenhaushalten ebenfalls in den ländlichen Gemeinden an. Trotzdem hat sich die Haushaltsstruktur auch in Ostdeutschland zuungunsten der kleinen Orte verschoben – 1991 befanden sich noch 35,5 Prozent aller Haushalte der neuen Bundesländer in den ländlichen Gemeinden.

Die Bedeutung der Einpersonenhaushalte hat in den letzten Jahren kontinuierlich zugenommen. Im Jahr 2004 wurden knapp 37 Prozent aller westdeutschen und rund 35 Prozent aller ostdeutschen Haushalte von nur einer Person bewohnt, in Berlin war es sogar jeder zweite Haushalt. Allerdings haben sich nicht nur die Gesamtanteile der Singlehaushalte erhöht, auch ihre Alters- und Geschlechtsstruktur hat sich in den letzten Jahren verschoben. Dabei verliert das Bild, dass Einpersonenhaushalte vorrangig von älteren alleinstehenden Frauen geprägt werden, weiter an Bedeutung.

Besonders hoch ist die Dynamik in der Entwicklung der Single-Haushalte in Ostdeutschland, auch hier zeigt sich ein Nachholeffekt gegenüber Westdeutschland. Im Jahr 2004 ist der Anteil Jüngerer in Einpersonenhaushalten unter den ostdeutschen 20- bis 25-Jährigen bereits deutlich höher als unter den gleichaltrigen Westdeutschen (24,8 Alleinlebende je 100 20- bis unter 25-Jährige in Ostdeutschland gegenüber 21,7 in Westdeutschland), auch in der Altersgruppe zwischen 25 und 35 Jahren liegen die ostdeutschen über den westdeutschen Werten, wie Abbildung 16 verdeutlicht.

Abbildung 16: Anteil der Personen, die in Einpersonenhaushalten leben, für ausgewählte Altersgruppen in West- und Ostdeutschland, 1991 bis
2004

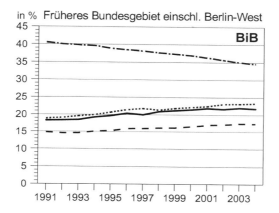

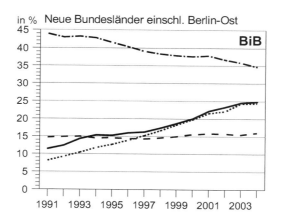

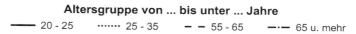

Datenquelle: Statistisches Bundesamt, Mikrozensus, eigene Berechnungen

41

Für die folgenden Altersgruppen zwischen 35 und 65 Jahren (in Abbildung 16 nicht aufgeführt) spiegelt sich noch eher die frühere unterschiedliche Verbreitung der Einpersonenhaushalte in den alten und neuen Bundesländern wider. Zwar hat es auch hier eine Annäherung gegeben, noch immer aber liegt der Anteil von Alleinlebenden in diesen Altersgruppen in Westdeutschland höher als im Osten. Während sich der Anteil der Single-Haushalte bei der Altersgruppe zwischen 55 und 65 Jahren seit 1991 nur wenig verändert hat, ist er bei den Personen ab 65 Jahren (nur Personen in Privathaushalten) deutlich zurückgegangen, dabei verringert sich vor allem der Anteil der älteren alleinstehenden Frauen zugunsten von Frauen in Paarhaushalten. Lebten 1991 mit 54,5 Prozent aller Frauen von 65 und mehr Jahren noch deutlich mehr als die Hälfte in Einpersonenhaushalten und nur 36,1 Prozent in Zweipersonenhaushalten, so war das Verhältnis 2004 mit 47,1 Prozent (Singlehaushalte) zu 45,7 Prozent (Zweipersonenhaushalte) für Deutschland insgesamt bereits nahezu ausgeglichen, das gilt sowohl für die alten als auch für die neuen Bundesländer.

8. Familien und nichteheliche Lebensgemeinschaften, Lebensformen

Auch bei der Analyse des Familienstandes zeigt sich die rasante Dynamik der Veränderung in den neuen Bundesländern, die bereits in anderen Abschnitten festgestellt wurde. Im Hinblick auf den Familienstand differieren dabei vor allem die jüngeren Altersgruppen, bei den älteren gibt es zwischen West- und Ostdeutschland nur geringfügige Unterschiede, wie sich in der Abbildung 17 erkennen lässt. Dabei finden bei den Jüngeren vor allem zwei bereits vorher aufgezeigte Tendenzen erneut ihren Niederschlag, zum einen die Verschiebung der Eheschließungen in ein immer höheres Lebensalter und zum anderen der beständig größer werdende Anteil junger Menschen, die gar keine Ehe mehr eingehen. Das Ausgangsniveau des Verheiratetenanteils lag im Jahr 1990 in der Altersgruppe 20 bis unter 35 Jahre in den neuen Bundesländern mit knapp 57 Prozent deutlich über dem Niveau der gleichaltrigen Westdeutschen von 43 Prozent, 2004 hingegen betrug der Anteil Verheirateter in dieser Altersgruppe bei den Ostdeutschen nur noch 19 Prozent und war damit sogar noch erheblich unter das westdeutsche Niveau von 29 Prozent abgesunken. Bei den Älteren hingegen zeigt sich sowohl in Ost- als auch in Westdeutschland ein Ansteigen des Anteils Verheirateter – verbunden mit dem Rückgang des Anteils verwitweter Personen.

Abbildung 17: Anteil der Verheirateten und der Ledigen bei Jüngeren (20 bis 35 Jahre) bzw. der Verwitweten bei Älteren (65 Jahre und älter), 1990 bis 2004

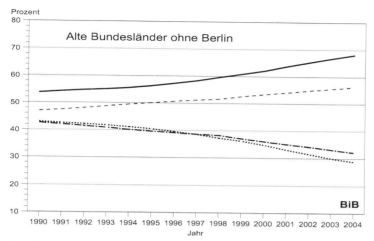

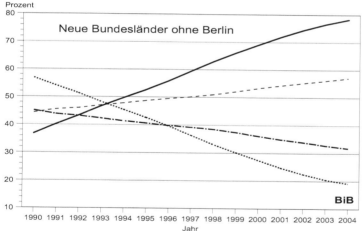

Altersgruppe / Familienstand

────── 20 - 35 Jahre ledig   – – – 65 + Jahre verheiratet
·········· 20 - 35 Jahre verheiratet   —·— 65 + Jahre verwitwet

Datenquelle: Statistisches Bundesamt, Bevölkerungsfortschreibung, eigene Berechnungen

In den letzten Jahren hat sich im Gegensatz zum früher üblichen ehe-orientierten ein neuer kind-orientierter Familienbegriff durchgesetzt. So gehören heutzutage zu den familialen Lebensformen alle Lebensformen mit Kindern – Ehepaare mit Kindern, nichteheliche Lebensgemeinschaften mit Kindern und Alleinerziehende. Zum Nichtfamiliensektor hingegen werden Ehepaare ohne Kinder, nichteheliche Lebensgemeinschaften ohne Kinder und Alleinstehende ohne Kinder gerechnet. Es muss jedoch an dieser Stelle angemerkt werden, dass dieses Lebensformenkonzept eigentlich nur sinnvoll auf die Altersgruppen der Bevölkerung anzuwenden ist, bei denen die Kinder noch im Haushalt leben.

Nach dem neuen Lebensformenkonzept (hier trotz der theoretischen Einschränkung auf die Gesamtbevölkerung bezogen, was allerdings bei der Interpretation der Daten zu berücksichtigen ist) umfasste der Familiensektor in Deutschland im Jahr 2004 rund 43,3 Millionen Menschen und der Nichtfamiliensektor 38,5 Millionen. Gegenüber 1996 (dem Basisjahr, in dem erstmalig im Mikrozensus die Aufgliederung nach diesen Lebensformen erfolgen kann) hat sich damit der Familiensektor auf 94 Prozent verringert, während der Nichtfamiliensektor erwartungsgemäß angestiegen ist – und zwar auf 109 Prozent. In diesen Zahlen spiegelt sich aber nicht nur die steigende Kinderlosigkeit wider, sondern auch die bereits aufgezeigte Tendenz gestiegener Verheiratetenanteile in den höheren Altersgruppen. Da es sich bei den zugrunde liegenden absoluten Zahlen um Angaben aus dem Mikrozensus handelt, werden bei der Zuordnung zu den einzelnen Lebensformen des Familienbeziehungsweise Nichtfamiliensektors nur die Kinder berücksichtigt, die zum Befragungszeitpunkt noch als ledige Kinder im Haushalt leben – was naturgemäß im höheren Lebensalter nur selten der Fall ist. Die hier ausgewiesenen Lebensformen im Nichtfamiliensektor bedeuten also nicht zwangsläufig, dass diese Personen keine Kinder haben. Abbildung 18 macht unter dieser Prämisse die Strukturverschiebungen zwischen dem Familiensektor und dem Nichtfamiliensektor von 2004 gegenüber dem Jahr 1996 deutlich.

Abbildung 18: Familien- und Nichtfamiliensektor nach dem neuen Lebensformenkonzept, 1996 und 2004

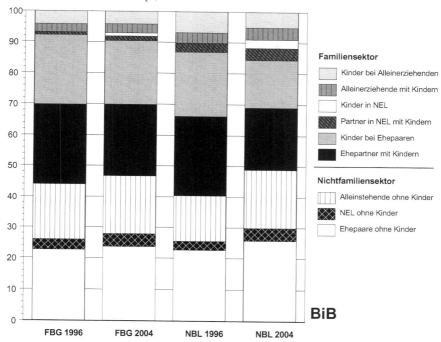

- Kinder sind ledige Kinder, die mit mindestens einem Elternteil zusammenleben.
- 1996 waren Kinder nichtehelicher Lebensgemeinschaften noch nicht getrennt sondern
  in der Position Kinder bei Alleinerziehenden ausgewiesen.

Anmerkungen:
- Kinder sind ledige Kinder, die mit mindestens einem Elternteil zusammenleben
- 1996 waren Kinder nichtehelicher Lebensgemeinschaften noch nicht getrennt, sondern in der Position
„Kinder bei Alleinerziehenden" ausgewiesen
Quelle: Statistisches Bundesamt, Mikrozensus; eigene Berechnungen

Die Schwerpunkte der Veränderungen liegen in Westdeutschland eindeutig bei der Zunahme von Partnerschaften in nichtehelichen Lebensgemeinschaften mit Kindern und der dort lebenden Kinder, gefolgt von den Partnern kinderloser nichtehelicher Lebensgemeinschaften. Hier hat sich die Anzahl der in nichtehelichen Lebensgemeinschaften wohnenden Personen um fast 70 Prozent (mit Kindern) beziehungsweise um ein Viertel (kinderlos) gegenüber 1996 erhöht. Ein Rückgang um rund zehn Prozent war hingegen bei Ehepaaren und bei den dort lebenden Kindern zu verzeichnen.

In Ostdeutschland zeigen sich etwas andere Entwicklungstendenzen. Der Rückgang im Familiensektor bei den Ehepaaren und ihren Kindern war weitaus stärker als in Westdeutschland. Bei der Struktur für das Jahr 2004 wird sichtbar, dass die Anteile von Ehepartnern und ihren Kindern in Ostdeutschland mittlerweile deutlich unter das westdeutsche Niveau abgesunken sind, während sie im Jahr 1990 noch erheblich darüber lagen. Auch „Alleinstehend ohne Kinder" ist eine Lebensform, die sich in den neuen Bundesländern sehr viel später, aber nunmehr noch deutlicher als in den alten Ländern durchgesetzt hat.

Die nichtehelichen Lebensgemeinschaften, vor allem diejenigen mit Kindern, hatten bereits Mitte der 1990er Jahre im Osten einen deutlich höheren Stellenwert als im Westen, dies ist auch in der Gegenwart noch der Fall. Während in Westdeutschland 2004 nur rund 26 Prozent aller nichtehelichen Lebenspartner mit Kindern zusammenlebten, waren es in Ostdeutschland rund 49 Prozent. Allerdings ist der Entwicklungstrend zu diesen Werten entgegengesetzt verlaufen – in Ostdeutschland betrug der Wert im Jahr 1991 rund 55 Prozent und sank seitdem stetig ab, während er in Westdeutschland seit 1991 von einem Anteil von knapp 19 Prozent aus angestiegen ist. Im Gegensatz dazu haben sich die kinderlosen nichtehelichen Lebensgemeinschaften erst in den letzten Jahren auch in Ostdeutschland in etwa dem gleichen Ausmaß durchgesetzt wie in Westdeutschland – jeweils rund vier Prozent der Bevölkerung leben in dieser Lebensform.

Wenn man sich die Alters- und Geschlechtsstruktur derjenigen, die in nichtehelichen Lebensgemeinschaften leben, näher betrachtet, so scheint das Leben in dieser Lebensform generell für junge Frauen attraktiver zu sein scheint als für junge Männer, für Ostdeutsche attraktiver als für Westdeutsche und für Jüngere attraktiver als für Ältere. Letzteres deutet darauf hin, dass die nichteheliche Lebensgemeinschaft im jüngeren Alter häufig eine Vorstufe einer späteren Ehe sein dürfte.

Literaturverzeichnis

Grünheid, Evelyn (2006): Die demographische Lage in Deutschland. In: Zeitschrift für Bevölkerungswissenschaft 31,1: 3-104

Kyi, Gregor (2005): Bevölkerung in Europa 2004 – Erste Ergebnisse. In: Statistik kurz gefasst: Bevölkerung und soziale Bedingungen, (Hrsg. Eurostat) 15

Mai, Ralf/ Schon, Manuela (2005): Binnenwanderungen zwischen Ost- und Westdeutschland. In: BiB-
Mitteilungen 04: 25-33

Die unterschiedlichen bevölkerungsdynamischen Konsequenzen von Migration, Mortalität und Fertilität

- Ein Vergleich zwischen ausgewählten ost- und westdeutschen Bundesländern für den Zeitraum 31.12.1990 bis 31.12.2003

Thomas Salzmann

1. Einleitung

Siebzehn Jahre nach dem Beitritt zur Bundesrepublik besteht weiterhin ein reges nationales und internationales Forschungsinteresse an der demografischen Situation in den ostdeutschen Bundesländern. Als Transformationsregionen sind sie Teil eines gesamtdeutschen Staates und bieten die einmalige Gelegenheit, ihre demografische Entwicklung in den Kontext der westdeutschen Bundesländer und in ein einheitliches Rechts-, Wirtschafts-, Kultur- und Sozialsystem stellen zu können.

Seit den Jahren 1989/90 können in den ostdeutschen Bundesländern für die drei demografischen Parameter Mortalität, Fertilität und Migration enorme Schwankungen beobachtet werden. Diese sind in ihren bevölkerungsdynamischen Konsequenzen nicht unerheblich und werden in ihren gesamten Ausmaßen noch Jahrzehnte nachwirken. Von besonderem Interesse ist dabei die Frage, welcher der drei Faktoren (Mortalität, Fertilität, Migration) in der Vergangenheit welchen Einfluss auf die tatsächliche Bevölkerungsentwicklung hatte. Dabei wirken die demografischen Ereignisse auf einen gegebenen Bevölkerungsbestand gleichzeitig und durchaus auch in unterschiedliche Richtungen. So kann eine Reduzierung der Sterblichkeit nicht nur die Bestände in den hohen Altersstufen erhöhen, sondern auch die absolute Zahl der Lebendgeburten. Auf Grund der geringeren Sterblichkeit erreichen mehr Frauen die reproduktiven Altersstufen und der dadurch erhöhte Bevölkerungsbestand kann selbst bei konstanter altersspezifischer Fertilität zu ansteigenden Geburtenzahlen führen. Ein weiteres Beispiel sind die bevölkerungsdynamischen Auswirkungen von Wanderungen. So können jährliche Wanderungsgewinne durchaus gegensätzlich auf die zukünftige Bevölkerungsentwicklung wirken, wenn die Altersstruktur der Nettomigranten ungünstig ist und z.B. die reproduktiven Altersstufen einen negativen Wanderungssaldo aufweisen.

In diesem Beitrag soll für alle ostdeutschen Bundesländer der jeweilige isolierte Einfluss der drei demografischen Faktoren Mortalität, Fertilität und Migration auf die Bevölkerungsentwicklung dargestellt werden. Zur Einordnung der bevölkerungsdynamischen Prozesse (und nicht als Vergleichsbasis für die fünf neuen Bundesländer) werden zusätzlich Hamburg, Niedersachsen und Baden-Württemberg in die Analyse mit einbezogen. Trotz der erheblichen Wanderungsbewegungen von Ost nach West nach der Grenzöffnung 1989, muss sich die Untersuchung auf den Zeitraum 31.12. 1990 bis 31.12. 2006 beschränken. Für einige der ostdeutschen Bundesländer liegen noch keine validen Daten zu den demografischen Ereignissen in den Jahren 1989 und 1990 für die heutigen Gebietsgrenzen vor[1].

Kapitel 2 gibt einen kurzen Überblick über die bisherige Entwicklung der Bevölkerungsbestände in den einzelnen Bundesländern. Im dritten Kapitel wird das methodische Vorgehen für die jeweils isolierte Betrachtung der bevölkerungsdynamischen Auswirkungen eines einzelnen demografischen Faktors erläutert. Am Beispiel Mecklenburg-Vorpommerns werden die Berechnungen und die Interpretation der Ergebnisse in Kapitel 4 zunächst exemplarisch vorgeführt, bevor alle acht Bundesländer in Kapitel 5 vergleichend dargestellt werden.

2. Die Bevölkerungsentwicklung in den ostdeutschen Bundesländern, Niedersachsen, Hamburg und Baden-Württemberg von 31.12. 1990 bis 31.12. 2006

Die Abnahme der Bevölkerungsbestände in den ostdeutschen Bundesländern setzte nicht erst mit dem Fall der Mauer im Herbst 1989 ein. Seit Gründung der DDR war deren Einwohnerzahl stets rückläufig. Diese Entwicklung beschleunigte sich noch einmal in den 1990er Jahren und ist bis heute nicht zum Stillstand gekommen. Betrug der Jahresendbestand in den fünf neuen Bundesländern 1990 noch 14,745 Millionen, ist dieser bis 2006 auf 13,244 Millionen gesunken[2]. Während Migration und Fertilität in diesem Zeitraum einen negativen Beitrag zur Bevölkerungsentwicklung leisteten, wirkte die Verbesserung der Sterblichkeit entgegengesetzt und ist als eine positive Entwicklung hervorzuheben[3]. Gerade die sehr schnell verlaufenden und in ihren Ausmaßen einmaligen Reaktionen und Anpassungsprozesse in der Mortalität, Fertilität und Migration haben die Bevölkerung in den ostdeutschen Bundesländern von einer ehemals relativ jungen zu einer sehr schnell alternden

---

1 In den 1990er Jahren kam es in mehreren Bundesländern zu Gebietsstandsveränderungen. Einige Gemeinden wurden an Nachbarbundesländer abgetreten, andere kamen hinzu. Für den neuen Gebietsstand müssen dementsprechend die bisherigen gemessenen demografischen Ereignisse rückwirkend korrigiert werden, um durchgängige Zeitreihen für den aktuellen Gebietsstand angeben zu können. Dies ist in einigen Bundesländern für die Jahre 1989 und 1990 noch nicht geschehen.

2 Alle weiteren Betrachtungen werden ohne Berlin vorgenommen.

3 Die demografische Alterung sollte deshalb gerade vor dem Hintergrund der Mortalitätsentwicklung nicht (wie so oft) als ein Indikator zur Vitalität einer Gesellschaft herangezogen werden.

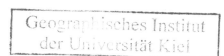

Bevölkerung werden lassen (Medianalter für ostdeutsche Bundesländer insgesamt 1990: 35,5 Jahre; 2006: 44,7 Jahre).

Abbildung 1: Die relative Entwicklung der Bevölkerungsbestände jeweils zum 31.12. im Zeitraum von 1990 bis 2006 zur Basis 31.12.1990 in ausgewählten Bundesländern[4], (31.12. 1990 = 1)

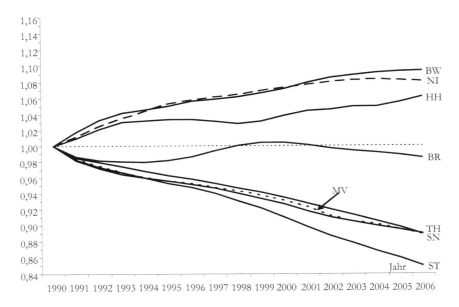

Quelle: Destatis, eigene Darstellung

Die getrennte Darstellung der relativen Bevölkerungsentwicklung für die einzelnen Bundesländer zwischen 1990 und 2006 ergibt ein differenzierteres Bild (Abbildung 1), in welchem sich hauptsächlich die geografische oder wirtschaftliche Lage des jeweiligen Landes widerspiegelt. Nach anfänglichen Bevölkerungsverlusten in der ersten Hälfte der 1990er Jahre profitierte Brandenburg zunehmend von den Stadt-Umland-Wanderungen mit Berlin und erreichte bereits 1998 wieder die Einwohner-

---

4 Zur einheitlichen Übersicht werden die einzelnen Bundesländer in dieser und in allen nachfolgenden Abbildungen mit folgenden Abkürzungen versehen: Mecklenburg-Vorpommern (Abk.: MV); Brandenburg (Abk.: BR); Sachsen-Anhalt (Abk.: ST); Sachsen (Abk.: SN); Thüringen (Abk.: TH); Niedersachsen (Abk.: NI); Hamburg (Abk.: HH); Baden-Württemberg (Abk.: BW).

zahl von 1990, dessen Niveau bis 2006 annähernd beibehalten wurde. Der höchste kumulierte Bevölkerungsrückgang zum Jahresende 2006 ist in Sachsen-Anhalt mit 15 Prozent zu verzeichnen. Thüringen, Mecklenburg-Vorpommern und Sachsen weisen eine relativ ähnliche Entwicklung ihrer Gesamtbevölkerungszahl in Bezug zum jeweiligen Ausgangswert 1990 auf. Bis 2006 reduzierten sich die Bestände um jeweils elf Prozent.

Im Gegensatz zu den neuen Bundesländern entwickelte sich die Bevölkerung in Hamburg, Niedersachsen und Baden-Württemberg insgesamt positiv. Zusammen konnten sie ihren Bevölkerungsbestand von 18,861 Millionen im Jahr 1990 auf 20,475 Millionen im Jahr 2006 erhöhen. Während in Niedersachsen und Baden-Württemberg die Bevölkerungsbestände am Jahresende 2006 um acht beziehungsweise um neun Prozent höher waren als zu Beginn des Untersuchungszeitraums, fiel der Bevölkerungszuwachs in Hamburg mit sechs Prozent etwas geringer aus.

3. Die methodische Vorgehensweise zur Bestimmung der isolierten Auswirkungen von demografischen Faktoren auf die Bevölkerungsentwicklung

Die tatsächliche Entwicklung der Bevölkerungsbestände in den genannten Bundesländern ist das Ergebnis stetig ablaufender demografischer Prozesse und deren kumulierter Effekte im Zeitablauf. Um die isolierten Auswirkungen eines einzelnen demografischen Faktors auf die Bevölkerungsentwicklung darstellen zu können, muss auf Modellrechnungen zurückgegriffen werden, die auf dem Prinzip der Bevölkerungsbilanzgleichung basieren. Bereits Dinkel und Meinl (1991) wählten diese Vorgehensweise, um den jeweiligen Einfluss der Mortalität, Fertilität und Migration auf die Bevölkerungsentwicklung der Bundesrepublik und der DDR zwischen 1950 und 1987 aufzuzeigen.

Ausgehend von den Jahresendbeständen nach Einzelalter des Jahres 1990 (t_0) werden im Folgenden die Bevölkerungsbestände der einzelnen Bundesländer unter bestimmten Annahmen zur Entwicklung der Mortalität, Fertilität und Migration im Zeitablauf Jahr für Jahr (jeweils zum 31.12.) bis zum Jahresende 2006 fortgeschrieben. Um beispielsweise den Einfluss der Sterblichkeit angeben zu können, werden die alters- und geschlechtsspezifischen Sterbewahrscheinlichkeiten des Jahres 1990 konstant gehalten, während alle anderen Parameter mit ihrer tatsächlichen Entwicklung in die Modellberechnungen eingehen. Ein Vergleich der Modellergebnisse mit den Beständen der amtlichen Fortschreibung lässt die Auswirkungen des jeweiligen isolierten demografischen Faktors (im konkreten Fall der Mortalität) erkennen. Die Differenz zu den Werten der amtlichen Fortschreibung zum Zeitpunkt t_{13} = 2006 zeigt die alleinige kumulierte Auswirkung des betrachteten Faktors an der Bevölkerungsentwicklung zwischen t_0 = 1990 und t_{13} = 2006.

In der folgenden Untersuchung sollen unter anderem der direkte und der indirekte Einfluss von Wanderung über die Landesgrenzen auf die tatsächliche Bevölkerungsentwicklung im jeweiligen Bundesland bestimmt werden. Dabei schließen ‚Wanderungen über die Landesgrenzen' in der weiteren Betrachtung sowohl Wanderungen mit anderen Bundesländern als auch Wanderungen über die Bundesgrenzen mit ein. Während der direkte Einfluss innerhalb eines Kalenderjahres als absolute Zahl der Zu- und Fortzüge definiert ist, wird mit dem indirekten Einfluss die zukünftige Auswirkung durch die Fertilität der Migranten auf die Bevölkerungsentwicklung bezeichnet (Bouvier et al. 1997). Kann der direkte Einfluss der Migranten durch die amtliche Statistik gemessen werden, ist dies für den indirekten Einfluss nicht möglich, da eine Lebendgeburt nicht nach bestimmten Migrationsmerkmalen der Mutter erfasst wird. Dekompositionsverfahren, wie sie unter anderem von Kitagawa (1955), Cho et al. (1973), Das Gupta (1978, 1991), Kim et al. (1984), Liao (1996) oder Canudas Romo (2003) entwickelt und auf die verschiedensten demografischen Fragestellungen angewendet wurden (vgl. Das Gupta 1989, 1993, Arriaga 1984, Pollard 1988, Liao 1989, Suchindran et al. 1992, Horiuchi 1995), würden an dieser Stelle scheitern. Mit diesen rein formalen Dekompositionsverfahren können nur Einzeleffekte berücksichtigt werden, die messbar sind, das heißt, für welche entsprechende Daten vorliegen. Einige Einflussfaktoren auf die Bevölkerungsentwicklung, wie jener des indirekten Migrationseinflusses, können deshalb erst mit Hilfe von Modellrechnungen quantifiziert werden.

3.1 Die Zerlegung der Bevölkerungsbestände in Teilpopulationen

Für die Berechnung der hypothetischen Bevölkerungsbestände im Zeitraum von 1991 bis 2006 wird auf das von Dinkel (1989) entwickelte diskrete Bevölkerungsprognosemodell zurückgegriffen. Neben der Vorausberechnung von Bevölkerungsbeständen ermöglicht dieses Modell ebenso die Analyse vergangener bevölkerungsdynamischer Prozesse. Das Modell basiert auf der Idee, den Bevölkerungsbestand in einzelne Teilpopulationen (von Dinkel als A, B und C bezeichnet) zu zerlegen. Die Fortschreibung der jeweiligen Bevölkerungsbestände der Teilpopulationen basiert auf der Kohorten-Komponenten-Methode und benötigt zu den relevanten demografischen Parametern Angaben für Einzelalter im Zeitablauf. Die Gesamtbevölkerung zu einem bestimmten Zeitpunkt t_i ist die Summe der Teilpopulationen A, B und C (Abbildung 2).

Als Population A wird jene Bevölkerung bezeichnet, die sich zum Zeitpunkt t_0 (dem Startzeitpunkt der Berechnungen) innerhalb der definierten Grenzen einer betrachteten Gebietseinheit befindet. Dies kann zum Beispiel die Bevölkerung Mecklenburg-Vorpommerns zum Jahresende 1990 sein. In dieser Population können während des Beobachtungs- oder Prognosezeitraumes von t_0 bis t_i nur Sterbe-fälle und Geburten auftreten.

Die Zuzüge und Fortzüge über die Grenzen der Gebietseinheit werden als Teilpopulation B bezeichnet. Beide Ausprägungen der Migration werden getrennt voneinander betrachtet, wobei die Fortzüge mit einem negativen Vorzeichen verse-hen werden. Der Bevölkerungsbestand der Zu- bzw. Fortzugspopulation entwickelt sich im Zeitverlauf ausschließlich auf Grund der jährlich neu hinzukommenden Migranten und der beobachteten oder unterstellten Sterblichkeit. Zum Zeitpunkt t_i ergibt sich die Population B aus der Summe der von t_0 bis t_i überlebten Zu- und Fortzüge.

Abbildung 2:   Die Zerlegung der Gesamtpopulation im Bevölkerungsprognose-modell

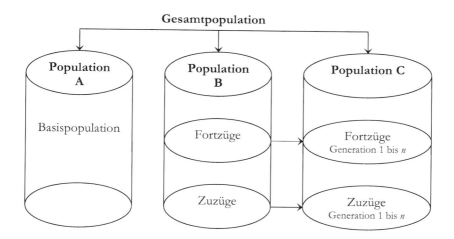

Quelle: Dinkel (1989), eigene Darstellung

Die Nachkommen der Migranten sind als Teilpopulation C definiert. Für die Teil-population C besteht dadurch eine einseitige Abhängigkeit von der Population B. Die Bevölkerungsbestände der Teilpopulation C werden durch die Zahl der jährlich neu hinzukommenden Geburten der Population B, durch die Fertilität der Popula-tion C selbst und durch Sterblichkeit beeinflusst. Innerhalb der Teilpopulation C wird die Unterteilung als ein Nachkomme ehemaliger zu- oder fortgezogener Per-sonen beibehalten (vgl. Abbildung 2). Bereits Edmonston und Passel (1992) berücksichtigten bei der Konzeption eines Bevölkerungsprognosemodells die Tatsache, dass sich die Fertilität der Zuwanderer von ihren Nachkommen unterscheiden kann (vgl. Dinkel et al. 1997, Young 1991, Abbasi-Shavazi et al. 2000). Die Autoren betrachteten aber ausschließlich die ersten drei Nachkommengenerationen der Zuzüge. Im vorliegenden Modellcharakter hingegen besteht hinsichtlich der Anzahl an Nachkommengenerationen der Zu- und Fortzüge theoretisch ein ad infinitum, das allein durch die Länge des Betrachtungszeitraums begrenzt wird.

Für die Untersuchung der Auswirkung von Migration auf die Bevölkerungsbestände ist noch zu erwähnen, dass Wanderung in der amtlichen Statistik fallbezogen erfasst wird. Eine Person kann in einem Jahr als Zuzug und im nächsten Jahr bereits als Fortzug registriert worden sein. Dementsprechend wird sie auch im Bevölkerungsprognosemodell berücksichtigt und sowohl in die Teilpopulation B(Zuzüge) zum Zeitpunkt t_i als auch in die Teilpopulation B(Fortzüge) zum Zeitpunkt t_{i+1} aufgenommen und entsprechend ihrer altersspezifischen Sterblichkeit Jahr für Jahr fortgeschrieben. Die Auswirkungen auf die Population C werden ebenfalls ab dem jeweiligen Zeitpunkt der Wanderungsbewegung berücksichtigt. Durch die Addition der Teilpopulationen zum Zeitpunkt t_{i+n} wird die Vorgehensweise der „doppelten Buchführung" wieder aufgehoben.

Erst durch die Unterteilung der Gesamtpopulation in die drei Teilpopulationen und die nochmalige getrennte Darstellung der Population B und C nach dem Merkmal Zu- bzw. Fortzug wird eine detaillierte Betrachtung der bevölkerungsdynamischen Effekte, die durch Wanderungsbewegungen ausgelöst werden, überhaupt möglich. Die Anordnung der demografischen Ereignisse innerhalb eines Kalenderjahres ist im Bevölkerungsprognosemodell auf die spezifischen Definitionen für die demografischen Bestände in der amtlichen deutschen Statistik angepasst. Alle Modellberechnungen und Interpretationen müssen aber im Folgenden mit einer Einschränkung versehen werden: Da für die Zu- und Fortzüge über die Landesgrenzen der betrachteten Bundesländer keine konkret beobachteten altersspezifischen Sterbewahrscheinlichkeiten und altersspezifischen Fertilitätsraten vorliegen, werden die Fertilitäts- und Mortalitätsverhältnisse der jeweiligen Landesbevölkerung zum Zeitpunkt der Wanderungsbewegung auf die Migranten übertragen. Diese Annahme dürfte stärker bei Wanderungen über die Bundesgrenzen als bei Binnenwanderung zwischen den Bundesländern von der Realität abweichen.

3.2 Die Ergebnisse der Modellberechnungen im Vergleich zu den Werten der amtlichen Fortschreibung

Mit dem diskreten Bevölkerungs(prognose)modell können die hypothetischen altersspezifischen Bevölkerungsbestände jeweils zum Jahresende berechnet werden. Bei Berücksichtigung aller tatsächlich beobachteten demografischen Faktoren müssten die Ergebnisse der Modellrechnung annähernd den Bevölkerungsbeständen der amtlichen Fortschreibung entsprechen. Mögliche Abweichungen können zum Beispiel im Modell selbst, der amtlichen Fortschreibung oder bereits in fehlerhaften Bevölkerungsbeständen zum Startzeitpunkt der Berechnungen (t_0) begründet sein. Um die Abweichungen (als Summe der möglichen Fehlerquellen) zu spezifizieren, soll das einfache Maß $PE(t_i)$ verwendet werden. Dieses drückt als prozentualer Fehler im Jahr t_i die Abweichung zwischen dem Jahresendwert in der Modellrechnung [$F(t_i)$] und dem Jahresendwert in der Fortschreibung [$A(t_i)$] in Beziehung zu $A(t_i)$ aus (vgl. Formel 1).

$$PE(t_i) = [(F(t_i) - A(t_i)) / A(t_i)] \cdot 100 \qquad\qquad (1)$$

Einmal beobachtete Abweichungen der Modellergebnisse [$F(t_i)$] von den tatsächlichen Fortschreibungswerten [$A(t_i)$] gehen weiterhin in die Berechnungen der nachfolgenden Jahresendbestände mit ein und summieren sich entsprechend dem Vorzeichen im Zeitablauf. Unter vollständiger Berücksichtigung der tatsächlich beobachteten demografischen Ereignisse während des gesamten Betrachtungszeitraums ergeben sich zum 31.12.2006 für alle Bundesländer relativ geringe Fehlerwerte. Diese sind für Baden-Württemberg mit PE (2006) = 0,01 am geringsten und für Sachsen-Anhalt mit PE (2006) = 0,31 am höchsten. Um den prozentualen Fehler in allen weiteren vergleichenden Betrachtungen auszuschließen, werden im Folgenden nicht die Fortschreibungsbestände der amtlichen Statistik sondern die Jahresendbestände der Modellrechnung bei Eingabe aller tatsächlich beobachteten demografischen Parameter als Vergleichsbasis für die hypothetischen Bestände verwendet.

4. Die Auswirkungen der einzelnen demografischen Faktoren am Beispiel der Bevölkerungsentwicklung in Mecklenburg-Vorpommern

Seit 1989/90 lassen sich in Mecklenburg-Vorpommern enorme Schwankungen bzw. Anpassungsprozesse in der Entwicklung der Mortalität, Fertilität und Migration beobachten. Die Sterblichkeit der Männer war und ist im Vergleich zu allen anderen 15 Bundesländern am höchsten, während sich die der Frauen dem Bundestrend annähert. Für die Periodenfertilität konnten die höchsten und niedrigsten Werte ebenso in MV gemessen werden. Die kumulierte Nettomigration reduzierte die Bevölkerungsbestände einiger Geburtsjahrgänge mittlerweile auf 60 Prozent ihrer erwarteten Jahrgangsstärke, die sie bei alleiniger Berücksichtigung ihrer kohortenspezifischen Sterblichkeit erreicht hätten (vgl. Dinkel und Salzmann 2007). Diese außerordentlichen Veränderungen führten seit 1988 zu einem stetigen Rückgang der Bevölkerungsbestände auf 1,693 Millionen am Jahresende 2006. Gerade wegen dieser Beobachtungen sollen die jeweiligen absoluten Auswirkungen der drei demografischen Faktoren auf die Bevölkerungsentwicklung zunächst exemplarisch am Beispiel Mecklenburg-Vorpommerns dargestellt werden.

Um den Einfluss der Mortalitätsentwicklung seit 1990 bis zum Jahresende 2006 für die Gesamtbevölkerung aufzuzeigen, werden zunächst hypothetische Bevölkerungsbestände berechnet, die sich ergeben, wenn kein Mortalitätsfortschritt im Beobachtungszeitraum berücksichtigt wird. Neben der tatsächlichen Fertilitäts- und Migrationsentwicklung werden in die Modellrechnung die Mortalitätsverhältnisse von 1990 einbezogen, das heißt die altersspezifischen Sterbewahrscheinlichkeiten ($_1q_x$) des Jahres 1990 bleiben konstant. Vergleicht man die hypothetischen mit den tatsächlich beobachteten Jahresendbeständen (Abbildung 3), liegen die Modellergebnisse unterhalb der realen Fortschreibungswerte. Das bedeutet, hätte es seit 1990 keinen Mortalitätsfortschritt gegeben, wären die Bevölkerungsbestände bei vorliegender Entwicklung der Fertilität und Migration noch geringer ausgefallen und würden 2006 einen Jahresendbestand von 1,624 Millionen aufweisen. Verglichen mit dem realen Fortschreibungsbestand zum 31.12.2006 wäre der hypothetische Bestand um 3,9 Prozent geringer ausgefallen.

Die Differenz zwischen dem hypothetischen und tatsächlichen Jahresendbestand zum Zeitpunkt t_i ist als alleiniger kumulierter Effekt der Mortalitätsveränderungen seit 1990 zu interpretieren. Die Zunahme der altersspezifischen Überlebenswahrscheinlichkeiten wirkt in direkter und indirekter Weise dem Bevölkerungsrückgang entgegen. Wie bereits oben erwähnt, führt eine Reduzierung der Sterblichkeit nicht nur zu einer Erhöhung der altersspezifischen Bevölkerungsbestände. Auch die absolute Zahl der Lebendgeburten kann ansteigen, da mehr Frauen die reproduktiven Altersstufen erreichen.

Abbildung 3:   Die tatsächlichen Jahresendbestände[5] in MV zwischen dem 31.12. 1990 und dem 31.12. 2006 im Vergleich zu den hypothetischen Jahresendbeständen mit den konstanten Sterblichkeitsverhältnissen des Jahres 1990

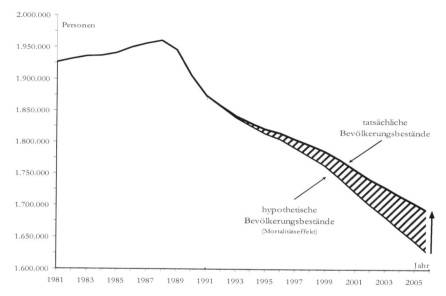

Quelle: Eigene Berechnung mit den Daten der amtlichen Statistik

Um das Ausmaß der Fertilitätsveränderungen auf die Bevölkerungsentwicklung zwischen 1990 und 2006 bestimmen zu können, wird analog zu den Berechnungen des Mortalitätseffektes vorgegangen. In die Kalkulation der hypothetischen Bevölkerungsbestände gehen die tatsächlichen Werte zur Mortalität und Migration und die konstanten altersspezifischen Fertilitätsraten des Jahres 1990 (mit einer TFR von 1,62) ein. Tatsächlich führten Timing- und Quantumeffekte im betrachteten Zeitraum zu einer geringeren Periodenfertilität als noch 1990. Abbildung 4 weist deshalb durchgängig höhere hypothetische Jahresendbestände im Vergleich zu den tatsächlichen Werten auf.

---

5 In dieser und den folgenden Graphiken werden unter den tatsächlichen Jahresendbeständen die Modellergebnisse für die Jahresendbestände verstanden, die sich ergeben, wenn alle tatsächlich beobachteten demografischen Faktoren des betrachteten Zeitraums im Modell berücksichtigt werden.

Abbildung 4: Die tatsächlichen Jahresendbestände im MV zwischen dem 31.12. 1990 und dem 31.12. 2006 im Vergleich zu den hypothetischen Jahresendbeständen mit den konstanten Fertilitätsverhältnissen des Jahres 1990

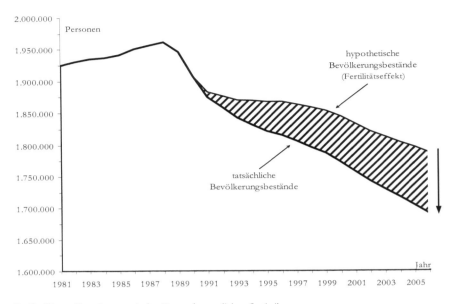

Quelle: Eigene Berechnung mit den Daten der amtlichen Statistik

Die Differenz zwischen den beiden Werten zum Zeitpunkt t_i ist jeweils die Summe der seit 1990 nicht realisierten Lebendgeburten, die von ihrem Geburtstag bis t_i nach ihrer jeweiligen gegebenen Sterblichkeit überlebt hätten. Allein auf Grund der tatsächlichen Fertilitätsentwicklung im Beobachtungszeitraum lebten in Mecklenburg-Vorpommern zum Jahresende 2006 etwa 96.000 Personen weniger als es bei konstanten Fertilitätsverhältnissen des Jahres 1990 der Fall gewesen wäre. Gegenüber dem tatsächlichen Bestand zum Jahresende 2006 fällt der korrespondierende Wert der Modellrechnung damit um 5,7 Prozent höher aus.

Abbildung 5 zeigt neben der tatsächlichen Entwicklung auch jene der hypothetischen Jahresendbestände, die sich ergeben, wenn seit dem 31.12.1990 weder Zu- noch Fortzüge über die Landesgrenzen Mecklenburg-Vorpommerns aufgetreten wären. Dementsprechend verändern sich die altersspezifischen hypothetischen Jahresendbestände von 1990 im Zeitablauf ausschließlich auf Grund der tatsächlich beobachteten Fertilität und Mortalität. Auch hier liegen die Modellwerte durchgängig über den tatsächlichen Jahresendbeständen.

Ohne Wanderungen über die Landesgrenzen läge die Einwohnerzahl Mecklenburg-Vorpommerns am Jahresende 2006 um circa 149.000 Personen über dem tatsächlichen Wert. Diese Zahl entspricht nicht der Summe der tatsächlichen jährlichen Wanderungssalden zwischen 1991 und 2006 von -109.575 Personen (vgl. Tabelle 1). Sollen die tatsächlichen bevölkerungsdynamischen Konsequenzen durch Migration für diesen Zeitraum dargestellt werden, dürfen die Auswirkungen von Migration auf die Zahl der Lebendgeburten nicht unberücksichtigt bleiben. Die hohen Nettomigrationsverluste der Frauen gerade im Alter zwischen 15 und 30 wirken sich für die zukünftige demografische Entwicklung dieses Bundeslandes gleich zweifach negativ aus. Neben der sofortigen Reduzierung der Bevölkerungsbestände in diesen Altersstufen werden auch die zukünftigen Geburten der fortgezogenen Frauen nicht mehr in MV realisiert. Der konkrete Bevölkerungsverlust oder -gewinn durch Migration zum Zeitpunkt t_i ergibt sich zum einen aus der Zahl der kumulierten Nettomigranten, die exakt bis t_i überlebt haben und zum anderen aus den von diesem Personenkreis realisierten Geburten, die ebenfalls bis t_i überleben[6]. Unter Einbeziehung dieser direkten und indirekten Migrationseffekte ergibt sich für Mecklenburg-Vorpommern zum 31.12.2006 der oben bereits genannte Bevölkerungsverlust von -149.000 Personen oder eine Abweichung von 8,8 Prozent gegenüber dem tatsächlichen Bevölkerungsbestand.

---

6 Schmertmann (1992) beispielsweise, nimmt keine gesonderte Betrachtung der Population C vor und kommt zu der falschen Schlussfolgerung eines generell negativen Effektes von Zuwanderung auf die Altersstrukturverteilung einer Bevölkerung.

Abbildung 5: Die tatsächlichen Jahresendbestände im MV zwischen dem 31.12.
1990 und dem 31.12. 2006 im Vergleich zu den hypothetischen
Jahresendbeständen ohne Migration

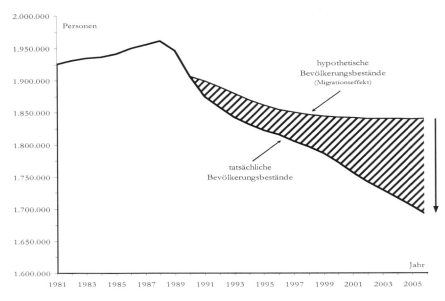

Quelle: Eigene Berechnung mit den Daten der amtlichen Statistik

5. Die Auswirkungen der einzelnen demografischen Effekte auf die Entwicklung der Bevölkerungsbestände: Ein Vergleich der acht betrachteten Bundesländer

Die für die Modellrechnungen notwendigen Angaben zu den jährlichen Jahresendbeständen, den Sterbefällen, den Zu- und Fortzügen sowie den Fertilitätsraten liegen für den Betrachtungszeitraum nach Einzelalter für alle acht Bundesländer vor. Um die Auswirkungen der jeweiligen demografischen Faktoren auf die Bevölkerungsentwicklung in den einzelnen Bundesländern zwischen 1990 und 2006 miteinander vergleichen zu können, muss die Entwicklung der jeweiligen hypothetischen und tatsächlichen Jahresendbestände in die relative Darstellung überführt werden. Gleichzeitig soll der positive oder negative Einfluss der isolierten demografischen

Parameter auf die Bevölkerungsbestände aufgezeigt werden. Dazu wird im Folgenden die Maßzahl r(tᵢ) berechnet:

$$r(t_i) = \frac{\text{tatsächlicher Jahresendbestand (im Jahr } t_i)}{\text{hypothetischer Jahresendbestand (im Jahr } t_i)} \qquad (2)$$

Trotz der Vergleichsmöglichkeiten mit Hilfe der Maßzahl r(tᵢ) muss deren Entwicklung in Abhängigkeit von der spezifischen demografischen Situation im jeweiligen Bundesland zum Startzeitpunkt der Berechnungen interpretiert werden. Ausgehend von der jeweiligen Altersstruktur und des jeweils erreichten Mortalitäts- bzw. Fertilitätsniveaus am Jahresende 1990, sind entsprechend stärkere oder geringere Auswirkungen der einzelnen fortlaufenden demografischen Faktoren auf die Entwicklung von r(tᵢ) für die einzelnen Bundesländer zu erwarten.

5.1 Die Auswirkung der isolierten Mortalitätsentwicklung

In Abbildung 6 ist die Auswirkung des isolierten Mortalitätseffektes auf die Bevölkerungsentwicklung im Zeitraum 1990 bis 2006 für die acht hier betrachteten Bundesländer zu erkennen. Unterscheiden sich zwei Populationen mit identischer Bevölkerungszahl nur in ihrer Altersstruktur würden sich die Bevölkerungsbestände trotz identischer altersspezifischer Mortalitätsverbesserungen unterschiedlich entwickeln. Das Problem der Altersstandardisierung kann für einen Vergleich der acht Bundesländer nicht zufrieden stellend gelöst werden, ohne die Interpretation der Ergebnisse zu erschweren. Deshalb ist die Entwicklung der r(tᵢ)-Werte für das jeweilige Bundesland als ein kombinierter und kumulierter Altersstruktur- und Sterblichkeitseffekt im Zeitablauf aufzufassen.

Der isolierte Sterblichkeitseffekt wirkte sich in allen Bundesländern positiv auf die Entwicklung der tatsächlichen Bevölkerungsbestände aus. Ohne den beobachteten Sterblichkeitsfortschritt seit 1990, aber bei Berücksichtigung der tatsächlichen Entwicklung aller anderen demografischen Faktoren, wären die Jahresendbestände 2006 je nach Bundesland um 1,5 bis vier Prozent geringer ausgefallen. Abbildung 6 zeigt für alle fünf ostdeutschen Bundesländer eine weit überdurchschnittliche Zunahme von r(tᵢ) durch die tatsächlichen Mortalitätsveränderungen im Beobachtungszeitraum. Die unterschiedliche Entwicklung zwischen den neuen und alten Bundesländern lässt sich durch das jeweilige unterschiedliche Niveau der Sterblichkeit im Ausgangsjahr der Berechnungen erklären. Gemessen an der altersstandardisierten Maßzahl ,durchschnittliche Lebenserwartung bei Geburt (e₀)' erreichten Lebendgeborene in Baden-Württemberg bereits 1990 Werte von etwa 73,8 (männlich) beziehungsweise 80,0 (weiblich) Jahren. Annähernd gleiche Werte konnten beispielsweise für Mecklenburg-Vorpommern erst im Jahr 2003 gemessen werden. Von den geringeren Ausgangswerten haben sich die Sterblichkeitsverhältnisse in den neuen Bundesländern seitdem überdurchschnittlich verbessert und nähern sich dem gesamtdeutschen Trend an.

Abbildung 6:   Die zeitliche Entwicklung des Parameters r(t_i) auf Grund der isolierten Auswirkungen der tatsächlichen Mortalitätsveränderungen
im Zeitraum 31.12. 1990 bis 31.12. 2006 in ausgewählten Bundesländern

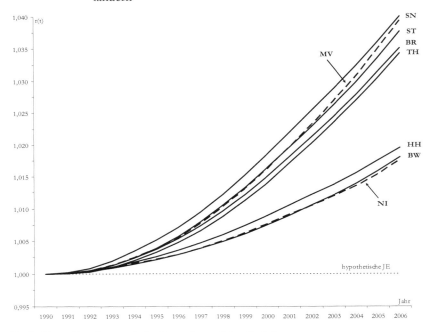

Quelle: Eigene Berechnung mit den Daten der amtlichen Statistik

Selbstverständlich gab es auch innerhalb der Gruppe der ostdeutschen und west-deutschen Bundesländer von einander abweichende Mortalitätsentwicklungen. So wiesen Sachsen und Thüringen bereits 1990 für beide Geschlechter höhere e_0-Werte als Mecklenburg-Vorpommern oder Sachsen-Anhalt auf. Trotzdem konnte Sach-sen, gemessen an der Höhe der Jahresendbestände 2006, am stärksten von dem beobachteten Sterblichkeitsrückgang profitieren. Gleiches ist für Hamburg zu erkennen, das gerade wegen seiner schlechteren Sterblichkeitsverhältnisse 1990 und dem seither beobachteten Mortalitätsfortschritt relativ höhere Werte für $r(t_i)$ im Vergleich zu Niedersachsen und Baden-Württemberg aufweist.

5.2 Die Auswirkungen der isolierten Fertilitätsentwicklung

Der isolierte und kumulierte Einfluss der Fertilitätsentwicklung auf die Bevölkerungsbestände zwischen 1990 und 2006 ist in Abbildung 7 dargestellt. Ein Wert für $r(t_i) < 1$, wie er durchgängig für jedes der acht Bundesländer beobachtet werden kann, steht für einen negativen Effekt der tatsächlichen Fertilitätsveränderungen auf die tatsächliche Bevölkerungsentwicklung seit 1990. Wie schon bei der Mortalitätsbetrachtung zeigen sich auch hier zwischen den ost- und westdeutschen Bundesländern deutliche Unterschiede in der Entwicklung von $r(t_i)$. Während für die neuen Bundesländer erhebliche Quantum- und Timingeffekte im Geburtenverhalten gemessen wurden, waren die Fertilitätsverhältnisse in den drei alten Bundesländern relativ geringen Veränderungen im Beobachtungszeitraum ausgesetzt. Zwischen 1990 und 2006 reduzierte sich die zusammengefasste Geburtenziffer (TFR) zum Beispiel in Niedersachsen nur gering von 1,47 auf 1,39. Das durchschnittliche Geburtenalter erhöhte sich für die drei westdeutschen Bundesländer im gleichen Zeitraum von näherungsweise 27 auf 29 Jahre. Dementsprechend sind die Bevölkerungsbestände am Jahresende 2006 nur marginal zwischen 0,3 und einem Prozent geringer als in der Variante mit den konstanten Fertilitätsverhältnissen des Jahres 1990.

Eine stark abweichende Entwicklung von $r(t_i)$ ist hingegen für die fünf ostdeutschen Bundesländer zu beobachten. Gerade der enorme Fertilitätsrückgang in der ersten Hälfte der 1990er Jahre hat die $r(t_i)$-Werte erheblich reduziert. Die zusammengefassten Geburtenziffern sanken in dieser Zeit auf bis dahin nie erreichte Tiefststände. Konnten beispielsweise in Mecklenburg-Vorpommern noch 1990 durchschnittlich 162 Lebendgeburten pro 100 Frauen im Alter zwischen 15 und 45 gezählt werden, war dieses Verhältnis innerhalb von vier Jahren auf durchschnittlich 74 zu 100 gesunken.

Abbildung 7:   Die zeitliche Entwicklung des Parameters r(tᵢ) auf Grund der isolierten Auswirkungen der tatsächlichen Fertilitätsveränderungen im Zeitraum 31.12. 1990 bis 31.12. 2006 in ausgewählten Bundesländern

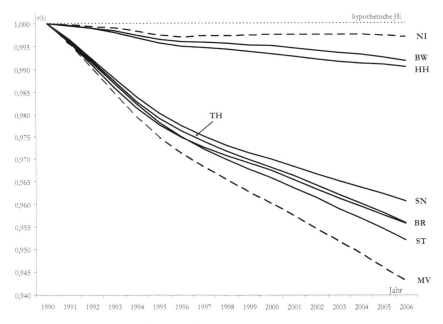

Quelle: Eigene Berechnung mit den Daten der amtlichen Statistik

Ein Wiederanstieg und ein Annähern der Fertilitätsverhältnisse an die Situation in den westdeutschen Bundesländern ist ab 1995 auch an der Entwicklung von $r(t_i)$ zu erkennen. Seitdem hat sich der nahezu lineare Rückgang von $r(t_i)$ abgeschwächt und verläuft wesentlich flacher. Betrug das durchschnittliche Geburtenalter 1990 noch 24 Jahre, ist es mittlerweile (im Jahr 2006) auf 28 Jahre angestiegen. Die zusammengefassten Geburtenziffern in den fünf ostdeutschen Ländern erreichten 2006 Werte von durchschnittlich 1,3 Kinder pro Frau. Trotz der Annäherung an die Fertilitätsverhältnisse Westdeutschlands und der für einige ostdeutsche Bundesländer künftig sogar höheren Annahmen zur Entwicklung der zusammengefassten Geburtenziffer (vgl. Dinkel et al. 2006), ist mit einem Wiederanstieg von $r(t_i)$ nicht zu rechnen. Da die altersspezifischen Fertilitätsraten bisher nicht wieder die Werte des Jahres 1990 erreichen konnten und sich das durchschnittliche Geburtenalter seitdem erhöht hat, fehlen den Bundesländern die Geburten, die bei konstanten Fertilitätsverhältnissen des Jahres 1990 realisiert worden wären. Diese fehlenden Lebendgeburten können nun ihrerseits nicht ihre zukünftige Fertilität verwirklichen. Beide Effekte kumulieren sich im Zeitverlauf auf und führen dazu, dass jede Nachfolgegeneration kleiner sein wird als in der Variante ohne Fertilitätsveränderungen.

5.3 Die Auswirkungen der isolierten Migrationsentwicklung

In Abbildung 8 ist die Auswirkung des isolierten Migrationseffektes (Wanderung über die Landesgrenzen) für die einzelnen Bundesländer seit 1990 dargestellt. Die Differenz zwischen dem tatsächlichen Jahresendbestand zum Zeitpunkt t_i (als Wert 1) und $r(t_i)$ ist die Summe der beiden Teilpopulationen B und C (vgl. Tabelle 1) und entspricht den kumulierten bevölkerungsdynamischen Konsequenzen, welche durch die tatsächlich beobachtete Migration zwischen dem 31.12.1990 bis t_i ausgelöst wurden. Auch hier ergeben sich eindeutige Unterschiede zwischen den ost- und westdeutschen Bundesländern. Brandenburg bildet eine Sonderstellung auf Grund der bereits erwähnten Stadt-Umland-Wanderungen mit Berlin.

Wie die Entwicklung von $r(t_i)$ für Hamburg, Niedersachsen und Baden-Württemberg zeigt, haben diese Bundesländer seit 1990 durchgängig von den Wanderungen über ihre Landesgrenzen profitiert[7]. Brandenburgs Bevölkerungsbestände wurden kurzzeitig durch negative Migrationseffekte beeinflusst, seit 1992 wird aber ebenfalls ein Bevölkerungszuwachs durch Migration erzielt. Der ausschließliche kumulierte Migrationseffekt erhöhte die Bevölkerungsbestände bis zum Jahresende 2006 im Vergleich zu der Modellvariante, in der die Fortschreibung der altersspezifischen Jahresendbestände 1990 unter Berücksichtigung der tatsächlichen Mortalitäts- und Fertilitätsentwicklung erfolgt, um 12,1 Prozent in Hamburg; 9,5 Prozent in Niedersachsen; 8,2 Prozent in Baden-Württemberg und 3,5 Prozent in Brandenburg.

Die Auswirkungen des Migrationseffektes auf die Bevölkerungsbestände der übrigen vier Bundesländer sind hingegen negativ. Zwischen Sachsen und Thüringen auf der einen sowie Mecklenburg-Vorpommern und Sachsen-Anhalt auf der anderen Seite können dennoch gegensätzliche Entwicklungen für $r(t_i)$ beobachtet wer-

---

7 Eine Verzerrung der Ergebnisse für Niedersachsen auf Grund der Aufnahmeeinrichtung für Spätaussiedler in Friedland ist in den Modellberechnungen nicht gegeben. In Friedland befindet sich seit 1999 das einzige Auffanglager für Spätaussiedler. Diese Personen werden nach Prüfung ihrer Zuzugsberechtigung gemäß Verteilungsschlüssel an die betreffenden Bundesländer verwiesen. Dementsprechend werden diese Personen in den Modellberechnungen, wie alle anderen Wanderungsfälle auch, zum Zeitpunkt des Zuzugs über die Landesgrenzen Niedersachsens als ein solcher betrachtet und zu einem späteren Zeitpunkt (der Weiterleitung in andere Bundesländer) als Fortzug berücksichtigt.

den, die sich im Zeitablauf weiter verstärkt haben. Wie Heiland (2004) bereits feststellte, lassen sich die Wanderungen über die Landesgrenzen dieser vier ostdeutschen Bundesländer in drei Phasen einteilen: Die höchsten Nettowanderungsverluste waren in den Jahren 1989 bis 1991 zu beobachten. Zwischen 1992 bis 1996 konnten die jährlichen Nettowanderungsverluste reduziert werden und kehrten sich teilweise in geringfügige Wanderungsgewinne um. Ab 1997 sind die Wanderungssalden über die jeweiligen Landesgrenzen jedoch wieder negativ. Die absoluten Nettowanderungszahlen spiegeln sich auch in der jeweiligen Entwicklung von $r(t_i)$ in diesen Bundesländern wider. Für Thüringen und Sachsen-Anhalt kann ab 1991/92 eine Stabilisierung von $r(t_i)$ auf dem bis dato erreichten Niveau und für Sachsen sogar ein Wiederanstieg beobachtet werden. Nur in Mecklenburg-Vorpommern reduzierte der kumulierte Migrationseffekt die Bevölkerungsbestände durchgängig. Ab 1996/97 ist in allen vier Bundesländern ein weiterer sowie in MV und Sachsen-Anhalt ein überproportionaler Rückgang von $r(t_i)$ zu beobachten. So sind in den beiden letztgenannten Bundesländern die kumulierten Bevölkerungsverluste durch Migration zum 31.12.2006 annähernd doppelt so hoch wie in Sachsen und Thüringen.

Abbildung 8:   Die zeitliche Entwicklung des Parameters r(tᵢ) auf Grund der isolierten Auswirkungen der tatsächlichen Zu- und Fortzüge über die
Landesgrenzen im Zeitraum 31.12. 1990 bis 31.12. 2006 in ausgewählten Bundesländern

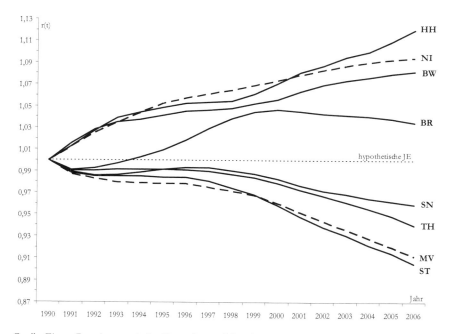

Quelle: Eigene Berechnung mit den Daten der amtlichen Statistik

Wie schon erwähnt, umfasst der Migrationseffekt zu einem bestimmten Zeitpunkt t_i
nicht nur die kumulierten Nettowanderungsergebnisse der Migranten selbst, sondern auch deren Nachkommen. Die richtige Fragestellung zu den Auswirkungen
von gleichzeitigen Zu- und Fortzügen auf die Bevölkerungsentwicklung zwischen t_0
und t_i muss deshalb lauten: Wie viele überlebende Personen wurden durch Migration bis zum Zeitpunkt t_i verloren beziehungsweise hinzugewonnen, die ohne Migration seit t_0 in den Bevölkerungsbeständen nicht erfasst worden wären? Die getrennte Berechnungsmöglichkeit der Teilpopulationen B und C macht die Beantwortung
dieser Frage und damit das Herausstellen der bevölkerungsdynamischen Konsequenzen durch Migration am gesamten Bevölkerungsbestand (Summe der Teilpopulationen A, B und C) erst möglich.

67

Tabelle 1:   Die tatsächlichen Wanderungssalden für zusammengefasste Kalenderjahre (t_i bis t_n) und deren bevölkerungsdynamische Auswirkungen für die Teilpopulationen B und C zum Zeitpunkt t_n in ausgewählten Bundesländern für den Zeitraum 01.01. 1991 bis 31.12. 2006

Jahr (t_i bis t_n)	Wanderungssaldo $\sum_{t_i}^{t_n}$	Wanderungssaldo $\sum_{t_i=1991}^{t_n}$	Population B $\sum_{t_i=1991}^{t_n}$	Population C $\sum_{t_i=1991}^{t_n}$	Population B+C $\sum_{t_i=1991}^{t_n}$
		Mecklenburg-Vorpommern			
1991 - 1995	-35.972	-35.972	-35.965	-3.497	-39.462
1996 - 2000	-19.510	-55.482	-56.430	-13.299	-69.729
2001 - 2006	-54.093	-109.575	-112.813	-36.355	-
		Brandenburg			
1991 - 1995	28.914	28.914	28.021	-3.012	25.009
1996 - 2000	107.677	136.591	129.738	-8.337	121.401
2001 - 2006	-4.131	132.460	113.173	-23.951	89.222
		Sachsen-Anhalt			
1991 - 1995	-39.516	-39.516	-38.667	-3.901	-42.568
1996 - 2000	-56.535	-96.051	-93.807	-14.010	-
2001 - 2006	-100.770	-196.821	-191.546	-38.994	-
		Sachsen			
1991 - 1995	-34.816	-34.816	-32.262	-5.342	-37.604
1996 - 2000	-29.180	-63.996	-59.853	-15.823	-75.676
2001 - 2006	-73.863	-137.859	-132.851	-40.228	-
		Thüringen			
1991 - 1995	-18.034	-18.034	-18.291	-3.224	-21.515
1996 - 2000	-20.156	-38.190	-39.655	-11.238	-50.893
2001 - 2006	-67.468	-105.658	-108.521	-29.834	-

Quelle: Eigene Berechnungen

Tabelle 2: Die tatsächlichen Wanderungssalden für zusammengefasste Kalenderjahre (t_i bis t_n) und deren bevölkerungsdynamische Auswirkungen für die Teilpopulationen B und C zum Zeitpunkt t_n in ausgewählten Bundesländern für den Zeitraum 01.01. 1991 bis 31.12. 2006

Jahr (t_i bis t_n)	Wanderungssaldo $\sum_{t_i}^{t_n}$	Wanderungssaldo $\sum_{t_i=1991}^{t_n}$	Population B $\sum_{t_i=1991}^{t_n}$	Population C $\sum_{t_i=1991}^{t_n}$	Population B+C $\sum_{t_i=1991}^{t_n}$
		Hamburg			
1991 - 1995	77.297	77.297	78.344	4.957	83.301
1996 - 2000	21.118	98.415	103.128	18.676	121.80
2001 - 2006	50.807	149.222	161.658	50.307	211.96
		Niedersachsen			
1991 - 1995	399.521	399.521	395.234	15.448	410.68
1996 - 2000	152.845	552.366	536.968	48.163	585.13
2001 - 2006	133.949	686.315	651.238	104.451	755.68
		Baden-Württemberg			
1991 - 1995	405.480	405.480	402.077	21.177	423.25
1996 - 2000	133.916	539.396	530.287	66.980	597.26
2001 - 2006	198.692	738.088	721.652	162.445	884.09

Quelle: Eigene Berechnungen

Tabelle 1 und 2 zeigen für die einzelnen Bundesländer sehr unterschiedliche Auswirkungen der Zu- und Fortzüge über die jeweiligen Landesgrenzen im Beobachtungszeitraum auf, wobei die Interpretation der einzelnen Zahlen unter der Berücksichtigung der gewählten Modellannahmen erfolgen sollte. Vergleicht man zum 31.12.2006 den kumulierten Wanderungssaldo mit dem jeweiligen Bevölkerungsbestand der Teilpopulation B müssten sich beide Werte unterscheiden. Der absolute Bevölkerungsbestand der Teilpopulation B sollte geringer sein als der absolute Summenwert der jährlichen Wanderungssalden, da die Wanderungsfälle ab dem Zeitpunkt der Wanderung über die Landesgrenzen (t_i) bis zum Ende der Beobachtung der tatsächlichen im jeweiligen Bundesland gemessenen Sterblichkeit unterlagen. Für Brandenburg, Sachsen-Anhalt, Sachsen, Niedersachsen und Baden-Württemberg bestätigt sich diese Annahme. Dass diese auf den ersten Blick logische Schlussfolgerung nicht immer zutreffen muss, zeigen die entsprechenden Werte in

Thüringen, Mecklenburg-Vorpommern und Hamburg. Auf Grund der Altersstruktur der Nettomigranten, die sich als Saldo aus den altersspezifischen Zuzugs- und Fortzugszahlen ergibt, und der altersspezifischen Sterblichkeit, kann die Population B eine Altersverteilung mit mehreren Scheitelpunkten annehmen (Sivamurthy 1982, Blanchet 1989, Schmertmann 1992). Diese Altersstruktur kann die Population B auf Werte anwachsen lassen, die über dem kumulierten Wanderungssaldo liegen. Für Mecklenburg-Vorpommern und Thüringen ergeben sich auf Grund der ungünstigen Altersstrucktur der Zu- und Fortzüge somit noch höhere Bevölkerungsverluste als durch den kumulierten Wanderungssaldo sichtbar werden. Die gleiche Eigenschaft der Population B führt in Hamburg sogar zum entgegengesetzten Effekt. Der tatsächliche Jahresendbestand der Population B ist zum 31.12.2006 um circa 12.400 Personen höher als der kumulierte Wanderungssaldo der amtlichen Statistik.

Um die Gesamtwirkung von Migration auf die Bevölkerungsentwicklung in den einzelnen Bundesländern aufzuzeigen, müssen die Teilpopulationen B und C zusammen betrachtet werden. Entscheidend für den Einfluss der Population C auf die tatsächliche Bevölkerungsentwicklung ist die Besetzung der reproduktiven Altersstufen in der Teilpopulation B. Je nachdem, ob diese positiv oder negativ besetzt sind, und wie hoch der verbleibende ‚reproductive value'[8] der Migrantinnen ist, entwickelt sich eine positiv oder negativ besetzte Teilpopulation C.

Am Beispiel Brandenburgs sollen im Folgenden die vollständigen Auswirkungen des Migrationseffektes auf die Bevölkerungsbestände veranschaulicht werden. Brandenburg kann zwischen dem 01.01.1990 und dem 31.12.2006 einen kumulierten Nettowanderungsgewinn von 132.460 Personen aufweisen. Die Wanderungsgewinne wurden hauptsächlich in den Altersstufen 0-15 und ab Alter 26 realisiert, in den Altersstufen mit den höchsten altersspezifischen Fertilitätsraten war hingegen Nettoabwanderung zu beobachten. Um den tatsächlichen Zugewinn an der Bevölkerungszahl Brandenburgs am Jahresende 2006 durch den direkten Migrationseffekt bestimmen zu können, müssen die altersspezifischen Sterbewahrscheinlichkeiten der Nettomigranten berücksichtigt werden. Tabelle 1 gibt diesen um die Sterblichkeit reduzierten Bevölkerungsbestand mit 113.173 Personen an. Die während des Beobachtungszeitraums zu einem großen Teil negativ besetzten reproduktiven Altersstufen der Population B bewirkten in der Summe eine negative Teilpopulation C mit -23.951 Personen zum Jahresende 2006. Dieser durch die Altersstruktur der Nettomigranten bedingte negative indirekte Migrationseffekt muss zum Bevölkerungsbestand der Teilpopulation B hinzuaddiert (im konkreten Fall abgezogen) werden. Von den beobachteten Zu- und Fortzügen über die Landesgrenzen Bran-

---

8 Der ‚reproductive value' [v(x)] ist ein Konzept , welches von Fisher (1930) eingeführt und unter anderem von Dinkel (1989: 130ff) auf die Demografie übertragen wurde. Auf den Inhalt dieses Beitrages bezogen gibt der ‚reproductive value' Auskunft darüber, wie viele Geburten von einer x-jährigen Migrantin zum Zeitpunkt t_j im Vergleich zu einer zum Zeitpunkt t_i Neugeborenen (bei identischer Fertilität) zukünftig (noch) zu erwarten sind.

denburgs verbleibt damit am Jahresende 2006 letztendlich ein tatsächlicher Zugewinn von circa 89.222 Personen.

6. Zusammenfassung

Aus der vorliegenden Untersuchung wird deutlich, welche langfristigen bevölkerungsdynamischen Konsequenzen von Veränderungen in den demografischen
Parametern ausgehen. Ein Vergleich zwischen den ost- und westdeutschen Bundesländern zeigt, dass sich die Auswirkungen der drei hier betrachteten demografischen
Faktoren, ausgehend von dem jeweils 1990 erreichten Niveau, recht unterschiedlich
darstellen.

Die Verbesserung der Sterblichkeit lieferte in allen betrachteten Bundesländern
einen positiven Beitrag zur beobachteten Bevölkerungsentwicklung. Die tatsächliche Fertilitätsentwicklung hatte hingegen einen negativen Einfluss auf die gemessenen Bevölkerungsbestände. Während in den westdeutschen Bundesländern die
beobachteten Veränderungen in der Mortalität und Fertilität seit 1990 insgesamt nur
geringfügige Auswirkungen hatten, waren die Folgen auf die Bevölkerungsentwicklung in den neuen Ländern um ein Vielfaches größer. Von einem relativ hohen
Mortalitäts- und Fertilitätsniveau näherten sich diese demografischen Parameter in
den ostdeutschen Bundesländern den gesamtdeutschen Verhältnissen an, haben
diese aber noch nicht vollständig erreicht. Entsprechend profitierten die neuen
Bundesländer im Beobachtungszeitraum überdurchschnittlich vom gemessenen
Mortalitätsfortschritt. Gleichzeitig mussten sie aber auch weit überdurchschnittliche
kumulierte Verluste durch die Veränderungen in der Periodenfertilität hinnehmen.
Da die Wanderungssalden über die Landesgrenzen für die neuen Länder hauptsächlich negativ waren und die alten Bundesländer fast durchgängig Wanderungsgewinne verzeichneten, ergeben sich auch für den kumulierten Migrationseffekt eindeutige Unterschiede zwischen Ost und West. Außer für Brandenburg sind für alle anderen ostdeutschen Bundesländer die kumulierten Auswirkungen der Migration negativ. Dennoch sind am Jahresende 2006 die Einflüsse, gemessen an der Maßzahl $r(t_i)$,
in Sachsen und Thüringen um die Hälfte geringer als in Mecklenburg-Vorpommern
und Sachsen-Anhalt. Niedersachsen, Hamburg und Baden-Württemberg konnten
im Beobachtungszeitraum durchgängig von einem positiven kumulierten Migrationseffekt profitieren.

Die Analyse über die Auswirkungen der drei demografischen Parameter auf
die Bevölkerungsentwicklung zeigt auch, dass einzig die Migration die Bevölkerungsbestände kurzfristig in die eine oder andere Richtung in einem wesentlichen
Ausmaß beeinflussen kann. Diese Tatsache muss vor allem für die ostdeutschen
Bundesländer diskutiert werden. Durch die zukünftige Fertilitätsentwicklung wird in
den neuen Ländern kein Wiederanstieg der Bevölkerungsbestände zu erwarten sein,

zumal sich die Fertilitätsverhältnisse dem Niveau der alten Bundesländer annähern, in dem die zusammengefasste Geburtenziffer bereits seit etwa 30 Jahren um Werte von durchschnittlich 1,3 bis 1,4 Kinder pro Frau schwankt. Die einzige Variable, die sich aktiv steuern ließe und von der zudem sofortige bevölkerungsdynamische Reaktionen ausgehen würden, ist die Migration. Zusätzlich wären hier Folgeeffekte zu verzeichnen (Population C), die durch die amtliche Statistik nur indirekt (als Lebendgeburt im Inland) erfasst werden, die aber wesentlich zur zukünftigen Bevölkerungsentwicklung beitragen[9].

---

9 Auf eine theoretische (formale) Herleitung und Diskussion des Einflusses von Wanderung ist an dieser Stelle verzichtet worden. Es sei jedoch beispielhaft auf Keyfitz (1971), Coale (1972), Espenshade et al. (1982), Mitra (1983) und (1990), Mitra und Cerone (1986), Cerone (1987), Feichtinger und Steinmann (1992), Schmertmann (1992), Wu und Li (2003) oder Edmonston (2006) verwiesen.

Literaturverzeichnis:

Abbasi-Shavazi, Mohammad Jalal/ MacDonald, Peter (2000): Fertility and Multiculturalism: mmigrants Fertility in Australia: 1977-1991, International Migration Review 34(1), 215-242.

Arriaga, Eduardo E. (1984): Measuring and Explaining the Change in Life Expectancies, Demography 21, 83-96.

Blanchet, Didier (1989): Regulating the Age Structure of a Population through Migration, Population English Selection 44, 23-37.

Bouvier, Leon F./ Poston, Jr., Dudley L./ Zhai, Nanbin Benjamin (1997): Population Growth Impacts of Zero Net International Migration, International Migration Review 31(2), 294-311

Canudas Romo, Vladimir (2003): Decomposition Methods in Demography, Population Studies, Groningen.

Cerone, Pietro (1987): On Stable Population Theory With Immigration, Demography 24, 431-438.

Cho, Lee-Jay/ Retherford, Robert D. (1973): Comparative analysis of recent fertility trends in East Asia, International Population Conference, Liege (IUSSP), 2, 163-181.

Coale, Ansley J. (1972): Alternative Paths to a Stationary Population, In: Westoff und Parke (Hrsg.): Demographic and social aspects of population growth. Volume 1 of Commission Research Reports, U.S. Commission on Population Growth and the American Future, Washington, D.C.: Government Printing Office, 589–604.

Das Gupta, Prithwis (1978): A general method of decomposing a difference between two rates into several components, Demography 15, 99-112.

Das Gupta, Prithwis (1989): Methods of Decomposing the Difference between two rates with Applications to Race-Sex Inequalities in Earnings, Mathematical Population Studies 2, 16-36.

Das Gupta, Prithwis (1991): Decomposition of the Difference between two Rates and its Consistency when more than two Populations are involved, Mathematical Population Studies 3, 105-125.

Das Gupta, Prithwis (1993): Standardization and Decomposition of Rates: A User's Manual, U.S. Bureau of the Census, Current Population Reports, Series P23-186, Washington, D.C.

Dinkel, Reiner Hans (1989): Demographie Band 1. Bevölkerungsdynamik, Vahlen, München.

Dinkel, Reiner Hans/ Meinl, Erich (1991): Die Komponenten der Bevölkerungsentwicklung in der Bundesrepublik und der DDR zwischen 1950 und 1987, Zeitschrift für Bevölkerungswissenschaft 2, 115-134.

Dinkel, Reiner Hans/ Lebok, Uwe H. (1997): The Fertility of Migrants Before and After Crossing the Border, International Migration 35(2), 253-270.

Dinkel, Reiner Hans/ Salzmann, Thomas/ Kohls, Martin (2006): Die zukünftige Bevölkerungsentwicklung in Mecklenburg-Vorpommern: Weniger dramatisch als bislang befürchtet, aber weiterhin besorgniserregend,/http://www.wiwi.uni-rostock.de/~demograf/PDFs/MV-Prognose-2006-Text.pdf.

Dinkel, Reiner Hans/ Salzmann, Thomas (2007): Die Kohortendarstellung der Migration am Beispiel Mecklenburg-Vorpommerns, Wirtschaft und Statistik (10), 1022-1031.

Edmonston, Barry/ Passel, Jeffrey S. (1992): Immigration and immigrant generations in population projections, International Journal of Forecasting 8, 459-476.

Edmonston, Barry (2006): Population dynamics in Germany: the role of immigration and population momentum, Population Research and Policy Review 25, 513-545.

Espenshade, Thomas J./ Bouvier, Leon F./ Arthur, W. Brian (1982): Immigration and the Stable Population Model, Demography 19, 125-133.

Feichtinger, Gustav/ Steinmann, Gunter (1992): Immigration into a Population with Fertility below Replacement Level—The Case of Germany, Population Studies 46, 275-284.

Fisher, Ronald A. (1930): The Genetical Theory of Natural Selection, Claredon Press, Oxford.

Heiland, Frank (2004): Trends in East-West German Migration from 1989 to 2002, Demographic Research 11, 173-194

Keyfitz, Nathan (1971): Migration as a Means of Population Control, Demography 25, 63-72.

Kim, Young J./ Strobino, Donna M. (1984): Decomposition of the Difference between Two Rates with Hierarchical Factors, Demography 21, 361-372.

Kitagawa, Evelyn M. (1955): Components of a difference between rates, Journal of the American Statistical Association 50, 1168-1194.

Horiuchi, Shiro (1995): The Cohort Approach to Population Growth: A Retrospective Decomposition, Population Studies 49, 147-163.

Liao, Tim Futing (1996): Measuring Population Aging as a Function of Fertility, Mortality, and Migration, Journal of Cross-Cultural Gerontology 11, 61-79.

Liao, Tim Futing (1989): A Flexible Approach for the Decomposition of Rate Differences, Demography 26, 717-726.

Mitra, Samarendranath (1983): Generalization of the Immigration and the Stable Population Model, Demography 20, 111-115.

Mitra, Samarendranath (1990): Immigration, below-Replacement Fertility, and Long-Term National Population Trends, Demography 27, 121-129.

Mitra, Samarendranath/ Cerone, Pietro (1986): Migration and Stability, Genus 42 (1/2), 1-12.

Pollard, J.H. (1988): On the Decomposition of Changes in Expectation of Life and Differentials in Life Expectancies, Demography 25, 265-276.

Schmertman, Carl P. (1992): Immigrants' Ages and the Structure of Stationary Populations with Below-Replacement Fertility, Demography 29, 595-612.

Sivamurthy, M. (1982): Growth and Structure of Human Population in the Presence of Migration, London, Academic Press.

Suchindran, Chirayath M./ P. Koo, Helen (1992): Age at last Birth and its Components, Demography 29, 227-245.

Wu, Zheng/ Li, Nan (2003): Immigration and the Dependency Ratio of a Host Population, Mathematical Population Studies 10, 21-39.

Young, Christabel M. (1991): Changes in the Demographic Behaviour of Migrants in Australia and the Transition between Generations, Population Studies 45, 67-89.

Effekte der Binnenmigration auf die Bevölkerungsentwicklung und Alterung in den Bundesländern

Ralf Mai, Manfred Scharein

1. Einleitung

1.1 Fragestellung

Welche demografischen Konsequenzen haben die Wanderungen zwischen den bundesdeutschen Ländern? Um diese Frage beantworten und die demografischen Effekte auch quantifizieren zu können, muss man über die reine Betrachtung der amtlichen Binnenwanderungszahlen hinausgehen. Bekannt ist, dass es eine starke Tendenz der Binnenabwanderung von Ost- nach Westdeutschland gibt, wobei es vor allem die jüngeren Ostdeutschen (mehrheitlich Frauen) in Richtung Westdeutschland zieht (Schlömer 2004, Mai 2006). Jedoch bleiben mehrere Fragen, die sich auf die demografischen Folgewirkungen der Binnenwanderung im räumlichen Kontext der Bundesländer beziehen, offen:

1. Wie viele Neugeborene sind mit den jungen ostdeutschen Frauen zusätzlich mit „abgewandert"?
2. Welcher Anteil der Alterung in den Bundesländern lässt sich allein aus der Binnenwanderung erklären?
3. Welche Bundesländer haben altersstrukturell am meisten von der Binnenwanderung profitiert?
4. Wie groß ist für die einzelnen Bundesländer der durch die spezielle Altersstruktur der Binnenwanderer induzierte Effekt?

Mittels ex-post-Projektionen will der vorliegende Beitrag Antworten auf diese Fragen geben. Dazu werden Ergebnisse von Modellrechnungen für die 16 deutschen Bundesländer für den Zeitraum vom 31.12.1990 bis 31.12.2004 vorgestellt und damit die durch die Binnenwanderung induzierten demografischen Effekte quantifiziert.

Binnenwanderungen spielen sich innerhalb der Grenzen eines Staates ab. Ein entscheidendes Unterscheidungsmerkmal ist vor allem die zurückgelegte Distanz: Binnenwanderungen bewegen sich zum größten Teil innerhalb eines kleinen Radius (Schlömer 2004). Man unterscheidet daher klein- und großräumige Binnenwanderungen beziehungsweise Nah- von Fernwanderungen.

Die Struktur und das Ausmaß von Binnenwanderungen können deutlich variieren, weil sie Reaktion auf objektiv vorherrschende, aber auch individuell wahrgenommene Lebensverhältnisse vor Ort sind und unterschiedliche regionale Ursachenstrukturen haben können. Die Mobilitätsmuster sind dabei je nach Alter und Lebensphase verschieden stark ausgeprägt (Courgeau 1985, Flöthmann 1993). Jüngere Altersgruppen sind am mobilsten und können am schnellsten auf Veränderungen, insbesondere in den Bereichen Ausbildung und Arbeitsmarkt, mit einem Ortswechsel reagieren. Auf diese Altersgruppen ist das Maximum der Wanderungsvorgänge konzentriert (neben einer kleinen Häufung bei den Kinderjahrgängen, die im Familienverbund mitwandern). Mit zunehmendem Alter reduziert sich der Umzugswunsch, außerdem haben Familien eine deutlich niedrigere Mobilität als Alleinstehende und legen kürzere Strecken zurück.

Mit Binnenwanderungen gehen Austauschprozesse einher, die – neben quantitativen Folgen für den Bevölkerungsbestand - die Altersstruktur sowohl im Herkunfts- als auch im Zielgebiet deutlich verändern können. Dies kann je nach Struktur der Zu- und Abwanderung beispielsweise eine Zu- oder Abnahme von Schülerzahlen, zukünftigen Familien, Arbeitskräften und Pflegebedürftigen bedeuten. Die Selektivität von (Binnen-)Wanderungen erstreckt sich neben dem Alter auch auf die Geschlechts-, Bildungs-, Qualifikations- oder Motivationsstruktur (Quinn et al. 2005, Genosko 1980).

Aufgrund ihrer Selektivität sind Binnenwanderungen ein sensibler Indikator für Disparitäten und Standortqualitäten, und wichtiger Ansatzpunkt für die Regionalpolitik, vor allem bei einer längerfristigen Konstanz (Mai 2006). Zusammen mit der natürlichen Bevölkerungsentwicklung beeinflussen sie die demografische und sozioökonomische Entwicklung in den Regionen eines Landes (Gans/ Schmitz-Veltin 2006). Eine unterdurchschnittliche Wirtschaftsentwicklung kann Anreize zum Abwandern bieten und im schlimmsten Fall einen „Teufelskreis" in Gang setzen: Abwanderungen schwächen die Wirtschaftsentwicklung weiter, was den Anreiz zum Fortzug wiederum erhöht. Wanderungen treten regional mit unterschiedlicher Intensität und Selektivität auf und haben differierende Entwicklungsperspektiven zur Folge. Vor allem im kleinräumigen Maßstab beeinflussen Binnenwanderungen die demografische Entwicklung sowie die Wirtschafts- und Sozialstruktur einer Region. Aber auch großräumig gibt es eindeutige Trends, die sozioökonomisch und politisch relevant sind, vor allem, wenn sie in ihrer Selektivität langfristig anhalten (Mai et al. 2007). So kann die Politik nicht übersehen, dass aus vielen Regionen Ostdeutschlands gut ausgebildete, junge Bevölkerungsgruppen verstärkt abwandern und die Abwanderungsgebiete unter wachsenden Folgeproblemen leiden.

2. Methodik

2.1 Modell

In der Demografie ist es eine gängige Methode, mittels Modellrechnungen Effekte von Parameterveränderungen zu simulieren und so die Fragen „was wäre wenn" oder „was wäre gewesen" zu beantworten (Preston et al. 2000). Dabei ist es nicht nur möglich, in die Zukunft zu blicken (etwa mit Status-Quo-Projektionen oder dem Modell der stabilen Bevölkerung), sondern auch, den Blick zurückzurichten und eine „ex-post-Projektion" durchzuführen. Nachfolgend wird der Einfluss der Binnenwanderung auf die Komponenten der Bevölkerungsentwicklung in den Bundesländern extrahiert, indem mit einer ex-post-Projektion der Blick zurück gerichtet und deren Ergebnis am Ende des Projektionshorizonts mit der „Ist-Bevölkerung" verglichen wird.[1] Die Methode folgt der Logik, dass die beobachteten Veränderungen in Verlauf und Struktur ausschließlich auf Variationen des interessierenden Parameters zurückgehen müssen, wenn außer der Binnenwanderung alle anderen demografisch relevanten Parameter dem realen Verlauf angepasst werden. Dieser demografische Effekt (im Folgenden mit Binnenwanderungseffekt bezeichnet) wird für die 16 Bundesländer zwischen den Jahren 1991 und 2004 beziffert und sein Einfluss auf Bevölkerungsentwicklung und Altersstruktur analysiert[2]. Aus den real aufgetretenen Fällen der Prozesse Mortalität, Fertilität und Außenwanderung von 1991 bis 2004 werden Übergangsziffern abgeleitet und in das Modell übernommen (die absoluten Zahlen konnten nicht verwendet werden, da die Modellbevölkerung schon ab dem zweiten Jahr von der realen abweicht)[3]. Mit einem Kohorten-Komponenten-Modell wird die Modellbevölkerung Jahr für Jahr unter Ausschluss der Binnenwanderung fortgeschrieben. Da die tatsächlich beobachteten generativen Verhältnisse sowie die Außenwanderung der gleichen Datenbasis entstammen, muss die Differenz zwischen tatsächlicher und Modellbevölkerung in erster Linie auf die Binnenwanderung zurückgehen. Die einseitige Struktur mit dem

---

1 Eine analoge Modellrechnung für die Effekte der Außenwanderung findet sich bei Mai/Scharein (2006).

2 Speziell mit den Auswirkungen von Wanderungen auf die Bevölkerungsdynamik hat sich Dinkel (1990, 2004) beschäftigt.

3 Ausgangspunkt ist die Bevölkerung zum 31.12.1990. Datengrundlage sind Zahlen der Statistischen Landesämter und des Statistisches Bundesamtes.

Schwerpunkt auf jüngeren Altersgruppen und Frauen lässt deutliche Effekte vor allem auf die ostdeutsche Bevölkerungsdynamik erwarten[4]. Der Binnenwanderungseffekt umfasst dabei nicht nur diejenigen Personen, die gewandert sind, sondern auch die Effekte auf die Altersbestände wie etwa die potenziellen Kinder, die mit ihren Eltern zu- oder fortgezogen sind. Zieht man die (amtlichen) Binnenwanderungszahlen davon ab, sollte man den eigentlichen „Altersstruktureffekt" erhalten.

Ziel ist es damit, für den Zeitraum von 1991 bis 2004 und die 16 bundesdeutschen Länder die Binnenwanderungseffekte aus den vorhandenen Daten zu schätzen. Dazu werden für die ex-post-Projektionen für diese Jahre nach Alter, Geschlecht und Bundesland differenzierte amtliche Daten der statistischen Landesämter beziehungsweise des Statistischen Bundesamtes bezüglich der Bevölkerungsbestände, Auswanderungs- und Sterbezahlen sowie die auf 1000 Personen normierten Fertilitätsziffern verwendet. Da alle Daten nach Alter vorliegen, hat der Index j im Folgenden die Ausprägungen j = 0, 1, 2,..., 89, 90+, wobei j = 0 für die unter 1-Jährigen, j = 1 für die 1- bis unter 2-Jährigen, ..., j = 89 für die 89- bis unter 90-Jährigen und j = 90+ für die 90-Jährigen und Älteren steht. Der Index i, i = 1, 2,..., 16, symbolisiert das Bundesland Nr. i der alphabetisch angeordneten Bundesländer. Der Geschlechterindex k hat die Ausprägungen 0 für die männliche und 1 für die weibliche Bevölkerung; t symbolisiert den Zeitindex, mit t=1991, 1992,..., 2004 (falls nicht anders angegeben). Folgende Notationen der gegebenen Daten werden verwendet:

$x_{tijk} \; \hat{=} \;$ „Bevölkerungsbestände am Ende des Jahres t", t=1990, 1991,..., 2004

$a_{tijk} \; \hat{=} \;$ „Außenabwanderungszahlen"

$e_{tijk} \; \hat{=} \;$ „Außenzuwanderungszahlen"

$m_{tijk} \; \hat{=} \;$ „Sterbezahlen"

$f_{tij} \; \hat{=} \;$ „Fertilitätsziffern (Geburten je 1000 Frauen", mit $f_{tij} = 0$ für $j \notin [15, 49]$

Für die Schätzung des Binnenwanderungseffekts werden zusätzlich amtliche Binnenwanderungszahlen benötigt. Da diese nicht über den gesamten Zeitraum in der nach Bundesländern, Geschlecht und Altersjahren differenzierten Form, sondern derart erst ab dem Jahr 2000 verfügbar sind, werden approximierte Zahlen verwendet, die durch die Additivität des zu Grunde liegenden Modells extrahiert werden können. Dazu bedarf es zusätzlich noch folgender Daten:

---

4 „Für die langfristige Bevölkerungsdynamik sind alleine Frauen relevant, die vor oder während des reproduktiven Lebensabschnittes in einer Bevölkerung leben" (Dinkel 1990: 50). Ein Zuzug älterer Migranten ist längerfristig für die demografische Dynamik kaum bedeutend.

$g_{tik} \mathrel{\hat{=}}$ „Lebendgeborene"

Vereinfachend wird mit saldierten Außenwanderungsdaten gerechnet:

$s_{tijk} = e_{tijk} - a_{tijk} \mathrel{\hat{=}}$ „Außenwanderungssaldo"

Die approximierten Binnenwanderungszahlen ermitteln sich wie folgt:

$$\hat{b}_{ti0k} = x_{ti0k} - \left(g_{tik} - m_{ti0k} + s_{ti0k}\right)$$

$$\hat{b}_{tijk} = x_{tijk} - \left(x_{t-1ij-1k} - m_{tijk} + s_{tijk}\right) \text{, für } j=1, 2,\ldots, 89$$

$$\hat{b}_{ti90+k} = x_{ti90+k} - \left(x_{t-1i89k} + x_{t-1i90+k} - m_{ti90+k} + s_{ti90+k}\right)$$

Bei der Durchführung der ex-post-Projektionen wird mit mittleren jährlichen Bevölkerungsbeständen gerechnet:

$$\widetilde{x}_{tijk} = \frac{x_{t-1ijk} + x_{tijk}}{2} \mathrel{\hat{=}} \text{ „Mittlerer Bevölkerungsbestand"}$$

Des Weiteren fließen in die ex-post-Projektionen die aus den Sterbezahlen und Außenwanderungssalden ermittelten Sterbewahrscheinlichkeiten (abgeleitet aus den Sterbeziffern) und Außenwanderungsziffern ein:

$$q_{ti0k} = \frac{\dfrac{m_{ti0k}}{\widetilde{x}_{ti0k}}}{1 + \left(1 - \dfrac{1}{10}\right) \cdot \dfrac{m_{ti0k}}{\widetilde{x}_{ti0k}}} \mathrel{\hat{=}} \text{ „Sterbewahrscheinlichkeit, Altersjahr 0"}$$

$$q_{tijk} = \frac{\dfrac{m_{tijk}}{\widetilde{x}_{tijk}}}{1 + \left(1 - \dfrac{1}{2}\right) \cdot \dfrac{m_{tijk}}{\widetilde{x}_{tijk}}} \mathrel{\hat{=}} \text{ „Sterbewahrscheinlichkeit, Altersjahre } j > 0\text{"}$$

$$v_{tijk} = \frac{s_{tijk}}{\widetilde{x}_{tijk}} \mathrel{\hat{=}} \text{ „Außenwanderungsziffer}$$

Abschließend werden die Formeln der Projektionsschritte aufgeführt:[5]
Für t = 1991 gilt:

5 Unterstellt wird, dass stets 51,45 % der Geburten männlichen sind (formal $c_0 = 0{,}5145$ bzw. $c_1 = 1-0{,}5145$).

$$\hat{x}_{ti0k} = \left(1 - q_{ti0k}\right) \cdot c_k \cdot \sum_{j=0}^{90+} \frac{f_{tij}}{1000} \cdot \tilde{x}_{tijw} + v_{ti0k} \cdot c_k \cdot \sum_{j=0}^{90+} \frac{f_{tij}}{1000} \cdot \tilde{x}_{tijw}$$

$$\hat{x}_{tijk} = \left(1 - q_{tij-1k}\right) \cdot x_{t-1ij-1k} + v_{tijk} \cdot x_{t-1ijk} \text{ , für } j = 1, 2, \ldots, 89$$

$$\hat{x}_{ti90+k} = \left(1 - q_{ti89k}\right) \cdot x_{t-1i89k} + \left(1 - q_{ti90+k}\right) \cdot x_{t-1i90+k} + v_{ti89k} \cdot x_{t-1i89k}$$

$$+ v_{ti90+k} \cdot x_{t-1i90+k}$$

Für t > 1991 gilt:

$$\hat{x}_{ti0k} = \left(1 - q_{ti0k}\right) \cdot c_k \cdot \sum_{j=0}^{90+} \frac{f_{tij}}{1000} \cdot \frac{\hat{x}_{t-1ijw} + \hat{x}_{tijw}}{2}$$

$$+ v_{ti0k} \cdot c_k \cdot \sum_{j=0}^{90+} \frac{f_{tij}}{1000} \cdot \frac{\hat{x}_{t-1ijw} + \hat{x}_{tijw}}{2}$$

$$\hat{x}_{tijk} = \left(1 - q_{tij-1k}\right) \cdot \hat{x}_{t-1ij-1k} + v_{tijk} \cdot \hat{x}_{t-1ij-1k} \text{ , für } j = 1, 2, \ldots, 89$$

$$\hat{x}_{ti90+k} = \left(1 - q_{ti89k}\right) \cdot \hat{x}_{t-1i89k} + \left(1 - q_{ti90+k}\right) \cdot \hat{x}_{t-1i90+k}$$

$$+ v_{ti89k} \cdot \hat{x}_{t-1i89k} + v_{ti90+k} \cdot \hat{x}_{t-1i90+k}$$

2.2 Grenzen des Modells

2.2.1 Fehlerfortpflanzung

Da die klassische Kohorten-Komponenten-Methode ein kumulatives Modell ist, setzen sich einmal gemachte Fehler im Iterationsprozess fort. Unterstellt man korrekte Berechnungen, bleibt als mögliche Fehlerquelle die amtliche Statistik. Die daraus resultierenden potentiellen Fehlerquellen und ihr Einfluss werden im Folgenden beschrieben:

1. *Bevölkerungsbestandsdaten zum 31.12. eines Jahres*: Diese Zahlen beruhen als Fortschreibung der Bestandszahlen für die westdeutschen Bundesländer auf den Ergebnissen der Volkszählung von 1987, für die ostdeutschen Bundesländer auf dem Abzug des früheren zentralen Einwohnerregisters Berlin Biesdorf des Stichtages 03.10.1990. Im Mittelpunkt der Arbeit steht der Binnenwanderungseffekt als Differenz der amtlichen Fortschreibung und der ex-post-Projektion (beziehungsweise zusätzlich abzüglich der Binnenwanderungssumme). Mögliche Fehler in den Bevölkerungsbe-

standsdaten sollten sich daher bei der Differenzbildung aufheben und einen vernachlässigbaren Einfluss auf den Binnenwanderungseffekt ausüben.

2. *Fertilitätsziffern:* Geht man davon aus, dass die Fehlermarge der über die Standesämter registrierten Geburtenzahlen gering ist, so ist für die ex-post-Projektion ebenfalls nur ein vernachlässigbarer Fehler zu erwarten. Denn ein Fehler in den amtlichen Geburtenzahlen kann nur auf zwei Arten in das Modell einfließen: Erstens über die leichte Verzerrung der Fertilitätsziffer, zweitens über eine Verzerrung der Wanderungsziffern und Sterbewahrscheinlichkeiten der Bevölkerung des Alters 0 bis unter einem Jahr (für das Jahr 1991) bis zum Alter 14 bis unter 15 Jahren (für das Jahr 2004). Wenn jedoch bereits die erste Verzerrungsart als marginal betrachtet wird, so ist der Einfluss der zweiten Verzerrungsart erst recht vernachlässigbar, da dieser im Rahmen der ex-post-Projektion multiplikativ mit der ersten Verzerrungsart wirken muss.

3. *Sterbezahlen:* Hier kann unterstellt werden, dass die amtlichen Sterbezahlen bis auf einen geringen Fehler weitestgehend stimmig sind. Mögliche Fehler in diesen Zahlen fließen über die Sterbewahrscheinlichkeiten in das Modell ein. In den Altersjahren, in denen in den einzelnen Bundesländern große Bevölkerungsbestandszahlen vorhanden sind, wirkt sich der Fehler in den Sterbezahlen nur marginal auf die Sterbewahrscheinlichkeiten aus und sollte somit auch auf die Modellrechnung keinen spürbaren Einfluss haben. Im hohen Alter jedoch, also für die Bevölkerung über 80 Jahren, für die in den einzelnen Bundesländern zum Teil recht geringe Bestandszahlen zu finden sind, kann ein, wenn auch kleiner, Fehler in den Sterbezahlen zu bemerkbaren Verzerrungen in den Sterbewahrscheinlichkeiten führen. Wegen der Fehlerfortpflanzungseigenschaft der ex-post-Projektion zieht dies registrierbare Verzerrungen in den Ergebnissen für die hohen Altersjahre nach sich.

4. *Außenwanderungszahlen:* Diese Zahlen sind wahrscheinlich verzerrt. Neben den „normalen" Registerfehlern sind hier unter anderem fehlende Abmeldungen von Fortzügen sowie unerlaubte Grenzübertritte von außen als mögliche, nicht quantifizierbare Fehlerquellen zu nennen. Weil solche Fehler in dem Modell kumulativ wirken und zudem die jeweilige Richtung und Größenordnung der Fehler nicht abschätzbar sind, kann hierüber eine nicht quantifizierbare Verzerrung bei den Modellrechnungen auftreten. Da jedoch die Summen der Außenwanderungssalden über die betrachteten Jahre für alle Bundesländer bis auf Niedersachsen[6] einen Anteil an der Gesamtbevölkerung von unter einem Prozent ausmachen, sollten Fehler in

---

6 Zur Besonderheit Niedersachsens mehr in Abschnitt 2.2.2.

den Außenwanderungszahlen zu einem überschaubaren Fehler in den Modellrechnungen führen.

5. *Binnenwanderungszahlen:* Diese Zahlen bergen über fehlende Ab- beziehungsweise Ummeldungen von wandernden Inländern potentielle Verzerrungen. Da die Modelle jedoch unter Herauslassen der Binnenwanderungen gerechnet werden, fließen Fehler in den Binnenwanderungszahlen erst bei der Berechnung altersspezifischer Effektverteilungen in die Ergebnisse ein. Jedoch deuten die Resultate darauf hin, dass auch diese Art von Verzerrungen eher als gering zu betrachten ist.

Insgesamt gibt es eine Reihe möglicher Fehlerquellen, die in die Berechnungen der Modelle einfließen und dort zu Verzerrungen führen können. Es ist jedoch weder möglich, die Größe oder die Richtung dieser Verzerrungen zu quantifizieren, noch eine Aussage darüber zu treffen, ob sich die auftretenden Verzerrungen kumulativ gegenseitig verstärken oder nivellieren. Daher werden alle Modelle unter der Annahme gerechnet, dass auftretende Fehler im Sinne der theoretischen Statistik ein „weißes Rauschen" darstellen, dessen Erwartungswert Null ist. Dass diese Annahme kaum haltbar ist, ist vor allem auf die rechnerisch nicht zu berücksichtigende Existenz der Aufnahmeeinrichtungen für Spätaussiedler und Asylsuchende zurückzuführen, weshalb diese besondere Problematik im folgenden Abschnitt erläutert wird.

2.2.2 Tücken der Wanderungsstatistik auf der regionalen Ebene

Die Untersuchung auf Bundesländerebene bietet den nicht unerheblichen Vorteil, dass deren administrative Grenzen seit Jahrzehnten fast unverändert blieben. Dieser Vorteil schlägt sich natürlich auch in der Wanderungsstatistik nieder, die dadurch eine sehr viel längere verlässliche Zeitreihe zur Verfügung stellen kann. Für den vorliegenden Zeitraum ist die intertemporale Vergleichbarkeit daher gesichert. Ein weiterer Vorteil liegt darin, dass – während regionale Modellrechnungen mit zunehmender räumlicher Differenzierung normalerweise in ihrer Verlässlichkeit und in der Datenverfügbarkeit abnehmen – die Bundesländerebene eine Möglichkeit der regionalen Analyse bei gleichzeitiger gesicherter Datenbasis bietet.

Die räumliche Ebene ergibt aber auch Nachteile: die wesentlichsten betreffen die Aufnahmeeinrichtungen für Spätaussiedler und Asylsuchende, die sich auf wenige Standorte konzentrierten und vor allem zu Beginn der 1990er Jahre die Binnenwanderungen stark beeinflussten. Es war und ist in Deutschland Praxis, dass alle an einer Außengrenze ankommenden Spätaussiedler und Asylsuchenden in eine Aufnahmeeinrichtung zwecks Prüfung der Zuzugsberechtigung weitergeleitet und anschließend gegebenenfalls gemäß des „Königsteiner Schlüssels" in ein Bundesland weiterverteilt werden. Dies führt jedoch dazu, dass diese Personen in der amtlichen Statistik zumeist zweimal auftauchen: Als Außeneinwanderer in das Bundesland der Aufnahmeeinrichtung und als Binnenabwanderer in ein anderes Bundesland, wenn die Personen nach ihrer Aufnahme den Wohnsitz wechseln. Dann kommt es zur Kombination von Außenwanderungszuzügen und Binnenfortzügen. Auf der Ebene der Bundesländer ist dieses Phänomen nicht so ausgeprägt wie auf Kreisebene, aber doch messbar. Dies betrifft insbesondere die Aufnahmeeinrichtung in Friedland (Niedersachsen), welche seit dem 01.08.1999 die einzig in Deutschland verbliebene und somit stark frequentierte Aufnahmeeinrichtung für Spätaussiedler darstellt. Die Modellrechnungen zeigen, dass von den bundesdeutschen Aufnahmeeinrichtungen vor allem diese zu einer Verzerrung der Ergebnisse führt: Diese sind deshalb für Niedersachsen deutlich negativ und für alle anderen Bundesländer schwach positiv verzerrt.

Zudem besteht das Problem des räumlichen Zuschnitts der regionalen Ebene vor allem bei den Stadtstaaten, deren Wanderungsbeziehungen zum benachbarten Bundesland stark von Stadt-Umland-, also Nahwanderungen, geprägt sind. Deren Motivationsstrukturen sind meist anders als bei Fernwanderungen: Letztere sind eher von längerfristigen Änderungen im Lebensverlauf gekennzeichnet und vor allem charakteristisch für Personen, die arbeitsmarktbedingt ihren Wohnort wechseln. Die vorliegende Untersuchung umfasst alle Binnenwanderungen zwischen den Ländern, unterscheidet also nicht zwischen Fern- und Nahwanderungen.

3. Demografische Effekte der Binnenwanderungen – Ergebnisse der Modellrechnungen

3.1 Binnenwanderungseffekt insgesamt

3.1.1 Bevölkerungsbestand

Für die Darstellung des Binnenwanderungseffekts werden zunächst die realen und modellierten Bevölkerungen in ihrem Bestand verglichen. Tabelle 1 gibt Aufschluss über die Frage, wie groß die Unterschiede in der Bevölkerungsgröße unter der Annahme sind, dass keine Binnenwanderungen mit den übrigen Bundesländern stattgefunden hätten. Die letzten drei Spalten zeigen die prozentuale Differenz zwischen realer und Modellbevölkerung am 31.12.2004 für Männer, Frauen und die Gesamtbevölkerung. Positive Werte sind so zu interpretieren, dass die Modellbevölkerung kleiner ist, es also real Zuwanderungsgewinne gegeben hat. Bei negativen Werten gab es analog zwischen 1991 und 2004 per Saldo Abwanderung, weshalb die Modellbevölkerung größer ausfällt. Ein Beispiel: Bayerns Bevölkerung wäre ohne Binnenwanderungen im Bestand Ende des Jahres 2004 um 4,5 Prozent kleiner (4,2

Prozent bei den Männern, 4,7 Prozent bei den Frauen), es hat anders ausgedrückt also 4,5 Prozent seines Bevölkerungsbestandes durch Binnenwanderung hinzugewonnen.

Die Differenzen im Bevölkerungsbestand sind teilweise erheblich. Grob kann man zwischen Ost und West unterscheiden, allerdings gibt es auch in Westdeutschland Länder, die durch die Binnenwanderung von 1991 bis 2004 insgesamt Bevölkerung verloren haben, nämlich Bremen, Niedersachsen, das Saarland und Schleswig-Holstein. Bremens Bevölkerung wäre Ende 2004 ohne Binnenwanderungen um 3,2 Prozent, Niedersachsens Bevölkerung sogar um 6,2 Prozent größer (allerdings in erster Linie eine Folge der außerordentlichen Überlagerung durch die Aufnahme von Aussiedlern). Letzterer Wert bewegt sich durchaus im Bereich der Abnahme durch Binnenabwanderung in den neuen Bundesländern: hier schwankt die Differenz zwischen 7,0 Prozent (Sachsen) und 11,3 Prozent (Mecklenburg-Vorpommern), um die die Bevölkerungen ohne Binnenwanderungen größer wären. Brandenburg fällt aus der Reihe, weil dort die ausgeprägte Wanderungsverflechtung mit Berlin eine dominante Rolle spielt.

Abbildung 1 zeigt die geschlechtsspezifischen Unterschiede des Binnenwanderungseffekts. Negative Werte bedeuten auch hier eine Abwanderungsbevölkerung, positive Werte, dass die modellierte Bevölkerung ohne Binnenwanderung kleiner ist (Zuwanderung). Man erkennt Abweichungen im Vergleich von Männern und Frauen. Vor allem bei den neuen Ländern zeigt sich die überdurchschnittliche weibliche Abwanderung in höheren Werten. So beträgt der Unterschied zwischen Frauen und Männern bei Mecklenburg-Vorpommern -12,5 Prozent zu -10,2 Prozent, in Sachsen -5,6 Prozent zu -8,2 Prozent. In Niedersachsen, dem Saarland oder Bremen war dagegen die Abwanderung der Männer höher, hier sind die Besetzungszahlen der Männer also stärker geschrumpft. Ein besonders großer Unterschied findet sich in Schleswig-Holstein, wo die männliche Bevölkerung durch Abwanderung im Bestand abnahm (-1,4 Prozent), die weibliche dagegen leichte Zuwanderung erfuhr (0,1 Prozent). Konsequenterweise ist die Zuwanderung in den westdeutschen Ländern bei den Frauen höher als bei den Männern, da sich die Binnenwanderungen ja allesamt zwischen den Ländern abspielen und daher der höheren weiblichen Abwanderung im Osten eine höhere Zuwanderung im Westen entsprechen muss.

Tabelle 1: Ergebnisse der Modellrechnungen zum Binnenwanderungseffekt 1991-2004 (absolute Werte in 1000 und Differenz Real zu Modell in Prozent); m, männlich; w, weiblich; ges., Gesamtbevölkerung

	Reale Bev. 1991			Reale Bev. 2004			Modellbevölkerung 2004			Differenz 2004 in %		
	m	w	ges.	m	w	ges.	m	w	ges.	m	w	ges.
Baden-Württemb.	4.882	5.120	10.002	5.260	5.457	10.717	5.180	5.361	10.541	1,5	1,8	1,6
Bayern	5.639	5.957	11.596	6.089	6.355	12.444	5.833	6.057	11.889	4,2	4,7	4,5
Bremen	328	355	684	321	342	663	332	352	684	-3,3	-3,0	-3,2
Hamburg	795	874	1.669	844	891	1.735	807	856	1.663	4,3	3,9	4,1
Hessen	2.847	2.990	5.837	2.987	3.111	6.098	2.922	3.030	5.952	2,2	2,6	2,4
Niedersachsen	3.637	3.839	7.476	3.919	4.082	8.001	4.178	4.318	8.495	-6,6	-5,8	-6,2
NRW	8.461	9.048	17.510	8.803	9.272	18.075	8.739	9.160	17.899	0,7	1,2	1,0
Rheinland-Pfalz	1.859	1.962	3.821	1.992	2.069	4.061	1.898	1.960	3.858	4,7	5,3	5,0
Saarland	520	556	1.077	513	543	1.056	527	550	1.077	-2,7	-1,4	-2,0
Schleswig-Holst.	1.288	1.361	2.649	1.383	1.446	2.829	1.402	1.444	2.846	-1,4	0,1	-0,6
Alte Bundesl.	30.256	32.064	62.320	32.111	33.569	65.680	31.817	33.088	64.905	0,9	1,4	1,2
Brandenburg	1.232	1.311	2.543	1.270	1.297	2.568	1.280	1.335	2.614	-0,7	-2,9	-1,8
Mecklenb.-Vorp.	921	971	1.892	852	868	1.720	939	976	1.915	-10,2	-12,5	-11,3
Sachsen	2.209	2.469	4.679	2.092	2.204	4.296	2.210	2.385	4.595	-5,6	-8,2	-7,0
Sachsen-Anhalt	1.350	1.474	2.823	1.217	1.278	2.494	1.336	1.433	2.769	-9,8	-12,2	-11,0
Thüringen	1.231	1.341	2.572	1.158	1.197	2.355	1.238	1.317	2.555	-6,9	-10,0	-8,5
Neue Bundesl.	6.943	7.566	14.509	6.590	6.844	13.433	7.002	7.446	14.447	-6,3	-8,8	-7,5
Berlin	1.640	1.806	3.446	1.653	1.735	3.388	1.709	1.801	3.510	-3,4	-3,8	-3,6

Quelle: Statistisches Bundesamt, eigene Berechnungen

Abbildung 1:   Differenzen in % im Bevölkerungsbestand der realen und der
Modellbevölkerung am 31.12.2004, Männer und Frauen

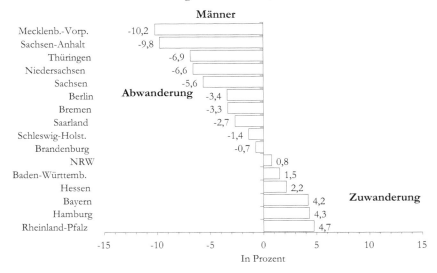

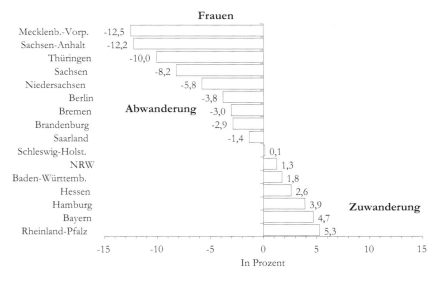

Quelle: Statistisches Bundesamt, eigene Berechnungen

Die demografischen Effekte der Binnenwanderungen äußern sich nicht nur im Bevölkerungsbestand. Ein interessanter Aspekt sind auch die Unterschiede in den Geburtenzahlen. Im Modell wird zwar das reale Fertilitätsniveau unterstellt, die Fertilitätsziffern waren also identisch zu den beobachteten zwischen den Jahren 1991 und 2004. Allerdings hat die Binnenwanderung den Effekt, dass in Abwanderungsländern mit den Fortzügen von Frauen/Paaren auch potenzielle zukünftige Kinder abwandern beziehungsweise umgekehrt in Zuwanderungsregionen mit zuziehen. Bei Auslassung der Binnenwanderungen unterscheiden sich daher die modellierten Geburtenzahlen von den realen. Durch die Modellrechnungen können die durch Binnenwanderung „entgangenen" bzw. „gewonnenen" Geburten abgeschätzt und quantifiziert werden. Dieser oben angesprochene Altersstruktureffekt sollte gleichwohl nur näherungsweise interpretiert werden, weil sich die Differenz zwischen Modell und realer Bevölkerung nicht nur durch den Altersstruktureffekt, sondern auch durch die übrigen, bereits angesprochenen Störfaktoren erklärt.

Tabelle 2: Vergleich der Geburtenzahlen zwischen realer und Modellbevölkerung, 1991 bis 2004 (absolut in 1000 und prozentuale Differenz)

	Tatsächliche Geburten 1991-2004	Geburten nach Modell 1991-2004	absolute Differenz (Real-Modell)	Differenz in % (Real-Modell)
Baden-Württemb.	1.530	1.521	9,4	0,6
Bayern	1.739	1.675	64,1	3,8
Bremen	87	87	0,5	0,5
Hamburg	227	206	20,8	10,1
Hessen	829	801	27,4	3,4
Niedersachsen	1.115	1.140	-25,0	-2,2
NRW	2.520	2.498	21,6	0,9
Rheinland-Pfalz	544	531	13,1	2,5
Saarland	131	135	-4,2	-3,1
Schleswig-Holst.	380	389	-9,0	-2,3
Alte Bundesl.	9.101	8.983	118,7	1,3
Brandenburg	225	254	-28,5	-11,2
Mecklenb.-Vorp.	165	200	-34,3	-17,2
Sachsen	406	452	-46,1	-10,2
Sachsen-Anhalt	237	272	-35,5	-12,4
Thüringen	223	255	-31,6	-13,0
Neue Bundesl.	1.257	1.433	-175,9	-12,3
Berlin	411	402	8,7	2,2

Quelle: Statistisches Bundesamt, eigene Berechnungen

In Tabelle 2 finden sich die Ergebnisse der Modellrechnungen mit den geschätzten Geburtenzahlen. Erwartungsgemäß lassen sich die Länder wie oben unterscheiden. Es ist ein Ost-West-Gegensatz festzustellen mit niedrigeren Geburtenzahlen durch Abwanderung aus dem Osten und umgekehrt höheren im Westen. Doch auch in Niedersachsen und Saarland wären die Geburtenzahlen ohne Binnenwanderungen höher, und zwar in der Summe der Jahre von 1991 bis 2004 um immerhin 2,2 Prozent beziehungsweise 3,1 Prozent. Diese Werte werden jedoch weit übertroffen von den neuen Bundesländern: hier wären die Geburtenzahlen zwischen 10,2 Prozent (Sachsen) und sogar 17,2 Prozent (Mecklenburg-Vorpommern) höher, wenn keine Binnen(ab)wanderung stattgefunden hätte.

Die Modellrechnung ergab in der Summe etwa 176.000 Geburten, die den neuen Bundesländern durch Abwanderung „entgangen" sind; Westdeutschland gewann im Gegenzug knapp 119.000 hinzu. Abbildung 2 zeigt die Rangfolge der Länder beim Geburtengewinn und -verlust. Die Spannweite der potenziellen Differenz in den Geburtenzahlen beträgt dabei fast 30 Prozentpunkte. Vor allem Hamburg auf der Gewinner- und Mecklenburg-Vorpommern auf der Verliererseite stechen heraus.

Abbildung 2:   Differenz in % der Geburtenzahlen 1991 bis 2004, reale zu Modellbevölkerung

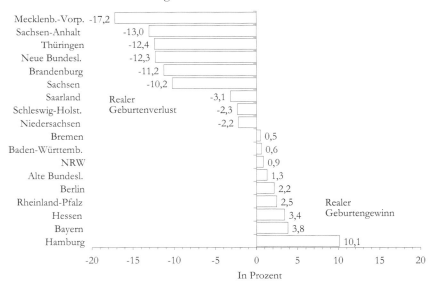

Quelle: Statistisches Bundesamt, eigene Berechnungen

3.1.3 Alterung/Medianalter

Gravierender als die Folgen für Bevölkerungsgröße und Geburtenzahlen ist der Binnenwanderungseffekt auf die Altersstruktur und Alterung. Die Gegenüberstellung der Altersaufbauten der realen und modellierten Bevölkerung für den 31.12.2004 verdeutlicht dies; aus Platzgründen seien hier stellvertretend Bayern und Sachsen gezeigt (Abb. 3)[7].

Abbildung 3:   Altersaufbau am 31.12.2004 in Bayern und Sachsen (reale und Modellbevölkerung)

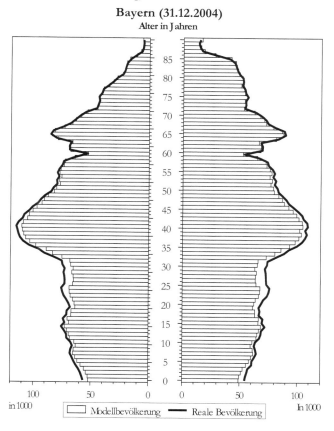

Bayern (31.12.2004)
Alter in Jahren

Modellbevölkerung   Reale Bevölkerung

7 Aus Gründen der Darstellung sind die Altersstrukturen nur bis zum Alter 89 abgebildet.

Sachsen (31.12.2004)
Alter in Jahren

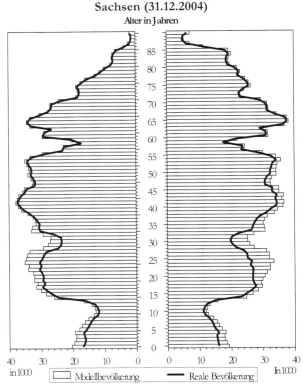

Quelle: Statistisches Bundesamt, eigene Berechnungen

Die projizierten Altersstrukturen der Bundesländer unterscheiden sich deutlich von den fortgeschriebenen der amtlichen Statistik. Hamburg ist das Land mit den stärksten positiven Abweichungen, also der größten Zuwanderung in jüngeren Altersstufen. Interessant ist eine Gegenüberstellung von Ländern, die ein intensiver Wanderungsaustausch prägt: Berlin mit Brandenburg oder Hamburg mit Mecklenburg-Vorpommern. Es ist bemerkenswert, dass einzelne (junge) Altersstufen um bis zu 50-60 Prozent stärker beziehungsweise bis zu 30-40 Prozent schwächer besetzt wären, wenn keine Binnenwanderungen stattgefunden hätten. Verallgemeinert sind vier Gruppen von Bundesländern unterscheidbar:

1. Die Muster in Sachsen, Thüringen und Mecklenburg-Vorpommern ähneln sich: Die Bevölkerung wäre ohne Binnenwanderungen etwa bis zum Alter 40, vor allem in den Altersgruppen zwischen 18 und 30 Jahren, stärker besetzt, wobei die Abwanderung der Frauen besonders zu Buche schlägt. Aber auch die Jahrgänge bis zehn Jahre werden durch abgewanderte Mütter beziehungsweise Familien geschmälert. Die Unterschiede in den höheren Altersstufen sind eher gering. Mecklenburg-Vorpommern ist das Land mit der stärksten Abwanderung und verzeichnet die stärksten Schrumpfungstendenzen über alle Altersstufen hinweg. Thüringen und Sachsen zeigen geringere Abnahmen der jüngeren Altersgruppen, wobei in Thüringen der Unterschied bei den Frauen deutlich größer ist als in Sachsen. Diese Abwanderungsdifferenz setzt sich in allen vier Ländern bis in die oberen Altersstufen fort. Niedersachsen zählt aufgrund seiner „statistischen Sonderstellung" ebenfalls zu dieser Gruppe, auch wenn die Binnenabwanderung ungleich geringer war und sich gleichmäßig auf alle Altersstufen erstreckt. Brandenburg dagegen hat ein eigenständigeres Muster: Ähnlich wie in den übrigen neuen Bundesländern wandert vor allem Bevölkerung zwischen 20 und 35 Jahren ab. Im Gegenzug ist die brandenburgische Bevölkerung jedoch angewachsen, und zwar in den „Familienaltersstufen" zwischen 35 und 50 Jahren – eine Folge vor allem der Suburbanisierung aus Berlin. Da oft Familien mit Kindern ins Umland ziehen, sind die Altersstufen etwa zwischen 10 und 15 Jahren ebenfalls leicht angewachsen – trotz gegenläufiger altersstruktureller Effekte (Reduzierung der Mütterjahrgänge).

2. Die drei Stadtstaaten Berlin, Hamburg und Bremen besitzen konträre altersstrukturelle Muster, die durch den „Großstadtstatus" bedingt sind. Die Bevölkerung in mittleren und höheren Altersstufen wandert oft im Familienverbund ab, Zuwanderung erfolgt zumeist in jungen Altersstufen. In Berlin und Bremen sind diese Altersstufen auf wenige Altersjahre zwischen 20 und 30 Jahren begrenzt. In Hamburg fällt dagegen auf, dass in den vergangenen Jahren vermehrt Personen im Familienalter beziehungsweise Kinder in die Stadt gezogen sind. Die drei Stadtstaaten konnten durch Binnenwanderung ihre Altersstruktur merklich verjüngen.

3. Das Saarland und Schleswig-Holstein sind Länder, deren Altersstruktur durch die Binnenwanderungen in der Summe der Jahre kaum beeinflusst wurde und in denen per Saldo eher Abwanderung vorherrschte. Im Saarland geschah dies vor allem in den Altersstufen zwischen 30 und 50 Jahren, in Schleswig-Holstein eher in jüngeren Jahren. Insgesamt unterscheiden sich die Strukturen der Altersaufbauten zwischen Modell- und tatsächlicher Bevölkerung nur wenig.

4. Die Restgruppe bilden westdeutsche Flächenstaaten mit Binnenzuwanderung, die jedoch differenziert ausfällt. Rheinland-Pfalz verbuchte in fast jeder Altersstufe deutliche Zuwanderung, in Bayern geschah dies ähnlich, aber verstärkt bei den Jüngeren. Baden-Württemberg konnte nur in den jüngeren Altersstufen in nennenswertem Maße Einwohner durch Zuwanderung gewinnen. Noch weniger Personen waren es in Nordrhein-Westfalen. In diesen großen Flächenstaaten ist die demografische Bedeutung der Binnenwanderung ungleich geringer als in den kleineren oder in Ostdeutschland. Dies bedeutet nicht, dass hier die Binnenwanderung geringer war. Im Gegenteil, die Mobilität ist im Westen oft höher. Die Unterschiede im altersstrukturellen Binnenwanderungseffekt entstehen, weil im Westen ein reger Wanderungsaustausch herrscht (mit per Saldo geringen Auswirkungen), während im Osten die Zuwanderung die Fortzüge kaum ausgleicht.

In Tabelle 3 sind die Auswirkungen der Binnenwanderungen auf die Alterung nochmals anhand des Medianalters der realen und modellierten Bevölkerungen dargestellt. Das Medianalter stieg in den Jahren 1991 bis 2004 in allen Ländern mehr oder weniger deutlich an, mit einer Ausnahme: In Hamburg sank das Medianalter der Frauen um 1,1 Jahre. Bei Betrachtung der Medianalter für die Modellbevölkerungen ergibt sich ein zweigeteiltes Bild: Da sind zum einen die Länder, deren Durchschnittsalter ohne Binnenwanderungen höher gewesen wäre, deren Altersstruktur also durch Binnenwanderungen „verjüngt" wurde. Dazu zählen Baden-Württemberg, Bayern, Bremen, Hamburg, Hessen, Nordrhein-Westfalen, Berlin und Rheinland-Pfalz. Das Modell-Medianalter insgesamt wäre um bis zu 2,8 Jahre höher (Hamburg). Auf der anderen Seite stehen Länder, deren Altersstruktur durch die Binnenwanderungen einen zusätzlichen Alterungseffekt erfuhr: Niedersachsen, Saarland, Schleswig-Holstein und die neuen Länder. Hier läge das Medianalter ohne Binnenwanderungen bis zu 2,6 Jahre unter dem 2004 real gemessenen, wie bei den Frauen in Mecklenburg-Vorpommern abzulesen ist.

Gut ein Viertel der ostdeutschen Alterung 1991 bis 2004 (gemessen am Anstieg des Medianalters) wird nach unseren Modellrechnungen von der Binnenwanderung verursacht. Dieser Anteil liegt in Mecklenburg-Vorpommern am höchsten mit 27 Prozent, in Thüringen am niedrigsten mit 20 Prozent. Aber auch in Niedersachsen wird das Durchschnittsalter durch Binnenwanderungen deutlich angehoben. Am stärksten fällt die Alterung der Frauen durch Binnenabwanderung in Sachsen-Anhalt, bei den Männern in Mecklenburg-Vorpommern aus. Einen Sonderfall stellt Hamburg dar: Die Binnenwanderung hatte einen nicht nur stark verjüngenden Effekt der Bevölkerung, sondern war bei den Frauen alleinig dafür verantwortlich, dass ihr Medianalter in diesem Zeitraum sank. Dieser verjüngende Effekt ist gut anderthalbmal so groß wie die in Gegenrichtung wirkende Alterung.

Tabelle 3: Medianalter der realen und der modellierten Bevölkerung und der Binnenwanderungseffekt in den Ländern, 1991 und 2004 (in Jahren); m, männlich; w, weiblich; ges, Gesamtbevölkerung

	Reale Bevölkerung						Modellbevölkerung			BW-Effekt: Differenz 2004 Real - Modell		
	1991			2004			2004					
	m	w	ges.	m	w	ges.	m	w	ges.	m	w	ges.
Baden-Württemberg	34,8	38,6	36,6	39,8	41,8	40,7	40,2	42,3	41,2	-0,4	-0,5	-0,5
Bayern	35,4	39,5	37,3	40,0	42,2	41,1	40,6	43,0	41,8	-0,6	-0,8	-0,7
Bremen	37,4	42,7	40,1	40,7	44,3	42,4	41,7	45,0	43,2	-1,0	-0,7	-0,8
Hamburg	37,4	42,9	40,2	39,3	41,8	40,5	41,8	44,9	43,3	-2,5	-3,1	-2,8
Hessen	36,6	40,3	38,4	40,7	41,7	41,6	41,5	43,7	42,5	-0,8	-2,0	-0,9
Niedersachsen	36,0	40,4	38,1	40,4	42,8	41,6	39,7	42,2	40,9	0,7	0,6	0,7
NRW	36,1	40,3	38,1	40,4	42,8	41,6	40,8	43,4	42,0	-0,4	-0,6	-0,4
Rheinland-Pfalz	36,2	40,3	38,2	40,9	43,2	42,0	41,1	43,6	42,3	-0,2	-0,4	-0,3
Saarland	36,9	41,2	38,9	42,3	44,9	43,6	42,0	44,7	43,3	0,3	0,2	0,3
Schleswig-Holstein	36,7	41,5	39,0	40,8	43,3	42,0	40,6	43,3	41,9	0,2	0,0	0,1
Alte Bundesländer	35,9	40,1	37,9	40,3	42,6	41,4	40,7	43,1	41,8	-0,4	-0,5	-0,4
Brandenburg	34,1	37,9	35,9	42,1	44,9	43,5	40,4	43,3	41,8	1,7	1,6	1,7
Mecklenburg-Vorpommern	32,8	36,4	34,5	41,7	44,9	43,3	39,5	42,3	40,9	2,2	2,6	2,4
Sachsen	36,2	41,5	38,8	42,4	47,0	44,6	41,3	45,4	43,3	1,1	1,6	1,3
Thüringen	35,1	40,0	37,6	42,6	46,7	44,6	40,9	44,6	42,7	1,7	2,1	1,9
Sachsen-Anhalt	34,9	39,1	37,0	42,1	45,9	43,9	40,8	44,2	42,5	1,3	1,7	1,4
Neue Bundesländer	34,7	39,2	37,1	42,2	46,0	44,1	40,7	44,2	42,4	1,5	1,8	1,7
Berlin	35,1	39,9	37,4	40,1	42,4	41,2	41,2	43,4	42,2	-1,1	-1,0	-1,0

Quelle: Statistisches Bundesamt, eigene Berechnungen

Bei den Modellrechnungen ist nicht nur der Binnenwanderungseffekt insgesamt, also die Differenz zwischen realer und modellierter Bevölkerung, von Interesse, sondern auch der „reine" Altersstruktureffekt. Dieser Effekt stellt die Differenz dar, um die die realen Bestandszahlen von den erwarteten Werten (Modell plus Binnenwanderung) abweichen. Bei der Interpretation der Ergebnisse sind vor allem die Vorzeichen und Wirkungsrichtung dieses Effekts zu berücksichtigen.

Effekte auf den *Bevölkerungsbestand* können zweifach wirken:
1. Negativ (schrumpfender Effekt), mit einer

    a. Abschwächung der Zuwanderung oder

    b. Verstärkung der Abwanderung

2. Positiv (Wachstumseffekt), mit einer

    a. Verstärkung der Zuwanderung oder

    b. Abschwächung der Abwanderung

Effekte auf die *Alterung* können ebenfalls zweifach wirken:
1. Negativ bzw. alternd oder

2. Positiv bzw. verjüngend

Die Analyse dieses Effektes ist für eine Analyse der altersstrukturellen Wirkungen der Binnenwanderung sehr aufschlussreich. Gleichwohl kann der Alterungseffekt nicht direkt abgelesen werden, weil es darauf ankommt, in welcher Altersgruppe eine Veränderung eintritt und ob diese sich ober- oder unterhalb des Durchschnittsalters der jeweiligen Bevölkerung befindet. Daher werden hier nur die Ergebnisse für die Altersstruktureffekte auf den Bevölkerungsbestand dargestellt.

Abbildung 4 zeigt, dass nur fünf Länder – nämlich Hamburg, Bremen, Berlin, Hessen und Bayern – von der Binnenwanderung altersstrukturell im Hinblick auf den Bevölkerungsbestand profitiert haben. Hier sind bei Addierung von Modellbevölkerung und der Summe der amtlichen Binnenzuwanderung (Hessen, Bayern, Hamburg) beziehungsweise bei Modellbevölkerung minus der Summe der amtlichen Binnenabwanderung (Berlin, Bremen) *mehr* Personen vorhanden sind als in der amtlichen Statistik. Je 1000 der Bevölkerung macht dieser Effekt um bis zu 19 Personen aus, um die die Zuwanderung in Hamburg verstärkt wurde.

Umgekehrt bedeuten negative Werte, dass bei Zusammenzählung von Modellbevölkerung und der Summe der amtlichen (Zu-)Wanderung (Nordrhein-Westfalen, Baden-Württemberg, Rheinland-Pfalz, Schleswig-Holstein, Brandenburg) (beziehungsweise bei Modellbevölkerung minus der Summe der amtlichen (Ab-)Wanderung; Saarland, Niedersachsen, Sachsen, Sachsen-Anhalt, Thüringen, Mecklenburg-Vorpommern) *weniger* Personen vorhanden sind als in der amtlichen Statistik. Hier ist Mecklenburg-Vorpommern das Schlusslicht mit gut 25 Personen je 1000 Einwohner, um die der Altersstruktureffekt der Binnenwanderung zwischen 1991 und 2004 die ohnehin hohe Abwanderung noch verstärkt hat.

Tabelle 3:   Wirkung der Altersstruktureffekte auf den Bevölkerungsbestand (1991-2004, je 1000 der Bevölkerung)

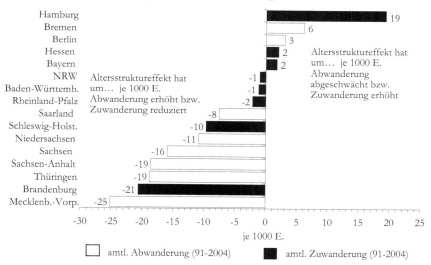

Quelle: Statistisches Bundesamt, eigene Berechnungen

Sonderfälle stellen die Länder Schleswig-Holstein und Brandenburg dar, deren Zuwanderung laut amtlicher Statistik im Modell durch einen negativen Altersstruktureffekt in eine Abwanderung umgewandelt wurde. Nicht geklärt werden kann an dieser Stelle, inwieweit (zumindest im Fall von Brandenburg) Störeffekte aufgrund der Aufnahmeeinrichtungen für Spätaussiedler, die sich in den 1990er Jahren dort befanden, dies beeinflusst haben. Dies gilt in noch größerem Maße für Niedersachsen, worauf bereits in Kapitel 2.2.2 eingegangen wurde.

Tabelle 4 ist eine generalisierende Synthese der vorangegangenen Ergebnisse und teilt die Bundesländer nach ihrer Ausprägung von Binnenwanderungs- und Altersstruktureffekt ein. Auch hier zeigt sich der Ost-West-Gegensatz: Die neuen Länder haben einen negativen Altersstruktureffekt, der den Bestand zusätzlich verringert hat, und gleichzeitig eine deutliche Alterung ihrer Bevölkerung erfahren. Diese Einteilung lässt Rückschlüsse auf den Alterungseffekt der Binnenwanderung zu, der an dieser Stelle jedoch nicht weiter untersucht werden soll. Die Zweiteilung Ost-West ist jedoch nur ansatzweise gegeben, denn auch der Westen ist nicht einheitlich: Bayern, Hamburg, Hessen, Berlin und Bremen konnten altersstrukturell von der Binnenwanderung profitieren, die übrigen westdeutschen Länder nicht. Während die genannten fünf West-Länder jedoch allesamt einen Verjüngungseffekt der Binnenwanderung (zusätzlich zum positiven Altersstruktureffekt) verbuchten, trifft dies nur für einen Teil der Länder mit einem negativen Altersstruktureffekt zu. Niedersachsen, das Saarland und Schleswig-Holstein weisen wie die ostdeutschen Länder einen Alterungseffekt der Binnenwanderung auf. Baden-Württemberg, Nordrhein-Westfalen und Rheinland-Pfalz dagegen konnten ihre Alterung durch die innerdeutschen Wanderungen abschwächen, obwohl sie altersstrukturell im Bestand nicht davon profitierten. Diese Gegenüberstellung verdeutlicht die Altersselektivität der Wanderungen und deren teilweise einseitigen Verflechtungen.

Tabelle 4: Bundesländer nach Binnenwanderungs- und Altersstruktureffekt (1991-2004)

Gesamtbevölkerung		Altersstruktureffekt auf den Bevölkerungsbestand	
		Keinere Bevölkerung	Gößere Bevölkerung
BW-Effekt gesamt auf Altersstruktur	Verjüngung	Baden-Württemberg, Nordrhein-Westfalen, Rheinland-Pfalz	Bayern, Hamburg, Hessen, Berlin, Bremen
	Alterung	*Brandenburg, Mecklenburg-Vorpommern,* Niedersachsen, Saarland, *Sachsen, Sachsen-Anhalt,* Schleswig-Holstein, *Thüringen*	--

Quelle: Statistisches Bundesamt, eigene Berechnungen

4. Fazit und Schlussfolgerungen

Die vorliegenden Modellrechnungen quantifizieren die demografischen Effekte der Binnenwanderungen zwischen den bundesdeutschen Ländern des Zeitraums 1991 bis 2004. Drei Punkte ragen aus den Ergebnissen heraus:

1. Der Binnenwanderungseffekt insgesamt ergibt, dass die Geburtenzahl für Ostdeutschland (ohne Berlin) ohne Binnenwanderungen um 12,3 Prozent größer, in Westdeutschland (ohne Berlin) dagegen um 1,3 Prozent kleiner gewesen wäre.

2. Weiterhin hat der Effekt die Alterung in Ostdeutschland um bis ein Drittel (Frauen) beziehungsweise ein Viertel (Männer) verstärkt, daneben auch in Niedersachsen, Saarland und Schleswig-Holstein. Im übrigen Westdeutschland, vor allem in den Stadtstaaten, ist sie davon abgeschwächt worden.

3. Der Altersstruktureffekt ist in den drei Stadtstaaten, in Bayern und Hessen positiv, diese Länder haben also altersstrukturell (im Bevölkerungsbestand) von der Binnenwanderung profitiert. Negativ ist er in Ostdeutschland, aber auch in den übrigen westdeutschen Ländern.

Der Erkenntnisgewinn dieser Modellrechnungen, unter Berücksichtigung ihrer theoretischen und methodischen Grenzen, liegt vor allem in der Abschätzung des altersstrukturellen Einflusses von Binnenwanderungen auf den Bevölkerungsbestand und die Alterung – wobei letzteres erst ansatzweise beantwortet ist und Gegenstand weiterer Forschung sein sollte. Mit den Modellrechnungen kann nachvollzogen werden, in welchen Altersstufen und wann die Binnenwanderung welche Effekte nach sich zog.

Das Modell kann gleichwohl keinen Anspruch auf absoluten Wahrheitsgehalt bieten. Die Ergebnisse sollten eher in der Tendenz interpretiert werden, obwohl mögliche Fehler bei den hier verwendeten, stark aggregierten Massen insgesamt einen eher geringen Ausschlag haben dürften. Außerdem sind in dem Modell sämtliche Binnenwanderungen enthalten, also auch die innerostdeutschen über die Ländergrenzen hinweg. Dieser Umstand muss bei der Interpretation der Ergebnisse berücksichtigt werden. Jedoch haben die großräumigen Binnenwanderungen innerhalb Ostdeutschlands gegenüber den Ost-West-Wanderungen ein geringes Gewicht. 75 Prozent bis 80 Prozent aller Binnenfortzüge über die Ländergrenzen gehen nach Westdeutschland, sieht man von den Wanderungen zwischen Berlin und Brandenburg ab.

Eine offene Frage bleibt, wie man den Altersstruktureffekt interpretieren kann und darf. Er kann letztendlich nur auf drei Faktoren zurückzuführen sein, nämlich auf veränderte Geburten- beziehungsweise Sterbezahlen und auf einen statistischen, außerdemografischen Unsicherheitsfaktor („weißes Rauschen"), der wiederum verschiedene Ursachen haben kann (vgl. Kapitel 2.2.1). Der jeweilige Anteil der drei Komponenten konnte mit unserem Modell nicht aufgeschlüsselt werden. Anzunehmen ist, dass insbesondere im Fall von Niedersachsen der Störfaktor in Form des Aufnahmelagers in Friedland eine nicht unerhebliche Rolle spielt. Gleichwohl sind diese Probleme, wenn überhaupt, nur mit aufwändigen Bereinigungen in der Statistik zu beheben.

Literaturverzeichnis

Alho, Juha M./ Spencer, Bruce D. (2005): Statistical Demography and Forecasting. New York, Springer.

Courgeau, Daniel (1985): Interaction between spatial mobility, family and career life-cycle: a French survey. In: European Sociological Review, 1,2: 139-162.

Dinkel, Reiner Hans (1990): Der Einfluß von Wanderungen auf die langfristige Bevölkerungsdynamik. In: Acta Demographica, Nr. 1, S. 47–61.

Dinkel, Reiner Hans (2004): Die Auswirkungen der Migration auf die Bevölkerungsentwicklung Mecklenburg-Vorpommerns. In: Werz, Nikolaus (Hg.): Abwanderung und Migration in Mecklenburg und Vorpommern. Wiesbaden: VS, S. 183–230.

Dinkel, Reiner Hans/ Meinl, Erich (1991): Die Komponenten der Bevölkerungsentwicklung in der BRD und der DDR zwischen 1950 und 1987. In: Zeitschrift für Bevölkerungswissenschaft, Nr. 2, S. 115–134.

Flöthmann, Ernst-Jürgen (1993): Migration and the life course. In: Bulletin de Méthodologie Sociologique, 39, S. 45-58.

Gans, Paul/ Schmitz-Veltin, Ansgar (2006): Demographische Trends in Deutschland. Folgen für Städte und Regionen. Hannover: Verl. der ARL (Forschungs- und Sitzungsberichte der ARL, 226).

Genosko, Joachim (1980): Zur Selektivität räumlicher Mobilität. In: Kölner Zeitschrift für Soziologie und Sozialpsychologie, 32, S. 726-745.

Luy, Marc (2002): Die Bedeutung von Zuwanderung für die deutsche Bevölkerung. In: Praxis Geographie, Nr. 2, S. 26–31.

Mai, Ralf (2006): Die altersselektive Abwanderung aus Ostdeutschland. In: Raumforschung und Raumordnung, H. 5, S. 355–369.

Mai, Ralf/ Scharein, Manfred (2006): Effekte der Außenwanderungen auf die Bevölkerungsentwicklung und Alterung in den Bundesländern. In: Zeitschrift für Bevölkerungswissenschaft, Nr. 3-4: 365-388.

Mai, Ralf/ Roloff, Juliane / Micheel, Frank (2007): Regionale Alterung in Deutschland unter besonderer Berücksichtigung der Binnenwanderungen. Teil A und B. Wiesbaden: BiB (Materialien zur Bevölkerungswissenschaft, 120).

Preston, Samuel H./ Heuveline, Patrick / Guillot, Michel (2000): Demography: Measuring and Modeling Population Processes. Oxford: Blackwell Publishers 2000.

Quinn, Michael A./ Rubb, Stephen (2005): The importance of education-occupation matching in migration decisions. In: Demography, 1, S. 153-167.

Schlömer, Claus (2004): Binnenwanderungen seit der deutschen Einigung. In: Raumforschung und Raumordnung, 2, S. 96-108.

Das zweite Kind in Ostdeutschland: Aufschub oder Verzicht?

Michaela Kreyenfeld

1. Einleitung[1]

Mit den gesellschaftlichen Umbrüchen gingen in Ostdeutschland nach der Wende beispiellose Veränderungen des demografischen Verhaltens einher. Die jährlichen Geburtenziffern brachen ein, das Alter bei Geburt stieg an und die Anteile nichtehelich geborener Kinder schnellten in die Höhe (Eberstadt 1994; Witte et al. 1995; Dorbritz 1997). Mehr als 15 Jahre nach der Wende lässt sich zurückblickend feststellen, dass der Geburteneinbruch eng mit einem Aufschub der Familiengründung in ein höheres Alter zusammenhing (Kreyenfeld 2003; Konietzka et al. 2004). Dieser Anstieg des Alters bei erster Mutterschaft gehört wohl zu den auffälligsten Veränderungen im Vergleich zu DDR-Zeiten. Vergleicht man aber das aktuelle Verhalten von Ost- und Westdeutschen, stellt man dennoch fest, dass Frauen in den ‚neuen Ländern' immer noch etwas früher das erste Kind bekommen als Frauen in den ‚alten Ländern'. Auch ist die Kinderlosigkeit im Osten des Landes bislang weniger verbreitet als im Westen (Dorbritz et al. 2007). Auffallend – im Vergleich zum westdeutschen Verhaltensmuster – ist dagegen die relativ geringe Neigung zur Familienerweiterung in Ostdeutschland. Analysen zum Kinderwunsch zeigen einheitlich, dass die Ein-Kind-Familie eine höhere Zustimmung unter ostdeutschen als unter westdeutschen Befragten erhält (Dorbritz et al. 2007: 69; Huinink 2005: 241).

Wenn man sich mit der Frage der Besonderheiten des ostdeutschen Geburtenverhaltens auseinandersetzt, erscheinen aus diesem Grund Analysen zur Familienerweiterung besonders lohnend. Zu dem Schluss, dass gerade die Familienerweiterung sich zu einer interessanten Fragestellung entwickelt, kommen auch Forscher, die sich mit dem demografischen Verhalten in anderen mittel- und osteuropäischen Ländern befassen. So argumentiert Perelli-Harris (2006: 726) im Zusammenhang mit der Geburtenentwicklung in Osteuropa: *"the focus should not be on entry into parent-*

---

1 Ich danke Ines Wlosnewski für Anregungen und Kommentare zu diesem Artikel. Für die freundliche Bereitstellung der zusammengefassten Geburtenziffer nach Ost-West-Gliederung sei Frau Simone Balzer von der Abteilung ‚Natürliche Bevölkerungsbewegung' des Statistischen Bundesamts gedankt.

hood, which is still relatively young and near-universal, but on why people choose to have or not to have additional children".

Ziel dieses Beitrags ist es, einen Einblick in die Übergangsmuster zum zweiten Kind in Ost- und Westdeutschland zu geben. Ein besonderer Fokus liegt auf der Analyse des Verhaltens von Frauen, die kurz vor der Wende das erste Kind bekommen haben. Die mit der Wiedervereinigung einhergehenden gesellschaftlichen Umbrüche sollten sich auf der einen Seite unmittelbar in niedrigen Zweitgeburtenraten niedergeschlagen haben. Auf der anderen Seite waren diese Frauen relativ jung bei erster Mutterschaft, und es stellt sich die Frage, inwiefern das zweite Kind in einem späteren Alter nachgeholt worden ist. Falls diese Kohorten auf die transformationsbedingten Veränderungen mit einem Aufschub des zweiten Kindes reagiert haben, so sollte es zu einem beispiellosen Anstieg des zeitlichen Abstands zwischen dem ersten und zweiten Kind gekommen sein.

Der Beitrag ist wie folgt gegliedert. Teil 2 gibt einen allgemeinen Überblick über das Geburtenverhalten in Ost- und Westdeutschland vor und nach der Wende. Teil 3 stellt den Datensatz und die Methode vor. Als Datenbasis dient der Scientific-Use-File des Mikrozensus. Da dieser Datensatz nur bedingt geeignet ist, um das Geburtenverhalten zu analysieren, wird detailliert auf die Grenzen der vorliegenden Studie eingegangen. Teil 4 stellt die empirischen Ergebnisse vor. In Teil 5 werden die wesentlichen Befunde dieses Beitrags zusammengefasst.

2. Geburtenverhalten in Ost- und Westdeutschland

2.1 Familienpolitik und Geburtenverhalten bis 1990

In der BRD und DDR hat die zusammengefasste Geburtenziffer bis Anfang der 1970er Jahre einen ähnlichen Verlauf genommen, insbesondere Ende der 1960er Jahre ist sie in beiden deutschen Staaten drastisch zurückgegangen. Im Unterschied zu Westdeutschland lancierte die DDR-Regierung Anfang der 1970er-Jahre im Anschluss an den VIII. SED-Parteitag umfangreiche familienpolitische Maßnahmen, darunter einen Ehekredit, reduzierte Arbeitszeiten für Mütter mit drei und mehr Kindern, sowie die Einführung eines bezahlten Elternurlaubs für ledige Mütter, die keinen Krippenplatz finden konnten (Obertreis 1986: 287ff; Frerich et al. 1993: 414ff; Cromm 1998). Nachdem die eingeführten Maßnahmen zu keinem Wiederanstieg der Geburtenziffern geführt hatten, wurde 1976 das Programmpaket erweitert und unter anderem das ‚Babyjahr' eingeführt, welches verheirateten Frauen ab der Geburt des zweiten Kindes ermöglichte, eine bezahlte einjährige Elternzeit in Anspruch zu nehmen. Im Jahr 1986 ist schließlich das Babyjahr auf alle

Frauen, also auch auf verheiratete Frauen, die ein erstes Kind bekommen haben, ausgeweitet worden.[2]

Mitte der 1970er Jahre stieg die zusammengefasste Geburtenziffer in der DDR deutlich an, was insbesondere mit einem Anstieg der Zweitgeburtenrate in Verbindung gebracht wird (Schott 1992: 229; Büttner et al. 1990; Monnier 1990: 134; Dinkel 1984: 54). Allerdings handelte es sich hier in erster Linie um Timing-Effekte, in denen Frauen der älteren Kohorten, die Mitte der 1970er Jahre nur ein Kind hatten, das zweite Kind nachgeholt haben. Mitte der 1980er Jahre sank die zusammengefasste Geburtenziffer wieder ab, woraus vielfach der Schluss gezogen wurde, dass die pro-natalistischen Bemühungen der DDR keinen Einfluss auf das demografische Verhalten gehabt haben und „dass politisches Intervenieren gegen den allgemeinen demografischen Trend erfolglos bleiben muss" (Dorbritz et al. 1995: 159).

Obwohl richtig ist, dass auch in der DDR das Bestandserhaltungsniveau nie wieder erreicht wurde, dürften die pro-natalistischen Maßnahmen dennoch einen Einfluss auf das Geburtenverhalten gehabt haben. Zwar lässt sich nur schwer abschätzen, wie die Geburtenentwicklung verlaufen wäre, falls diese Maßnahmen nicht eingeführt worden wären, jedoch spricht einiges dafür, dass die Geburtenziffern in den 1970er Jahren weiter zurückgegangen wären. 1972 hatte die DDR-Regierung Abtreibungen mit einer Fristenlösung eingeführt und freien Zugang zu oralen Kontrazeptiva ermöglicht. Demnach lassen sich die familienpolitischen Maßnahmen auch als Gegengewicht zur liberalen Abtreibungs- und Verhütungsmittelpraxis verstehen. Zudem zeichnete sich die DDR, wie auch andere ehemals sozialistische und kommunistische Regime, durch eine hohe Integration von Frauen in den Arbeitsmarkt aus. Kinderwunschstudien, die Anfang der 1970er Jahre durchgeführt wurden, deuteten an, dass sich die forcierte Erwerbsintegration von Frauen in einem Rückgang des Kinderwunsches niederschlagen würde (Helwig 1988: 469).

Generell gab es spätestens seit den 1950er Kohorten markante Ost-West-Unterschiede im demografischen Verhalten. Während in der BRD seit diesen Geburtsjahrgängen das Alter bei Erstgeburt und die Kinderlosigkeit kontinuierlich angestiegen sind, bekamen Frauen in der DDR durchweg früh das erste Kind. Auch lässt sich eher ein Rückgang als ein Anstieg der Kinderlosigkeit über die Kohorten hinweg beobachten. Tabelle 1 gibt die endgültige Kinderzahl nach Kohorten sowie die Verteilung der Kinderzahl wieder. Demnach hatten die Frauen in der DDR im Durchschnitt etwas mehr Kinder als westdeutsche Frauen. Für Westdeutschland ist insbesondere der kontinuierliche Anstieg des Anteils kinderloser Frauen beachtlich. Für Ostdeutschland fällt der hohe Anteil von Frauen mit zwei Kindern ins Auge,

---

2 Unverheiratete Frauen konnten das Babyjahr bereits ab der Geburt des ersten Kindes in Anspruch nehmen. Der Anstieg des Anteils nichtehelich geborener Kinder Ende der 1970er Jahre wird vielfach mit dieser bevorzugten Behandlung lediger Frauen in Zusammenhang gebracht (Trappe 1995: 210; Konietzka und Kreyenfeld 2005).

was vielfach zum Schluss führte, dass in der DDR eine ‚Zwei-Kind-Norm' existierte (Schott 1992: 231; Wendt 1997: 126).

Tabelle 1: Endgültige Kinderzahl (im Alter 45) von Frauen in der DDR und BRD nach Kohorten

	1940	1945	1950	1955
	BRD			
Verteilung der Kinderzahl				
Kinderlos	11%	13%	14%	19%
Ein Kind	26%	30%	31%	27%
Zwei Kinder	34%	35%	35%	36%
Drei und mehr Kinder	29%	22%	20%	18%
Insgesamt	100%	100%	100%	100%
Durchschnittliche Kinderzahl	1,97	1,78	1,70	1,62
	DDR			
Verteilung der Kinderzahl				
Kinderlos	11%	8%	7%	8%
Ein Kind	26%	29%	30%	27%
Zwei Kinder	35%	42%	47%	48%
Drei und mehr Kinder	28%	21%	16%	18%
Insgesamt	100%	100%	100%	100%
Durchschnittliche Kinderzahl	1,98	1,87	1,79	1,84

Anmerkung: Die Daten der ostdeutschen Kohorten 1950 und 1955 wurden durch das Bundesinstitut für Bevölkerungsforschung (1999) vervollständigt. Für die westdeutsche Kohorte 1955 beziehen sich die Angaben zur Verteilung der Kinderzahl auf das Alter 40.
Quelle: Bundesinstitut für Bevölkerungsforschung (1999); Kreyenfeld (2002a)

Aus Sicht der Progressionsraten war allerdings die Zweitgeburtenneigung in der DDR und BRD sehr ähnlich. Etwa 70 Prozent der Ein-Kind-Mütter haben in der alten BRD und DDR ein zweites Kind bekommen. Große Unterschiede haben sich in Bezug auf den Übergang zum dritten Kind ergeben, wobei sich die DDR durch eine auffallend niedrige Progressionsrate auszeichnete. Dies ist vor dem Hintergrund beachtlich, dass die pro-natalistischen Bemühungen der DDR immer auch auf die Erhöhung der Drittkindrate zielten. Als Ursache für die niedrige Neigung, dritte und weitere Kinder zu bekommen, wird die Wohnungspolitik der DDR angeführt. Auch wenn Familien mit drei und mehr Kindern rechtlich gesehen einen Anspruch auf bevorzugten Zugang zu größerem Wohnraum hatten, dürfte die faktische Wohnsituation in der DDR weniger den Bedürfnissen von Großfamilien entsprochen haben. Bis in die 1980er Jahre herrschte Wohnraumknappheit, die eine restriktive Wohnungsvergabepraxis bedingte. Relevant mag auch sein, dass die Möglichkeiten des Baus und Erwerbs von Eigenheimen ab Anfang der 1970er Jahre stark beschnitten wurden (Frerich et al. 1993: 447). Als weitere Ursache für die geringe Drittgeburtenneigung wird ebenfalls angeführt, dass die Erziehung von drei Kindern unvereinbar mit der Vollzeiterwerbstätigkeit von Frauen gewesen ist (Höhn 1992: 10). Allerdings könnte man ein ähnliches Argument bereits für die Vereinbarkeit von Beruf und der Erziehung von zwei Kindern anführen. Letztendlich sind bis heute viele Fragen offen geblieben, warum die Übergangsraten in der DDR gerade nach dem zweiten Kind derart drastisch abgefallen sind.

2.2 Gesellschaftliche Umbrüche und das Geburtenverhalten in Ostdeutschland nach 1990

Mit der Wiedervereinigung der beiden deutschen Staaten ging ein unmittelbarer Einbruch der jährlichen Geburtenziffern in Ostdeutschland einher. 1994 erreichte die zusammengefasste Geburtenziffer mit nur 0,77 ihren Tiefststand. Mittlerweile haben sich die ost- und westdeutschen Werte angenähert. Im Jahr 2005 erreicht die ostdeutsche Geburtenziffer den Wert 1,30 und im Westen den Wert 1,36.[3] Analysen auf Basis von Kohortendaten zeigen, dass es für die Jahrgänge, die nach 1965 geboren wurden, zu einem drastischen Anstieg des Alters bei Erstgeburt gekommen ist. Auffallend ist dennoch, dass bislang alle ostdeutschen Kohorten ein früheres Alter bei Erstgeburt aufweisen als westdeutsche Kohorten (Konietzka et al. 2004). Im Bezug auf die endgültige Kinderlosigkeit lässt sich zwar im Vergleich zu DDR-Zeiten ein leichter Anstieg in den 'neuen Ländern' feststellen, dennoch ist der Anteil kinderloser Frauen im Osten niedriger als im Westen (Dorbritz et al. 2007).

Während die Muster der Familiengründung ausführlich dargestellt worden sind, existieren vergleichsweise wenige Studien, die sich mit der Familienerweiterung im Ost-West-Vergleich befassen. Huinink (2005: 241) und Dorbritz und Ruckdeschel (2007: 69) konstatieren einen im Vergleich zum Westen höheren Anteil von Ostdeutschen, die sich nur ein Kind wünschen. Dornseiff und Sackman (2002) vergleichen auf Basis der Daten der 'Berufsverlaufsstudie Ost' das Zweitgeburtverhalten von Rostocker und Leipziger Absolventinnen einer Lehr- oder Hochschul-

---

3 Seit 2000 wird in den Standardveröffentlichungen des Statistischen Bundesamts nicht mehr zwischen Ost- und Westdeutschland unterschieden. Auf Anfrage hin stellt das Statistische Bundesamt die zusammengefasste Geburtenziffer weiterhin nach Ost-West-Gliederung zur Verfügung, jedoch wird in dieser Darstellung Berlin nicht berücksichtigt. Leichte Änderungen ergeben sich auch im Bezug auf die Dokumentation der Geburten nach Alter der Frau. Bis 2000 wurden die Geburten standardmäßig nach der Geburtsjahrmethode erfasst, d.h. die Geburten wurden auf Basis des Geburtsjahres der Mutter klassifiziert. Seit 2000 werden die Geburten nach dem Alter der Mutter dokumentiert. Auf Anfrage hin stellt das Statistische Bundesamt weiterhin die Geburten gegliedert nach dem Geburtsjahr der Mutter bereit. Die hier dargestellte zusammengefasste Geburtenziffer beruht auf der alten Erfassungspraxis nach der Geburtsjahrmethode.

ausbildung. Ein Ergebnis dieser Untersuchung ist, dass Frauen, die 1990 oder 1995 ihren Abschluss erzielten, einen deutlich größeren Geburtsabstand zwischen dem ersten und zweiten Kind aufweisen als jene, die schon 1985 ihr Studium oder ihre Ausbildung abgeschlossen haben. Huinink und Kreyenfeld (2006) zeigen mit den Daten der Deutschen Lebensverlaufsstudie eine relativ niedrige Zweitgeburtenrate für die ostdeutsche Kohorte 1971. Da die Analysen nur auf eine Kohorte begrenzt sind und die Daten zudem bereits im Jahr 1996 zensiert wurden, liefern sie nur bedingt repräsentative Einblicke in das Zweitgeburtverhalten in Ostdeutschland.

Ziel der folgenden Analysen ist es zu untersuchen, inwiefern eine niedrige Zweitgeburtenrate ein typisches Nachwendephänomen gewesen ist. Insbesondere wird die Frage in den Mittelpunkt gerückt, wie Frauen, die kurz vor dem Zusammenbruch des DDR-Regimes das erste Kind bekommen haben, auf die Umbruchssituation reagiert haben. Für diese Frauen fällt die Wiedervereinigung unmittelbar in ihre ‚Fertilitätskarrieren'. In der DDR, wie auch in den meisten anderen Ländern, betrug der typische Geburtsabstand zwischen dem ersten und zweiten bis vier Jahre. Es liegt nahe, dass die Umbrüche zur Zeit der Wiedervereinigung für die Frauen, die kurz vor der Wende das erste Kind bekommen haben, eine deutliche Verlängerung dieses typischen Geburtsabstands mit sich gebracht haben. Da diese Frauen relativ jung bei Geburt des ersten Kindes gewesen sind, dürfte der biologische Spielraum für einen Aufschub der Familienerweiterung gegeben gewesen sein. Inwiefern die durch die Wiedervereinigung bedingten Umbrüche zu einem Anstieg des Geburtsabstands zwischen ersten und zweiten Kind geführt haben, ist zentrales Anliegen der folgenden Analysen.

3 Daten und Methode

3.1 Vor- und Nachteile der Analyse des Fertilitätsverhaltens mit den Daten des Mikrozensus

Als Basis für die empirischen Analysen dienen die Daten des Mikrozensus. Der Mikrozensus ist eine Ein-Prozent-Stichprobe von Haushalten in Deutschland. Er wird seit 1957 in Westdeutschland – mit Ausnahme der Jahre 1983 und 1984 – jährlich durchgeführt (Emmerling et al. 1997). In Ostdeutschland findet die Mikrozensus-Erhebung seit dem Jahr 1991 statt. Bis 2005 wurde die Befragung in einer festgelegten Woche im Frühjahr des jeweiligen Jahres durchgeführt. Seit 2005 erfolgt die Befragung unterjährig, d.h. viermal pro Jahr wird ein Teil der Personen in der Mikrozensusstichprobe befragt. Der Mikrozensus ist eine amtliche Befragung; für die wissenschaftliche Forschung werden vom Statistischen Bundesamt und den Statistischen Landesämtern faktisch anonymisierte 70 Prozent-Stichproben der Mikrozensusdaten zur Verfügung gestellt (Schimpl-Neimanns 2002).

Der wesentliche Vorteil der Daten des Mikrozensus ist die relativ große Fallzahl. Zudem ist der Ausfall auf Grund von Antwortverweigerungen im Vergleich zu sozialwissenschaftlichen Befragungen gering, da die Befragten einer Auskunftspflicht unterworfen sind. Ein Nachteil bei der Analyse von Fertilitätsprozessen mit den Daten des Mikrozensus stellt die Begrenzung auf das Koresidenzprinzip dar. Zwar werden detaillierte Informationen über die im Haushalt der Befragten lebenden Personen erhoben, jedoch nicht über Personen, die nicht mehr im Haushalt leben. Dies bedeutet, dass zwar Informationen über Kinder der Befragten existieren, die mit den Eltern zusammen leben, jedoch nicht über Kinder, die den elterlichen Haushalt verlassen haben. Da auch die Fertilitätsbiographie der Befragten nicht erfasst wird, lassen sich nur bedingt Rückschlüsse über die tatsächliche Kinderzahl von Befragten auf Basis der Daten des Mikrozensus machen.

In den folgenden Analysen wird die ‚own children method' verwendet, um die Fertilitätsbiographie von weiblichen Befragten zu rekonstruieren (Cho et al. 1986), d.h. es werden auf Basis der Anzahl und des Alters der Kinder im Haushalt Rückschlüsse über die Fertilitätsbiographie der Befragten gezogen.[4] Die Analysen werden auf weibliche Befragte begrenzt, da im Fall einer Trennung oder Scheidung die Kinder in der weiten Mehrzahl der Fälle bei der Mutter wohnhaft bleiben. Die ‚own children method' liefert unter diesen Voraussetzungen stark verzerrte Schätzungen zur tatsächlichen Kinderzahl von Männern.

Eine fehlerhafte Schätzung der tatsächlichen Kinderzahl auf Basis der im Haushalt lebenden Kinder ergibt sich insbesondere in den Fällen, in denen die Kinder der Befragten bereits den elterlichen Haushalt verlassen und einen eigenen Haushalt gegründet haben. Da die Wahrscheinlichkeit des Auszugs des Kindes mit zunehmendem Alter der Befragten steigt, nehmen auch die Schätzfehler zu. Um das Ausmaß des Schätzfehlers abzubilden, zeigt Abbildung 1 einen Vergleich der durchschnittlichen Kinderzahl von Frauen, die auf Basis des Mikrozensus 2004 und der Bevölkerungsstatistik generiert wurden. Demnach liefern die Mikrozensus-Schätzungen für Westdeutschland bis zum Alter 36 bis 38 eine sehr gute Übereinstimmung mit den Daten der Bevölkerungsstatistik. Im Alter 39 bis 41 weichen die Schätzungen leicht, im Alter 42 bis 44 deutlich ab. In Ostdeutschland ergeben sich

---

4 Es wird hier das ‚neue Konzept der Lebensformen' zu Grunde gelegt, nach dem nicht nur eine eheliche, sondern auch eine nichteheliche Lebensgemeinschaft mit Kind eine Einheit bildet. Das Statistische Bundesamt hat eine Variable zur Verfügung gestellt, mit der sich eine Lebensgemeinschaft abgrenzen lässt (Variable ef643 im Scientific-Use-File des Mikrozensus 1996-2004). Zudem steht eine Variable zur Verfügung, die die Beziehung zwischen den Personen in der Lebensgemeinschaft nach Bezugsperson, Partner der Bezugsperson und Kinder in der Lebensgemeinschaft unterscheidet (Variable ef514). Auf Basis dieser Variablen lassen sich für die Bezugspersonen in einer Lebensgemeinschaft die Anzahl und das Alter der Kinder in der Lebensgemeinschaft ermitteln. Gewisse Zuordnungsprobleme ergeben sich allerdings, insofern mehr als eine Lebensgemeinschaft in einem Haushalt vorhanden ist (vgl. Wirth und Müller 2006).

bereits im Alter 39 bis 41 unakzeptable Differenzen zwischen Bevölkerungsstatistik und Mikrozensus. Die stärkeren Abweichungen in Ostdeutschland sind zum Teil mit den kleineren Fallzahlen, aber auch mit dem früheren Alter bei Erstgeburt und möglicherweise den pluraleren Familienstrukturen in Ostdeutschland zu erklären. Diese pluraleren Familienstrukturen machen es wahrscheinlicher, dass ein Kind beim Vater lebt und somit der weiblichen Befragten nicht zugeordnet werden kann.

Insgesamt legt diese Darstellung nahe, dass die Fertilitätsprozesse bis zum Alter 38 hinreichend gut mit den Daten des Mikrozensus abgebildet werden können. Für die Analyse der Zweitgeburten, die wahrscheinlich auch im höheren Alter stattfinden, stellt diese Begrenzung jedoch eine gewisse Einschränkung dar. Auch lassen sich mit den Daten des Mikrozensus keine Aussagen über die endgültige Kinderzahl einer Frau treffen.

Abbildung 1a: Kinderzahl pro Frau im Jahr 2004, Vergleich Bevölkerungsstatistik und Mikrozensus, Westdeutschland

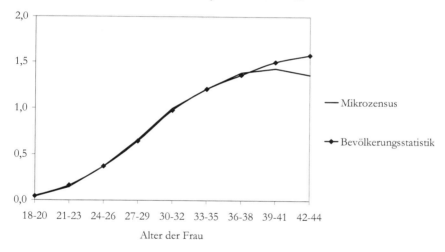

Abbildung 1b: Kinderzahl pro Frau im Jahr 2004, Vergleich Bevölkerungsstatistik und Mikrozensus, Ostdeutschland

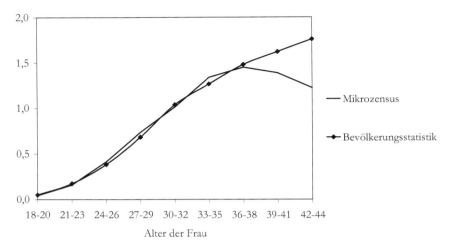

Anmerkungen: Berlin ist in den hier verwendeten Daten der Bevölkerungsstatistik nicht enthalten.
Quelle: Statistisches Bundesamt, Mikrozensus 2004, eigene Berechnungen

3.2 Stichprobenabgrenzung und Methode

Die folgenden Analysen beruhen auf den Daten der Mikrozensen 1996 bis 2004. In die Analyse werden weibliche Befragte einbezogen, die in Privathaushalten am Hauptwohnsitz der Lebensgemeinschaft leben und im Befragungsjahr 38 Jahre alt werden bzw. geworden sind.[5] Personen über 38 Jahre wurden aus den Analysen ausgeschlossen, da sich für ältere Befragte Probleme bei der Rekonstruktion der Fertilitätsbiographie auf Basis der Daten des Mikrozensus ergeben (siehe oben). Personen, die jünger als 38 Jahre alt sind, wurden ausgeschlossen, um sicherzustellen, dass die Mehrzahl der Befragten bereits ein erstes Kind hat und somit dem Risiko ausgesetzt ist, ein zweites Kind zu bekommen. Damit decken die Analysen das Verhalten der Geburtskohorten 1958 bis 1966 ab.

---

5 Da für die folgenden Analysen das Alter aus der Differenz zwischen Geburtsjahr und Befragungsjahr berechnet wurde, gehen in die Analysen auch Personen ein, die zum Befragungszeitpunkt noch nicht das 38. Lebensjahr erreicht haben. Da die Mikrozensus-Befragungen im Frühjahr stattfinden, sind die Befragten im Durchschnitt 37,3 Jahre alt.

Die empirischen Analysen bestehen aus einem deskriptiven und einem multivariaten Teil. Im deskriptiven Teil wird die Verteilung der Kinderzahl auf Basis von Kreuztabellen dargestellt. Zudem wird der Geburtsabstand zwischen ersten und zweiten Kind abgebildet, indem Survivalfunktionen und Hazardraten (nach der Sterbetafelmethode) berechnet werden. Im multivariaten Teil werden ereignisanalytische Modelle des Übergangs zum zweiten Kind geschätzt, wobei ein stückweise konstantes Ratenmodell verwendet wird. Die Prozesszeit ist die Dauer zwischen dem ersten und zweiten Kind. Für zensierte Fälle wird die Differenz zwischen dem Zeitpunkt der Geburt des ersten Kindes und dem Zensierungszeitpunkt herangezogen.[6]

3.3 Variablenbeschreibung

Eine der zentralen Variablen ist die *Kohortenzugehörigkeit*, wobei eine Gruppierung in die Kohorten 1958-1960, 1961-1963 und 1964-1966 vorgenommen worden ist. Ostdeutsche Frauen dieser Kohorten haben fast ausnahmslos das erste Kind vor der Wiedervereinigung bekommen. Große Unterschiede ergeben sich jedoch im Bezug auf die Realisation des zweiten Kindes. Während die ältesten Kohorten (1958-1960) im Wesentlichen auch das zweite Kind noch vor der Wende bekommen haben, trifft die Wiedervereinigung mitten in die ‚Fertilitätskarrieren' der jüngeren Jahrgänge (Kohorte 1964-1966). Aus diesem Grund sollten gerade diese ‚Wendekohorten' aufzeigen, wie die sozialen und gesellschaftlichen Umbrüche nach der Wiedervereinigung das Zweitgeburtverhalten beeinflusst haben.

Neben der Kohortenzugehörigkeit ist das *Alter der Frau* eine zentrale Variable. Das Alter der Frau wurde als zeitabhängige Variable generiert und in verschiedene Altersklassen gruppiert. Im Bezug auf den Einfluss des Alters würde man große Ost-West-Unterschiede, insbesondere für die älteren Kohorten, erwarten. Die jüngeren ostdeutschen Kohorten, die erst nach der Wende dem Risiko ausgesetzt waren, das zweite Kind zu bekommen, sollten die Familienerweiterung in ein höheres Alter verschoben haben. Deshalb könnte man vermuten, dass für diese Jahrgänge die Zweitgeburtenraten im späteren Alter angestiegen sind.

Als Kontrollvariable wird des Weiteren das *Bildungsniveau* berücksichtigt, wobei zwischen Frauen ohne Abschluss, mit beruflichem Abschluss und mit Fachhochschul- oder Hochschulabschluss unterschieden wird. Das Bildungsniveau wird für

---

6 Zu beachten ist, dass nur jahresgenaue Angaben zum Geburtsabstand vorliegen. Bei der Schätzung von Survivalfunktionen nach der Sterbetafelmethode kommt es zu einer systematischen Überschätzung des Geburtsabstands um ein halbes Jahr. Um derartige Verzerrungen zu vermeiden, wurden in den Analysen monatsgenaue Angaben verwendet, in dem auf Basis eines Zufallsprozesses die Geburtsmonate generiert wurden. Da die Mikrozensusbefragung im Frühjahr eines Jahres durchgeführt wird, liegen für das Befragungsjahr keine vollständigen Informationen vor. Dieser Umstand wurde in den Analysen berücksichtigt.

die Frau wie auch für ihren Partner generiert. Für Frauen ohne Partner wird die zusätzliche Kategorie ‚kein Partner' eingefügt. Die Bildung der Frau wie auch die ihres Partners müssen als zeitkonstante Informationen in die Analyse eingehen, da nur der Partnerschaftsstatus und das Bildungsniveau zum Befragungszeitpunkt erhoben werden. Zudem werden Personen nach deutscher oder ausländischer *Staatsangehörigkeit* unterschieden, wobei Personen mit doppelter Staatsangehörigkeit zu den Personen mit ausländischer Staatsangehörigkeit geordnet werden. Ebenfalls wird die *Gemeindegrößenklasse* berücksichtigt. Personen werden danach unterschieden, ob sie zum Befragungszeitpunkt in kleinen Städten und Gemeinden (unter 20.000 Einwohner), mittleren Städten (20.000-500.000 Einwohner) oder Großstädten (500.000 Einwohner und mehr) wohnen. Tabelle 2 gibt die Komposition der Stichprobe wieder. Demnach unterscheidet sich die ost- und westdeutsche Untersuchungspopulation unter anderem durch ihre Bildungsstruktur. Die Bildungsverteilung ist im Osten homogener; die weite Mehrzahl der Frauen hat einen beruflichen Abschluss oder einen Hochschulabschluss, nur eine kleine Minderheit hat keinen Abschluss erzielt. Der Anteil an ausländischen Befragten ist in den ‚neuen Ländern' ebenfalls niedriger; der Anteil an Personen, die in kleineren Städten und Gemeinden leben, höher.

Tabelle 2: Deskriptive Darstellung der Stichprobe, Anteilswerte, Spaltenprozente

	Westdeutschland	Ostdeutschland
Staatsangehörigkeit		
Deutsch	0,91	0,99
Andere	0,09	0,01
Gemeindegrößenklasse		
Unter 20.000 Einwohner	0,23	0,38
20.000-500.000 Einwohner	0,36	0,43
500.000 und mehr Einwohner	0,41	0,12
Keine Angaben/ nicht klassifizierbar	--	0,08
Kohorte		
1958-1960	0,34	0,32
1961-1963	0,33	0,35
1964-1966	0,33	0,33
Bildungsabschluss Frau		
Kein Abschluss	0,21	0,04
Beruflicher Abschluss	0,64	0,82
Hochschulabschluss	0,09	0,12
Keine Angaben	0,06	0,03
Bildungsabschluss Partner		
Kein Abschluss	0,10	0,02
Beruflicher Abschluss	0,56	0,65
Hochschulabschluss	0,13	0,12
Kein Partner	0,17	0,19
Keine Angaben	0,05	0,02
Fallzahlen		
Personen	22.024	5.878
Ereignisse (Zweitgeburten)	15.075	3.662

Anmerkung: Die Stichprobe umfasst Frauen, die mindestens ein Kind haben, in Privathaushalten am Hauptwohnsitz der Lebensgemeinschaft leben und im Befragungsjahr das 38. Lebensjahr erreichen. Die Kinderzahl wurde auf Basis der Informationen zur Anzahl und dem Alter der Kinder in der Lebensgemeinschaft generiert. Quelle: Mikrozensen 1996-2004, eigene Berechnungen

4. Ergebnisse

4.1. Deskriptive Darstellung

Tabelle 3 gibt die Verteilung der Kinderzahl im Alter 38 nach Kohorten für Ost- und Westdeutschland wieder. Auffallend sind die großen Ost-West-Unterschiede im Anteil kinderloser Frauen. Nur etwa zehn Prozent der ostdeutschen, jedoch 25 Prozent der westdeutschen Frauen sind im Alter von 38 Jahren noch kinderlos. Im Westen zeigen sich geringe Veränderungen in der Verteilung der Kinderzahl über die Kohorten, dagegen gibt es deutliche Umbrüche für die hier betrachteten ostdeutschen Kohorten. Während die Ein-Kind-Familie häufiger geworden ist, hat der Anteil von ostdeutschen Frauen mit zwei und mehr Kindern rapide abgenommen. Hatten 62 Prozent der Jahrgänge 1958-1960 noch zwei und mehr Kinder, waren es für die Jahrgänge 1964-1966 nur noch 49 Prozent. Die rapide Ost-West-Angleichung der durchschnittlichen Kinderzahl im Alter 38 kann für diese Kohorten demnach eindeutig auf den Rückgang der höheren Geburtsordnungen zurückgeführt werden.

Tabelle 3:   Verteilung der Kinderzahl im Alter 38 nach Kohorten in Ost- und Westdeutschland

	1958-1960	1961-1963	1964-1966
	Westdeutschland		
Verteilung der Kinderzahl			
Kinderlos	24%	26%	27%
1 Kind	23%	23%	24%
2 und mehr Kinder	53%	51%	49%
Insgesamt	100%	100%	100%
Durchschnittliche Kinderzahl	1,50	1,46	1,42
	Ostdeutschland		
Verteilung der Kinderzahl			
Kinderlos	9%	11%	13%
1 Kind	29%	34%	38%
2 und mehr Kinder	62%	56%	49%
Insgesamt	100%	100%	100%
Durchschnittliche Kinderzahl	1,68	1,60	1,49

Quelle: Mikrozensus 1996-2004, eigene Berechnungen

Demgegenüber gibt es gewaltige Veränderungen im ‚Spacing-Verhalten' in Ostdeutschland. Für die Kohorten 1958-1960, die im Wesentlichen noch zu DDR-

Zeiten das zweite Kind bekommen haben, liegt der Median des Geburtsabstands bei 4,5 Jahren. Somit waren schon vor der Wende die Geburtsabstände zwischen dem ersten und zweiten Kind im Osten länger als im Westen (siehe auch Kreyenfeld et al. 2003: 55; Kreyenfeld 2004). Für die folgenden Jahrgänge lässt sich ein drastischer Anstieg des mittleren Geburtsabstands feststellen. Der Median für die ostdeutschen Frauen der Kohorten 1964-1966 liegt bei acht Jahren und ist damit doppelt so hoch wie für westdeutsche Frauen.

Abbildung 2a: Anteil von Frauen mit mindestens zwei Kindern nach Alter des ersten Kindes (Survivalfunktion nach der Sterbetafelmethode), Westdeutschland

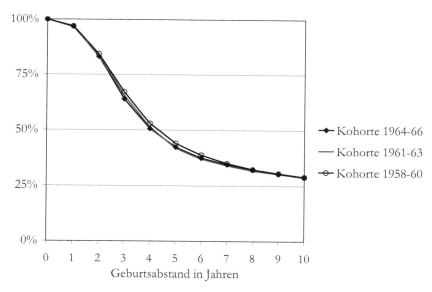

Abbildung 2b: Anteil von Frauen mit mindestens zwei Kindern nach Alter des ersten Kindes (Survivalfunktion nach der Sterbetafelmethode), Ostdeutschland

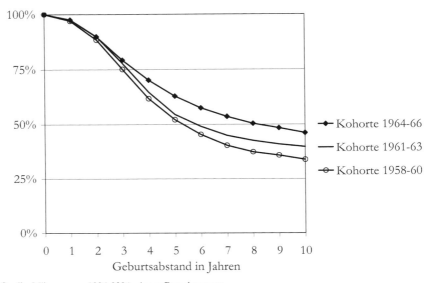

Quelle: Mikrozensus 1996-2004, eigene Berechnungen

Abbildung 3a und 3b geben die absoluten Risiken des Übergangs zum zweiten Kind nach Kohorte und nach Geburtsabstand wieder. Für Westdeutschland ist das ,Spacing-Verhalten' über die Kohorten sehr ähnlich, d.h. es gibt eine klare Intensitätserhöhung, wenn das erste Kind zwischen zwei und vier Jahren alt ist. Im Osten zeigt sich ein drastischer Rückgang der Zweitgeburtenraten für die jüngeren Jahrgänge (Kohorten 1964-1966). Auffallend ist, dass sich für diese Kohorten kein klares Profil ausmachen lässt. Das Risiko, ein zweites Kind zu bekommen, ist für einen Geburtsabstand von zwei bis drei Jahren ähnlich hoch wie für einen Geburtsabstand von fünf bis sechs Jahren. Bei einem Vergleich der ost- und westdeutschen Kohorten 1964-1966 zeigt sich, dass für alle Geburtsabstände das Zweitgeburtrisiko im Osten niedriger ist als im Westen. Insgesamt deutet dieses Muster darauf hin, dass die ostdeutschen Jahrgänge 1964-1966, für die die Wende unmittelbar in ihre Fertilitätskarrieren fiel, weniger mit einem Aufschub als mit einem Verzicht des zweiten Kindes reagiert haben.

Absolute Risiken (in 1.000) des Übergangs zum zweiten Kind nach Kohorte und Geburtsabstand, Westdeutschland

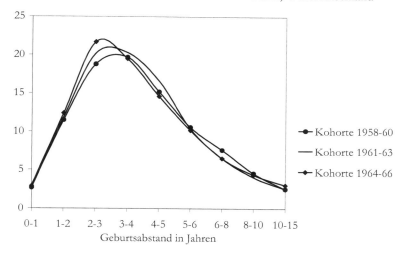

Absolute Risiken (in 1.000) des Übergangs zum zweiten Kind nach Kohorte und Geburtsabstand, Ostdeutschland

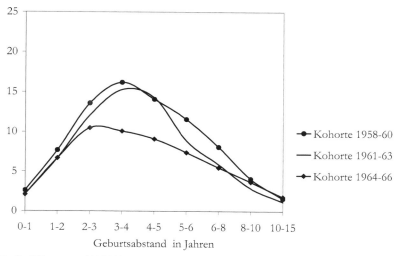

Quelle: Mikrozensus 1996-2004, eigene Berechnungen

In Tabelle 4 sind die Ergebnisse der multivariaten Modelle wiedergeben. Die abhängige Variable ist die Übergangsrate zum zweiten Kind. Es wurden unterschiedliche Modelle für Ost- und Westdeutschland geschätzt.

Für Westdeutschland bestätigen die Ergebnisse im Wesentlichen frühere Untersuchungen zum Zweitgeburtverhalten (Huinink 1989; Kreyenfeld 2002b). Das Risiko, ein zweites Kind zu bekommen, ist am höchsten, wenn das erste Kind zwischen zwei und vier Jahren alt ist. Das Altersprofil ist dagegen nicht sonderlich stark ausgeprägt. Zwischen dem Alter 24 bis 32 gibt es keine bedeutenden Unterschiede im Zweitgeburtverhalten. Nur für Frauen, die jünger als 24 oder älter als 32 Jahre sind, ist die Zweitgeburtintensität deutlich reduziert. Ausländische Frauen haben eine erhöhte Übergangsrate zum zweiten Kind. Frauen, die zum Befragungszeitpunkt in einer größeren Stadt leben, weisen eine geringere Übergangsrate zum zweiten Kind auf als Frauen, die in kleinen Städten und Gemeinden leben. Wie schon die deskriptive Darstellung gezeigt hat, gibt es in Westdeutschland einen Anstieg der Zweitgeburtenrate für die jüngeren Kohorten. Die multivariaten Analysen bestätigen dieses Muster und deuten darauf hin, dass es sich hier um signifikante Veränderungen handelt.

Etwas überraschend ist der Einfluss der Bildung der Frau auf die Übergangsrate zum zweiten Kind. Die meisten bisherigen Studien zum Zweitgeburtverhalten haben gezeigt, dass sich Hochschulabsolventen durch eine höhere Übergangsrate zum zweiten und dritten Kind auszeichnen (Huinink 1989; Kravdal 2001; Kreyenfeld 2002b). Erklärt wird dieses Muster mit dem relativ späten Alter bei Erstgeburt für diese Gruppe. Da Frauen mit einem Hochschulabschluss relativ alt und damit nah an der reproduktiven Grenze sind, wenn sie ihr erstes Kind bekommen, bleibt ihnen für die Realisation eines weiteren Kindes weniger Zeit, was die Übergangsrate zum zweiten Kind erhöht. Dieses Muster zeigt sich in den vorliegenden Analysen nicht. Der Bildungsabschluss der Frau hat in Westdeutschland keinerlei Einfluss auf die Zweitgeburtenrate. Dagegen beeinflusst ein Hochschulabschluss des Partners das Verhalten durchgreifend. Frauen mit einem Partner mit Hochschulabschluss haben eine um 40 Prozent erhöhte Übergangsrate zum zweiten Kind im Vergleich zur Referenzkategorie (Frauen mit Partner ohne Abschluss).

In Ostdeutschland ist der Einfluss der Gemeindegröße und der Nationalität ähnlich wie in Westdeutschland. Alle anderen Einflussgrößen unterscheiden sich mehr oder weniger in ihrer Wirkung. Zum einen lässt sich, im Unterschied zum Westen, ein klares Altersprofil ausmachen. Die Zweitgeburtenrate nimmt in Ostdeutschland nach dem Alter 26 deutlich ab. Wie bereits die deskriptive Darstellung gezeigt hat, gibt es einen signifikanten Rückgang der Zweitgeburtenrate über die Kohorten. In Bezug auf den Einfluss der Bildung der Frau fällt die erhöhte Rate von Frauen mit Hochschulabschluss auf. Im Unterschied zum Westen ist der Zusammenhang zwischen Bildungsniveau des Partners und Übergangsrate zum zweiten Kind dagegen nur schwach ausgeprägt.

Tabelle 4: Relative Risiken des Übergangs zum zweiten Kind, Ergebnisse eines Exponentialmodells

	Westdeutschland		Ostdeutschland	
Alter des ersten Kindes (zeitabhängig)				
0 bis unter 1 Jahr	0,16	***	0,23	***
1 bis unter 2 Jahre	0,57	***	0,59	***
2 bis unter 3 Jahre	1		1	
3 bis unter 4 Jahre	1,02		1,25	***
4 bis unter 5 Jahre	0,79	***	1,23	***
5 bis unter 6 Jahre	0,60	***	1,08	
6 bis unter 8 Jahre	0,37	***	0,92	
8 bis unter 10 Jahre	0,27	***	0,66	***
10 Jahre und älter	0,19	***	0,38	***
	0,10	***	0,25	***
Alter (zeitabhängig)				
15 bis unter 22 Jahre	0,80	***	0,76	***
22 bis unter 24 Jahre	1		1	
24 bis unter 26 Jahre	0,96		0,97	
26 bis unter 28 Jahre	1,02		0,73	***
28 bis unter 30 Jahre	1,04		0,54	***
30 bis unter 32 Jahre	1,01		0,38	***
32 bis unter 34 Jahre	0,89	***	0,27	***
34 bis unter 36 Jahre	0,72	***	0,25	***
36 bis unter 38 Jahre	0,56	***	0,24	***
Staatsangehörigkeit				
Deutsch	1		1	
Andere	1,20	***	1,17	
Gemeindegrößenklasse				
Unter 20.000 Einwohner	1		1	
20.000-500.000 E.	0,87	***	0,89	***
500.000 u. m. E.	0,83	***	0,83	***

Kohorte				
1958-60	1		1	
1961-63	1,07	***	0,90	***
1964-66	1,09	***	0,79	***
Bildungsabschluss Frau				
Kein Abschluss	1,02		1,34	***
Beruflicher Abschluss	1		1	
Hochschulabschluss	1,06	*	1,34	***
Bildungsabschluss Partner				
Kein Abschluss	1,06	*	1,17	
Beruflicher Abschluss	1		1	
Hochschulabschluss	1,40	***	1,10	*
Kein Partner	0,51	***	0,67	***
Log-Likelihood Anfangswerte	-30.267		-8.371	
Log-Likelihood Endwerte	-26.221		-7.183	

Anmerkung: ***p<0,01; **p<0,05; *p<0,10
Quelle: Mikrozensen 1996-2004, eigene Berechnungen

Das multivariate Modell zeigt einen signifikanten Rückgang der Zweitgeburtenrate in Ostdeutschland. Allerdings lässt sich auf Basis des Modells nicht abschätzen, ob es im Osten für die jüngeren Jahrgänge zu einem Anstieg der Zeitgeburtenraten im höheren Alter gekommen ist. Abbildung 4a und 4b geben deshalb die relativen Zweitgeburtrisiken nach Alter und Kohorte wieder. Für diese Darstellung sind die Altersklassen so gruppiert worden, dass zum einen hinreichend Fallzahlen für die jeweiligen Kategorien vorhanden sind, zum anderen der Wendeeinfluss einfach abzulesen ist. Beispielsweise waren die Geburtsjahrgänge 1964-1966 zum Zeitpunkt der Wiedervereinigung zwischen 24 und 26 Jahre alt. Man würde also annehmen, dass die Zweitgeburtenraten dieser Kohorten ab dem Alter 24 einbrechen, sich aber möglicherweise eine Erholung im späteren Alter (und damit Ende der 1990er Jahre) einstellt.

Für Westdeutschland bestätigt sich erneut das flache Altersprofil für Zweitge-burtenraten. Für Ostdeutschland lassen sich klare Veränderungen im Altersprofil über die Kohorten hinweg ausmachen. Für die Kohorten 1964-1966 bricht die Zweitgeburtenrate im Alter 24-26 – also zum Zeitpunkt der Wiedervereinigung – ein. Die Kohorten 1967-1969 waren zum Zeitpunkt der Wiedervereinigung im Schnitt drei Jahre älter. Hier ist der Rückgang der Zweitgeburtenraten im Alter 27-29 augenfällig. Die wesentliche Frage ist, inwiefern der Rückgang der Zweitgeburtenraten im jüngeren Alter durch einen Anstieg der Zweitgeburtenraten im höheren Alter kompensiert worden ist. Vergleicht man die jüngeren mit den älteren ostdeutschen Kohorten, lässt sich ein signifikanter Anstieg der Zweitgeburtintensität im Alter 33-38 Jahre feststellen. Beispielsweise haben ostdeutsche Frauen der Kohorten 1964-1966 ein mehr als dreimal so hohes Zweitgeburtrisiko im Alter 33-38 als Frauen der Kohorten 1958-1960. Allerdings ist hier zu beachten, dass die Zweitgeburtenrate im späteren Alter für die älteren ostdeutschen Kohorten auffallend niedrig war. Ein besserer Vergleichsmaßstab ist hier das Verhalten der westdeutschen Kohorten. Ein direkter Vergleich der Kohorten 1964-1966 zeigt für ostdeutsche Frauen eine um 50 Prozent niedrigere Übergangsrate zum zweiten Kind im Alter 33-38 als für Westdeutsche.[7]

Abbildung 4a: Relative Risiken des Übergangs zum zweiten Kind nach Kohorte und Alter der Frau, Westdeutschland

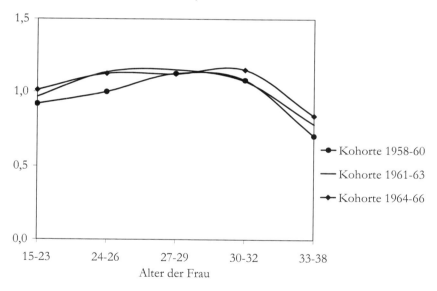

---

7 Dieses Modell wurde aus Platzgründen nicht dargestellt.

Abbildung 4b: Relative Risiken des Übergangs zum zweiten Kind nach Kohorte und Alter der Frau, Ostdeutschland

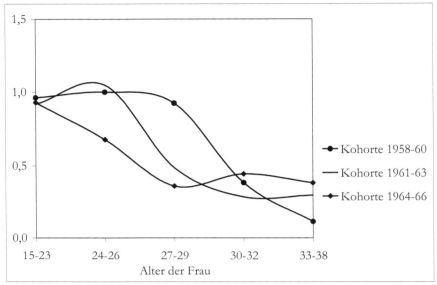

Anmerkungen: Die Abbildungen geben relative Risiken des Übergangs zum zweiten Kind wieder, die auf Basis eines multivariaten Modells geschätzt wurden. Die Referenzkategorien bilden Frauen der Kohorten 1958-60 im Alter von 24-26 Jahren. Weitere Kontrollvariablen im Modell sind: Alter des ersten Kindes, Staatsangehörigkeit, Gemeindegrößenklasse, Bildungsabschluss der Frau und des Mannes.
Quelle: Mikrozensus 1996-2004, eigene Berechnungen

5. Zusammenfassung

Fokus dieses Beitrags sind die Ost-West-Unterschiede im Zweitgeburtverhalten nach der Wende. Eine wesentliche forschungsleitende Hypothese war die Vermutung, dass die ostdeutschen Frauen der Kohorten 1964-1966 ein markantes ‚Spacing-Verhalten' an den Tag legen würden. Diese ‚Wendekohorten' haben kurz vor der Wiedervereinigung das erste Kind bekommen. Auf der einen Seite fielen die transformationsbedingten Umbrüche unmittelbar in die ‚Fertilitätskarrieren' dieser Frauen. Auf der anderen Seite waren diese Frauen bei Geburt ihres ersten Kindes relativ jung, so dass der biologische Spielraum gegeben war, auch noch acht oder zehn Jahre nach Geburt des ersten Kindes ein zweites Kind zu bekommen.
    Die empirischen Analysen mit den Daten des Mikrozensus, in denen das Geburtsverhalten der Jahrgänge 1958 bis 1966 untersucht wurde, zeigen einen drasti-

120

schen Einbruch der Zweitgeburtenrate für die ‚Wendekohorten' (Jahrgänge 1964-1966). Dieser Einbruch wird nicht durch einen späteren Anstieg der Raten kompensiert. Die Kohorten 1964-1966 haben demnach auf die gesellschaftlichen Umbrüche zur Zeit der Wiedervereinigung eher mit einem Verzicht als mit einem Aufschub des zweiten Kindes reagiert.

Die Analysen mussten viele Aspekte unberücksichtigt lassen. In diesem Beitrag wurde der Fokus auf die ‚Wendejahrgänge' gelegt, die direkt vor der Wiedervereinigung das erste Kind bekommen haben. Diese Geburtsjahrgänge dürften in vielerlei Hinsicht Ausnahmejahrgänge darstellen. Inwiefern die folgenden Geburtskohorten wieder eine höhere Neigung zeigen, ein zweites Kind zu bekommen, konnte in diesem Beitrag nicht untersucht werden. Eine besondere Einschränkung der Analysen des Fertilitätsverhaltens mit dem Mikrozensus stellte die Beschränkung auf Personen im Alter von maximal 38 Jahren dar. Zweitgeburten im Alter von über 38 Jahren werden in dieser Studie nicht erfasst. Eine Verzerrung der Ergebnisse ist dadurch theoretisch möglich, allerdings eher unwahrscheinlich, da es auch für die jüngeren ostdeutschen Jahrgänge ab dem Alter 30 zu einem signifikanten Abfallen der Zweitgeburtenrate kommt.

Literatur

Bundesinstitut für Bevölkerungsforschung (1999): Altersspezifische Geburtenziffern nach Kohorten für Ostdeutschland. Wiesbaden. (Die Daten wurden von Jürgen Dorbritz zur Verfügung gestellt).

Büttner, Thomas/ Lutz, Wolfgang (1990): Vergleichende Analyse der Fertilitätsentwicklung in der BRD, DDR und Österreich. Acta Demographica 1: 27-45.

Cho, Lee-Jay/ Retherford, Robert D./ Choe, Minja K. (1986): The Own-Children Method of Fertility Estimation. Honolulu: University of Hawaii Press.

Cromm, Jürgen (1998): Familienbildung in Deutschland. Soziodemographische Prozesse, Theorie, Recht und Politik unter besonderer Berücksichtigung der DDR. Opladen: Westdeutscher Verlag.

Dinkel, Reiner (1984): Haben die geburtenfördernden Maßnahmen der DDR Erfolg? Eine vergleichende Darstellung der Fertilitätsentwicklung in beiden deutschen Staaten. IFO-Studien, Heft 30: 139-162.

Dorbritz, Jürgen (1997): Der demographische Wandel in Ostdeutschland – Verläufe und Erklärungsansätze. Zeitschrift für Bevölkerungswissenschaft 22: 239-268.

Dorbritz, Jürgen/ Fleischhacker, Jochen (1995): Der Übergang von der Bevölkerungs- zur Familienpolitik in den neuen Bundesländern – ein Beitrag zum familienpolitischen Diskurs in Deutschland. Zeitschrift für Bevölkerungswissenschaft 20: 159-185.

Dorbritz, Jürgen/ Ruckdeschel, Kerstin (2006): Kinderlosigkeit in Deutschland – Ein europäischer Sonderweg? Daten, Trends und Gründe. In: Konietzka, Dirk/ Kreyenfeld, Michaela (Hrsg.) (2007): Ein Leben ohne Kinder. Kinderlosigkeit in Deutschland. Wiesbaden: VS Verlag für Sozialwissenschaften: 45-81.

Dornseiff, Jann-Michael/ Sackmann, Reinhold (2002): Zwischen Modernisierung und Re-Traditionalisierung. Die Transformation von Familienbildungsmustern im Lebenslauf ostdeutscher Frauen am Beispiel der Geburt des zweiten Kindes. Zeitschrift für Bevölkerungswissenschaft 27: 87-114.

Eberstadt, Nicholas (1994): Demographic shocks after communism: Eastern Germany, 1989-93. Population and Development Review 20: 137-152.

Emmerling, Dieter/ Riede, Thomas (1997): Vierzig Jahre Mikrozensus. Wirtschaft und Statistik 3: 160-174.

Frerich, Johannes/ Frey, Martin (1993): Handbuch der Geschichte der Sozialpolitik in Deutschland. Band 2: Sozialpolitik in der Deutschen Demokratischen Republik. München: Oldenbourg Verlag.

Helwig, Gisela (1988): Staat und Familie in der DDR. In: Glaeßner, Gert-Joachim (Hrsg.): Die DDR in der Ära Honecker: Politik, Kultur, Gesellschaft. Opladen: Westdeutscher Verlag (Schriften des Zentralinstituts für Sozialwissenschaftliche Forschung der Freien Universität Berlin 56): 466-480.

Höhn, Charlotte (1992): Population relevant policies before and after unification in Germany. In: Krishnan, P. u. a. (Hrsg.): Readings in Population Research. Dehli: B.R. Publishing: 4-23.

Huinink, Johannes (1989): Das Zweite Kind. Sind wir auf dem Weg zur Ein-Kind-Familie? Zeitschrift für Soziologie 18: 192-207.

Huinink, Johannes (2005): Ostdeutschland auf dem Weg zur Ein-Kind-Familie. In: Dienel, Christiane (Hrsg.): Abwanderung, Geburtenrückgang und regionale Entwicklung: Ursachen und Folgen des Bevölkerungsrückgangs in Ostdeutschland. Wiesbaden: VS Verlag für Sozialwissenschaften: 231-246.

Huinink, Johannes/ Kreyenfeld, Michaela (2006): Family formation in times of social and economic change: An analysis of the East German cohort 1971. In: Diewald, Martin/ Goedicke, Anne/ Mayer, Karl-Ulrich (Hrsg.): After the Fall of the Wall Life Courses in the Transformation of East Germany. Stanford, Stanford University Press: 170-190.

Konietzka, Dirk/ Kreyenfeld, Michaela (2004): Angleichung oder Verfestigung von Differenzen? Geburtenentwicklung und Familienformen in Ost- und Westdeutschland. Berliner Debatte Initial 15: 26-41.

Konietzka, Dirk/ Kreyenfeld, Michaela (2005): Nichteheliche Mutterschaft und soziale Ungleichheit. Zur sozioökonomischen Differenzierung der Familienformen in Ost- und Westdeutschland. Kölner Zeitschrift für Soziologie und Sozialpsychologie 57: 32-61.

Kravdal, Østein (2001): The high fertility of college educated women in Norway. An artefact of the separate modelling of each parity transition. Demographic Research 5: 185-213.

Kreyenfeld, Michaela (2002a): Parity specific birth rates for West Germany – An attempt to combine survey data and vital statistics. Zeitschrift für Bevölkerungswissenschaft 27: 327-357.

Kreyenfeld, Michaela (2002b): Time-squeeze, partner effect or self-selection? An investigation into the positive effect of women's education on second birth risks in West Germany. Demographic Research 7: 15-48.

Kreyenfeld, Michaela (2003): Crisis or adaptation reconsidered: A comparison of East and West German fertility in the first six years after the 'Wende'. European Journal of Population 19: 303-329.

Kreyenfeld, Michaela (2004): Fertility decisions in the FRG and GDR. Demographic Research Special Collection 3: 276-318.

Kreyenfeld, Michaela/ Huinink, Johannes (2003): Der Übergang zum ersten und zweiten Kind. Ein Vergleich zwischen Mikrozensus und Familiensurvey. In: Marbach, Jan/ Bien, Walter (Hrsg.): Partnerschaft und Familiengründung – Analysen der dritten Welle des Familiensurveys. Opladen: Leske + Budrich: 43-93.

Monnier, Alain (1990): The effects of family policies in the German Democratic Republic: A re-evaluation. Population: An English Selection 2: 127-140.

Obertreis, Gesine (1986): Familienpolitik in der DDR 1946-1980. Opladen: Leske + Budrich.

Perelli-Harris, Brienna (2006): The influence of informal work and subjective well-being on childbearing in post-soviet Russia. Population and Development Review 32: 729-753.

Sackmann, Reinhold (1999): Ist ein Ende der Fertilitätskrise in Ostdeutschland absehbar? Zeitschrift für Bevölkerungswissenschaft 24: 187-211.

Schimpl-Neimanns, Bernhard (2002): Anwendungen und Erfahrungen mit dem Scientific Use File des Mikrozensus. ZUMA-Arbeitsbericht 2002/01.

Schott, Jürgen (1992): Zur Analyse der Fertilität in der DDR im Zeitraum 1968 bis 1986. Acta Demographica 1: 223-235.

Trappe, Heike (1995): Emanzipation oder Zwang? Frauen in der DDR zwischen Beruf, Familie und Sozialpolitik. Berlin: Akademie Verlag.

Wendt, Hartmut (1997): The former German Democratic Republic: The standardized family. In: Kaufmann, F.X. u.a. (Hrsg.): Family Life and Family Policies in Europe. Volume I: Structures and Trends in the 1980s. Oxford: Clarendon Press: 114-154.

Wirth, Heike/ Müller, Walter (2006): Mikrodaten der amtlichen Statistik als eine Datengrundlage der empirischen Sozialforschung. In: Andreas Diekmann (Hrsg.): Methoden der Sozialforschung (Sonderheft Band 44 der Kölner Zeitschrift für Soziologie und Sozialpsychologie). Wiesbaden: VS Verlag für Sozialwissenschaften: 93-127.

Witte, James C./ Wagner, Gert G. (1995): Declining fertility in East Germany after unification: A demographic response to socioeconomic change. Population and Development Review 21: 387-397.

Trend der Mortalitätsdifferenzen zwischen Ost und West unter Berücksichtigung der vermeidbaren Sterblichkeit

Eva Kibele, Rembrandt Scholz

1. Einleitung

Der vorliegende Beitrag untersucht die Entwicklung der Mortalität in den beiden deutschen Staaten. Die Qualität eines Gesundheitssystems wird durch verschiedene Indikatoren gemessen, einer davon ist die Mortalität. Da Mortalität gut messbar ist, ist die Mortalitätsforschung das Forschungsgebiet, mit dem die Auswirkungen unterschiedlicher Gesundheitssysteme objektiv sind. Mit Hilfe der Klassifizierung nach 'Vermeidbaren Sterbefällen' kann Mortalität dabei in Zusammenhang mit den Gesundheitssystemen gebracht werden (vgl. z.B. Nolte et al. 2004). Die Unterschiede zwischen Ost und West bei der Lebenserwartung sind mehrfach bearbeitet worden; für einen Überblick nach Todesursachen, Regionen und sozioökonomischen Merkmalen wird auf Luy (2004, 2006) verwiesen.

Die beiden unterschiedlichen politischen Systeme in Deutschland – in der DDR und der Bundesrepublik – brachten auch unterschiedliche Gesundheitssysteme mit sich. Die DDR verfolgte stärker den Grundsatz 'Vorbeugen ist besser als Heilen'. Angesichts der besseren Ausstattung mit finanziellen Mitteln konzentrierte die Bundesrepublik sich hingegen mehr auf die Behandlung von Krankheiten (Elkeles et al., 1991) und auf die Forschung, insbesondere in der Medizintechnik und der Pharmazeutischen Industrie.

Die Rahmenbedingungen ärztlicher Leistungserbringung waren in Ost und West sehr unterschiedlich. Deutlich wurde dies insbesondere bei der Ausstattung der Praxen und Krankenhäuser, den Anreizsystemen zur Erbringung ärztlicher Leistungen, dem Finanzierungsvolumen und den medizin-technologischen Möglichkeiten im Gesundheitssystem. Die Orientierung des Gesundheitssystems in Westdeutschland lag auf der Leistungserbringung mit der Vergütung der Leistungen. Beides lag im Interesse von Ärzten und Patienten. Dass die ökonomischen Ressourcen im Osten begrenzt waren, wirkte sich dabei vor allem bei Menschen im höheren Alter aus. Die Mangelsituation in Ostdeutschland konnte sehr schnell nach der Wende überwunden werden - durch veränderte Finanzierungsprinzipien mit Übernahme westdeutscher Anreizsysteme und der damit verbundenen besseren

Ausstattungen. Ab Mitte der Neunzigerjahre wurde das gesamtdeutsche Gesundheitssystem umstrukturiert. Die maximale Leistungserbringung ist seither in beiden Teilen Deutschlands nach oben hin begrenzt.

Im Folgenden werden zuerst die verwendeten Daten und Methoden dargestellt und das Konzept der 'Vermeidbaren Sterblichkeit' beschrieben. Anschließend wird die Mortalitätssituation in Ost- und Westdeutschland an Hand der Lebenserwartung bei Geburt und der altersspezifischen Ost-West-Mortalitätsquotienten analysiert. Es folgt eine todesursachenspezifische Betrachtung der Sterblichkeit zur Beurteilung der Ost-West-Differenzen nach der vermeidbaren Sterblichkeit. Abschließend werden die Ergebnisse zusammengefasst und diskutiert.

2. Daten und Methoden

Die Daten zur Bevölkerung und zu den Sterbefällen stammen aus der Human Mortality Database (HMD; www.mortality.org). Die HMD berücksichtigt für den Zeitraum bis 2000 die Daten der alten und neuen Bundesländer, wobei Berlin in West und Ost aufgespalten ist. Ab dem Jahr 2001, nach der Verwaltungsreform innerhalb von Berlin, werden zur Trennung nach Ost und West die Bevölkerungsdaten und Gestorbenen zusätzlich nach dem Melderegister in Berlin aufgespalten. Weiterhin wird eine Korrektur der Bevölkerungsdaten in West für die Alter über 90 Jahre durchgeführt (Scholz und Jdanov, 2007)[1].

Die Daten zu den Todesursachen (TU) wurden von den Statistischen Ämtern der Bundesländer zur Verfügung gestellt. Nach der Wiedervereinigung Deutschlands haben die neuen Bundesländer am 1. Oktober 1990 die Kodierungspraxis der alten Bundesländer übernommen. Von diesem Zeitpunkt an sind die Verschlüsselungen der Todesursachen weitgehend vergleichbar. Die Kodierung der Diagnosen nach ICD (International Classification of Diseases) wird seitdem in den Statistischen Landesämtern, und nicht - wie in der DDR üblich - vom Leichenschauarzt oder Pathologen durchgeführt (Brückner, 1993).

Die temporäre Lebenserwartung wurde nach Arriaga (1984) berechnet. Dies ist die durchschnittliche Anzahl an gelebten Jahren zwischen zwei bestimmten Altersgruppen. Dekomposition nach Alter und Todesursachen geht auf die Methode von E. Andreev zurück (Shkolnikov et al., 2001). Lexis-Diagramme wurden mit dem Programm 'Lexis' erstellt (K. Andreev, 1999). Altersstandardisierte Sterberaten SDR (Standardized Death Rates) werden per 100.000 Personen der Bevölkerung angegeben.

---

1 Die Werte der Lebenserwartung von der amtlichen Statistik und der HMD sind unterschiedlich. Die Korrektur führt bei Frauen in Ost und West zu den gleichen Werten der Lebenserwartung im Jahr 2004.

125

Mit Hilfe des Konzeptes der 'Vermeidbaren Sterblichkeit' soll die Frage geklärt werden, auf welche Faktoren Mortalitätsunterschiede zwischen Ost und West zurückzuführen sind. Die Leistungsfähigkeit des Gesundheitssystems, die Qualität der medizinischen Behandlung, die Prävention von Krankheiten oder die persönliche Lebensweise spielen eine Rolle und können mit diesem Konzept bewertet werden.

Die Liste der durch medizinische Versorgung vermeidbaren Sterbefälle wurde von Nolte und McKee (2004) übernommen. Zu den wichtigsten Todesursachen in dieser Gruppe gehören beispielsweise zerebrovaskuläre Krankheiten, verschiedene Infektionskrankheiten, Brustkrebs, Hautkrebs, Gebärmutterkrebs oder Bluthochdruck. Nach Nolte et al. (2002) wurden die Sterbefälle, die durch Prävention vermeidbar sind, eingeteilt. Zu den Todesursachen zählen Lungenkrebs, Verkehrsunfällen und Leberzirrhose. Für die genaue Kodierung nach ICD 9 und ICD 10 und die Einteilung der Altersklassen wird auf die oben genannten Quellen verwiesen.

Vermeidbare Sterbefälle sind Sterbefälle, die nicht auftreten sollten, wenn medizinische Versorgung rechtzeitig und erfolgreich gewährleistet wird (Nolte et al. 2004, S.16-19). Hierzu wurden verschiedene Listen mit Todesursachen, deren ICD-Codes und dazugehörigen Altersklassen erstellt. Es gibt mehrere Ebenen, bei denen ein Gesundheitssystem wirken kann. So kann sich zuallererst die Präsentation der Krankheit durch das Gesundheitssystem unterschiedlich darstellen, mit den Individuen, der Krankheit und der Behandlung. Der Diagnosestellung einer Krankheit folgt die Behandlung, wobei zwei mögliche Ergebnisse am Ende dieser Kette stehen: das Überleben der Krankheit oder das Sterben an der Krankheit (Nolte et al. 2004, S.18).

Vermeidbare Sterbefälle wurden in der Regel in zwei Gruppen eingeteilt: In der ersten Gruppe sind die durch medizinische Versorgung vermeidbaren Sterbefälle, in der zweiten jene, die durch präventive Maßnahmen verhindert werden könnten. Oft sind Krankheiten nicht eindeutig einer dieser Gruppen zuzuordnen. In solchen Fällen wurden die Todesursachen unter die medizinische Versorgung klassiert. Da die ischaemischen Herzkrankheiten (IHK) den Gruppen der medizinischen Versorgung und der präventiven Maßnahmen zugeordnet werden können, und zudem eine sehr hohe Fallzahl aufweisen, werden die IHK gesondert betrachtet. (Nolte et al., 2002, S.52). Weiterhin werden Primär- und Sekundärprävention unterschieden. Zum ersteren gehören die Vorsorgeuntersuchungen und Impfungen, die Sekundärprävention kann mit schneller medizinischer Behandlung gleichgesetzt werden. Die meisten Todesursachen wurden bis zum Alter 74 Jahre einbezogen, nur in Ausnahmefällen davon abweichende Altersgrenzen gesetzt. Berechnungen mit Todesursachen konnten deshalb nur für die Altersgruppe 0-74 Jahre durchgeführt werden. Bei der Dekomposition der Differenzen in der Lebenserwartung wird die temporäre Lebenserwartung, das heißt die Lebenserwartung zwischen Alter 0 und 75 Jahren, verwendet.

3. Mortalität in Ost und West

Abbildung 1 gibt einen ersten Einblick in die Mortalitätssituation in Ost- und Westdeutschland an Hand der Lebenserwartung bei Geburt im Zeitraum von 1956 bis 2004. Bis auf eine Ausnahme – ostdeutsche Männer nach der Wende – ist der Zeitraum von Mortalitätsfortschritten geprägt. Diese Fortschritte spiegeln sich unterschiedlich in der Lebenserwartung in Ost- und Westdeutschland wider. Zudem kann der Zeitraum von 1956-2004 in drei Perioden mit unterschiedlichen Trends in der Lebenserwartung unterteilt werden. Zum ersten ist dies die Zeit bis Mitte der 1970er Jahre, zum zweiten die Zeit von Mitte der 1970er bis zur Wiedervereinigung 1990 und zuletzt die Zeit seit der Wiedervereinigung.

Abbildung 1:   Lebenserwartung in Ost- und Westdeutschland; 1956-2004

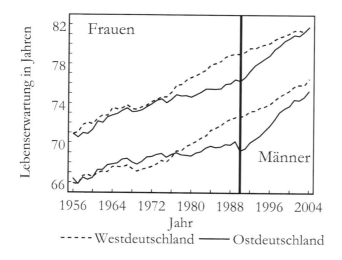

Quelle: Human Mortality Database; Eigene Berechnungen

Bis Mitte der 1970er Jahre spiegeln sich Mortalitätsdifferenzen kaum in der Lebenserwartung bei Geburt wider. Männer und Frauen in Ost- und Westdeutschland verzeichnen einen ähnlichen Trend im Anstieg der Lebenserwartung. Erst Mitte der 1970er Jahre öffnet sich die Schere zwischen Ost- und Westdeutschland. Durch

127

einen starken Mortalitätsfortschritt steigt die Lebenserwartung in Westdeutschland bei Geburt schnell an. Frauen sind Vorreiter dieser Entwicklung, Männer folgen ab dem Jahr 1977. Das Auseinanderdriften zwischen Ost- und Westdeutschland hält bis zur Wiedervereinigung an. Konsistentes Schließen der Schere beginnt erst nach 1990. Während bei ost- und westdeutschen Frauen 1988 der Unterschied in der Lebenserwartung bei Geburt mit 2,9 Jahren am größten war (76 Jahre in Ost vs. 78,9 Jahre in West), beträgt dieser Unterschied bei Männern im Jahr 1990 3,4 Jahre (69,2 vs. 72,6 Jahre). Innerhalb eines Zeitraumes von 15 Jahren ist eine Lebenserwartungsdifferenz dieses Ausmaßes entstanden. Der Zeitraum nach der Wiedervereinigung ist von großen Mortalitätsfortschritten der Bevölkerung in den neuen Bundesländern geprägt. Die Bevölkerung in den alten Bundesländern erlebte keine nennenswerten Änderungen im Anstieg der Lebenserwartung; die Geschwindigkeit, die seit den Siebzigerjahren vorherrschte, blieb etwa gleich. Hingegen verzeichneten die Frauen im Osten in den Jahren 1989 und 1990 eine Stagnation der Lebenserwartung, Männer sogar einen Rückgang von knapp einem Jahr. Nach Jahrzehnten mit langsam steigender Lebenserwartung bei Geburt konnte sich dieser Trend in den neuen Bundesländern nach 1990 schnell umkehren und die Lebenserwartung stieg mit einem schnelleren Tempo als in den alten Bundesländern. In der Folge konnten die ostdeutschen Frauen bis 2004 die Lücke in der Lebenserwartung schließen. Sie beträgt heute in beiden Landesteilen knapp 82 Jahre. Bei Männern betrug der Abstand 2004 noch 1,2 Jahre, wobei Männer in den neuen Bundesländern eine Lebenserwartung von 75,3 Jahren und in den alten Bundesländern eine Lebenserwartung von 76,5 Jahren haben.

Hinter den Werten der Lebenserwartung stehen trotz zeitweise ähnlicher Entwicklungen in Ost- und Westdeutschland unterschiedliche altersspezifische Sterberaten. Abbildungen 2 und 3 zeigen die Quotienten der altersspezifischen Sterberaten von Ostdeutschland bezogen auf Westdeutschland in den Jahren von 1955 bis 2004 in einem Lexis-Diagramm. Der Quotient wird durch Division der Mortalitätsrate im Alter x in Ost durch die Mortalitätsrate im Alter x in West gebildet. Bei einer höheren Sterblichkeit in Ostdeutschland ist der Quotient über eins, bei niedrigerer Sterblichkeit entsprechend unter eins. Übersterblichkeit im Osten – mit Quotienten über 1 – ist in den Farben orange und rot dargestellt, während Untersterblichkeit – mit Quotienten unter 1 – blau gekennzeichnet ist. Im Lexis-Diagramm sind die Quotienten für jedes Jahr von 1955-2004 auf der x-Achse und nach Einzelaltern auf der y-Achse zu sehen. Periodeneffekte sind als vertikale Änderung, Kohorteneffekte als diagonale Änderung zu sehen. Bei der Übersetzung von altersspezifischen Sterberaten zur Lebenserwartung muss beachtet werden, dass der Großteil der Sterbefälle jenseits des Alters 70 stattfindet und sich starke Mortalitätsänderungen oder -differenzen in jungen Jahren auf Grund der höheren Restlebenserwartung ebenso auf die Gesamtlebenserwartung auswirken.

Abbildung 2: Quotienten altersspezifischer Sterberaten; Männer; 1955-2004

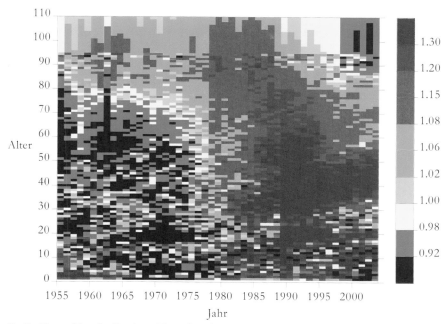

Quelle: Human Mortality Database; Eigene Berechnungen

Die Bevölkerung weist in beiden Teilen Deutschlands bis Mitte der Siebziger Jahre die gleiche Lebenserwartung auf (Abbildung 1). Dennoch sind Unterschiede in den altersspezifischen Sterberaten in Ost und West zu sehen und auch die geschlechts- spezifischen Unterschiede der altersspezifischen Ost-West-Quotienten sind ausge- prägt. Männer in Ostdeutschland hatten bis Mitte der 1970er Jahre in den Altersstu- fen bis 75 niedrigere Mortalitätsraten als im Westen. Ab Alter 75 sind diese aller- dings höher. Da in diesen Altersstufen etwa die Hälfte aller Sterbefälle stattfinden, ist zu erklären, dass die Lebenserwartung in Ost- und Westdeutschland doch etwa gleich ist. Zwischen 1975 und 1980 verschlechterte sich die Mortalitätssituation bei den Männern erheblich. Bis auf wenige junge Altersklassen überwiegt eine ostdeut- sche Übersterblichkeit. Diese Situation hält bis Ende der 1990er Jahre an. Beson- ders junge Männer sind von dieser Übersterblichkeit betroffen. Man erkennt in Abbildung 2 einen Kohorteneffekt (dunkelrote Fläche), der diagonal von jüngeren zu älteren Altersklassen verläuft. Im Allgemeinen ist die ostdeutsche Übersterblich-

129

keit zum Zeitpunkt der Wende und kurz danach am stärksten ausgeprägt. Bei Betrachtung der Lebenserwartung ist dies in dem großen Abstand zwischen Ost- und Westdeutschland zu sehen. Bis zum Jahr 2004 hat sich eine positive Entwicklung in den oberen Altersklassen vollzogen. Im Alter 85 und darüber ist die Sterblichkeit in den neuen Bundesländern bis Ende der 1990er Jahre leicht niedriger und danach sogar deutlich niedriger. Dies kann eventuell auf Selektionseffekte zurückgeführt werden, die durch hohe Sterblichkeit in jüngeren Jahren bedingt sind (Scholz et al. 2003). Heute ist die Sterblichkeit in jungen Jahren (0-30) in den neuen Bundesländern ungefähr so hoch wie in den alten, einzelne Altersklassen weisen höhere, andere dafür niedrigere Sterblichkeit auf, resultierend aus der niedrigen Fallzahl an Sterbefällen in den jungen Jahren. Zwischen Alter 35 und 50 (Kohorten 1955-1970) ist die Übersterblichkeit am höchsten. Ab Alter 85 sind die Mortalitätsraten in den neuen Bundesländern am geringsten.

Abbildung 3:   Quotienten altersspezifischer Sterberaten; Frauen; 1955-2004

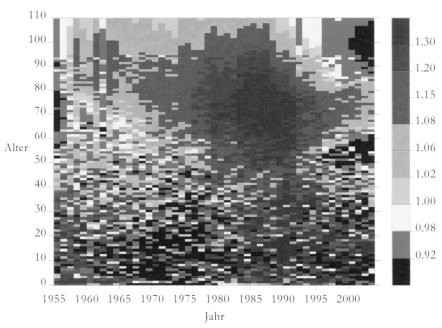

Quelle: Human Mortality Database; Eigene Berechnungen

In der Mortalitätssituation der Frauen zeigen sich gewisse Parallelen, obwohl die Trends hier weitaus weniger ausgeprägt sind. Bis zum Jahr 1980 zeigen Frauen indifferente Trends. Zwischen 1965 und 1980 weisen einige Altersklassen von 0-50 Jahren in Ostdeutschland niedrigere Mortalitätsraten als im Westen auf. Gleichzeitig sind die Mortalitätsraten der älteren Frauen im Osten höher. Diese Übersterblichkeit betrifft vor allem die Kalenderjahre 1975 bis 1995 und dabei den Altersbereich von 50 bis 80 Jahre, was als dunkelroter Bereich im Lexis-Diagramm (Abbildung 3) deutlich zu sehen ist. Wie bei den Männern ist um das Jahr 1980 eine Änderung der altersspezifischen Mortalitäts-Quotienten festzustellen – allerdings weniger stark ausgeprägt. Die Entwicklung zu höheren Mortalitätsraten in allen Altersstufen hat sich bei den Männern innerhalb der Jahre 1975-80 vollzogen, bei den Frauen betrifft diese Wende zwar die meisten, aber nicht alle Altersklassen. Zwischen Anfang der 1980er und Mitte der 1990er Jahre ist auch bei den Frauen in Ostdeutschland eine höhere Sterblichkeit festzustellen. Anfang der 1990er Jahre stellen sich leichte Mortalitätsfortschritte des Ostens gegenüber dem Westen ein, etwa ab Alter 90. Mitte der 1990er kam dann die Trendwende. Bis auf wenige Ausnahmen ging die altersspezifische Übersterblichkeit zurück, so dass heute nur noch wenige Altersklassen davon betroffen sind. So ist beispielsweise bei Frauen im jungen Altersbereich (0-40 Jahre) ein indifferentes Muster von höherer und niedrigerer Mortalität in den neuen und alten Bundesländern zu sehen. Dies resultiert aus Zufallsschwankungen auf Grund der wenigen Sterbefälle. Bemerkenswert sind die altersspezifischen Unterschiede zwischen Ost- und Westdeutschland, die sich seit Anfang der 1990er herauskristallisiert haben. So ist die Sterblichkeit im Alter 50-60 und ab Alter 85 in Ostdeutschland niedriger, zwischen Alter 65 und 85 höher als in Westdeutschland. Dies kann auch als Kohorteneffekt gesehen werden, wobei die Kohorten 1920-1940 durchgehend höhere Sterblichkeiten aufweisen. Werden die altersspezifischen Mortalitätsraten zusammengefasst und nur die Lebenserwartung bei Geburt betrachtet, so ist zu sehen, dass die Effekte sich ausgleichen. Frauen in Ost- und Westdeutschland haben heute die gleiche Lebenserwartung.

Während also bis Ende der 1970er Jahre vor allem hohe Altersstufen im Osten Übersterblichkeit gegenüber dem Westen aufweisen, war in jüngeren Altersstufen die Mortalität teilweise geringer. Im Laufe der 1980er und 1990er Jahre hat sich die Situation geändert, so dass heute in den neuen Bundesländern die Sterblichkeit in den hohen Altersstufen niedriger ist als in den alten. In Ostdeutschland zeigt sich im Vergleich zu Westdeutschland allerdings in vielen Altersstufen Übersterblichkeit bei Männern, besonders bei den Kohorten 1955-70. Hingegen haben Frauen in einigen Altersstufen niedrigere oder gleiche Mortalitätsraten.

4. Vermeidbare Mortalität in Ost und West

Mit Hilfe der drei Gruppen vermeidbarer Sterbefälle – medizinische Versorgung, Prävention und ischaemische Herzkrankheiten – soll die Sterblichkeitsentwicklung in Ost- und Westdeutschland beurteilt werden. Zuerst werden dazu die Trends der altersstandardisierten Sterberaten (SDR) im Zeitraum von 1980 bis 2004 betrachtet, die in der Abbildung 4 zu sehen sind. Da in der Regel nur Sterbefälle bis zum Alter 74 als vermeidbar klassiert werden, beziehen sich auch die SDR nur auf den Alters-bereich von 0 bis 74 Jahren. Gestrichelte Linien zeigen Westdeutschland und durch-gezogene stehen für Ostdeutschland. Die SDR der drei verschiedenen Gruppen der Vermeidbarkeit sind einzeln und zusammengefasst dargestellt, und die SDR der nicht vermeidbaren Todesursachen wird den SDR der gesamten Sterblichkeit ge-genübergestellt.

Abbildung 4:   SDR nach Todesursachen; 1980-2004

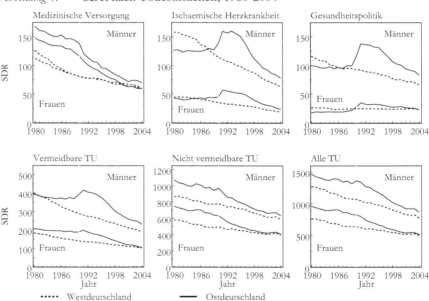

Quelle: Human Mortality Database und amtliche Statistik; Eigene Berechnungen

Bei den SDR der durch medizinische Versorgung vermeidbaren Todesursachen gab es große Ost-West-Unterschiede während der 1980er Jahre. Nach der Wiedervereinigung verringerten sich diese Unterschiede, so dass diese heute minimal sind. Diese Tatsache lässt für Ostdeutschland auf große Fortschritte im Bereich der medizinischen Versorgung und Medizintechnik schließen. Im Gegensatz zum gewohnten Trend mit starken geschlechtsspezifischen Differenzen gibt es in dieser Gruppe nur geringe Unterschiede in den Sterberaten von Männern und Frauen.

Die Trends bei den SDR der ischaemischen Herzkrankheiten und der durch Prävention vermeidbaren Todesursachen sind ähnlich. Im Zeitraum von 1980-90 liegen die Sterberaten der DDR auf ähnlichem Niveau (wegen der Kodierungspraxis, die erst ab Oktober 1990 vergleichbar ist, wird diese Tatsache bis dahin nicht bewertet, sondern nur beschrieben). Drastische Änderungen folgen um das Wendejahr 1990, wo die SDR schlagartig ansteigen, was nur zum Teil der geänderten Kodierungspraxis zugeschrieben werden kann. Von Anfang bis Mitte der 1990er Jahre bleiben die SDR in den neuen Bundesländern in den beiden Gruppen (IHK und durch Prävention vermeidbar) auf einem viel höheren Niveau als in den alten Bundesländern. Danach kommt es zu einer Angleichung zwischen Ost- und Westdeutschland. Im Westen sinken die todesursachenspezifischen Sterberaten stetig und zeigen keinerlei auffällige Trends. Gegen Ende des Beobachtungszeitraumes weisen Männer im Osten noch Übersterblichkeit im Vergleich zum Westen auf. In Ostdeutschland ist die Sterblichkeit bei den IHK der Frauen leicht erhöht; bei den durch Prävention vermeidbaren Todesursachen sind die Differenzen verschwunden. Allgemein weisen Männer eine deutlich erhöhte Mortalität gegenüber Frauen auf, die Mortalitätstrends sind dabei die gleichen.

Entsprechend muss nun der Trend der Todesursachen, die als nicht vermeidbar eingeschätzt werden, betrachtet werden (siehe Abbildung 4). Das Niveau der SDR bei nicht vermeidbaren Todesursachen liegt zu Beginn des Beobachtungszeitraumes ungefähr gleichauf mit dem der vermeidbaren Todesursachen. Beide Gruppen erfahren einen Mortalitätsrückgang. Durch ein starkes Sinken bei vermeidbaren Sterbefällen gewinnt die Gruppe der nicht vermeidbaren Sterbefälle relativ an Bedeutung. Sie stellt im Jahr 2004 den größten Teil der Sterbefälle im Alter 0-74 Jahre. Die SDR der nicht vermeidbaren Todesursachen in Ostdeutschland liegt in den 1980er Jahren konstant über dem Niveau von Westdeutschland. Ab dem Jahr 1990 nähert sich das ostdeutsche Niveau schnell dem niedrigeren westdeutschen an. Mitte der 1990er Jahre ist die Angleichung vollzogen und die Unterschiede zwischen Ost und West sind nur noch marginal, seither sind die Mortalitätsfortschritte gering.

Bei Betrachtung der SDR, ohne nach Todesursache zu differenzieren, sind klare Trends in Ost- und Westdeutschland zu sehen. Während im Westen die Sterberaten konstant sinken, geht in Ostdeutschland die Sterblichkeit in den Jahren von 1980-90 nur langsam zurück. Diese Entwicklung dreht sich– nach einem Anstieg der SDR bei Männern im Jahr 1990 – um, so dass die Reduktion der Sterberaten im Osten in den 1990er Jahren beschleunigt ist. Dies führt bei Männern zu einer Annäherung der Sterberaten und bei Frauen sogar zu einer Angleichung im Jahr 2004.

Im Folgenden soll die Bedeutung einzelner Todesursachengruppen beleuchtet werden. Dazu ist in Abbildung 5 die Dekomposition der Lebenserwartung zwischen Alter 0 und 75 zwischen alten und neuen Bundesländern nach Altersklassen (0-1, 1-5, 5-10, ..., 65-70, 70-75) dargestellt. Die drei oben beschriebenen Gruppen der Vermeidbarkeit (medizinische Versorgung, IHK und Prävention) und die Restgruppe mit nicht vermeidbaren Todesursachen sind gesondert ausgewiesen. Die Jahre 1990-94 wurden als Zeitpunkt direkt nach der Wende gewählt und dem aktuellen Zeitpunkt 2000-04 gegenübergestellt.

Zum Zeitpunkt 1990-94 beträgt die Lebenserwartung zwischen Alter 0 und 75 bei Männern im Osten 66,4 Jahre, im Westen 68,4 Jahre. Die entsprechenden Werte für Frauen sind 70,6 und 71,4 Jahre. Das ergibt eine Differenz der Lebenserwartung zwischen Alter 0 und 75 von 2,0 Jahren bei Männern und von 0,8 Jahren bei Frauen. Innerhalb von zehn Jahren erhöht sich die Lebenserwartung bei Männern im Osten auf 69,1 Jahre und im Westen auf 69,9 Jahre (0,8 Jahre Differenz). Frauen haben zu diesem Zeitraum 2000-04 die temporäre Lebenserwartung angeglichen und sie beträgt 72,1 Jahre. Der Trend der Lebenserwartung zwischen 0 und 75 Jahre folgt somit dem Trend der Gesamtlebenserwartung (vgl. Abbildung 1).

Im Folgenden werden die Ost-West-Differenzen der Lebenserwartung analysiert. Abbildung 4 zeigt die Dekomposition der Differenzen in der Lebenserwartung zwischen West- und Ostdeutschland nach Altersklassen und Todesursachengruppen. Positive Abweichungen geben an, dass die ostdeutsche Bevölkerung eine höhere Mortalität als die westdeutsche aufweist. Die Größe des Ausschlages gibt an, welchen Beitrag die jeweilige Todesursache und Altersgruppe zur Differenz in der Lebenserwartung leistet. Negative Abweichungen spiegeln entsprechend einen ostdeutschen Mortalitätsvorteil wider. Die Summe aller positiven und negativen Beiträge entspricht der Differenz der Lebenserwartung. So ist beispielsweise 1990-94 bei Männern im Alter 0 ein positiver Ausschlag von 0,07 Jahren bei der Todesursachengruppe der medizinischen Versorgung zu sehen und ein negativer Ausschlag von -0,05 bei nicht vermeidbarer Sterblichkeit. Das bedeutet, dass ostdeutsche Neugeborene einen Mortalitätsvorteil bei nicht vermeidbaren Todesursachen haben, jedoch einen Nachteil bei Todesursachen, die auf Grund von medizinischer Versorgung vermeidbar gewesen wären. Zusammen ergibt sich ein Mortalitätsnachteil der ostdeutschen Neugeborenen, der 0,02 Jahre der insgesamt 2 Jahre Differenz zwischen Ost und West bei der Lebenserwartung zwischen Alter 0 und 75 ausmacht. Die Methode der Dekomposition berücksichtigt, dass jüngere Menschen noch eine größere Restlebenserwartung haben als ältere und sich Mortalitätsunterschiede in jüngeren Altersklassen dadurch stark auf die Lebenserwartung auswirken. Dieser Effekt wird durch die große Anzahl an Sterbefällen im hohen Alter abgeschwächt.

Dekomposition der Lebenserwartung (0-74) nach vermeidbaren Todesursachen zwischen Ost und West; 1990-94 und 2000-04

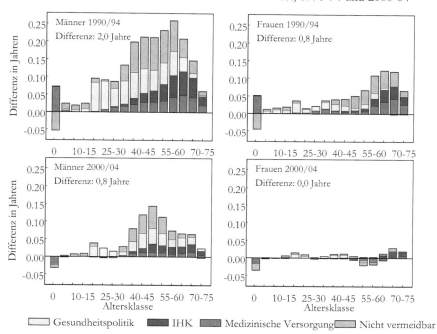

Quelle: Human Mortality Database und amtliche Statistik; Eigene Berechnungen

Bis auf die Neugeborenen haben Männer 1990-94 in Ostdeutschland durchgehend höhere Sterberaten in den ausgewiesenen Todesursachengruppen. Den größten Anteil an der Differenz der Lebenserwartung machen die durch Prävention vermeidbaren Todesursachen aus. Besonders im jungen Erwachsenenalter ist die Bedeutung dieser Todesursachengruppe groß. Über alle betrachteten Altersklassen hinweg trägt die Todesursachengruppe der Prävention ein Drittel zu den zwei Jahren Ost-West-Differenz der Lebenserwartung bei (0,7 Jahre). IHK und medizinische Versorgung spielen in den höheren Altersstufen eine größere Bedeutung zur Erklärung der Ost-West-Differenz. Der Beitrag zur Erklärung dieser Differenz beträgt jeweils etwa 20 Prozent. Nicht vermeidbare Todesursachen gewinnen ab Alter 35 stark an Bedeutung und erklären insgesamt 30 Prozent der Differenz in der Lebenserwartung zum Zeitpunkt 1990-94. Die Altersverteilung sieht bei Frauen ähnlich aus. Allerdings wird der Unterschied in der Lebenserwartung zwischen Ost und West zu mehr als 30 Prozent durch die medizinische Versorgung erklärt.

Bis 2000-04 haben sich einige Änderungen in der Alters- und Todesursachenstruktur zwischen Ost und West ergeben – neben der Annäherung der Lebenserwartung. Männliche Neugeborene in den neuen Bundesländern weisen nun eine geringere Säuglingssterblichkeit auf. Damit verringert sie die noch bestehende Differenz der Lebenserwartung um 0,03 auf 0,77 Jahre. In den anderen Altersklassen ist das nicht der Fall. Hier sind höhere Mortalitätsraten in Ostdeutschland dafür verantwortlich, dass der Unterschied in der Lebenserwartung besteht. Wiederum sind die durch Prävention vermeidbaren Sterbefälle für den größten Teil der niedrigeren Lebenserwartung verantwortlich. Ihr Anteil an der Ost-West-Differenz der Lebenserwartung ist bis 2000-04 auf knapp 40 Prozent gestiegen. Wie zum Zeitpunkt 1990-94 liegt die Bedeutung dieser Todesursachengruppe schon in den jungen Erwachsenenaltern. Der Anteil der durch medizinische Versorgung ist auf sieben Prozent der Differenz in der Lebenserwartung gesunken. IHK haben sich über die Zeit hinweg kaum in ihrem Einfluss auf die Lebenserwartungsdifferenz geändert, der Anteil bleibt konstant bei etwa 20 Prozent. Nicht vermeidbare Todesursachen tragen etwas mehr (34 Prozent) zur Erklärung der Differenzen bei. Im Allgemeinen hat sich das Altersmuster wenig geändert, die Lebenserwartungsunterschiede sind nur leicht in höhere Altersklassen verschoben.

5. Diskussion

Dieser Beitrag soll die Frage beantworten, warum es Ost-West-Differenzen in der Mortalität gibt. Die Einteilung der Sterbefälle nach vermeidbaren und nicht vermeidbaren Todesursachen gibt dabei Einblick, wie sich die Sterblichkeit in einzelnen Gruppen darstellt. Dennoch kann die Differenz in der Lebenserwartung, wie sie sich zwischen Ost und West im Jahr 2004 ergibt, nicht vollständig (nur zu zwei Dritteln) durch vermeidbare Sterblichkeit erklärt werden. Dies wirft die Frage auf, ob und gegebenenfalls welche andere Faktoren in Betracht gezogen werden müssen.

Die Vergleichbarkeit der Kodierung der Todesursachen ist bei geografischen Vergleichen wie auch im Zeitverlauf problematisch. Auch wenn die Fehlerquote beim Kodieren des einzelnen Sterbefalles hoch ist, so liegt trotzdem eine systematische Verzerrung der Todesursachenstruktur vor. Die Todesursachenaufnahme ist nicht vollständig korrekt, aber in ihrer Struktur vergleichbar. Allerdings ist bekannt, dass in der DDR mit anderen Prioritäten kodiert wurde als in der Bundesrepublik. Zum 1. Oktober 1990 wurde in den neuen Bundesländern die Kodierungspraxis der alten Bundesländer übernommen, so dass seitdem die Differenzen der Sterberaten nicht darauf zurückgeführt werden können. Die Umstellung von ICD 9 auf ICD 10 fand in Deutschland 1998 statt. Die betrachteten Zeitpunkte umfassen beide ICD-Revisionen. Bei der Erstellung der Listen mit vermeidbaren Todesursachen wurden die einzelnen Diagnosen entsprechend der Revisionen ausgesucht, so dass größtmögliche Vergleichbarkeit gewährleistet ist.

Ein wesentlicher Rückgang der vermeidbaren Sterblichkeit und ein relativer Bedeutungsgewinn der nicht vermeidbaren Todesursachen war trotz absoluten Rückgangs während der 1990er Jahre festzustellen. Neben einem Mortalitätsrückgang durch verbesserte Behandlungsqualität können grundsätzlich auch niedrigere Inzidenz und Prävalenz von Krankheiten niedrigeren Mortalitätsraten zu Grunde liegen (Treurniet et al., 1999).

Die Ost-West-Betrachtung lässt verschiedene länderspezifische Trends in der Mortalität außer Acht. So werden verschiedene – sich eventuell sogar aufhebende – Effekte übersehen. In den alten Bundesländern weisen besonders das Saarland und Bremen eine überdurchschnittlich hohe Mortalität auf, während in den neuen Bundesländern Sachsen eine vergleichsweise niedrige Mortalität zeigt. Diese Effekte sind dem allgemeinen Ost-West-Trend entgegengesetzt und reduzieren die vorliegenden Ost-West-Differenzen.

Es stellt sich die Frage, wie sich die Mortalitätssituation in Zukunft gestalten wird. Werden ostdeutsche Männer auf lange Sicht höhere Mortalitätsraten besonders im jungen Erwachsenenalter aufweisen oder wird sich diese Lücke schließen? Und kommt es bei einer Fortsetzung der Trends in der Lebenserwartung bei den Frauen zu einem „Crossover", das heißt, werden ostdeutsche demnächst sogar eine höhere Lebenserwartung als westdeutsche Frauen haben? Solch ein Crossover hat sich 1996 schon zwischen Ost- und Westberlin vollzogen (Scholz et al. 2008), sowohl bei Frauen als auch bei Männern.

Weiterhin muss untersucht werden, warum die Angleichung der Lebenserwartung bei Frauen stattgefunden hat, Männer aber noch benachteiligt sind. Welche Selektionseffekte könnten dies erklären? Vermeidbare Sterbefälle sind zu zwei Dritteln bei Männern bis zum Alter 74 für die unterschiedliche Lebenserwartung in Ost und West verantwortlich. Es verbleibt aber noch ein Mortalitätsunterschied, der auf nicht vermeidbare Mortalität zurückgeht.

6. Zusammenfassung

Seit 1990 hat sich die Lebenserwartung in Ost und West stark angeglichen. Frauen weisen keine Unterschiede mehr auf, bei Männern beträgt die Differenz in der Lebenserwartung noch 1,2 Jahre.

Männer in den neuen Bundesländern haben in fast jedem Alter höhere Mortalitätsraten als in den alten Bundesländern, besonders im Alter von 35-50 Jahren. Nur in den sehr hohen Altersklassen gibt es eine Umkehrung und die Mortalität ist deutlich niedriger. Das trifft auch auf ostdeutsche Frauen zu, wobei schon jüngere Alter teilweise niedrigere Sterberaten aufweisen.

Mortalitätsdifferenzen in Ost- und Westdeutschland sind vor allem bei Todesursachen zu sehen, die der vermeidbaren Sterblichkeit zugeordnet werden können. Große Fortschritte in der medizinischen Versorgung haben zu einer starken Reduzierung der Sterberaten, die auf diese Ursache zurückgehen, geführt. Stark ausgeprägte Unterschiede gab es nach der Wende bei den Sterberaten der ischaemischen Herzkrankheiten und den durch Prävention vermeidbaren Todesursachen. Bei Frauen gibt es hier keine Differenzen mehr; Männer zeigen noch Übersterblichkeit auf.

Die verschiedenen Gruppen der vermeidbaren Sterblichkeit tragen in unterschiedlichem Ausmaß dazu bei, dass die Lebenserwartung zwischen Alter 0 und 75 Jahre in den alten Bundesländern höher ist. Besondere Beachtung müssen hier die durch Prävention vermeidbaren Sterbefälle erhalten. Sie tragen zu einem großen Teil zur Ost-West-Differenz der Lebenserwartung bei, wobei dieser Anteil vom Zeitraum 1990-94 bis zum Zeitraum 2000-04 gestiegen ist. 40 Prozent der Ost-West-Differenzen gehen auf ostdeutsche Übersterblichkeit bei der Prävention in 2000-04 zurück. Besonders Verkehrsunfälle und alkoholbedingte Sterblichkeit (Leberzirrhose) sind dafür verantwortlich. Die auf Grund von medizinischer Versorgung vermeidbare Sterblichkeit trägt heute nur wenig zur Erklärung der Ost-West-Differenzen bei. Nicht vermeidbare Sterblichkeit gewinnt besonders durch die positive Entwicklung in der Gruppe der medizinischen Versorgung an Bedeutung. Bei den Männern sind etwa ein Drittel der Lebenserwartungsdifferenzen auf höhere Mortalität der ostdeutschen Männer bei der nicht vermeidbaren Sterblichkeit zurückzuführen.

Literatur

Andreev, K. F. (1999): „Demographic surfaces: Estimation, Assessment and Presentation, with application to Danish Mortality, 1835-1995". Dissertation, Universität Süddänemark.

Arriaga, Eduardo E. (1984): „Measuring and explaining the change in life expectancy". Demography 21: 83-95.

Brückner, G. (1993): „Todesursachen 1990/91 im vereinten Deutschland. Methodische Bemerkungen und Ergebnisse". Wirtschaft und Statistik: 257-278.

Elkeles, Thomas/ Niehoff, Jens Uwe/ Rosenbrock, Rolf/ Schneider, Frank (1991): „Prävention und Prophylaxe: Theorie und Praxis eines gesundheitspolitischen Grundmotivs in zwei deutschen Staaten 1949-1990". Edition Sigma, Berlin.

Human Mortality Database: University of California, Berkeley (USA) und Max-Planck-Institut für demografische Forschung (Deutschland). Zugriff unter www.mortality.org oder www. humanmortality.de (Daten abgerufen am 30.03.2006).

Luy, Marc (2006): „Differentielle Sterblichkeit: die ungleiche Verteilung der Lebenserwartung in Deutschland". Rostocker Zentrum – Diskussionspapier Nr. 6.

Luy, Marc (2004): „Verschiedene Aspekte der Sterblichkeitsentwicklung in Deutschland von 1950 bis 2000". Zeitschrift für Bevölkerungswissenschaft 29: 3-62.

Nolte, Ellen/ McKee, Martin (2004): „Changing health inequalities in east and west Germany since unification". Social Science and Medicine 58: 119-136.

Nolte, Ellen/ Scholz, Rembrandt/ Shkolnikov, Vladimir M./ McKee, Martin (2002): „The contribution of medical care to changing life expectancy in Germany and Poland". Social Science and Medicine 55: 1905-1921.

Scholz, Rembrandt/ Jdanov, Dmitri A. (2007): „Nutzung der Daten des Forschungsdatenzentrums der Rentenversicherungsträger zur wissenschaftlichen Mortalitätsanalyse – Verfahren zur Korrektur der Bevölkerungsbestände der amtlichen Statistik im hohen Alter in Deutschland". DRV-Schriften Band 55/2006. Deutsche Rentenversicherung Bund.

Scholz, Rembrandt/ Wegner, Christian (2008): „Lebenserwartung in Berlin – Regionale Untersuchung der Berliner Bezirke für 1986-2004". Im Erscheinen in BiB Materialien zur Bevölkerungswissenschaft.

Scholz, Rembrandt/ Maier, Heiner (2003): "German unification and the plasticity of mortality at older ages". MPIDR working paper 31.

Shkolnikov Vladimir M./ Valkonen, Tapani/ Begun, Alexander Z./ Andreev, Evgueni M. (2001): "Measuring inter-group inequalities in length of life". Genus LVII: 33-62.

Treurniet HF/ Looman CW/ van der Maas PJ/ Mackenbach JP (1999). „Variations in ‚avoidable' mortality: a reflection of variations in incidence?" International Journal of Epidemiology 28: 225-232.

Der Einfluss von Tempo-Effekten auf die ost-westdeutschen Unterschiede in der Lebenserwartung

Marc Luy

1. Einleitung

Ein Vergleich der Sterblichkeitsentwicklung in West- und Ostdeutschland beinhaltet zahlreiche Aspekte bezüglich der Determinanten von Mortalitätsverhältnissen. Dies macht eine derartige Analyse nicht nur für die Demografie, sondern auch für viele andere Disziplinen, wie die Medizin oder die Epidemiologie, interessant. Die Bevölkerungen der beiden Teile des heutigen Deutschland haben zwischen dem Ende des Zweiten Weltkriegs und der Wiedervereinigung mehr als 40 Jahre unter völlig unterschiedlichen politischen und wirtschaftlichen Rahmenbedingungen gelebt. Aufgrund dieser geschichtlichen Entwicklung findet man hier gewissermaßen die Situation eines „natürlichen Experiments" vor, welches die Untersuchung des Einflusses derartiger Rahmenbedingungen auf die demografischen Verhältnisse einer menschlichen Population erlaubt (siehe z.B. Vaupel et al. 2003). Bezüglich der Mortalität wirkten sich diese unterschiedlichen Einflussfaktoren auf die beiden Bevölkerungen in der Weise aus, dass sich seit Mitte der 1970er Jahre eine kontinuierlich anwachsende Differenz zugunsten des Westens herausbildete, die sich jedoch seit dem Jahr 1990 wieder mit ähnlicher oder sogar höherer Geschwindigkeit wieder sukzessive reduziert (siehe hierzu Luy 2004a, 2005b, 2006, sowie Kibele et al. in diesem Band).

Mit dem Experiment-Charakter des ost-west-deutschen Vergleichs ist die Erwartung verbunden, dass sich durch die Beantwortung der Frage nach den die Entwicklung der Ost-West-Lücke verursachenden Faktoren Kenntnis über die entscheidenden Determinanten differentieller Mortalität gewinnen lässt. Folglich haben sich in den letzten Jahren zahlreiche Studien mit diesem Thema befasst (siehe z. B. Chruscz 1992; Dinkel 1994; Schott et al. 1994; Becker et al. 1997; Gjonça et al. 2000; Bucher 2002; Nolte et al. 2002; Luy 2004a, 2004b, 2005b; Mai 2004). Allerdings muss trotz der Fülle an Arbeiten festgestellt werden, dass die tatsächlich bestimmenden Ursachen der Entwicklung der ost-west-deutschen Sterblichkeitsdifferenzen bislang noch nicht befriedigend herausgearbeitet werden konnten. Die meisten Studien verwenden als Grundlage der Analysen die durchschnittliche Lebenserwartung bei Geburt oder ähnliche auf Periodenraten basierende demografische Kennziffern. Bongaarts und Feeney (2002) haben jedoch gezeigt, dass konventionelle Periodenraten und die aus ihnen abgeleiteten Maße durch so genannte Tempo-Effekte verzerrt sind, sobald sich während der Beobachtungsperiode das Durchschnittsalter verändert, in dem das analysierte demografische Ereignis eintritt. Deshalb werden im folgenden Beitrag die Sterblichkeitsunterschiede zwischen West- und Ostdeutschland auf Basis der tempostandardisierten Lebenserwartung analysiert. Da der Tempo-Ansatz bislang jedoch kaum Zugang in die deutschsprachige demografische Literatur gefunden hat, wird dieser zu Beginn des Beitrags anhand eines einfachen Modellbeispiels genauer erläutert. Dies soll verdeutlichen, dass die konventionellen demografischen Verfahren der Periodenanalyse auch im Bereich der Mortalität überdacht werden müssen.

2. Tempo-Verzerrungen in der durchschnittlichen Lebenserwartung nach Bongaarts und Feeney

Im Prinzip ist der Tempo-Ansatz von Bongaarts und Feeney mit seiner dahinter stehenden Idee sehr einfach. Die komplexe Diskussion, die er in den letzten Jahren ausgelöst hat, vor allem bezüglich seiner Anwendung im Bereich der Mortalitätsanalyse, wirkt daher unverhältnismäßig Eine Erklärung für die Ablehnung des Ansatzes von Bongaarts und Feeney im Bereich der Mortalitätsanalyse könnte darin zu sehen sein, dass die Idee einer Tempostandardisierung der durchschnittlichen Lebenserwartung auf den ersten Blick im starken Gegensatz zur traditionellen Analyse der Periodenmortalität steht. Bei einer genaueren Betrachtung der gegenwärtig geführten wissenschaftlichen Diskussion stellt man jedoch fest, dass die gegen den Bongaarts und Feeney'schen Mortalitäts-Tempo-Ansatz veröffentlichten Arbeiten im Wesentlichen auf Missinterpretationen basieren, die ihre Wurzeln in drei grundsätzlichen Ursachen haben:

1. Der ursprüngliche Aufsatz von Bongaarts und Feeney (2002) zu den Tempo-Effekten in der durchschnittlichen Lebenserwartung basiert auf einer früheren Veröffentlichung der Autoren zu Tempo-Effekten in der Total Fertility Rate (TFR) mit dem Titel „On the quantum and tempo of fertility" (Bongaarts et al. 1998). Seit dem scheint die Idee der Tempo-Effekte im Bewusstsein der Demografen fest mit der Schätzung des Quantums demografischer Prozesse verbunden zu sein. So gesehen macht eine Standardisierung für Tempo-Effekte im Bereich der Mortalitätsanalyse keinen Sinn, da das Ereignis Tod bei jedem Mitglied einer Bevölkerung nur einmal auftreten kann und somit das Quantum der Mortalität immer eins betragen muss. Diesem Gedanken folgend lautet die häufigste gegen den Tempo-Ansatz in der Mortalität hervorgebrachte Kritik, dass die durchschnittliche Lebenserwartung in ihrem Wesen bereits ein Tempo-

Maß für die Mortalität ist und daher nicht um Tempo-Effekte bereinigt werden kann (Guillot 2003b, Wachter 2005, Wilmoth 2005, Rodríguez 2006). Dabei wird jedoch übersehen, dass der Tempo-Ansatz von Bongaarts und Feeney nicht zwangsläufig mit der Messung demografischen Quantums in Verbindung steht. Prinzipiell können alle demografischen Periodenmaße durch Tempo-Effekte verzerrt sein. Diese Verzerrung betrifft jedoch nur dann das Quantum eines demografischen Prozesses, wenn die Periodenraten zur Schätzung eines Quantums genutzt werden, wie das etwa bei der TFR der Fall ist. Wenn Periodenraten zur Herleitung andersartiger demografischer Maße verwendet werden, dann sind auch diese Maße von den Tempo-Effekten betroffen, wie beispielsweise die durchschnittliche Lebenserwartung bei Geburt. Im folgenden Abschnitt wird dies noch genauer aufgezeigt.

2. In der Diskussion um die Tempo-Effekte taucht immer wieder fälschlicherweise die Annahme auf, Bongaarts und Feeneys Absicht läge in der Berechnung von Periodenmaßen mit einer konkreten Kohorteninterpretation. Dies trifft jedoch nicht zu. In ihren Aufsätzen benutzen Bongaarts und Feeney zwar tatsächlich Kohortendaten, allerdings geschieht dies lediglich zur Bestimmung der tatsächlichen Veränderungen in der altersspezifischen Sterblichkeit der in einer bestimmten Periode lebenden Kohorten. Der Ursprung dieses Missverständnisses hat vermutlich verschiedene Ursachen. Eine könnte im Titel des ersten Aufsatzes zum Mortalitäts-Tempo-Effekt „How long do we live?" (Bongaarts et al. 2002) liegen, da der Ausdruck „wir" nur in Kohortenbetrachtung Sinn macht und in der Logik von Periodenmaßen letztlich nicht existiert. Ein weiterer Grund könnte in der Ähnlichkeit der Bongaarts und Feeney-Maße zur Schätzung tempostandardisierter Lebenserwartung mit anderen Periodenmaßen zu finden sein, die ihrerseits klar definierte Kohortenkomponenten beinhalten, wie die von Brouard (1986) und Guillot (2003a) eingeführte „Cross-Sectional Average Length of Life" CAL oder das von Sardon (1993, 1994) vorgeschlagene Mortalitätsmaß „Mean Length of Life".[1]

3. Schließlich scheinen die Autoren, die sich mit dem Tempo-Ansatz von Bongaarts und Feeney im Bereich der Mortalitätsanalyse befassen, zwei fundamental unterschiedliche Fragen zu vermischen: „Verzerren Tempo-Effekte die Periodenlebenserwartung?" und „Liefern die Bongaarts und Feeney-Verfahren adäquate Maße zur Tempostandardisierung der durchschnittlichen Lebenserwartung?". Beide Fragen sind selbstverständlich

---

[1] Zwar konnte Goldstein (2006) zeigen, dass die Bongaarts und Feeney-Formel in der speziellen Situation einer konstanten Mortalitätsveränderung tatsächlich als Maß für die Kohortensterblichkeit verwendet werden kann. Da die Formel jedoch, wie in einem späteren Abschnitt noch gezeigt wird, keine Kohortenkomponente beinhaltet, sollte die Interpretation auch primär in Periodenbetrachtung erfolgen.

wichtig, doch müssen sie voneinander getrennt werden, um den Ansatz von Bongaarts und Feeney gerecht zu beurteilen.

Um Missverständnisse dieser Art zu vermeiden, wird Bongaarts und Feeney's Tempo-Ansatz im Folgenden an einem sehr einfachen hypothetischen Beispiel dargestellt. Die Idee der Mortalitäts-Tempo-Effekte ist direkt aus dem entsprechenden Ansatz der Fertilitäts-Tempo-Effekte abgeleitet. Dass Veränderungen im Kohorten-Timing die Geburtenraten in Periodenbetrachtung beeinflussen, ist in der demografischen Forschung bereits seit mehr als einem halben Jahrhundert bekannt (Hajnal 1947, Ryder 1956, Ward et al. 1980). In diesem Zusammenhang schlugen Bongaarts und Feeney (1998) ein neues Verfahren zur Schätzung der Tempo-Verzerrung in der Periodenfertilität mit ensprechender Berechnungsformel für die Tempostandardisierung der TFR vor. Trotz anfänglicher Kritik hat sich diese Formel mittlerweile in der demografischen Fertilitätsforschung weitestgehend etabliert, was aus der ständig wachsenden Zahl an Veröffentlichungen zu erkennen ist, in der die Bongaarts und Feeney-Formel praktisch angewendet beziehungsweise ihre Funktionalität belegt wird (z.B. Lesthaeghe et al. 1999; Kohler et al. 2001; Philipov et al. 2001; Yi et al. 2001, 2002; Goldstein et al. 2003; Sobotka 2003, 2004a, 2004b). Wie bereits erwähnt, wird der analoge Ansatz im Bereich der Mortalitätsforschung noch von den meisten Autoren abgelehnt (z.B. Guillot 2003b, 2006; Le Bras 2005; Wachter 2005; Wilmoth 2005; Rodríguez 2006). Diese Ablehnung ist jedoch irrational, da der Tempo-Ansatz von Bongaarts und Feeney unabhängig von der Art des betrachteten demografischen Ereignisses und gleichermaßen auf Fertilität, Nuptialität und Mortalität zu übertragen ist.

3. Ein einfaches Modell zur Beschreibung von Tempo-Effekten in der Mortalität

Die Beschreibung des Mortalitäts-Tempo-Effekts soll an einem im so genannten Lexis-Diagramm grafisch dargestellten Beispiel erfolgen, das im Wesentlichen an Feeneys (2003) exemplarischen Ausführungen angelegt ist. Diese Art der Darstellung ist Standard bei der grafischen Veranschaulichung des Zusammenhangs zwischen Alter, Kalenderzeit und Kohorte. Auf der x-Achse ist die Kalenderzeit und auf der y-Achse das Alter abgetragen, so dass die Lebensverläufe von Personen beziehungsweise Kohorten durch diagonal das Diagramm durchlaufende Linien (bzw. Pfeile, die die Richtung der zeitlichen Entwicklung angeben) eingezeichnet werden können. Mit Hilfe dieser Darstellungsform ist in Abbildung 1a der Ausschnitt für das Alter 62 einer hypothetischen Population A dargestellt, in der alle Geburten in gleichmäßig verteilten Intervallen von 0,2 Jahren stattfinden und sich alle Sterbefälle in diesem Alter genau in der Mitte der Altersstufe ereignen (also im

Alter 62,5). Bis einschließlich zum Kalenderjahr t0 sollen diese Mortalitätsverhältnisse konstant geblieben sein. Im Jahr t1 erfolgt dann ein linearer Anstieg des Sterbealters in dieser Altersgruppe um 0,2 Lebensjahre. Die Mortalitätsreduktion soll in diesem Beispiel nur ein einziges Kalenderjahr andauern, so dass ab dem Jahr t2 das neue und von nun an wieder konstante Sterbealter in dieser Altersstufe von 62,7 Jahren erreicht ist. Die Geburtenzahlen bleiben in diesem Beispiel weiter unverändert wie auch die Anzahl der Personen, die in jeder Kohorte im Alter 62 stirbt. Diese beiden Annahmen bedeuten, dass jeder Punkt in Abbildung 1a die gleiche Anzahl an Sterbefällen repräsentiert und alle Pfeile die gleiche Anzahl an Personen, die das Alter 62 lebend erreichen.

Beispielhaft soll im Folgenden angenommen werden, dass von jeder Kohorte 20.000 Personen (also jährlich insgesamt 100.000 Personen) das Alter 62 lebend erreichen und davon jeweils 1.000 Personen im Alter 62 sterben. Das entspricht nach den alten Mortalitätsverhältnissen 5.000 jährlichen Sterbefällen im Alter 62. Für das Jahr t0 ergibt sich daraus die altersspezifische Sterberate aus der Anzahl der Sterbefälle (= 5.000) geteilt durch die Anzahl der im Kalenderjahr in der Altersstufe 62 gelebten Risikojahre, die in diesem Fall 97.500 Personenjahre beträgt. Diese Zahl lässt sich leicht nachvollziehen: Würden alle Personen, die das Alter 62 erreichen, dieses überleben, dann würden von der Population A im Alter 62 insgesamt fünfmal 20.000 (= 100.000) Personenjahre verlebt. Die 5.000 Sterbefälle verleben im Alter 62 jedoch annahmegemäß durch ihren Tod im Alter 62,5 nur 2.500 Personenjahre. Zieht man nun diese von den Sterbefällen nicht mehr verlebte Zeit von ebenfalls 2.500 Personenjahren von den 100.000 Personenjahren ab, resultiert die Zahl von 97.500 gelebten Risikojahren. Für die alterspezifische Sterberate der Population A im Alter 62 im Jahr t0 ergibt sich dann

$$M_{62, t0}^{A} = \frac{5.000}{97.500} = 0,05128.$$

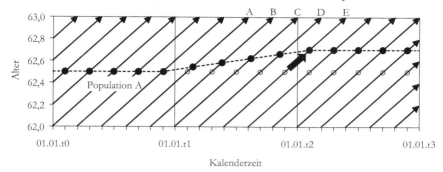

Abbildung 1:   Darstellung des Mortalitäts-Tempo-Effekts im Lexis-Diagramm
(a) Eine Population mit Mortalitätsreduktion im Jahr t1

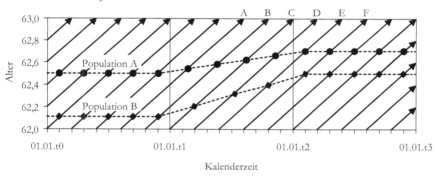

(b) Zwei Populationen mit unterschiedlicher Mortalitätsreduktion im Jahr t1

Quelle: eigene Darstellung

Die entscheidende Frage ist nun, wie sich die altersspezifische Sterberate für das Alter 62 im Jahr der Mortalitätsreduktion t1 und im Folgejahr t2 verändert, also dem Jahr, in dem die Mortalitätsreduktion stattfindet, und dem ersten Jahr nach der Veränderung der Sterblichkeitsverhältnisse. Die fünf Kohorten, die nach den alten Mortalitätsbedingungen im Jahr t1 im Alter 62 sterben würden, sind durch die Buchstaben A bis E am jeweiligen Pfeilende in Abbildung 1a gekennzeichnet. Die Kohorte A ist die älteste, die im Jahr t1 das Alter 62,5 erreicht, und die Kohorte E die jüngste. Als Folge der angenommenen Mortalitätsveränderungen während des Jahres t1 erhöht sich das Sterbealter der Kohorten A bis E kontinuierlich. Schließlich ist Kohorte E die erste, die das neue konstante Sterbealter von 62,7 Jahren

145

erreicht. Da diese Kohorten alle länger leben als die ihnen vorausgegangenen, werden die Intervalle zwischen den Sterbefällen größer als die Intervalle zwischen den Geburten, die annahmegemäß während der gesamten Zeit unverändert bleiben (vor dem Jahr t1 sind die Zeitintervalle zwischen den Geburts- und den Sterbefallereignissen identisch). Die Sterbefälle im Alter 62 der fünf Kohorten A bis E erstrecken sich also aufgrund der Sterblichkeitsveränderungen über eine Zeitspanne, die größer als ein Kalenderjahr ist. Dies hat zur Folge, dass die Sterbefälle der Kohorte E in das Jahr t2 verschoben werden, was in Abbildung 1a durch einen dicken schwarzen Pfeil gekennzeichnet ist. Im Jahr t1 befinden sich daher nur noch 4 Punkte, was bedeutet, dass nur noch 4.000 Sterbefälle in diesem Kalenderjahr stattfinden. Hätte es keine Veränderung in den Sterblichkeitsbedingungen gegeben, dann hätten sich auch im Jahr t1 5.000 Sterbefälle ereignet, was durch die nicht ausgefüllten Punkte in Abbildung 1a grafisch veranschaulicht ist. Da die Zahl der gelebten Risikojahre auf insgesamt 98.400 (100.000 − 0,4 x 4.000) steigt, sinkt die altersspezifische Sterberate infolge der Mortalitätsreduktion auf

$$M_{62,t1}^{A} = \frac{4.000}{98.400} = 0,04065.$$

In der altersspezifischen Sterberate spiegelt sich also der Mortalitätsrückgang wider, so dass auch die aus den altersspezifischen Sterberaten über die Sterbetafelkalkulation abgeleitete durchschnittliche Lebenserwartung im Jahr t1 ansteigen würde (wenn man sich vorstellt, dass sich in den anderen Altersstufen keine gegenläufigen Entwicklungen vollziehen). Abbildung 1a verdeutlicht nun auch, dass es sich bei dieser Reduktion der Sterbefallzahl um eine temporäre Erscheinung handelt, die vorüber ist, sobald die Mortalitätsveränderungen abgeschlossen sind. Ab dem Jahr t2 sind die Zeitintervalle zwischen den Geburten und den Sterbefällen wieder identisch, so dass von nun an wieder jährlich 5.000 Sterbefälle stattfinden. Durch die im Vergleich zum Jahr t1 noch einmal verbesserten Überlebensbedingungen beträgt die Anzahl der gelebten Risikojahre nun 98.500 (100.000 − 0,3 x 5.000), so dass sich die altersspezifische Sterberate für das Jahr t2 ergibt aus

$$M_{62,t2}^{A} = \frac{5.000}{98.500} = 0,05076.$$

Da sich die im Vergleich zu t1 erfolgte Erhöhung der Sterbefallzahl im Zähler der altersspezifischen Sterberate wesentlich stärker auswirkt als die Erhöhung der gelebten Risikojahre in ihrem Nenner, steigt die altersspezifische Sterberate im Jahr t2 wieder an. Folglich würde die durchschnittliche Lebenserwartung im Jahr t2 sinken.

Da die durchschnittliche Lebenserwartung im Allgemeinen als Indikator für die in einer bestimmten Periode vorherrschenden Sterblichkeitsverhältnisse gilt, würde diese Entwicklung zweifellos als Verschlechterung der Überlebensbedingungen interpretiert werden, obwohl sich diese bei keiner einzigen Kohorte tatsächlich verschlechtert haben. Die überproportionale Reduktion der Sterberate im Jahr t1 und ihr Wiederanstieg im Jahr t2 sind Folge einer temporären und durch die Erhöhung des durchschnittlichen Sterbealters verursachten Verschiebung von Sterbefällen, was nach der Logik von Bongaarts und Feeney als „Tempo-Effekt" bezeichnet wird.

Bei Betrachtung der zeitlichen Entwicklung der durchschnittlichen Periodenlebenserwartung zur Analyse von Veränderungen in den Mortalitätsverhältnissen einer bestimmten Bevölkerung mag sich dieser Tempo-Effekt letztlich vielleicht nicht besonders störend auswirken, solange die Fortschritte nicht plötzlich zum Stillstand kommen oder sich in ihrem Ausmaß stark verändern. Tatsächlich lassen sich in allen Industriestaaten seit einigen Dekaden sukzessive Verringerungen der Sterblichkeit beobachten. Stark verzerrend können sich diese Tempo-Effekte jedoch bei Vergleichen der Periodenmortalität verschiedener Populationen dann auswirken, wenn diese Populationen unterschiedliche und sogar sich verändernde Entwicklungen der Mortalitätsbedingungen aufweisen, wie das beim Vergleich der Sterblichkeit in West- und Ostdeutschland der Fall ist. Dies soll eine Erweiterung des obigen Beispiels um eine zweite Population B verdeutlichen. Wie bei Population A sollen auch bei dieser Bevölkerung die Geburten in den gleichen konstanten Intervallen von 0,2 Jahren erfolgen und auch die Sterblichkeit soll bis zum Zeitpunkt t0 konstant gewesen sein und sich dann während des Jahres t1 zu einem neuen konstanten Niveau verändern. Im Gegensatz zur Population A ist die Sterblichkeit in Population B jedoch höher, die im Alter 62 versterbenden Personen erreichen nur das Alter 62,1 (siehe Abbildung 1b). Während des Jahres t1 erfolgt dann auch in der Population B eine Reduktion der Sterblichkeit auf ein neues Niveau, das ebenfalls im Jahr t2 erreicht ist und dann dem Ausgangsniveau von Population A mit einem Sterbealter von 62,5 entspricht. Nach der gleichen Berechnungslogik, wie vorher für Population A demonstriert, ergibt sich für die altersspezifischen Sterberaten im Alter 62 für die Population B in den Jahren t0, t1 und t2

$$M^B_{62, t0} = \frac{5.000}{95.500} = 0,05236; \quad M^B_{62, t1} = \frac{3.000}{97.900} = 0,03064;$$

$$M^B_{62, t0} = \frac{5.000}{97.500} = 0,05128.$$

Obwohl, wie in Abbildung 1b leicht nachvollzogen werden kann, keine einzige Kohorte der Population B eine günstigere Sterblichkeit hat als die Kohorten der Population A, weist die Population B im Jahr t1 eine geringere Perioden-Sterberate auf als Population A. Basierend auf den im ersten Beispiel gewonnen Erkenntnissen lässt sich dieses Ergebnis dadurch erklären, dass sich die Sterblichkeit im Jahr t1 in Population B stärker verändert als in Population A. Der im Vergleich zu Population A größere Anstieg im Sterbealter bewirkt, dass die Sterberate von Population B im Jahr t stärker durch den Tempo-Effekt verzerrt ist als die von Population A.

Die beiden Abbildungen 1a und 1b sowie die dazu gehörigen Beispielrechnungen verdeutlichen, dass die altersspezifischen Sterberaten für das Jahr t1 trotz der verwirrenden Werte nicht falsch berechnet sind. Es kann durchaus Fragestellungen geben, bei denen man genau an den Werten der konventionellen Periodenmaße interessiert ist, zum Beispiel, wenn man die Entwicklung der jährlichen Sterbefallzahlen analysieren oder vorausschätzen möchte. Die obigen Beispiele zeigen aber auch, dass der konventionelle Weg der demografischen Mortalitätsanalyse dann zu erheblichen interpretatorischen Problemen führen kann, wenn man die entsprechend berechneten Sterberaten beziehungsweise die aus ihnen abgeleitete durchschnittliche Lebenserwartung als Indikatoren für die in einer Zeitperiode vorherrschenden Mortalitätsbedingungen interpretiert, in der sich die Sterblichkeitsverhältnisse verändern.[2] Da dies jedoch zu fast jeder Zeit gegeben ist, sollte kein Zweifel bestehen, dass tempostandardisierte Periodenwerte auch im Bereich der Mortalitätsanalyse zumindest zusätzlich herangezogen werden müssen, um die ensprechenden Werte der konventionellen durch Tempo-Effekte verzerrten Periodenmaße richtig zu interpretieren.

Leider sind die Ableitung und vor allem die praktische Anwendung von Berechnungsformeln für eine tempostandardisierte Lebenserwartung sehr viel komplexer als dies bei der Tempostandardisierung der TFR der Fall ist. Das Datenmaterial, das notwendig ist, um die Tempo-Effekte in den altersspezifischen Periodensterberaten zu ermitteln, liegt nur für die wenigsten Länder vor. Hinzu kommt, dass den bislang für diesen Zweck von Bongaarts und Feeney (2002, 2003, 2006) vorgeschlagenen Verfahren Annahmen bezüglich des Verschiebungseffekts vorliegen, die in der Realität nie wirklich erfüllt sein sollten. Dennoch ist die Bestimmung der tempostandardisierten Lebenserwartung nach den bislang existierenden Möglichkeiten besser, als die sich auf Periodenanalysen verzerrend auswirkenden Tempo-Effekte gar nicht zu berücksichtigen. Aus diesem Grund sollen in diesem Beitrag die Sterblichkeitsunterschiede zwischen West- und Ostdeutschland unter Berücksichtigung von Tempo-Effekten analysiert werden.

---

2 Dieser Unterschied wird besonders in einem Aufsatz von Vaupel (2002) verdeutlicht, der vorschlägt, zwischen „Lebenserwartung nach gegenwärtigen Raten" und „Lebenserwartung nach gegenwärtigen Verhältnissen" zu unterscheiden.

4. Verfahren zur Schätzung tempostandardisierter Lebenserwartung

Die Schätzung der tempostandardisierten Lebenserwartung in West- und Ostdeutschland erfolgt in diesem Beitrag analog zu dem von Bongaarts und Feeney (2002) beschriebenen Ansatz, die den Tempo-Effekt S(t) in der Lebenserwartung des Jahres t definieren als die absolute Differenz zwischen der konventionellen Lebenserwartung bei Geburt $e_0(t)$ und der tempostandardisierten Lebenserwartung bei Geburt $e_0^*(t)$, so dass gilt

$$S(t) = e_0(t) - e_0^*(t). \tag{1}$$

Das Maß $e_0^*(t)$ ist dabei definiert als das durchschnittliche Sterbealter einer Population mit konstanter Geburtenzahl. Es wird von Bongaarts und Feeney (2002) daher auch kurz als „durchschnittliches Sterbealter" bezeichnet. Dieses Maß ist eng verwandt mit dem von Brouard (1986) und Guillot (2003a) vorgeschlagenen Mortalitätsmaß CAL („Cross-Sectional Average Length of Life"), mit ihm jedoch nicht völlig identisch (siehe Guillot 2003b). In einer weiteren Veröffentlichung beschreiben Bongaarts und Feeney (2003) drei verschiedene Möglichkeiten, wie sich die nach ihrem Ansatz definierten Mortalitäts-Tempo-Effekte durch Rekonstruktion einer Population mit konstanter Geburtenzahl aus vollständigen Kohortendaten über Fertilität, Mortalität und Migration schätzen lassen. Leider liegen derartig detaillierte Daten für die west- und ostdeutsche Bevölkerung nicht vor. Deshalb kann hier die tempostandardisierte Lebenserwartung nur mit der von Bongaarts und Feeney in ihrem ersten Aufsatz beschriebenen indirekten Methode geschätzt werden. Hierbei werden die Schätzwerte für $e_0^*(t)$ aus der Berechnungsformel

$$e_0(t) = e_0^*(t) - \frac{1}{b}\left(1 - \frac{de_0^*(t)}{dt}\right) \tag{2}$$

durch Nutzung konventioneller Periodensterbetafeln gewonnen. Dies geschieht unter den Annahmen, dass die Sterblichkeit unter Alter 30 vernachlässigbar ist und die jährlichen Veränderungen der altersspezifischen Sterblichkeit durch eine sich verschiebende Gompertz-Funktion beschrieben werden kann.[3] Die detaillierte Her-

---

3 Die Anwendung eines Gompertz-Modells macht die erstgenannte Annahme, dass die Sterblichkeit unter Alter 30 vernachlässigt werden kann, erforderlich, da durch die Gompertz-Funktion der Verlauf der altersspezifischen Sterblichkeit in jungen Jahren nicht beschrieben werden kann. Da diese Annahme in gegenwärtigen Populationen mit hoher Lebenserwartung annähernd erfüllt ist, kann sie im Fall der west- und ostdeutschen Bevölkerung ab Mitte der 1970er Jahre akzeptiert werden. In Populatio-

leitung dieser Formel kann im Originalaufsatz von Bongaarts und Feeney (2002) nachgelesen werden. Der Gompertz-Parameter b wird, wie von Bongaarts und Feeney (2002) beschrieben, durch Übersetzung der altersspezifischen Sterberaten für die einzelnen Kalenderjahre in ein Gompertz-Modell für den Altersbereich von 30 bis 90 geschätzt.[4] Obwohl altersspezifische Periodenraten und daher auch der Parameter b mit den demografischen Verhältnissen gegenwärtig lebender Kohorten in Zusammenhang stehen, enthält die Gleichung (2) keine direkte Kohortenkomponente, sondern nur aus Periodendaten abgeleite Elemente.

Tabelle 1:   Schätzungen für die Parameter des Gompertz-Modells zur Darstellung der Sterblichkeitsveränderungen in West- und Ostdeutschland, 1975-2004 (keine Sterblichkeit unter Alter 30)

	$\mu_0(1975)$	$\mu_0(2004)$	Durchschnitt 1975-2004		
			b	$\sigma(b)$	R^2
Männer, West	6,639 ($\cdot 10^{-5}$)	2,276 ($\cdot 10^{-5}$)	0,092	0,0023	0,997
Männer, Ost	4,116 ($\cdot 10^{-5}$)	2,211 ($\cdot 10^{-5}$)	0,094	0,0029	0,994
Frauen, West	1,729 ($\cdot 10^{-5}$)	4,322 ($\cdot 10^{-6}$)	0,105	0,0036	0,984
Frauen, Ost	1,080 ($\cdot 10^{-5}$)	4,254 ($\cdot 10^{-6}$)	0,108	0,0043	0,991

Quelle: eigene Berechnungen mit Daten des Statistischen Bundesamts

Tabelle 1 zeigt die Schätzungen für den Parameter $\mu_0(t)$ (das kontinuierliche Sterberisiko im Alter 0 im Jahr t, das sich aus der geschätzten Gompertz-Funktion ableiten lässt) und den Duchschnittswert des Gompertz-Parameters b für die vier betrachteten Populationen von 1975 bis 2004. Die jeweiligen Schätzungen für den Parameter b für die einzelnen Kalenderjahre sind im Anhang dieses Beitrags zu finden. Ebenso wie die beobachteten altersspezifischen Sterberaten im Alter 0 sinkt auch der Parameter $\mu_0(t)$ während des Beobachtungszeitraums bei allen vier Teilbevölkerungen. Der Parameter b liegt mit Werten um 0,09 für Männer und 0,10 für Frauen in West- und Ostdeutschland in dem Bereich, der auch für andere Populationen bekannt ist (siehe Spiegelman 1969). Während der gesamten Beobachtungszeit von 1975 bis 2004 variiert der Parameter b nur marginal, was aus der ebenfalls in

---

nen mit hoher Sterblichkeit im Säuglings-, Kindes- und jungen Erwachsenenalter kann dieses Verfahren jedoch nicht angewendet werden.

4 Bongaarts und Feeney (2002) nutzten in ihren empirischen Berechnungen die altersspezifischen Sterberaten von Alter 30 bis 100. Da für die deutsche Bevölkerung für einige Jahre nur die benötigten Daten bis Alter 90 vorliegen, konnten in dieser Arbeit nur die Altersstufen 30-90 genutzt werden.

Tabelle 1 zu findenden Standardabweichung $\sigma(b)$ abzulesen ist (siehe auch die einzelnen Werte in Anhang 1 und 2). Wie bei den von Bongaarts und Feeney (2002) betrachteten Bevölkerungen Japans, Frankreichs, Schwedens und der USA werden die beobachteten altersspezifischen Sterberaten im Erwachsenenalter auch für die Frauen und Männer der west- und ostdeutschen Bevölkerung durch das Gompertz-Modell sehr gut angenähert, die erklärte Varianz (R^2) liegt im Durchschnitt bei etwa 99 Prozent. Auf Grundlage dieser Daten wurde schließlich eine dreischrittige Prozedur zur Schätzung der tempostandardisierten Lebenserwartung verwendet, die dem von Bongaarts und Feeney (2002) praktizierten Vorgehen sehr ähnlich ist. In einem ersten Schritt erfolgte die Berechnung der jährlichen Werte für $e_0(t)$, wobei die Sterblichkeit in den Altersstufen unter 30 auf Null gesetzt wurde. Anschließend wurde diese Wertereihe mit Hilfe eines Polynoms sechsten Grades geglättet. Die entsprechenden geglätteten jährlichen Werte für die durchschnittliche Lebenserwartung $e_0(t)^G$ (Der Buchstabe G steht hier für „geglättet") befinden sich ebenfalls in Anhang 1 und 2. Abbildung 2 zeigt den Verlauf der entsprechenden Funktionen für $e_0(t)^G$ zusammen mit den originalen Werten für $e_0(t)$ unter Ausschluss von Sterblichkeit unter Alter 30 (d.h. $e_0(t)$ entspricht dem Wert für $e_{30}(t) + 30$). Es ist zu beachten, dass der starke plötzliche Rückgang der Lebenserwartung $e_0(t)$ ostdeutscher Männer im Jahr 1990 durch die Glättungsprozedur in den Werten für $e_0(t)^G$ verschwindet.

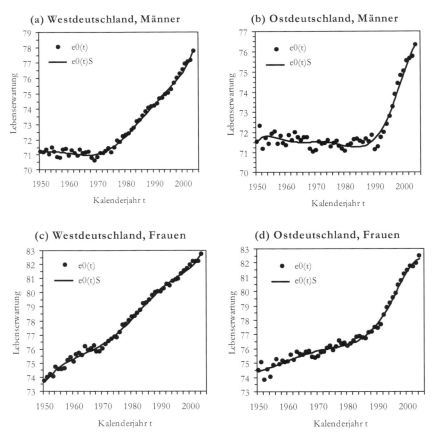

Quelle: eigene Berechnungen mit Daten des Statistischen Bundesamts

Für die Schätzung der tempostandardisierten Lebenserwartung $e_0^*(t)$ werden die originalen Werte für $e_0(t)$ durch die mit der Polynomialfunktion geglätteten Werte $e_0(t)^G$ ersetzt. Zur Lösung von Gleichung (2) für $e_0^*(t)$ wurde schließlich die Euler'sche Methode verwendet, mit einem angenommenen Tempo-Effekt von zwei Jahren für das Jahr 1950 als Startwert der Differentialgleichung, so dass gilt S(1950) = 2. Durch Gleichung (1) kann somit für das Jahr 1950 die tempostandardisierte Lebenserwartung $e_0^*(1950)$ direkt abgeleitet werden aus $e_0(1950) - S(1950)$. So ergibt sich zum Beispiel für die westdeutschen Männer $e_0^*(1950) = 71,18 - 2,00 = 69,18$. Dieser Wert repräsentiert die angenommene bis zum Jahr 1950 stattgefundene und aufsummierte Tempo-Verzerrung infolge der bis dahin erfolgten Mortalitätsveränderungen, die für alle vier Teilpopulationen identisch angesetzt wurde.[5] Durch Anwendung der Euler'schen Methode erhält man den Schätzwert für die tempostandardisierte Lebenserwartung $e_0^*(1951)$ des nächsten Jahres aus

$$e_0^*(1951) = e_0^*(1950) + \left\{ 1 - \exp\left[-b(1950) \cdot \left(e_0(1950)^S - e_0^*(1950) \right) \right] \right\} \,,$$

oder allgemein formuliert aus

$$e_0^*(t+1) = e_0^*(t) + \left\{ 1 - \exp\left[-b(t) \cdot \left(e_0(t)^S - e_0^*(t) \right) \right] \right\} \,. \tag{3}$$

Durch Gleichung (3) wurde schließlich eine komplette Zeitreihe für die tempostandardisierte Lebenserwartung bei Geburt (unter Auschluss von Sterblichkeit uSnter Alter 30) bis zum Jahr 2004 für die west- und ostdeutschen Frauen und Männer geschätzt. Die genaue Herleitung von Gleichung (3) kann bei Luy (2005a) nachgelesen werden.

5. Tempostandardisierte Lebenserwartung in West- und Ostdeutschland

Abbildung 3 zeigt die Entwicklung der konventionellen und tempostandardisierten Lebenserwartung bei Geburt (unter Ausschluss von Sterblichkeit unter Alter 30) von 1975 bis 2004 für die Frauen und Männer West- und Ostdeutschlands. Die Grafik für die westdeutschen Frauen (Abb. 3c) ähnelt stark den entsprechenden von Bongaarts und Feeney (2002: 24) präsentierten Abbildungen für US-amerikanische und japanische Frauen. Wie in Abbildung 2(c) zu erkennen ist, sind die westdeut-

---

5 Für die Ergebnisse des letztlich analysierten Zeitraums von 1975 bis 2004 hat die Annahme bezüglich des Startwerts im Jahr 1950 keine entscheidende Bedeutung. Setzt man den Startwert auf S(1950)=1 oder S(1950)=3, dann beträgt die Abweichung der resultierenden West-Ost-Differenz in der tempostandardisierten Lebenserwartung von den Berechnungen mit dem Startwert S(1950)=2 während des Zeitraums 1975 bis 2004 weniger als 0,01 Jahre. Beginnt man mit S(1950)=0 oder S(1950)=4 liegt die resultierende Abweichung in der West-Ost-Differenz immer noch unterhalb von 0,02 Jahren.

schen Frauen die einzige der vier betrachteten Populationen mit einem nahezu kontinuierlichen Anstieg der durchschnittlichen Lebenserwartung seit 1950. Durch diese konstante Verbesserung der Mortalitätsbedingungen ergibt sich für den gesamten dargestellten Zeitraum auch ein nahezu konstanter Tempo-Effekt S(t) (definiert als die Differenz zwischen konventioneller und tempostandardisierter Lebenserwartung). Da die Fortschritte in der durchschnittlichen Lebenserwartung in den drei anderen betrachteten Populationen entweder später begannen (west- und ostdeutsche Männer) oder sich mit verändertem Ausmaß vollzogen (ostdeutsche Frauen), unterscheiden sich die Tempo-Effekte hier deutlich vom Fall der westdeutschen Frauen. Dies ist in den in Abbildung 3 dargestellten Ergebnissen für die tempostandardisierte Lebenserwartung $e_0^*(t)$ und den Tempo-Effekt S(t) zu erkennen.

In allen vier Fällen entsprechen die tempostandardisierten Ergebnisse der Logik der Tempo-Effekte in der Mortalität. Dies wird besonders bei einer gemeinsamen Betrachtung der Abbildungen 2 und 3 deutlich. Bei den westdeutschen Männern war die durch Tempo-Effekte hervorgerufene Verzerrung im Jahr 1975 als Folge der vorangegangenen Stagnation der Lebenserwartung noch sehr gering. Sie vergrößerte sich dann aber bis zum Ende der 1980er Jahre kontinuierlich, um schließlich ein etwa konstant bleibendes Ausmaß zu erreichen (Abb. 3a). Mit dem Anstieg der Lebenserwartung seit den 1970er Jahren ging eine Verschiebung des durchschnittlichen Sterbealters der gegenwärtig lebenden Kohorten in höhere Altersstufen einher, so dass ab diesem Zeitpunkt auch die tempostandardisierte Lebenserwartung ansteigt, allerdings wesentlich moderater als die konventionelle Lebenserwartung. Bei den ostdeutschen Männern blieb die Lebenserwartung dagegen bis zum Ende der 1980er Jahre konstant oder sank sogar zwischenzeitlich, stieg dann aber nach der Wende wesentlich stärker an als bei den Männern in Westdeutschland. Folglich unterscheiden sich tempostandardisierte und konventionelle Lebenserwartung bei den ostdeutschen Männern nur kaum bis zum Beginn der 1990er Jahre. Dann allerdings wächst die tempostandardisierte Lebenserwartung $e_0^*(t)$ wesentlich langsamer als die konventionelle Lebenserwartung $e_0(t)$. Auch bei den Frauen Ostdeutschlands haben die Unterschiede zwischen konventioneller und tempostandardisierter Lebenserwartung während des Beobachtungszeitraums zugenommen. Aus Abbildung 2(d) wird ersichtlich, dass die Lebenserwartung ostdeutscher Frauen auch schon vor der Wiedervereinigung anstieg, allerdings weniger stark als bei den Frauen in Westdeutschland (Abb. 2c). Deswegen bleiben die Tempo-Effekte, also die Differenz zwischen tempostandardisierter und konventioneller Lebenserwartung, bei den ostdeutschen Frauen zwischen 1975 und 1990 in etwa konstant. Ab dem Ende der 1980er Jahre nimmt die Differenz zwischen $e_0(t)$ und $e_0^*(t)$ ähnlich wie bei den ostdeutschen Männern rasch und erheblich zu.

154

Abbildung 3: Konventionelle Lebenserwartung $e_0(t)$ und tempostandardisierte Lebenserwartung $e_0^*(t)$ mit Tempo-Effekt $S(t)$, West- und Ostdeutschland, 1975-2004 (keine Mortalität unter Alter 30)

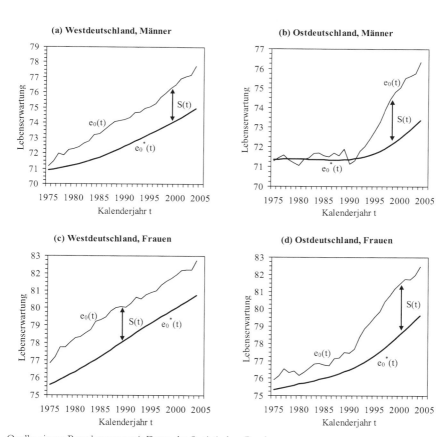

Quelle: eigene Berechnungen mit Daten des Statistischen Bundesamts

Die für diesen Beitrag wichtigste Frage ist, wie sich die Ost-West-Differenzen in der Lebenserwartung seit 1975 entwickelt haben, wenn man die Existenz von Tempo-Effekten bei der Analyse berücksichtigt und tempostandardisierte Werte verwendet. Die entsprechenden Ergebnisse finden sich in Abbildung 4 für Männer und Abbildung 5 für Frauen, die einzelnen Werte können in Tabelle 1 nachgelesen werden. In den beiden Abbildungen repräsentieren die dünneren Linien die absolute Ost-West-Differenz in der konventionellen Lebenserwartung und die dickeren Linien die entsprechenden Differenzen in der tempostandardisierten Lebenserwartung. Abbildung 4 verdeutlicht einmal mehr den raschen Rückgang der ost-west-deutschen Differenzen in der konventionellen Lebenserwartung seit der Wende nach einer vorangegangenen kontinuierlichen Auseinanderentwicklung. Die tempostandardisierten Werte zeichnen jedoch ein anderes Bild von der Entwicklung der Sterblichkeitsdifferenzen zwischen den beiden Teilen Deutschlands. Während nach der konventionellen Lebenserwartung die westdeutschen Männer bereits seit 1976 eine geringere Sterblichkeit aufwiesen, zeigen die ostdeutschen Männer nach den tempostandardisierten Werten eine höhere Lebenserwartung bis zum Jahr 1981. Dabei ist zu beachten, dass die unterschiedlichen Definitionen von Lebendgeburt dieses Ergebnis aufgrund der Abstraktion von Mortalität unterhalb von Alter 30 nicht beeinflussen, so dass es bei den Männern offensichtlich einen tatsächlichen ostdeutschen Sterblichkeitsvorteil während der 1970er Jahre gab.

Abbildung 4:   Ost-westdeutsche Differenz in der konventionellen Lebenserwartung $e_0(t)$ und der tempostandardisierten Lebenserwartung $e_0^*(t)$, Männer 1975-2004 (keine Mortalität unter Alter 30)

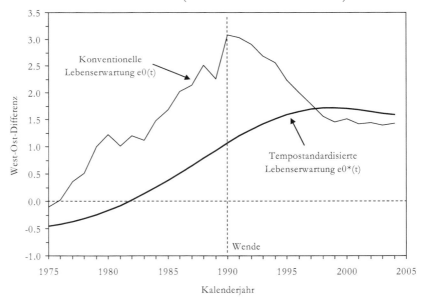

Quelle: eigene Berechnungen mit Daten des Statistischen Bundesamts

156

Erst nach 1981 veränderten sich die Differenzen auch bei den tempostandardisierten Werten zugunsten der westdeutschen Männer, wenngleich wesentlich weniger stark ausgeprägt als nach den Werten der konventionellen Lebenserwartung. Unter Berücksichtigung von Tempo-Effekten zeigen die ost-west-deutschen Sterblichkeitsverhältnisse also eine deutlich schwächere Auseinanderentwicklung. Während die ost-west-deutschen Sterblichkeitsdifferenzen bei den Männern im Jahr 1990 in der konventionellen Lebenserwartung ihr Maximum von 3,08 Jahren erreichten, lagen sie in der tempostandardisierten Lebenserwartung bei gerade einmal 1,07 Jahren, also zwei Jahre geringer. Noch interessanter ist jedoch das Ergebnis, dass sich diese Differenzen bei der tempostandardisierten Lebenserwartung nicht mit der Wende reduzierten, wie das bei der konventionellen Lebenserwartung der Fall ist, sondern auch in den folgenden Jahren noch weiter anstiegen. Während die ost-west-deutschen Differenzen in der konventionellen Lebenserwartung bis 2004 auf knapp 1,5 Jahre zurückgingen, sind sie nach der tempostandardisierten Lebenserwartung am Ende des Beobachtungszeitraums mit 1,6 Jahren sogar etwas höher.

Abbildung 5:   Ost-westdeutsche Differenz in der konventionellen Lebenserwartung $e_0(t)$ und der tempostandardisierten Lebenserwartung $e_0^*(t)$, Frauen 1975-2004 (keine Mortalität unter Alter 30)

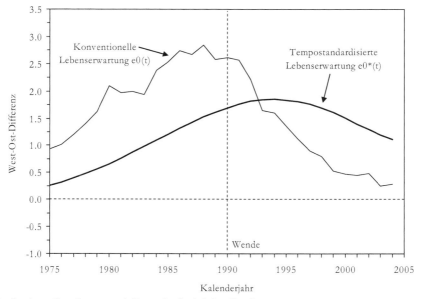

Quelle: eigene Berechnungen mit Daten des Statistischen Bundesamts

Erst seit dem Ende der 1990er Jahren ist auch in den tempostandardisierten Werten ein Rückgang der Ost-West-Differenzen zu erkennen, der auf eine langsame Ost-West-Angleichung hindeutet.

Bei den Frauen zeigen sich ähnliche Ergebnisse wie bei den Männern. Bis zur Wiedervereinigung ist der Lebenserwartungsvorteil der westdeutschen Frauen deutlich geringer, wenn man tempostandardisierte anstatt konventionelle Werte für die Analyse heranzieht. Während die ost-west-deutsche Differenz in der konventionellen Lebenserwartung bis zum Jahr 1988 kontinuierlich auf 2,85 Jahre anstieg, lag die maximale Differenz in den tempostandardisierten Werten erst sechs Jahre später und bei nur 1,86 Jahren. Somit ist auch bei den Frauen zu beobachten, dass sich die Ost-West-Differenzen in der tempostandardisierten Lebenserwartung im Gegensatz zur konventionellen Berechnungsweise nicht mit der Wende reduzierten.

Tabelle 1: Ost-west-deutsche Differenz in konventioneller Lebenserwartung $e_0(t)$ und tempostandardisierter Lebenserwartung $e_0^*(t)$, 1975-2000 (keine Sterblichkeit unter Alter 30)

Jahre vor der Wiedervereinigung				Jahre nach der Wiedervereinigung				
Jahr	Männer		Frauen		Jahr	Männer		Frauen	
t	$e_0(t)$	$e_0^*(t)$	$e_0(t)$	$e_0^*(t)$	t	$e_0(t)$	$e_0^*(t)$	$e_0(t)$	$e_0^*(t)$
1975	-0,10	-0,45	0,93	0,25	1990	3,08	1,07	2,61	1,69
1976	0,03	-0,42	1,02	0,32	1991	3,04	1,20	2,57	1,76
1977	0,37	-0,37	1,20	0,39	1992	2,90	1,32	2,21	1,82
1978	0,52	-0,31	1,41	0,48	1993	2,69	1,42	1,65	1,85
1979	1,00	-0,24	1,63	0,57	1994	2,55	1,51	1,60	1,86
1980	1,22	-0,17	2,10	0,66	1995	2,23	1,60	1,36	1,84
1981	1,01	-0,08	1,98	0,76	1996	2,00	1,65	1,12	1,81
1982	1,19	0,02	2,00	0,87	1997	1,79	1,69	0,90	1,76
1983	1,11	0,14	1,94	0,98	1998	1,56	1,72	0,79	1,69
1984	1,48	0,25	2,38	1,10	1999	1,46	1,72	0,53	1,61
1985	1,69	0,38	2,53	1,21	2000	1,52	1,71	0,46	1,50
1986	2,03	0,52	2,75	1,32	2001	1,42	1,68	0,44	1,39
1987	2,13	0,65	2,67	1,42	2002	1,44	1,65	0,48	1,29
1988	2,51	0,79	2,85	1,52	2003	1,40	1,62	0,24	1,19
1989	2,25	0,93	2,58	1,61	2004	1,43	1,59	0,28	1,11

Quelle: eigene Berechnungen mit Daten des Statistischen Bundesamts

In der tempostandardisierten Lebenserwartung stiegen die Differenzen zwischen den west- und ostdeutschen Frauen noch bis zur Mitte der 1990er Jahre an, so dass sich die Entwicklungen der Ost-West-Differenzen von konventioneller und tempostandardisierter Lebenserwartung zwischen 1992 und 1993 überschneiden. Ab diesem Zeitpunkt liegen die Differenzen in den tempostandardisierten Werten stets über jenen der konventionellen Werte. Obwohl auch nach der tempostandardisierten Lebenserwartung seit Mitte der 1990er Jahre eine Ost-West-Angleichung zu beobachten ist, sind die Differenzen in den tempostandardisierten Werten bis zum Ende des Beobachtungszeitraums deutlich höher. Während sich der Nachteil der ostdeutschen Frauen nach der konventionellen Lebenserwartung bis zum Jahr 2004 auf 0,28 Jahre reduzierte, beträgt die tempostandardisierte Differenz zu diesem Zeitpunkt immer noch 1,1 Jahre.

6. Diskussion

Der vorliegende Beitrag beinhaltet zwei wesentliche Aspekte: Zum einen unterstützt er den Tempo-Ansatz von Bongaarts und Feeney im Bereich der Mortalitätsanalyse, und zum anderen liefert er eine neue Sichtweise auf die Entwicklung der Sterblichkeitsunterschiede zwischen West- und Ostdeutschland. Wenn man die Berücksichtigung von Tempo-Effekten bei der Berechung der TFR als sinnvoll und notwendig erachtet, dann muss dies ebenso bei der Berechnung der durchschnittlichen Periodenlebenserwartung geschehen. Die Aufgabe der TFR ist die Schätzung des Fertilitätsquantums unter gegenwärtigen Fertilitätsverhältnissen als standardisierter Indikator für die gegenwärtigen Fertilitätsbedingungen. Veränderungen im durchschnittlichen Gebäralter verursachen Tempo-Effekte, die sich auf die altersspezifischen Fertilitätsraten auswirken und damit die TFR beeinflussen, die aus ihnen abgeleitet wird. Das Gleiche gilt für die Periodenlebenserwartung. Die Aufgabe der Periodenlebenserwartung ist die Schätzung der durchschnittlichen Lebensdauer unter gegenwärtigen Mortalitätsverhältnissen als standardisierter Indikator für die gegenwärtigen Mortalitätsbedingungen. Veränderungen im durchschnittlichen Sterbealter verursachen Tempo-Effekte, die sich auf die altersspezifischen Sterberaten auswirken und damit die Periodenlebenserwartung beeinflussen, die aus ihnen abgeleitet wird.

Im Prinzip folgen die von Bongaarts und Feeney vorgeschlagenen Verfahren zur Tempostandardisierung der TFR und der Periodenlebenserwartung dem gleichen theoretischen und methodischen Ansatz, indem bei beiden Verfahren die Annahme zugrunde liegt, dass alle gegenwärtig lebenden Kohorten in der gleichen Weise von Periodeneffekten beeinflusst werden. Die Berechnungsformel für die tempostandardisierte TFR basiert auf einer proportionalen Verschiebung der altersspezifischen Fertilitätsraten, die Berechnungsformeln für die tempostandardisierte

Periodenlebenserwartung basieren auf einer proportionalen Verschiebung der altersspezifischen Sterberaten. Da die TFR und die Periodenlebenserwartung jedoch in ihren strukturellen Designs grundsätzlich verschieden sind, müssen sich auch die jeweiligen Tempostandardisierungsformeln grundsätzlich unterscheiden. So hängt die tempostandardisierte TFR lediglich von den altersspezifischen Fertilitätsraten in den beiden Kalenderjahren um das Beobachtungsjahr ab, während in die Schätzung der tempostandardisierten Periodenlebenserwartung nach der ursprünglichen Bongaarts und Feeney-Formel eine größere Anzahl vor dem Beobachtungsjahr liegender Periodensterbetafeln einfließt. Daher ist es auch eine logische Konsequenz, dass die Bongaarts und Feeney-Formel die vergangenen Sterblichkeitsverhältnisse in bestimmter Weise reflektiert. Nach der Logik von Tempoverzerrungen in der durchschnittlichen Periodenlebenserwartung ist dies jedoch nicht notwendigerweise eine Schwäche des vorgeschlagenen Verfahrens, vor allem dann nicht, wenn sich die vergangenen Sterblichkeitsentwicklungen gleichmäßig und kontinuierlich vollzogen, wie dies im Wesentlichen für die im Erwachsenenalter befindliche Population der Industrienationen in den letzten Dekaden zu beobachten ist. Und da dies genau die Restriktionen sind, die Bongaarts und Feeney (2002) für die Anwendung ihres Verfahrens vorgegeben haben, sollte man auch kein Problem in dem Umstand sehen, dass es zu Werten nahe einem gewichteten Durchschnitt der vergangenen Periodenlebenserwartung führt, wie dies von Wachter (2005) kritisierend aufgezeigt wurde. Prinzipiell ist das Gegenteil zu konstatieren: Bei einer Beschränkung der Anwendung auf Industrienationen der jüngeren Vergangenheit ist diese Eigenschaft des Verfahrens von Bongaarts und Feeney konsistent mit dem theoretischen Ansatz von Tempoverzerrungen in der Periodenlebenserwartung.

Allerdings kann man die Bongaarts und Feeney-Formel nicht als ein perfektes Maß zur Schätzung der tempostandardisierten Lebenserwartung ansehen. Diese Forderung kann durch das von Bongaarts und Feeney vorgeschlagene Verfahren nicht erbracht werden, da die zugrunde liegenden Annahmen in der Realität nie völlig erfüllt sein werden. Deshalb sollte man die Bongaarts und Feeney-Formel eher als einen Versuch ansehen, die Periodenlebenserwartung auf Tempo-Effekte zu standardisieren, um so ein besseres Maß für die Analyse und den Vergleich der Periodensterblichkeit zu erhalten. Es lässt sich jedoch nicht bestimmen, ob die Bongaarts und Feeney-Formel eine maximal mögliche Tempoverzerrung in der Weise bestimmt, dass die „wahren" Sterblichkeitsverhältnisse irgendwo zwischen konventioneller und tempostandardisierter Lebenserwartung liegen, wie dies von Vaupel (2005) als Interpretation der Bongaarts und Feeney-Formel vorgeschlagen wurde. Um dem Ansatz von Bongaarts und Feeney gerecht zu werden, ist es aber auf jeden Fall erforderlich, diese methodischen Aspekte von der generellen Frage der Existenz von Tempo-Effekten in der Periodenlebenserwartung zu trennen.

Die in diesem Beitrag präsentierten empirischen Ergebnisse rücken die Ost-West-Unterschiede in der Sterblichkeit in ein völlig anderes Licht und könnten sich als wichtig für das generelle Verständnis verschiedenster Phänomene differentieller Mortalität erweisen: Wenn die durchschnittliche Lebenserwartung für Tempo-Effekte standardisiert wird, dann beginnen sich die ost-west-deutschen Differenzen nicht unmittelbar nach der Wende zu verringern und sind 14 Jahre später größer als die Differenzen nach der konventionellen Berechnungsweise. Dies deutet darauf hin, dass die in den letzten Jahren stattgefundene Diskussion über die Gründe für die beobachteten Trends in den Sterblichkeitsunterschieden zwischen West- und Ostdeutschland auf hierfür nicht angemessenen Maßzahlen basierte und daher in die falsche Richtung gelenkt sein könnte. Das Rätsel liegt vor allem in dem Umstand, dass trotz der steigenden Zahl an Forschungen zu diesem Phänomen bislang noch kein Faktor als Verursacher der beobachteten Trends in der konventionellen Lebenserwartung nachgewiesen werden konnte. Nach der Entwicklung der ost-west-deutschen Sterblichkeitsdifferenzen in der tempostandardisierten Lebenserwartung müssen die Erklärungsfaktoren jedoch nicht zu einer Reduktion der Differenzen um zwei Jahre bei den Frauen und anderthalb Jahren bei den Männern führen, ebenso wenig wie zu einer sofortigen Umkehrung der langfristigen Trends innerhalb eines Jahres. Die Bemühungen der Forschungen sollten sich nach diesen Ergebnissen mehr auf die Suche nach Faktoren konzentrieren, die zu einem sofortigen und kontinuierlichen Anstieg des durchschnittlichen Sterbealters führen und damit diese Tempo-Effekte auslösen, die durchschnittliche Lebensdauer aber eben nicht um das Ausmaß verlängern, wie es durch die Veränderungen in der konventionellen Lebenserwartung signalisiert wird. Ein möglicher Faktor könnte die Verfügbarkeit von so genannten Vorsorge- und Rehaeinrichtungen sein, deren Entwicklung direkt mit der Entwicklung der durchschnittlichen Lebenserwartung korreliert (siehe Luy 2004a, 2005b).

Der vorliegende Beitrag liefert also einen Hinweis darauf, dass sich die Entwicklung der ost-west-deutschen Sterblichkeitsdifferenzen durchaus anders darstellen könnte, als es bislang vermutet wurde. Von daher ist es auch nicht verwunderlich, dass sich für keinen der bislang angeführten Erklärungsfaktoren ein tatsächlicher Zusammenhang mit den beobachteten Trends in der konventionellen Lebenserwartung nachweisen lässt. Letztlich passt das von der tempostandardisierten Lebenserwartung gezeichnete Bild der Entwicklung der ost-west-deutschen Sterblichkeitsdifferenzen besser zu dem allgemeinen Wissen über Mortalitätsveränderungen und deren Ursachen. So gibt es eine Reihe von die Sterblichkeit beeinflussenden Faktoren, die entweder auch noch nach der Wende zu einer Benachteiligung der neuen Bundesländer führen sollten (z.B. die selektiven Ost-West-Wanderungen bzw. die Zuwanderung einer tendenziell gesunden Ausländerpopulation nach Westdeutschland oder die seit der Wende hohe Arbeitslosigkeit in den neuen Bundesländern) oder deren mortalitätserhöhenden Effekte länger andauernd sind und nicht unmittelbar mit der Wende verschwinden (z.B. Umweltbedingungen oder die gesundheitsschädigenden Auswirkungen des Uranabbaus in einigen Teilen Ostdeutschlands). Schließlich kann man auch nicht davon ausgehen, dass sich die tatsächlich positiv auf die Überlebensbedingungen auswirkenden Faktoren, wie Änderung der Lebensstile, Verbesserung der ökonomischen Gesamtsituation oder die Verbesserungen im medizintechnischen Bereich, in den neuen Bundesländern innerhalb eines Kalenderjahres komplett verändern. Vielmehr dürften auch diese Faktoren in einem Zeitraum von mehreren Jahren sukzessive bedeutsamer werden und die mortalitätserhöhenden Faktoren schrittweise ausgleichen bzw. überwiegen. Um abschließend noch einmal zu der zentralen Schlussfolgerung zurück zu kommen, die von Vaupel et al. (2003) unter dem Titel „It's never too late" auf Grundlage der sich schließenden Ost-West-Lücke in der konventionellen Lebenserwartung gezogen wurde: Es könnte tatsächlich niemals zu spät sein, um die Lebensspanne zu verlängern, aber die Veränderung von Überlebensbedingungen scheint doch länger zu dauern als es Entwicklungen in der konventionellen Lebenserwartung versprechen und die verursachenden Faktoren könnten völlig andere sein als die herkömmlich angenommenen.

Darüber hinaus könnten die hier präsentierten Zusammenhänge zu einer Veränderung der allgemein gängigen Erkenntnisse und Vermutungen bezüglich verschiedener Phänomene differentieller Sterblichkeit führen, die ebenfalls auf den beobachteten Entwicklungen in der konventionellen Lebenserwartung basieren:

- Was ist mit dem in Industrieländern stattgefundenen Öffnen und gegenwärtigen Schließen der Geschlechterdifferenzen in der Sterblichkeit?
- Was ist mit dem linearen Anstieg der „Rekordlebenserwartung", der von Oeppen und Vaupel (2002) beschrieben wurde, vor allem bezüglich seines beeindruckenden Steigungsgrades?
- Was mit den ansteigenden Sterblichkeitsdifferenzen zwischen West- und Osteuropa?

Der vorliegende Beitrag zeigt, dass sich Tempo-Effekte auf die Mortalitätsanalyse genau so verzerrend auswirken können, wie dies bei der Fertilitätsanalyse der Fall ist, und dass eine Tempostandardisierung auch hier zu einem völlig anderen Bild bezüglich der gegenwärtigen demografischen Verhältnisse führen kann als das, das nach den konventionellen Periodenmaßen gewonnen wird. Man kann davon ausgehen, dass Tempo-Effekte die Analyse der Sterblichkeit in allen Fällen beeinflussen, in denen sich die betrachteten Populationen in der Entwicklung der Mortalitätsveränderungen unterscheiden. Wie das einfache Beispiel im ersten Teil dieses Beitrags verdeutlicht, sollte die Existenz von Tempo-Effekten und die durch sie ausgelösten Verzerrungen in der konventionellen Lebenserwartung nicht bezweifelt werden. Allerdings scheint es erforderlich, die zur Tempostandardisierung von Bongaarts und Feeney vorgeschlagenen Methoden weiterzuentwickeln, da sie auf Annahmen basieren, die in der Praxis nie vollständig erfüllt sein werden. Während sich die

Annahme einer proportionalen Verschiebung der altersspezifischen Sterberaten bei Modelltests bezüglich Abweichungen von der Proportionalität als relativ robust erwiesen hat (Feeney 2006), ist die Annahme der nicht vorhandenen Sterblichkeit beziehungsweise nicht vorhandener Tempo-Effekte unter Alter 30 problematischer. Akzeptiert man jedoch die Existenz von Tempo-Effekten, dann ist die Verwendung dieses Verfahrens immer noch besser als Tempo-Effekte bei der Analyse gar nicht zu berücksichtigen. Daher sollte sich die Arbeit der quantitativen Demografen darauf konzentrieren, bessere Methoden zur Schätzung tempostandardisierter Lebenserwartung zu entwickeln, die auf weniger restriktiven Annahmen basieren und sich bei allen gegenwärtigen und historischen Populationen anwenden lassen, wie dies in ähnlicher Weise bereits von Vaupel (2005) und Feeney (2006) gefordert wurde.

Anhang 1

Schätzungen für $e_0(t)$, $e_0(t)^G$, b, $e_0^*(t)$ und $S(t)$ der einzelnen Kalenderjahre in West- und Ostdeutschland, Männer 1975-2000 (keine Sterblichkeit unter Alter 30)

Jahr	Westdeutschland					Ostdeutschland				
t	$e_0(t)$	$e_0(t)^G$	b	$e_0^*(t)$	$S(t)$	$e_0(t)$	$e_0(t)^G$	b	$e_0^*(t)$	$S(t)$
1975	71,17	71,46	0,091	70,91	0,27	71,28	71,49	0,098	71,36	-0,08
1976	71,49	71,59	0,089	70,96	0,53	71,46	71,47	0,093	71,37	0,09
1977	71,96	71,73	0,090	71,01	0,95	71,59	71,44	0,094	71,38	0,21
1978	71,85	71,89	0,091	71,07	0,77	71,33	71,41	0,094	71,39	-0,06
1979	72,20	72,06	0,088	71,15	1,05	71,20	71,38	0,095	71,39	-0,19
1980	72,29	72,23	0,088	71,22	1,07	71,07	71,35	0,097	71,39	-0,31
1981	72,39	72,42	0,089	71,31	1,08	71,38	71,32	0,092	71,38	-0,01
1982	72,63	72,62	0,090	71,40	1,23	71,44	71,30	0,092	71,38	0,06
1983	72,78	72,82	0,089	71,51	1,27	71,66	71,28	0,093	71,37	0,29
1984	73,18	73,03	0,091	71,62	1,57	71,70	71,28	0,094	71,36	0,34
1985	73,26	73,24	0,092	71,74	1,52	71,57	71,29	0,096	71,35	0,21
1986	73,54	73,45	0,091	71,87	1,67	71,51	71,33	0,095	71,35	0,16
1987	73,84	73,67	0,094	72,00	1,84	71,70	71,38	0,094	71,35	0,35
1988	74,07	73,88	0,093	72,14	1,92	71,56	71,46	0,092	71,35	0,21
1989	74,13	74,09	0,094	72,29	1,84	71,88	71,57	0,093	71,36	0,52
1990	74,22	74,29	0,094	72,45	1,77	71,14	71,71	0,090	71,38	-0,24
1991	74,35	74,49	0,092	72,61	1,74	71,31	71,89	0,087	71,41	-0,10
1992	74,68	74,69	0,091	72,77	1,91	71,77	72,10	0,090	71,45	0,32
1993	74,70	74,89	0,094	72,93	1,77	72,01	72,34	0,092	71,51	0,51
1994	74,96	75,08	0,094	73,09	1,86	72,40	72,63	0,090	71,58	0,82
1995	75,05	75,27	0,092	73,26	1,78	72,81	72,95	0,094	71,67	1,14
1996	75,27	75,47	0,093	73,43	1,84	73,27	73,30	0,092	71,78	1,49
1997	75,68	75,67	0,094	73,61	2,07	73,89	73,68	0,095	71,91	1,98
1998	75,99	75,89	0,094	73,78	2,21	74,43	74,08	0,095	72,07	2,37
1999	76,28	76,12	0,095	73,96	2,31	74,82	74,49	0,099	72,24	2,58
2000	76,54	76,37	0,093	74,15	2,39	75,03	74,91	0,096	72,44	2,59
2001	76,93	76,66	0,095	74,33	2,60	75,52	75,32	0,096	72,65	2,87
2002	77,06	77,00	0,095	74,53	2,53	75,63	75,71	0,098	72,88	2,75
2003	77,16	77,38	0,096	74,74	2,42	75,76	76,06	0,100	73,12	2,64
2004	77,76	77,84	0,096	74,96	2,80	76,33	76,34	0,099	73,37	2,96

Quelle: eigene Berechnungen mit Daten des Statistischen Bundesamts

Schätzungen für $e_0(t)$, $e_0(t)^G$, b, $e_0^*(t)$ und S(t) der einzelnen Kalenderjahre in West- und Ostdeutschland, Frauen 1975-2000 (keine Sterblichkeit unter Alter 30)

Jahr	Westdeutschland					Ostdeutschland				
t	$e_0(t)$	$e_0(t)^G$	b	$e_0^*(t)$	S(t)	$e_0(t)$	$e_0(t)^G$	b	$e_0^*(t)$	S(t)
1975	76,84	77,10	0,101	75,59	1,25	75,91	76,07	0,106	75,34	0,57
1976	77,17	77,28	0,100	75,73	1,43	76,15	76,10	0,105	75,41	0,73
1977	77,74	77,48	0,102	75,88	1,86	76,53	76,14	0,103	75,48	1,05
1978	77,74	77,68	0,101	76,03	1,71	76,34	76,18	0,106	75,55	0,79
1979	78,03	77,89	0,099	76,18	1,85	76,40	76,23	0,106	75,61	0,79
1980	78,27	78,11	0,102	76,34	1,93	76,17	76,28	0,105	75,68	0,50
1981	78,34	78,33	0,102	76,50	1,84	76,37	76,35	0,105	75,74	0,63
1982	78,57	78,56	0,102	76,67	1,90	76,57	76,43	0,105	75,80	0,77
1983	78,76	78,79	0,102	76,85	1,91	76,82	76,52	0,106	75,87	0,95
1984	79,23	79,01	0,102	77,03	2,20	76,85	76,64	0,107	75,93	0,92
1985	79,30	79,24	0,104	77,21	2,09	76,77	76,77	0,107	76,01	0,76
1986	79,47	79,45	0,106	77,40	2,07	76,73	76,93	0,112	76,08	0,64
1987	79,82	79,67	0,108	77,60	2,22	77,14	77,11	0,111	76,17	0,97
1988	80,02	79,87	0,105	77,80	2,22	77,17	77,31	0,108	76,27	0,90
1989	80,07	80,07	0,104	77,99	2,08	77,49	77,54	0,105	76,38	1,11
1990	80,05	80,25	0,105	78,19	1,87	77,44	77,80	0,103	76,49	0,95
1991	80,26	80,43	0,106	78,38	1,87	77,69	78,09	0,101	76,62	1,07
1992	80,59	80,59	0,104	78,58	2,02	78,38	78,40	0,108	76,76	1,62
1993	80,50	80,74	0,106	78,77	1,74	78,86	78,74	0,106	76,92	1,94
1994	80,78	80,89	0,107	78,96	1,82	79,18	79,10	0,118	77,10	2,08
1995	80,89	81,02	0,107	79,14	1,75	79,53	79,47	0,108	77,31	2,23
1996	80,98	81,15	0,106	79,32	1,66	79,86	79,86	0,105	77,52	2,35
1997	81,32	81,29	0,108	79,50	1,82	80,43	80,26	0,115	77,73	2,69
1998	81,55	81,42	0,108	79,68	1,87	80,76	80,65	0,111	77,99	2,77
1999	81,71	81,57	0,108	79,85	1,86	81,18	81,03	0,115	78,24	2,94
2000	81,93	81,74	0,108	80,02	1,91	81,47	81,39	0,113	78,52	2,95
2001	82,19	81,93	0,111	80,19	2,00	81,75	81,71	0,110	78,79	2,96
2002	82,20	82,17	0,114	80,36	1,84	81,72	81,98	0,117	79,07	2,65
2003	82,21	82,46	0,112	80,55	1,66	81,97	82,18	0,115	79,36	2,61
2004	82,76	82,81	0,111	80,74	2,02	82,48	82,30	0,111	79,63	2,84

Quelle: eigene Berechnungen mit Daten des Statistischen Bundesamts

Literatur

Becker, Nikolaus/ Boyle, Peter (1997): "Decline in mortality from testicular cancer in West Germany after reunification". The Lancet 350: 744.

Bobak, Martin/ Marmot, Michael (1996a): "East-west mortality divide and its potential explanations: proposed research agenda". British Medical Journal 312: 421-425.

Bongaarts, John/ Feeney, Griffith (1998): "On the quantum and tempo of fertility". Population and Development Review 24: 271-291.

Bongaarts, John/ Feeney, Griffith (2002): "How long do we live?". Population and Development Review 28: 13-29.

Bongaarts, John/ Feeney, Griffith (2003): "Estimating mean lifetime". Proceedings of the National Academy of Science 100: 13127-13133.

Bongaarts, John/ Feeney, Griffith (2006): "The quantum and tempo of life-cycle events". Vienna Yearbook of Population Research: 115-152.

Brouard, Nicolas (1986): "Structure et dynamique des populations. La pyramide des années à vivre, aspects nationaux et examples régionaux". Espaces Populations Sociétés 2: 157-168.

Bucher, Hansjörg (2002): "Die Sterblichkeit in den Regionen der Bundesrepublik Deutschland und deren Ost-West-Lücke seit der Einigung". In: Cromm J., Scholz R. D. (Hrsg.): Regionale Sterblichkeit in Deutschland, Augsburg and Göttingen: WiSoMed, Cromm: 33-38.

Chruscz, Detlef (1992): "Zur Entwicklung der Sterblichkeit in geeinten Deutschland: die kurze Dauer des Ost-West-Gefälles". Informationen zur Raumentwicklung 9-10: 691-700.

Dinkel, Reiner Hans (1994): "Die Sterblichkeitsentwicklung der Geburtsjahrgänge in den beiden deutschen Staaten. Ergebnisse und mögliche Erklärungshypothesen". In: Imhof A. E., Weinknecht R. (Hrsg.): Erfüllt leben – in Gelassenheit sterben: Geschichte und Gegenwart, Berlin: Duncker & Humblot: 155-170.

Feeney, Griffith (2003): "Mortality tempo: a guide for the sceptic". Unpublished manuscript, to be downloaded from http://www.gfeeney.com.

Feeney, Griffith (2006): "Increments to life and mortality tempo". Demographic Research 14: 27-46.

Gjonça, Arjan/ Brockmann, Hilke/ Maier, Heiner (2000): "Old-age mortality in Germany prior to and after Reunification". Demographic Research 3: Article 1.

Goldstein, Joshua R. (2006): "Found in translation? A cohort perspective on tempo-adjusted life expectancy". Demographic Research 14: 71-84.

Goldstein, Joshua R./ Lutz. Wolfgang/ Scherbov, Sergei (2003): "Long-term population decline in Europe: the relative importance of tempo effects and generational length". Population and Development Review 29: 699-707.

Guillot, Michel (2003a): "The cross-sectional average length of life (CAL): a cross-sectional mortality measure that reflects the experience of cohorts". Population Studies 57: 41-54.

Guillot, Michel (2003b): "Does period life expectancy overestimate current survival? An analysis of tempo effects in mortality". Manuskript zum Vortrag beim PAA 2003 Annual Meeting, Minneapolis, Minnesota, USA, 1.-3. Mai.

Guillot, Michel (2006): "Tempo effects in mortality: an appraisal". Demographic Research 14: 1-26.

Hajnal J., 1947: "The analysis of birth statistics in the light of the recent international recovery of the birth-rate", Population Studies 1: 137-164.

Kohler, Hans-Peter/ Philipov, Dimitur (2001): „Variance effects in the Bongaarts-Feeney formula". Demography 38, 1: 1-16.

Le Bras, Hervé (2005): "Mortality tempo versus removing of deaths: opposite views leading to different estimations of life expectancy". Demographic Research 13: 615-640.

Lesthaeghe, Ron/ Willems, Paul (1999): "Is low fertility a temporary phenomenon in the European Union?". Population and Development Review 25: 211-228.

Luy, Marc (2004a): "Mortality differences between Western and Eastern Germany before and after Reunification: a macro and micro level analysis of developments and responsible factors". Genus 60: 99-141.

Luy, Marc (2004b): "Verschiedene Aspekte der Sterblichkeitsentwicklung in Deutschland von 1950 bis 2000". Zeitschrift für Bevölkerungswissenschaft 29: 3-62.

Luy, Marc (2005a): "The importance of mortality tempo-adjustment: theoretical and empirical considerations". MPIDR Working Paper WP-2005-035. (http://www.demogr.mpg.de/papers/working/wp-2005-035.pdf).

Luy, Marc (2005b): "West-Ost-Unterschiede in der Sterblichkeit unter besonderer Berücksichtigung des Einflusses von Lebensstil und Lebensqualität". In: Gärtner K., Grünheid E., Luy M. (Hg.): Lebensstile, Lebensphasen, Lebensqualität – Interdisziplinäre Analysen von Gesundheit und Sterblichkeit aus dem Lebenserwartungssurvey des BiB. Wiesbaden: VS-Verlag für Sozialwissenschaften: 333-364.

Luy, Marc (2006): "Mortality tempo-adjustment: an empirical application". Demographic Research 15: 561-590.

Mai, Ralf (2004): "Regionale Sterblichkeitsunterschiede in Ostdeutschland. Struktur, Entwicklung und die Ost-West-Lücke seit der Wiedervereinigung", in: Scholz R., Flöthmann J. (Hrsg.): Lebenserwartung und Mortalität, Materialien zur Bevölkerungswissenschaft 111, Wiesbaden: BiB: 51-68.

Nolte, Ellen/ Scholz, Rembrandt/ Shkolnikov, Vladimir/ McKee, Martin (2002): "The contribution of medical care to changing life expectancy in Germany and Poland". Social Science & Medicine 55: 1905-1921.

Oeppen, Jim/ Vaupel, James W (2002): „Broken limits to life expectancy". Science 296: 1029-1031.

Philipov, Dimitur/ Kohler Hans-Peter (2001): „Tempo effects in the fertility decline in Eastern Europe: evidence from Bulgaria, the Czech Republic, Hungary, Poland, and Russia". European Journal of Population 17: 37-60.

Rodríguez G., 2006: „Demographic translation and tempo effects: an accelerated failure time perspective", Demographic Research 14: 85-110.

Ryder, Norman B. (1956): "Problems of trend determination during a transition in fertility". Milbank Memorial Fund Quarterly 34: 5-21.

Sardon, Jean-Paul (1993): "Un indicateur conjoncturel de mortalité: l'exemple de la France". Population (French Edition) 48: 347-368.

Sardon, Jean-Paul (1994): "A period measure of mortality: the example of France". Population: An English Selection 6: 131-150.

Schott J., Wiesner G., Casper W., Bergmann K. E., 1994: "Entwicklung der Mortalität des alten Menschen in Ost- und Westdeutschland in den zurückliegenden Jahrzehnten". In: Imhof A. E., Weinknecht R. (Hg.): Erfüllt leben – in Gelassenheit sterben: Geschichte und Gegenwart, Berlin: Duncker & Humblot: 171-182.

Sobotka, Tomáš (2003): "Tempo-quantum and period-cohort interplay in fertility changes in Europe. Evidence from the Czech Republic, Italy, the Netherlands and Sweden". Demographic Research 8: 152-214.

Sobotka, Tomáš (2004a): "Is lowest-low fertility in Europe explained by the postponement of childbearing?". Population and Development Review 30: 195-220.

Sobotka, Tomáš (2004b): "Postponement of childbearing and low fertility in Europe". Amsterdam: Dutch University Press.

Spiegelman, Mortimer (1969): "Introduction to demography". Cambridge: Harvard University Press.

Vaupel, James W. (2002): "Life expectancy at current rates vs. current conditions: a reflexion stimulated by Bongaarts and Feeney's 'How Long Do We Live?'". Demographic Research 7: 365-377.

Vaupel, James W. (2005): "Lifesaving, lifetimes and lifetables". Demographic Research 13: 597-614.

Vaupel, James W./ Carey, James R./ Christensen, Kaare (2003): "It's never too late". Science 301: 1679-1681.

Wachter, Kenneth W. (2005): "Tempo and its tribulations". Demographic Research 13: 201-222.

Ward, Michael P./ Butz, William P. (1980): "Completed fertility and its timing". Journal of Political Economy 88: 915-940.

Wilmoth, John R. (2005): "On the relationship between period and cohort mortality". Demographic Research 13: 231-280.

Yi, Zeng/ Land, Kenneth C. (2001): „A sensitivity analysis of the Bongaarts-Feeney method for adjusting bias in observed period total fertility rates". Demography 38: 17-28.

Yi, Zeng/ Land, Kenneth C. (2002): "Adjusting period tempo changes with an extension of Ryder's basic translation equation". Demography 39: 269-285.

Die geschlechtsspezifischen Sterblichkeitsunterschiede in West- und Ostdeutschland unter besonderer Berücksichtigung der kriegsbedingten Langzeitfolgen auf die Kohortenmortalität

Marc Luy, Nadine Zielonke

1. Einleitung

Wie in den beiden vorangegangenen Beiträgen dieses Abschnitts bereits herausgestellt wurde, gelten die Bevölkerungen West- und Ostdeutschlands als (bislang) einmalige Gelegenheit, die Determinanten der menschlichen Sterblichkeit unter gewissen Experimentvoraussetzungen zu studieren (siehe auch Vaupel et al. 2003; Luy 2004). Bis zum Ende des Zweiten Weltkriegs werden die mortalitätsrelevanten Lebensbedingungen in den beiden Teilen Deutschlands als vergleichbar angesehen, während sich die Bevölkerungen in den folgenden mehr als 40 Jahren unter völlig unterschiedlichen politischen, ökonomischen und gesellschaftlichen Rahmenbedingungen entwickelten, die seit der Wiedervereinigung im Jahr 1990 wieder sukzessive angeglichen werden (Gjonça et al. 2000). In diesem Beitrag wollen wir diese besonderen Voraussetzungen nutzen, um einen bestimmten Aspekt der Ursachen für die Entwicklung der geschlechtsspezifischen Sterblichkeitsunterschiede genauer zu untersuchen.

Wie alle Phänomene differentieller Mortalität werden auch die Mortalitätsdifferenzen zwischen Frauen und Männern durch eine Vielzahl verschiedener Faktoren hervorgerufen, die durchaus gleichzeitig und in unterschiedliche Richtung wirken können und zum Teil analytisch nicht zu trennen sind. Generell gleicht die Analyse von Phänomenen differentieller Sterblichkeit daher der Lösung eines sehr komplexen Puzzles, mit dem wesentlichen Unterschied, dass sich die einzelnen Teile gegenseitig bedingen und in der Art sowie dem Ausmaß ihres Einflusses variieren können. Deshalb konzentrieren sich die meisten Forschungen darauf, bestimmte Teile des Puzzles zu untersuchen, um auf diese Weise wieder etwas mehr über die Ursachen der jeweiligen Sterblichkeitsunterschiede zu erfahren. Dies gilt auch bezüglich der männlichen Übersterblichkeit, wo sich die Studien beispielsweise mit dem Einfluss bestimmter Verhaltensweisen wie Nikotinkonsum (z.B. Hammond 1996; Pampel 2002); spezifischer Lebensstile: (z.B. Waldron 1978; Luy et al. 2005) sowie sozioökonomischer (z. B. Vallin 1995; McDonough et al. 1999; Helmert et al. 2006) oder biologischer Faktoren (z.B.: Pressat 1973; Waldron 1983; Luy 2002; 2003; 2006) beschäftigen.

In der Regel erfolgen die Beschreibungen und Analysen der geschlechtsspezifischen Sterblichkeitsunterschiede in Periodenbetrachtung. Tatsächlich gelten im Bereich der Mortalitätsforschung Periodeneffekte auch als die bedeutendsten Einflussfaktoren der gegebenen Sterblichkeitsverhältnisse einer Bevölkerung (Dinkel 1992; Haudidier 1996; Luy 2004). Zur Messung von Mortalitätsbedingungen wird in den meisten Fällen die durchschnittliche Lebenserwartung verwendet und als hypothetische Maßzahl verstanden, welche die zu einem definierten Zeitpunkt gegebenen altersspezifischen Sterblichkeitsverhältnisse zu einer statistischen Größe zusammenfasst. Da sich die Alterszusammensetzung einer Bevölkerung zu einem bestimmten Stichtag aber auch als Komposition gleichzeitig (in unterschiedlichen Altersstufen) lebender Kohorten verstehen lässt, können sich in Periodenergebnissen auch immer bestimmte Kohorteneffekte widerspiegeln.

Auch für die Erklärung der Entwicklung der geschlechtsspezifischen Sterblichkeitsunterschiede wurden in der Literatur bereits bestimmte Kohorteneffekte in Verbindung mit möglichen Langzeitfolgen der beiden Weltkriege angeführt. Diese stellen den Gegenstand der hier präsentierten Analysen dar. Der Ansatzpunkt wird sein, dass diese Kohorteneffekte gleichermaßen in der west- und ostdeutschen Bevölkerung existieren sollten und sich daher trotz der unterschiedlichen Periodeneinflüsse in der zweiten Hälfte des 20. Jahrhunderts nachweisen lassen müssten, wenn sie denn tatsächlich zu der Vielzahl an Bestimmungsfaktoren für die Entwicklung der geschlechtsspezifischen Sterblichkeitsunterschiede gehören sollten. Vorab erfolgt eine Einordnung der in West- und Ostdeutschland vorherrschenden geschlechtsspezifischen Lebenserwartungsdifferenzen im internationalen Vergleich, der vor allem die Wirkung der unterschiedlichen Rahmenbedingungen während der Jahre staatlicher Trennung verdeutlichen soll.

2. Internationale Einordnung der geschlechtsspezifischen Sterblichkeitsunterschiede in West- und Ostdeutschland

In Abbildung 1 ist die Entwicklung der geschlechtsspezifischen Differenz in der Lebenserwartung bei Geburt nach einjährigen Periodensterbetafeln für West- und Ostdeutschland dargestellt, die ab 1956 anhand der Daten der Human Mortality Database berechnet wurden.[1] Für die Jahre 1950 bis 1955 wurden die von Luy (2004) konstruierten Sterbetafeln aus den Daten der amtlichen Statistik verwendet.

---

[1] Die Human Mortality Database mit allen in ihr zusammengestellten Daten ist im Internet unter der Adresse http://www.mortality.org abrufbar. Die Daten für die in diesem Aufsatz dargestellten Analysen wurden am 01.03.2006 von der Human Mortality Database übernommen.

Bei Betrachtung der in Abbildung 1 dargestellten Entwicklungen ist zu erkennen, dass sich in beiden Teilen Deutschlands die männliche Übersterblichkeit erst über einen längeren Zeitraum vergrößert und sich nun seit einigen Jahren wieder reduziert. Allerdings zeigen sich in diesen Trends neben einigen Gemeinsamkeiten auch Unterschiede zwischen West- und Ostdeutschland. In Westdeutschland verläuft die Entwicklung stetiger, wobei sich die Frauen-Männer-Differenz in der durchschnittlichen Lebenserwartung bei Geburt zwischen 1950 und 1980 um fast drei Lebensjahre von 3,9 auf 6,8 Jahre erhöht. Danach erfolgt eine langsame, aber ebenfalls kontinuierliche Reduktion des Sterblichkeitsunterschieds. Bis zum letzten Betrachtungsjahr 2002 verringert sich die Differenz wieder auf 5,6 Jahre.

Auch in Ostdeutschland erfolgt eine sukzessive Erhöhung der Geschlechterdifferenz in der durchschnittlichen Lebenserwartung bei Geburt zwischen 1950 und 1979. Allerdings vollzieht sich diese Entwicklung weniger stark ausgeprägt und während der gesamten Jahre auf geringerem Niveau mit einer Differenz von 4,5 Jahren im Jahr 1950 und 6,0 Jahren im Jahr 1979. Ab dem Ende der 1970er Jahre beginnt sich die Geschlechterdifferenz in Ostdeutschland fast zur gleichen Zeit wie in Westdeutschland zu verringern. Allerdings setzt sich dieser Trend in der damaligen DDR nur bis zur Mitte der 1980er Jahre parallel zur Entwicklung in Westdeutschland fort. Zwischen 1985 und 1989 erfolgt wieder eine Vergrößerung der Geschlechterdifferenz, die im Ausmaß ihres Anstiegs etwa der Entwicklung zwischen 1950 bis zum Ende der 1970er Jahre entspricht. Mit der Wiedervereinigung findet schließlich eine weitere sprunghafte Vergrößerung der Geschlechterdifferenz in Ostdeutschland statt. Diese führt dazu, dass im Jahr 1990 die männliche Übersterblichkeit in ihrem Ausmaß zum ersten Mal die Differenz zwischen westdeutschen Frauen und Männern übersteigt. Die Ausweitung des Geschlechterunterschieds in Ostdeutschland hält schließlich noch bis zum Jahr 1993 an, wobei die Lebenserwartungsdifferenz zwischen Frauen und Männern auf den Höchstwert von 7,5 Jahren anwächst. Anschließend verringert sich der Geschlechterunterschied in ähnlicher Weise wie in Westdeutschland, wobei die Höhe der männlichen Übersterblichkeit in den Jahren 1994 bis 2002 etwa konstant ein Jahr über dem Niveau der alten Bundesländer liegt.

Das Bild einer gegenwärtigen Verringerung der männlichen Übersterblichkeit nach mehreren Dekaden sukzessiver Auseinanderentwicklung der Lebenserwartung von Frauen und Männern zeigt sich übereinstimmend in fast allen Industriestaaten (siehe z. B. Buettner 1995; Trovato et al. 1996; 2001; 2006).[2] Neben dem gemeinsamen Aspekt der Verringerung der Geschlechterdifferenzen zeigen sich bei den betrachteten Ländern aber zum Teil große Unterschiede im absoluten Niveau. Dennoch lassen sich vier unterschiedliche Muster hinsichtlich der zeitlichen Ent-

2 Die einzige Ausnahme ist Japan, wo sich die Geschlechterdifferenzen bis in die jüngste Zeit weiter vergrößern (siehe Tabelle 1).

wicklung der männlichen Übersterblichkeit während der zweiten Hälfte des 20. Jahrhunderts feststellen. In Tabelle 1 sind die entsprechenden Frauen-Männer-Differenzen der durchschnittlichen Periodenlebenserwartung bei Geburt ausgewählter Kalenderjahre für die west- und ostdeutsche Bevölkerung sowie für die übrigen Länder zu finden, deren Mortalitätsdaten in der Human Mortality Database enthalten sind.[3] Diese sind in Tabelle 1 nach Zugehörigkeit zum jeweiligen Muster sortiert.

Abbildung 1: Frauen-Männer-Differenz in der durchschnittlichen Perioden-Lebenserwartung bei Geburt e(0), ausgewählte Länder, Kalenderjahre 1950-2000

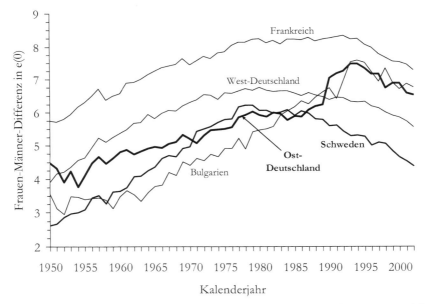

Quelle: eigene Berechnungen mit Daten der Human Mortality Database; Ausnahmen: West- und Ost-Deutschland der Jahre 1950-1955 eigene Berechnungen mit Daten des Statistischen Bundesamts

Das erste Muster umfasst Länder, in denen sich die Geschlechterdifferenz bereits früh, das heißt unmittelbar zu Beginn der 1980er Jahre zu verringern begann. Dieses

---

3 Island, dessen Daten ebenfalls in der Human Mortality Database verfügbar sind, wurde aufgrund der geringen Bevölkerungszahl von dieser Analyse ausgeschlossen.

Muster, für das in Abbildung 1 exemplarisch Schweden dargestellt ist, ist dadurch geprägt, dass die Unterschiede in der Lebenserwartung zwischen Frauen und Männern bis zum Ende des Betrachtungszeitraumes soweit zurückgehen, dass sie international zu den geringsten gehören. Im Jahre 2000 liegen sie zwischen 4,6 Jahren in Schweden und 6,9 Jahren in Finnland. Die geschlechtsspezifischen Lebenserwartungsdifferenzen in den Ländern der zweiten Gruppe (Frankreich, Italien und die Schweiz) steigen ebenfalls bis zu Beginn der 1980er Jahre an, verbleiben dann aber für etwa zehn Jahre auf ihrem bis dahin erreichten Niveau oder verändern sich in dieser Zeit nur sehr geringfügig. Erst vergleichsweise spät, gegen Mitte der 1990er Jahre, beginnt sich die Lebenserwartungsdifferenz zwischen Frauen und Männern auch in diesen Ländern zu verringern. Der in Abbildung 1 dargestellte Verlauf der Geschlechterunterschiede in Bulgarien ist beispielhaft für fast alle osteuropäischen Länder (ohne die Nachfolgestaaten der ehemaligen Sowjetunion), die das dritte Muster der Entwicklung der männlichen Übersterblichkeit darstellen. Hier steigt die Geschlechterdifferenz in der Lebenserwartung bei Geburt über die späten 1970er und frühen 1980er Jahre hinaus kontinuierlich an und verringert sich erst ab Mitte der 1990er Jahre, ähnlich wie dies beim zweiten Muster zu beobachten ist. Die absoluten Werte für die Geschlechterdifferenz in den Ländern dieses dritten Musters sind auch im Jahre 2000 noch vergleichsweise hoch (siehe Tabelle 1).

Schließlich bilden die bereits erwähnten Nachfolgestaaten der ehemaligen Sowjetunion (Lettland, Litauen und Russland) die vierte Gruppe. Die entsprechenden Werte für die betreffenden Länder sind in Tabelle 1 aufgeführt. In Abbildung 1 ist allerdings aufgrund des enormen Ausmaßes der Geschlechtsdifferenz kein Vertreter dieses Musters dargestellt. In den zugehörigen Ländern weisen die Geschlechterunterschiede eine über die Jahre sehr unstete Entwicklung auf hohem Niveau auf. Die Lebenserwartungsdifferenz vergrößert sich zunächst bis zu den frühen 1980er Jahren zugunsten der Frauen, geht dann kurzzeitig leicht zurück, um dann erneut bis Mitte der 1990er Jahre sehr schnell zuzunehmen, gefolgt von einem Abfall und einem erneuten Anstieg. Dieser letzte Anstieg hält bis zum Ende des Betrachtungszeitraumes an, wobei die Periodenlebenserwartung bei Geburt der Männer in Russland mittlerweile mehr als 13 Jahre unterhalb des Wertes für Frauen liegt. Eine Sonderstellung kommt Japan zu, wo die Ausweitung der geschlechtsspezifischen Lebenserwartungsdifferenz bis zum Jahr 2002 anhält, so dass sich dieses Land keinem der oben genannten Muster zuordnen lässt.

Tabelle 1: Frauen-Männer-Differenz in der durchschnittlichen Perioden-Lebenserwartung bei Geburt, ausgewählte Länder, ausgewählte Kalenderjahre

	Kalenderjahr										
	1950	1955	1960	1965	1970	1975	1980	1985	1990	1995	2000
Deutschland:											
Neue Länder (Ost)	4,5	4,1	4,8	5,0	5,2	5,5	5,9	5,9	7,0	7,3	6,9
Alte Länder (West)	3,9	4,6	5,4	5,8	6,3	6,6	6,8	6,6	6,4	6,3	5,8
Muster 1:											
Australien	5,2	5,9	6,1	6,5	6,8	7,1	7,2	6,4	6,2	5,4	5,3
Belgien	5,1	5,3	5,9	6,1	6,3	6,4	6,8	6,8	6,6	6,8	6,3
Dänemark	2,4	3,1	3,6	4,5	5,1	5,7	6,0	6,0	5,7	5,1	4,7
England & Wales	4,8	5,5	5,9	6,3	6,3	6,2	6,0	5,7	5,7	5,2	4,7
Finnland	7,5	6,8	7,0	7,6	8,2	8,7	8,6	8,4	8,0	7,4	6,9
Kanada	4,4	5,4	5,9	6,4	6,9	7,3	7,1	6,7	6,4	6,0	5,2
Neuseeland	3,8	4,9	5,3	6,0	6,3	6,5	5,7	5,9	5,9	5,4	5,1
Niederlande	2,3	3,1	3,9	5,0	5,7	6,3	6,7	6,6	6,3	5,8	5,1
Norwegen	3,3	3,8	4,5	5,5	6,3	6,3	6,8	6,8	6,4	6,0	5,4
Österreich	5,1	5,8	6,5	6,4	6,9	7,0	7,1	7,0	6,7	6,7	6,1
Schweden	2,6	3,1	3,6	4,4	5,0	5,8	6,1	5,9	5,6	5,3	4,6
USA			6,7	7,1	7,6	7,7	7,5	7,1	7,0	6,5	5,3

Tabelle 1:   *Fortsetzung*

Muster 2:

Frankreich	5,8	6,3	6,6	7,3	7,4	7,9	8,3	8,2	8,3	8,1	7,5
Italien	3,4	4,3	5,0	5,6	5,8	6,4	6,8	6,5	6,7	6,6	5,9
Schweiz	4,4	4,6	5,5	5,6	6,1	6,5	6,6	6,7	6,8	6,4	5,7

Muster 3:

Bulgarien	3,6	3,4	3,5	3,8	4,4	4,9	5,5	6,2	6,7	7,5	6,7
Slowakei							7,5	7,9	8,9	8,0	8,3
Spanien	4,9	4,6	5,0	5,4	5,6	5,9	6,2	6,6	7,2	7,4	6,9
Tschechische Rep.	4,9	5,2	5,8	6,3	7,0	7,0	7,1	7,3	7,9	7,0	6,8
Ungarn	4,4	3,8	4,2	4,8	5,8	6,2	7,2	8,0	8,6	9,3	8,6

Muster 4:

Lettland			7,2	8,1	8,6	10,2	10,4	9,3	10,4	13	11,2
Litauen			6,0	6,6	8,2	9,2	10,1	9,7	9,8	11,8	10,7
Russland			8,6	9,0	10,4	10,8	11,6	10,5	10,6	13,5	13,2
Japan	3,3	4,2	4,8	5,2	5,4	5,1	5,4	5,7	5,9	6,4	6,9

Quelle: eigene Berechnungen mit Daten der Human Mortality Database; Ausnahmen: West- und Ostdeutschland der Jahre 1950-1955 eigene Berechnungen mit Daten des Statistischen Bundesamts

Die Zugehörigkeit zu den vier Grundmustern entspricht nicht notwendigerweise der geografischen Lage. Dies wird vor allem am Beispiel Spaniens deutlich, das bezüglich der zeitlichen Entwicklung der geschlechtsspezifischen Lebenserwartungsdifferenz eher mit den osteuropäischen Ländern Bulgarien, Ungarn, der Slowakei und der Tschechischen Republik (Muster 3) vergleichbar ist als mit den mehr westeuropäischen Mustern 1 und 2. Wie in der Entwicklung der Geschlechterdifferenzen West- und Ostdeutschlands bereits beschrieben, fällt die Einordnung Ostdeutschlands besonders schwer. Die Tatsache, dass Ostdeutschland bis zur zweiten Hälfte der 1980er Jahre ähnlich wie die westdeutsche Bevölkerung dem westeuropäischen Muster 1 folgte, bevor es schließlich zum osteuropäischen Muster 3 überging, könnte auf die Existenz von in West- und Ostdeutschland gleichartigen Kohorteneffekten hindeuten, die sich in den Periodenergebnissen widerspiegeln. Wir werden auf diesen Zusammenhang am Ende des Beitrags wieder zurückkommen.

3. Hypothese kriegsbedingter Langzeiteffekte auf die geschlechtsspezifischen Sterblichkeitsdifferenzen in West- und Ostdeutschland

Von allen äußeren Faktoren, die die deutsche Bevölkerungsentwicklung während des 20. Jahrhunderts beeinflusst haben, sind die beiden Weltkriege die mit Abstand bedeutendsten. Wenngleich es sich hierbei um klassische Periodeneffekte handelt, war die Bevölkerung in unterschiedlicher Weise und in ungleichem Ausmaß von diesen Ereignissen betroffen. Aus derartigen Geschehnissen können sich daher spezifische Kohorteneffekte ergeben, die sich unter Umständen in den gesamten verbleibenden Lebensjahren der betroffenen Geburtsjahrgänge entfalten und sich damit bis zu ihrem Aussterben auf die Periodenergebnisse auswirken können; eben für so lange Zeit, wie sie durch ihre Existenz einen Teil der Gesamtbevölkerung bilden. Für das Thema dieses Beitrags ist es besonders wichtig, dass nicht nur die während der beiden Weltkriege (oder unmittelbar danach) lebenden Kohorten, sondern auch die Frauen und die Männer innerhalb der jeweiligen Geburtsjahrgänge unterschiedlich stark von den direkten und indirekten Kriegsfolgen betroffen sind. Der unterschiedliche Einfluss der beiden Weltkriege auf die spätere Sterblichkeit der betroffenen Frauen- und Männerjahrgänge der deutschen Bevölkerung wurde seit den 1980er Jahren bereits mehrfach beschrieben (Horiuchi 1983; Dinkel 1984; 1986; Höhn 1996; Schott 1996; Sommer 1996; Haudidier 1996; 2005). Zur Erklärung dieser Beobachtungen wurden zwei Hypothesen aufgestellt:

- die Folgen von Mangelernährung und traumatisierend wirkender Erlebnisse während und unmittelbar nach den Kriegen, und
- die Risikoselektion der die Kriege überlebenden Frauen und Männer.

Als Erster stellte Horiuchi (1983) bei einer Untersuchung der überlebenden Deutschen beider Weltkriege fest, dass die jeweils zu Kriegsende jugendlichen Männer später eine deutlich erhöhte Mortalität in den mittleren Erwachsenen-Altersstufen aufweisen, wohingegen bei den deutschen Frauen ein derartig außergewöhnlicher Anstieg der Sterblichkeit nicht zu erkennen ist. Jüngere Mortalitätsanalysen von Luy (2002) bestätigen, dass die relative männliche Übersterblichkeit tatsächlich gerade bei den zu Kriegsende im Kindes- und Jugendalter stehenden Kohorten besonders hoch ist. Ähnliches konnte Horiuchi - wenn auch nicht in gleichem Ausmaß - bei anderen Krieg führenden Ländern der beiden Weltkriege beobachten. Horiuchi erklärt das Phänomen vor allem mit der schlechten Ernährungssituation der Bevölkerung in den ersten Nachkriegsjahren. Durch eine Mangelernährung während der körperlichen Entwicklungsphase werden die Blutgefäßstrukturen beeinträchtigt, was sich im weiteren Lebensverlauf dann in den Altersstufen auswirkt, in denen die Herz-Kreislauferkrankungen die häufigste Todesursache darstellen. Dieser Effekt betrifft gerade die am Kriegsende Jugendlichen am stärksten, da die Defizite durch Unterernährung in den letzten Wachstumsaltern später nicht mehr ausgeglichen werden können, wie es dagegen bei kleineren Kindern der Fall ist. Die Feststellung, dass sich dies offensichtlich überwiegend beim männlichen Geschlecht auswirkt, begründet Horiuchi mit der anatomischen Eigenschaft des weiblichen Organismus, mehr Fett als Energiereserve speichern zu können als ein männlicher Körper.[4]

Eine ähnliche Argumentation ist bei (Haudidier 1996) zu finden, der ebenfalls bei seiner Analyse der Sterblichkeitsentwicklung in Deutschland und Frankreich wie auch Caselli (1990) bei ihrer Untersuchung der Kohortensterblichkeit in Frankreich und Italien zu dem Ergebnis gelangt, dass die während der Kriege heranwachsenden Mädchen im Vergleich zu den gleichaltrigen Jungen langfristig wesentlich weniger geschädigt wurden. Haudidier vermutet als Grund für die spätere Übersterblichkeit der während der Kriegsjahre im Kindes- und Jugendalter befindlichen Personen neben den erheblichen Ernährungsrestriktionen zusätzlich durch psychische Schockreaktionen hervorgerufene Langzeitfolgen auf die Sterblichkeit. Auch er erklärt die weniger starken Auswirkungen auf das weibliche Geschlecht mit „der größeren Fähigkeit der Mädchen, die belastenden Ereignisse zu überstehen" (Haudidier 1996: 149), was er auf eine Mischung biologischer, psychologischer und soziologischer Faktoren zurückführt.

---

4 Für die Zeit des ersten Weltkriegs findet (Horiuchi 1983) zusätzlich noch leichte Anzeichen für Altersfehlangaben bei zu Kriegszeiten jungen Männern. Er vermutet, dass einige Familien versuchten, ihre Söhne durch die Angabe eines zu jungen Alters vor dem Kriegsdienst zu bewahren. Bei lebenslanger Beibehaltung dieses falschen Alters würde das bezüglich der Mortalitätsanalyse bedeuten, dass einige Mitglieder der betreffenden Kohorten tatsächlich älter sind und somit über ein höheres Sterberisiko verfügen als die jüngeren und wirklichen Kohortenmitglieder.

Abbildung 2: Schematische Darstellung positiver und negativer Selektionseffekte mit entsprechender Auswirkung auf die Kohortenlebenserwartung

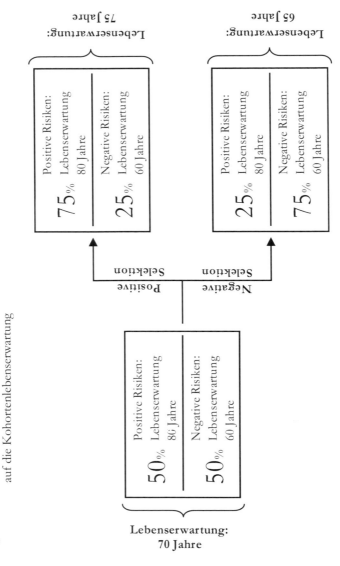

Lebenserwartung: 70 Jahre

Positive Risiken: Lebenserwartung 86 Jahre
50%

Negative Risiken: Lebenserwartung 60 Jahre
50%

Positive Selektion

Negative Selektion

Lebenserwartung: 75 Jahre

Positive Risiken: Lebenserwartung 80 Jahre
75%

Negative Risiken: Lebenserwartung 60 Jahre
25%

Lebenserwartung: 65 Jahre

Positive Risiken: Lebenserwartung 80 Jahre
25%

Negative Risiken: Lebenserwartung 60 Jahre
75%

Quelle: eigene Darstellung

Die zweite Hypothese für einen möglichen Langzeiteffekt der beiden Weltkriege wurde von (Dinkel 1984; 1986) dargelegt, der die ab etwa 1960 in Deutschland größer werdenden Unterschiede in der Lebenserwartung von Frauen und Männern mit der „Wirkung eines Krieges auf die Risikoselektion und die Überlebensverhältnisse von Männern" erklärt (Dinkel 1984: 493). Der Grundgedanke dieses Ansatzes ist, dass selbst bei Nichtberücksichtigung von Kriegssterbefällen in der amtlichen Statistik noch nicht vom Ereignis Krieg unabhängige Sterblichkeitsrisiken berechnet werden, weil Kriegsereignisse die überlebenden Frauen und Männer auf unterschiedliche Weise selektieren. Diese Selektionshypothese sei an dieser Stelle kurz an einem einfachen, in Abbildung 2 grafisch veranschaulichten Beispiel erläutert. Nehmen wir an, die Mitglieder einer Bevölkerung lassen sich in zwei Gruppen mit unterschiedlicher Lebenserwartung aufteilen: den so genannten „positiven" oder „guten Risiken" mit einer geringeren Sterblichkeit und einer Lebenserwartung von 80 Jahren und den „negativen" oder „schlechten Risiken" mit einer höheren Sterblichkeit und einer Lebenserwartung von nur 60 Jahren. Sollte sich die gesamte Population genau zur Hälfte aus diesen beiden Risiken zusammensetzen, dann beträgt die durchschnittliche Lebenserwartung 70 Jahre. Durch bestimmte Einflüsse oder Umstände soll sich nun die Zusammensetzung dieser Population ändern. In einem Fall soll die Bevölkerung aus 75 Prozent positiver Risiken bestehen („positiver Selektionseffekt") und in einem anderen Fall zu 75 Prozent aus negativen Risiken („negativer Selektionseffekt"). Als Folge dieser neuen Zusammensetzung verändert sich die Gesamtlebenserwartung im ersten Fall auf 75 und im zweiten Fall auf 65 Jahre, ohne dass sich dabei die Sterblichkeit der beiden Teilgruppen im Vergleich zur Ausgangssituation verändert hätte. Alle drei Fälle unterscheiden sich lediglich hinsichtlich der Komposition der Gesamtbevölkerung aus positiven und negativen Risiken.[5]

Bezüglich der geschlechtsspezifischen Mortalitätsunterschiede spielt bei der Selektionshypothese die entscheidende Rolle, dass sich bei Frauen Veränderungen der Sterblichkeit während und unmittelbar nach den beiden Weltkriegen aufgrund verschlechterter Ernährung, Hygiene, medizinischer Versorgung und einiger anderer Faktoren zeigen. Wenngleich sich diese Effekte nach den Hypothesen von (Horiuchi 1983) und (Haudidier 1996) beim weiblichen Geschlecht weniger stark auswirken, sind hiervon überwiegend die negativen Risiken betroffen, das heißt die körperlich und gesundheitlich schwächeren Personen, während ein Krieg bei Männern überwiegend das Gegenteil bewirkt. So sind die direkt an den Kriegshandlungen beteiligten Soldaten in der Regel die gesünderen Männer, was zur Folge hat, dass die schlechteren gesundheitlichen Risiken dieser Todesursache relativ weniger ausge-

---

5 In reellen Bevölkerungen ist natürlich noch zu berücksichtigen, dass sich die Zusammensetzung der Bevölkerung aufgrund der unterschiedlichen Sterberisiken kontinuierlich zu einem immer größeren Anteil der positiven Risiken entwickelt, was in der Literatur als „Heterogenitäts-Effekt" bezeichnet wird, der in der Demografie von (Vaupel, Manton, et al. 1979) eingeführt wurde.

setzt sind und dadurch häufiger überleben. Analog dem in Abbildung 2 dargestellten Beispiel bewirkt das Fehlen dieser durch den Krieg in jungen Jahren ausselektierten positiven Risiken schließlich bei der Nachkriegsbevölkerung, dass die Menge der überlebenden Männer tendenziell früher stirbt, als sie dies in einer nicht vorselektierten Bevölkerung tun würde.

(Haudidier 1996: 142) gibt die auf den Schlachtfeldern des Ersten Weltkriegs erlittenen Verluste mit etwa 13 Prozent der Mitglieder der beteiligten Geburtsjahrgänge an. Die Zahl der während des Zweiten Weltkriegs erfolgten Sterbefälle ist noch deutlich höher. Einen Hinweis auf das unterschiedliche Ausmaß, mit dem die beiden Geschlechter von den direkten Kriegshandlungen betroffen sind, liefert (Höhn 1996), die Kohortensterbetafeln für verschiedene deutsche Geburtsjahrgänge mit und ohne Berücksichtigung der Kriegssterblichkeit schätzte. In Tabelle 2 ist das aus diesen Kohortentafeln berechnete Verhältnis der im Alter 45 und im Alter 60 noch lebenden Personen mit Berücksichtigung der Kriegssterblichkeit zu den entsprechenden überlebenden Personen unter Ausschluss der Kriegssterblichkeit wiedergegeben. Dabei zeigt sich, dass die direkte Kriegssterblichkeit die betroffenen Männerkohorten um bis zu 30 Prozent reduzierte, während die entsprechenden Auswirkungen bei den Frauen kaum ins Gewicht fallen. (Dinkel 1984: 494) beziffert die im Zweiten Weltkrieg erlittenen Verluste auf Seiten der männlichen Bevölkerung sogar auf bis zu 50 Prozent.[6]

Zu diesem kriegsbedingten negativen Selektionseffekt auf Seiten der Männer kommt noch hinzu, dass auch die überlebenden vormals guten Risiken durch Verletzungen, psychische Belastungen, Mangelernährung oder gesundheitliche Gefährdungen durch russische Kriegswinter in ihrer Gesundheit zum Teil erheblich beeinträchtigt wurden. Ein weiteres zusätzliches Gesundheitsrisiko erfahren die ehemaligen Kriegssoldaten durch die stark überhöhten Raucheranteile. Obwohl dies für die deutsche Bevölkerung noch nicht untersucht wurde, ist davon auszugehen, dass für sie ähnliches gilt wie für die US-amerikanischen Veteranen des Zweiten Weltkriegs und des Koreakriegs. Für diese stellten Bedard et al. (2006) fest, dass ein zehnprozentiger Anstieg des Veteranenanteils innerhalb einer Kohorte zu einer 2,5-prozentigen Erhöhung der Sterberate in den Altersstufen 40 bis 75 führt, was sich durch die stark überhöhten Todesursachen Lungenkrebs und ischämische Herzkrankheiten mit dem Rauchverhalten der Kriegsveteranen in Verbindung bringen lässt und von den Autoren als „Ultimate Smoking Gun" bezeichnet wird (Bedard et al. 2006: 178). Auch Preston und Wang (2006) stellen besonders bei den Männern und vor allem in den vom Zweiten Weltkrieg betroffenen Geburtsjahrgängen große

---

6 Die in der Literatur zu findenden Fallzahlen im Krieg gefallener deutscher Soldaten unterscheiden sich zum Teil erheblich. Während (Haudidier 1996) für den Zweiten Weltkrieg insgesamt 1,76 Millionen gefallene Soldaten und 200.000 umgekommene Zivilisten ermittelt, gab das Statistische Bundesamt die Gesamtzahl der Wehrmachtsverluste im Jahr 1949 (Statistisches Bundesamt 1949) mit 3 Millionen und im Jahr 1956 (Schwarz 1956) sogar mit 3,76 Millionen an.

kohortenspezifische Unterschiede im Rauchverhalten fest und vermuten hier den wesentlichen Erklärungsfaktor für die Entwicklung der Geschlechterdifferenzen in der US-amerikanischen Periodenlebenserwartung.

Tabelle 2:   Verhältnis der Sterbetafelüberlebenden l(x) im Alter 45 und im Alter 60 nach Kohortensterbetafeln mit Kriegssterblichkeit zu den entsprechenden l(x)-Werten nach Kohortensterbetafeln ohne Kriegssterblichkeit für ausgewählte *Geburtsjahrgänge in Westdeutschland*

| | Alter 45 l(45) | | Alter 60 l(60) | |
Kohorte	Männer	Frauen	Männer	Frauen
1870	1,00	1,00	0,99	0,99
1880	0,93	0,99	0,93	0,99
1890	0,85	0,99	0,83	0,98
1900	0,94	0,99	0,93	0,99
1910	0,80	0,99	0,80	0,99
1920	0,70	0,99	0,70	0,99

Daten: Höhn 1996: 62; eigene Berechnungen

In welcher Weise die einzelnen Kohorten der deutschen Bevölkerung von den beiden Weltkriegen betroffen sind, ist von Haudidier (1996) bereits ausführlich dargestellt worden, so dass die Argumente an dieser Stelle nur kurz zusammengefasst werden sollen. Die Kohorten 1888 bis 1899 sind diejenigen, die am stärksten an den militärischen Operationen des Ersten Weltkriegs beteiligt waren. Die in den Folgejahren Geborenen haben den Ersten Weltkrieg mit den mit ihm verbundenen Mangelsituationen als Heranwachsende erlebt. Außerdem ist ein Teil der in den Jahren 1893 bis 1901 Geborenen zu Beginn des Zweiten Weltkriegs als Reservisten eingezogen worden und somit sogar in zweifacher Weise betroffen. Noch stärker gilt das für die zwischen 1914 und 1920 Geborenen, die in ihrer Kindheit während oder unmittelbar nach dem Ersten Weltkrieg erhebliche Einschränkungen in der Ernährung erfuhren, die durch die Grippeepidemie der Jahre 1918 und 1919 sowie die durch die Alliierten angeordneten Nahrungsmittelblockaden nach dem Waffenstillstand noch verschärft wurden. Später waren diese Kohorten weitgehend an den militärischen Aktionen des Zweiten Weltkriegs beteiligt, entweder als 1939 einberufene Reservisten zur Auffüllung der Truppeneinheiten oder als Dienstpflichtige der Jahre 1939 und 1940 (was auch für die nicht weiter erwähnten Geborenen der Jahre 1902 bis 1913 gilt). Die von den direkten Kriegshandlungen des Zweiten Weltkriegs am stärksten betroffenen Jahrgänge sind schließlich die Kohorten 1921 bis 1927, die vor allem massiv an den Kämpfen der Jahre 1942 bis 1945 teilgenommen haben. Als letzte beeinflusste Geburtsjahrgänge sind die Kohorten 1928 bis etwa 1948 zu sehen, die während oder gleich nach dem Zweiten Weltkrieg geboren wurden beziehungsweise aufwuchsen und die Krisenjahre als Kinder und Jugendliche erlebten.

Insgesamt sind also rund 60 Geburtsjahrgänge von den Einwirkungen eines der oder beider Weltkriege betroffen, entweder im Sinne der Mangelsituations- oder im Sinne der Risikoselektions-Hypothese. Einige Kohorten waren sogar beiden Effekten ausgesetzt. Da aber sowohl negative als auch beeinträchtigte positive Risiken 50 oder 60 Lebensjahre erreichen und erst dann verstärkt sterben, wirkt sich diese Veränderung des Gesundheitszustandes vom Krieg betroffener männlicher Geburtsjahrgänge nicht gleich nach Kriegsende auf die Gesamtsterblichkeit aus. Damit könnte sich auch erklären lassen, warum die Übersterblichkeit der Männer nicht schon 1950 ihr Maximum erreicht, sondern bis 1980 anwächst (siehe Abb. 1).[7] Sollte ein derartiger Folgeeffekt der beiden Weltkriege tatsächlich so ausgeprägt sein, dass er sich auf die geschlechtsspezifische Differenz in der Periodenlebenserwartung während der zweiten Hälfte des 20. Jahrhunderts auswirkt, dann sollte er sich sowohl in der west- als auch in der ostdeutschen Bevölkerung bemerkbar machen, da beide in vergleichbarer Weise von den direkten und indirekten Kriegseinflüssen betroffen waren.

In Abbildung 3 ist schematisch im Lexis-Diagramm dargestellt, in welcher Weise sich diese Kohorteneffekte bei der altersspezifischen Sterblichkeit zeigen sollten. Die linke Diagonale in der Abbildung repräsentiert den Lebensverlauf der ersten Kohorte, die im Sinne der Risikoselektions-Hypothese spätere Auswirkungen auf die Sterblichkeit zeigen müsste.[8] Die zweite Diagonale verfolgt den Lebenslauf der letzten „Risikoselektionskohorte". Wenn man der Argumentation von (Dinkel 1986; 1984) folgt und davon ausgeht, dass sich die negative Risikoselektion vor allem in den höheren Altersstufen auswirkt, dann müssten hauptsächlich die in der Abbildung 3 im doppelt schraffierten Parallelogramm befindlichen Altersgruppen zur männlichen Übersterblichkeit beitragen und entscheidend an deren Ausmaß beteiligt sein. Mit dem Herauswachsen dieser Kohorten aus den für die Gesamtsterblichkeit relevantesten Altersstufen müsste auch dieser Effekt verschwinden und sich auf diese Weise entsprechend feststellen lassen. Die rechte Diagonale repräsentiert schließlich den Lebensverlauf der letzten Nachkriegskohorte. Sollten sich auch die von (Horiuchi 1983) und (Haudidier 1996) beschriebenen Folgen des Ernäh-

---

7 Allerdings räumt Dinkel (1984) ein, dass diese Argumentation für Deutschland durch den Umstand beeinträchtigt wird, dass in einzelnen Geburtsjahrgängen mehr neue Mitglieder zuwanderten als vorher im Krieg starben.

8 In Abbildung 3 sind als aktiv am Kriegsgeschehen Beteiligte die Altersgruppen 18-35 dargestellt. Dadurch ergibt sich als erste theoretisch betroffene Kohorte der Geburtsjahrgang 1878 und nicht erst der von Haudidier (1996) genannte Jahrgang 1888. Ähnliches gilt für die letzte direkt in den Krieg involvierte Kohorte, die hier ebenfalls durch den theoretisch definierten Altersbereich aktiver Kriegshandlung bestimmt wird und sich etwas von den oben genannten Geburtsjahrgängen unterscheidet.

rungsmangels während der Nachkriegsjahre in der späteren Sterblichkeit der Kohorten auswirken, dann sollte der Kohorteneffekt noch etwas länger zu beobachten sein als bei alleinigem Vorherrschen von Risikoselektionseffekten. Da die Bevölkerungen West- und Ostdeutschlands von den beiden Weltkriegen im Wesentlichen gleichartig betroffen, jedoch vom Ende des Zweiten Weltkriegs bis zur Wiedervereinigung völlig unterschiedlichen Periodeneffekten unterworfen waren, wäre die Koexistenz solcher Kohorteneffekte in beiden Teilen Deutschlands ein starkes Indiz für das Zutreffen der Kriegsfolgenhypothesen.

Abbildung 3:   Schema kriegsbedingter Folgeeffekte auf die geschlechtsspezifischen Sterblichkeitsunterschiede

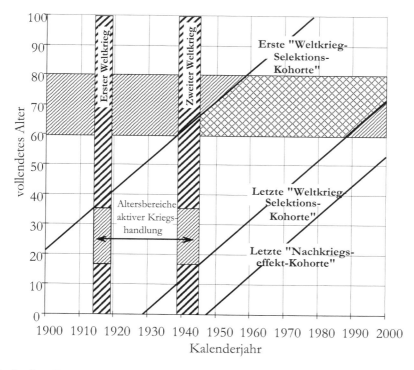

Quelle: eigene Darstellung

4. Ergebnisse

4.1. Altersspezifische Dekomposition der Geschlechterdifferenzen in der Periodenlebenserwartung

In einem ersten Auswertungsschritt wollen wir testen, ob sich die eben beschriebenen und in Abbildung 3 illustrierten Kohorteneffekte bei der west- und ostdeutschen Bevölkerung feststellen lassen. Für derartige Betrachtungen hat sich in der jüngsten demografischen Forschung die Arbeit mit so genannten „Lexis-Grafiken" etabliert, wie sie in den Abbildungen 4 und 5 für die west- und ostdeutsche Bevölkerung zu finden sind. Hierfür wurden die geschlechtsspezifischen Differenzen in der Periodenlebenserwartung bei Geburt (e_0) gemäß dem von Luy (2004b) beschriebenen Verfahren für beide Länder in die jeweiligen Beiträge der Einzelaltersstufen aufgespalten. Dadurch lassen sich die absoluten Beiträge der einzelnen Altersstufen (0-99 und 100+) an der jährlichen geschlechtsspezifischen Differenz für West- und Ostdeutschland innerhalb des Betrachtungszeitraumes 1950 bis 2002 berechnen. Jedes der in unterschiedlichen Farbtönen eingefärbten Felder repräsentiert den entsprechenden absoluten Beitrag der jeweiligen Altersstufe zur Gesamtdifferenz des betreffenden Kalenderjahres. Blaue Farben repräsentieren ein geringes und rote Farben ein größeres Ausmaß der männlichen Übersterblichkeit. Dabei ist die männliche Übersterblichkeit im jeweiligen Alters- und Kalenderjahr umso größer, je dunkler die Rotfläche in der Grafik dargestellt ist. Die Summe der einzelnen altersspezifischen Werte (die hier nicht als Werte, sondern als klassierte Gruppen in unterschiedlichen Farbtönen dargestellt sind) ergibt den entsprechenden Gesamtunterschied in der Lebenserwartung bei Geburt, der zum Beispiel in Westdeutschland im ersten analysierten Jahr 1950 genau 3,92 Jahre zugunsten der Frauen betrug. Davon entfiel der größte Teil – fast ein Jahr (das entspricht in diesem Fall 24 Prozent der Gesamtdifferenz) – auf die unterschiedliche Sterblichkeit von männlichen und weiblichen Neugeborenen. Dieses Ausmaß des absoluten Beitrags wurde zu diesem Zeitpunkt in keinem anderen Alter erreicht. So trug etwa die zusammengefasste Gruppe aller Altersstufen ab Alter 90 insgesamt nur knapp 0,06 Jahre (1,5 Prozent) zur höheren Lebenserwartung der Frauen bei.

Abbildung 4: Absoluter Beitrag der einzelnen Altersstufen zur Frauen-Männer-Differenz in der Periodenlebenserwartung bei Geburt, Westdeutschland 1950-2002

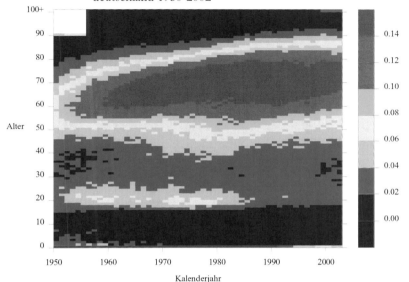

Kalenderjahr

Quelle: eigene Berechnungen mit Daten der Human Mortality Database; Ausnahmen: Kalenderjahre 1950-1955 eigene Berechnungen mit Daten des Statistischen Bundesamts (nur bis Alter 90+)

In Abbildung 4 wird deutlich, dass sowohl für das Öffnen als auch für das Schließen der Geschlechterschere in Westdeutschland zum größten Teil die Altersstufen 60 bis 80 verantwortlich sind. Der zu Beginn des Darstellungszeitraums noch große Einfluss der Säuglingssterblichkeit geht im Verlauf der 53 Beobachtungsjahre immer weiter zurück und beträgt im Jahr 2002 nicht einmal mehr 0,05 Jahre (0,9 Prozent). Gleichzeitig nimmt die Bedeutung der höchsten Altersstufen immer mehr zu. Diese Entwicklung relativiert jedoch nicht die dominante Bedeutung der Altersgruppe 60-80, deren Beitrag seit 1970 mit insgesamt rund drei Altersjahren etwa die Hälfte der Gesamtdifferenz ausmacht. Daneben ist in Abbildung 4 bis zur Mitte der 1980er Jahre der so genannte „Unfallbuckel" um das Alter 20 zu erkennen, der ebenfalls zur Ausweitung der männlichen Übersterblichkeit beiträgt. Dieser reduziert sich jedoch in der zweiten Hälfte der 1980er Jahre so weit, dass er ab diesem Zeitpunkt in der Lexis-Abbildung nicht mehr erkennbar ist.[9]

Abbildung 5:   Absoluter Beitrag der einzelnen Altersstufen zur Frauen-Männer-Differenz in der Periodenlebenserwartung bei Geburt, Ostdeutschland 1950-2002

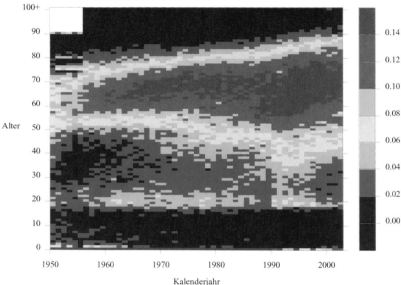

Quelle: eigene Berechnungen mit Daten der Human Mortality Database; Ausnahmen: Kalenderjahre 1950-1955 eigene Berechnungen mit Daten des Statistischen Bundesamts (nur bis Alter 90+)

In dieser grafischen Darstellung der altersspezifischen Beiträge zur Gesamtdifferenz wird deutlich, dass die Frauen nahezu während des gesamten Zeitraums von 1950 bis 2002 in allen Altersstufen die geringere Sterblichkeit aufweisen. Nur in den letzten Kalenderjahren gibt es wenige vereinzelte Fälle im Kindesalter mit einer höheren weiblichen Sterblichkeit, die jedoch aufgrund der geringen Fallzahlen eher zufällig entstehen dürften und bei der Differenz in der gesamten Lebenserwartung bei Geburt nicht ins Gewicht fallen.

---

9 Die zusammengefasste Altersgruppe der 18- bis 29-Jährigen trug 1950 etwa neun Prozent zur männlichen Übersterblichkeit bei. Mit knapp zwölf Prozent wurde im Jahre 1955 ein Maximum erreicht, danach sank der relative Anteil bis 2002 auf 5,3 Prozent.

Ein wichtiger Nutzen derartiger Lexis-Grafiken besteht in der Möglichkeit, vorherrschende Kohorteneffekte relativ einfach zu identifizieren. Das ist nämlich dann der Fall, wenn sich bestimmte Veränderungen der dargestellten Prozesse diagonal von links unten nach rechts oben durch die Grafik bewegen. Um dies für die geschlechtsspezifischen Sterblichkeitsunterschiede in Westdeutschland zu untersuchen, betrachten wir den in Abbildung 4 rot und grau gefärbten Bereich der am stärksten ausgeprägten männlichen Übersterblichkeit genauer. Im Jahr 1950 erscheint nur die Altersstufe 58 in einem hellroten Farbton, der einen Beitrag dieser Altersstufe zur Gesamtdifferenz in der Lebenserwartung im Bereich von 0,08 bis unter 0,10 Jahren repräsentiert (in diesem Fall sind es exakt 0,082 Jahre). Die nächstbedeutenden Altersstufen sind 51-57 und 59-64 mit einem Beitrag von je 0,06 bis unter 0,08 Jahren (grau dargestellt), dann folgen die Altersstufen 46-50 und 65-69 mit einem Beitrag von je 0,04 bis unter 0,06 Jahren usw. Im nächsten Kalenderjahr 1951 erstreckt sich der hellrote Bereich mit Beiträgen von 0,08 bis unter 0,10 Jahren bereits über die Altersstufen 55-64, so dass die nächstbedeutenden Altersstufen entsprechend im Alter nach oben verschoben werden. Im Jahr 1952 tritt mit der Altersstufe 60 zum ersten Mal eine Altersstufe mit einem Beitrag von über 0,10 Jahren zur Gesamtdifferenz in Erscheinung. In den Folgejahren erweitert sich dann schließlich der Bereich der zu dieser Kategorie zählenden Altersstufen, bis im Jahr 1959 die ersten Altersstufen mit einem Beitrag der höchsten dargestellten Kategorie von 0,14 Jahren oder mehr auftreten, wiederum beginnend um das Alter 60. Die Ausweitung der jeweiligen Farbbereiche erfolgt also diagonal in Richtung rechts oben, was auf eine kohortenspezifische Entwicklung hindeutet.

Wie in Abschnitt 2 bereits gezeigt wurde, wird die maximale Ausdehnung der geschlechtsspezifischen Unterschiede in der durchschnittlichen Lebenserwartung bei Geburt etwa im Jahr 1980 erreicht. In Abbildung 4 ist zu erkennen, dass auch bei der folgenden Verringerung der männlichen Übersterblichkeit Kohortenentwicklungen zumindest mitbeteiligt sind. Im Gegensatz zur vorausgegangenen Ausweitung vollzieht sich diese Verringerung überwiegend im unteren Altersbereich der rot und grau gefärbten Fläche mit der höchsten männlichen Übersterblichkeit. Dieser Kohorteneffekt ist aber nicht ganz so deutlich erkennbar wie der zum Öffnen der Geschlechterschere führende im oberen Teil dieses Altersbereichs zwischen 1950 und 1980.[10] Man kann den rot (beziehungsweise grau) gefärbten Bereich näherungsweise in die entsprechenden Geburtsjahrgänge umrechnen. Demnach beginnt das Öffnen der Geschlechterschere etwa mit der Kohorte, die sich im Jahr 1950 im

---

10 Es ist zu beachten, dass die einzelnen in den Abbildungen 4 und 5 dargestellten Werte keine Kohortenschätzungen sind, sondern sich ausschließlich auf die jeweilige Periodenlebenserwartung beziehen. Dennoch sind die beschriebenen Kohorteneffekte als solche interpretierbar. Allerdings ließen sich die einzelnen Werte nicht für Geburtsjahrgänge zu einer Gesamtdifferenz in der Kohortenlebenserwartung aufsummieren, so wie dies für die Geschlechterdifferenz in der Periodenlebenserwartung beschrieben wurde.

Alter 65 befand, also dem Geburtsjahr 1885 (Kalenderjahr 1950 minus Alter 65). Im Jahr 2002 endet der grau gefärbte Bereich unten ungefähr im Alter 50, was den Geburtsjahrgängen um die Jahre 1947/48 entspricht. Die sich in Abbildung 4 andeutenden Kohorteneffekte betreffen also ziemlich genau die im vorangegangenen Abschnitt beschriebenen Kriegsjahrgänge.

Somit ist in Westdeutschland tatsächlich die in Abbildung 3 beschriebene Struktur der altersspezifischen Beiträge zur Gesamtdifferenz in der Lebenserwartung zwischen Frauen und Männern sichtbar, wie sie sich beim Vorherrschen von Kohorteneffekten infolge des Einflusses der beiden Weltkriege zeigen sollte. Obwohl die Bevölkerung Ostdeutschlands zwischen 1950 und 1990 völlig anderen externen Einflussfaktoren unterworfen war, deuten sich auch hier vergleichbare Kohortenstrukturen in der Entwicklung der altersspezifischen Beiträge zur geschlechtsspezifischen Gesamtdifferenz in der Lebenserwartung an (siehe Abbildung 5). Dies gilt sowohl für die Phase der Ausweitung der männlichen Übersterblichkeit zwischen 1950 und 1980 als auch für die in den 1980er Jahren einsetzende Reduktion der Geschlechterdifferenz. Allerdings werden diese Kohorteneffekte in der ostdeutschen Bevölkerung sukzessive von sich verstärkenden Periodeneffekten überdeckt. Diese betreffen überwiegend die mittleren Erwachsenenaltersstufen, die während der 1980er Jahre und vor allem während der Jahre nach der Wende immer stärker zur männlichen Übersterblichkeit beitrugen und die wesentliche Ursache für die weitere Vergrößerung der Geschlechterunterschiede in Ostdeutschland bis in die Mitte der 1990er Jahre darstellen. Aber auch in Ostdeutschland scheint während der 1990er Jahre ein der westdeutschen Bevölkerung vergleichbarer Kohorteneffekt an der Reduktion der männlichen Übersterblichkeit beteiligt zu sein. Insgesamt erstreckt sich diese kohortenspezifische Entwicklung hier ungefähr vom Alter 65-70 im Jahr 1950, also etwa den Geburtskohorten 1880-85, bis zum Bereich um das Alter 50 im Jahr 2002, der wiederum im Groben den Kohorten um die Geburtsjahre 1947/48 entspricht.

Folglich lässt sich aus diesen altersspezifischen Dekompositionsberechnungen für die Periodenlebenserwartung der in Abbildung 3 skizzierte kriegsbedingte Kohorteneffekt sowohl bei der west- als auch bei der ostdeutschen Bevölkerung erkennen, wenngleich er sich in Ostdeutschland aufgrund der beschriebenen Überdeckung durch Periodeneffekte und der deutlich kleineren Bevölkerungszahlen weniger offensichtlich und weniger gleichmäßig darstellt. Dieses Resultat darf jedoch nun nicht in der Weise interpretiert werden, dass die Entwicklung der geschlechtsspezifischen Sterblichkeitsunterschiede während der zweiten Hälfte des 20. Jahrhunderts ausschließlich auf Kohorteneffekte der Kriegsjahrgänge zurückzuführen ist. Die Darstellung der altersspezifischen Beiträge zur Entstehung der Geschlechterdifferenzen in der Periodenlebenserwartung liefert aber deutliche Hinweise darauf, dass Kohorteneffekte offensichtlich sowohl bei der Vergrößerung der Differenzen bis 1980 als auch bei der anschließenden Verringerung eine nicht unbedeutende Rolle spielen.

4.2. Entwicklung der Kohortenlebenserwartung

Um die im vorangegangenen Abschnitt aus Periodendaten gewonnenen Erkenntnisse weiter zu vertiefen, werden nun im Folgenden die geschlechtsspezifischen Sterblichkeitsunterschiede in tatsächlicher Kohortenperspektive betrachtet. In Abbildung 6 sind die geschlechtsspezifischen Lebenserwartungsdifferenzen der Geburtskohorten 1871 bis 2004 für West- und Ostdeutschland dargestellt. Hierfür wurden die Sterbewahrscheinlichkeiten der Generationensterbetafeln des Statistischen Bundesamtes (Statistisches Bundesamt 2006) unter Einbeziehung der Trendvariante 2 für Männer und Frauen nach Einzelalter verwendet.[11] Da sich diese Kohortenwerte aber ausschließlich auf das frühere Bundesgebiet beziehen, wurden die Perioden- und Kohortentafelwerte derart zusammengefügt, dass am Ende für beide deutsche Staaten getrennt berechnete Kohortensterbetafeln für den Betrachtungszeitraum 1871 bis 2004 zur Verfügung stehen. Hierfür wurden alle von den betroffenen Kohorten im Zeitraum 1950 bis 2002 erlebten Sterbewahrscheinlichkeiten der Generationentafeln für Gesamtdeutschland durch die aus den Periodentafeln vorliegenden Werte für West- und Ostdeutschland ersetzt. Das heißt zum Beispiel für den Geburtsjahrgang 1940, dass bis zum Alter 9 sowohl für die west- als auch ostdeutsche Bevölkerung die identischen Sterbewahrscheinlichkeiten der Kohortentafeln des Statistischen Bundesamts verwendet wurden, für das Alter 10 dann aber die west- und ostdeutschen Sterbewahrscheinlichkeiten aus den Periodentafeln des Jahres 1950, für das Alter 11 die west- und ostdeutschen Sterbewahrscheinlichkeiten des Jahres 1951 usw. bis zum Jahr 2002, in dem sich der Geburtsjahrgang 1940 im Alter 62 befand. Ab Alter 63 wurden dann schließlich wieder die vom Statistischen Bundesamt prognostizierten Sterbewahrscheinlichkeiten ab dem Jahr 2003 verwendet, und zwar sowohl für die west- als auch für die ostdeutsche Bevölkerung.

In Abbildung 6 wird deutlich, dass sich die Geschlechterdifferenz bei Kohortenbetrachtung gegenüber den Periodenergebnissen weitaus gleichförmiger darstellt und die Kohortenentwicklung in beiden deutschen Staaten sehr ähnlich verläuft. Dieses Ergebnis lässt vermuten, dass den Trends in den Geschlechterdifferenzen der Kohortenlebenserwartung scheinbar gleiche Mechanismen in der west- und ostdeutschen Bevölkerung zugrunde liegen. Bis zur Geburtskohorte 1890 erscheinen die Frauen-Männer-Differenzen praktisch identisch. Danach öffnet sich die Geschlechterschere in Westdeutschland etwas schneller und stärker als im Osten

---

11 Die Variante 2 berücksichtigt sowohl die lang- als auch kurzfristigen Sterblichkeitstrends und geht von einer zukünftig weiter sinkenden Sterblichkeit aus.

und liegt bis zur Kohorte 1920 knapp ein Jahr über dessen Wert. Diese Geburts-jahrgänge (1890 bis 1920) stimmen in etwa mit den von Haudidier (1996) beschrie-benen Kohorten überein, die in zweifacher Weise (das heißt sowohl durch Mangel-situation als auch durch Risikoselektion) durch die beiden Weltkriege benachteiligt waren. Dass sich diese Unterschiede in Westdeutschland größer darstellen, resultiert aus dem Umstand, dass die westdeutschen Männer in den ersten Nachkriegsjahr-zehnten eine höhere Sterblichkeit aufweisen als die Männer in Ostdeutschland, während sich bei den Frauen keine derartigen West-Ost-Unterschiede zeigen (siehe hierzu Luy 2004a). Dieser Unterschied in den Kohortenwerten zwischen West- und Ostdeutschland wird also durch Periodeneffekte während der 1960er und 1970er Jahre hervorgerufen. Was diesen Unterschied zwischen der west- und ostdeutschen Bevölkerung verursachte, ist bislang noch nicht erforscht worden. Gewiss trägt aber die vergleichsweise hohe Verkehrsunfallsterblichkeit westdeutscher Männer bis zur ersten Hälfte der 1970er Jahre mit zu diesem Phänomen bei.

Abbildung 6:   Frauen-Männer-Differenz in der durchschnittlichen Kohorten-Lebenserwartung bei Geburt e(0), West- und Ostdeutschland, aus-gewählte Geburtsjahrgänge

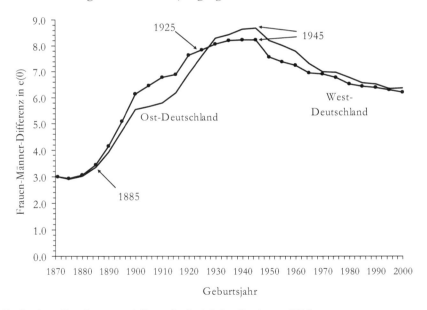

Quelle: eigene Berechnungen mit Daten des Statistisches Bundesamt (2006)

190

Ab dem Geburtsjahr 1925 liegt die geschlechtsspezifische Differenz in der Lebenserwartung bei Geburt der ostdeutschen Bevölkerung dann über jener der westdeutschen Population. Auch hierfür sind Periodeneffekte verantwortlich, die zu der in Periodenbetrachtung seit den 1970er Jahren zu beobachtenden Übersterblichkeit der ostdeutschen Männer im Vergleich zu den westdeutschen führen und die vor allem in Arbeiten zu den ost-west-deutschen Sterblichkeitsunterschieden beschrieben wurden (siehe z. B. Luy 2004; 2004). Bei den Frauen sind diese West-Ost-Differenzen etwas geringer.[12] Im Gegensatz zu den Periodenwerten vollzieht sich hier aber nicht nur das Öffnen, sondern auch das Schließen der Geschlechterschere (hinsichtlich des Zeitpunktes) nahezu identisch.[13] Mit der Geburtskohorte 1945 geht die Geschlechterdifferenz in der Lebenserwartung bei Geburt kontinuierlich zurück, jedoch auf höherem Niveau als nach den korrespondierenden Periodensterbetafeln.

Eine gemeinsame Darstellung von Perioden- und Kohortendaten ist aufgrund der völligen Verschiedenheit ihres zeitlichen Bezugsrahmens und der in ihnen dargestellten Populationen prinzipiell kaum möglich. Wir unternehmen trotzdem zumindest einen Versuch dieses Vorhabens, indem wir in den Abbildungen 7 und 8 den Periodenwerten für die Geschlechterdifferenz in der durchschnittlichen Lebenserwartung bei Geburt entsprechende ausgewählte Kohortenwerte gegenüberstellen. Um in etwa zeitlich zusammengehörige Perioden- und Kohortenwerte grafisch zusammen zu führen, stellen wir hier die Kohortenwerte auf der Kalenderzeitachse nicht in ihrem Geburtsjahr dar, sondern im Bereich des Kalenderjahrs, indem die Kohorten im Durchschnitt verstorben sind und somit das Maximum ihrer Sterblichkeit erreichten. Da jedoch die vom Krieg betroffenen Geburtsjahrgänge eine im Vergleich zu den Perioden nach dem Zweiten Weltkrieg sehr hohe Säuglings- und Kindersterblichkeit erfuhren, verwenden wir für diese grafische Zeitverschiebung der Kohortenwerte nicht den Wert für die Lebenserwartung bei Geburt, sondern den Wert für die fernere Lebenserwartung im Alter 5 (exakt den Mittelwert aus den e(5)-Werten für Frauen und Männer). Den in den Abbildungen fett dargestellten Periodenwerten für die Geschlechterdifferenz in der Lebenserwartung bei Geburt stehen also in schwarzer Farbe die entsprechenden Kohortenwerte an der Stelle „Geburtsjahr + fernere Lebenserwartung im Alter 5" gegenüber.

---

12 Dass der Unterschied bei den letzten dargestellten Kohorten immer kleiner wird, liegt daran, dass ab dem Jahr 2003 für die west- und ostdeutschen Kohorten mit den gleichen vom Statistischen Bundesamt prognostizierten Sterbewahrscheinlichkeiten gerechnet wurde, so dass sich nach diesen Berechnungen bei den jüngsten Geburtsjahrgängen keine nennenswerten West-Ost-Unterschiede in den Geschlechterdifferenzen ergeben können.

13 Auch dies liegt an der Verwendung von für West- und Ostdeutschland identischen Sterbewahrscheinlichkeiten ab dem Jahr 2003 (siehe Fußnote 12). Während bei den Periodentafeln die west- und ostdeutschen Frauen und Männer in allen Altersstufen unterschiedlichen Sterbewahrscheinlichkeiten unterliegen, gilt das bei den hier dargestellten Ergebnissen für Kohorten jeweils nur für den Altersbereich, in denen sich diese Geburtsjahrgänge während der Kalenderjahre 1950 bis 2002 befanden.

Abbildung 7: Frauen-Männer-Differenz in der durchschnittlichen Lebenserwartung bei Geburt e(0), Westdeutschland, Perioden- und Kohortenwerte

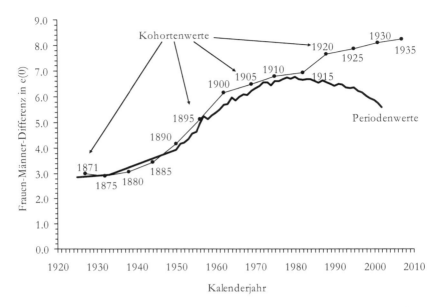

Anmerkung: Kohortenwerte eingezeichnet im Kalenderjahr des Geburtsjahrsjahrs + fernere Lebenserwartung der Kohorte im Alter 5 (Durchschnitt aus Werten für Frauen und Männer)
Quelle: eigene Berechnungen mit Daten des Statistisches Bundesamt (2006) und der Human Mortality Database

Abbildung 8: Frauen-Männer-Differenz in der durchschnittlichen Lebenserwartung bei Geburt e(0), Ostdeutschland, Perioden- und Kohortenwerte

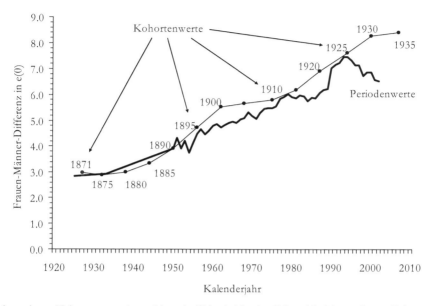

Anmerkung: Kohortenwerte eingezeichnet im Kalenderjahr des Geburtsjahrsjahrs + fernere Lebenserwartung der Kohorte im Alter 5 (Durchschnitt aus Werten für Frauen und Männer)
Quelle: eigene Berechnungen mit Daten des Statistisches Bundesamt (2006) und der Human Mortality Database

Die Abbildungen 7 und 8 legen erneut die Vermutung nahe, dass die Periodentrends der Lebenserwartungsunterschiede zwischen west- und ostdeutschen Frauen und Männern des 20. Jahrhunderts ganz wesentlich durch die Kohortenentwicklungen mitbestimmt wurden. In Westdeutschland ist die Entwicklung von Perioden- und Kohortenwerten sogar noch etwas gleichförmiger als in Ostdeutschland. Vor allem das Öffnen der Geschlechterschere scheint hier primär durch die Entwicklung der Differenzen in der Kohortenlebenserwartung bestimmt zu sein. Allerdings übertreffen ab den frühen 1980er Jahren im Westen und den 1990er Jahren im Osten die mit Hilfe der Kohortenwerte des Statistischen Bundesamtes berechneten Lebenserwartungsdifferenzen die Periodenwerte deutlich. Wie auch schon in Abbildung 6 sichtbar wurde, nimmt die Differenz in der Kohortenlebenserwartung für beide deutsche Staaten Werte an, die nach Periodenberechnung zu keinem Zeitpunkt erreicht werden. So beträgt der ostdeutsche Höchstwert 8,7 Jahre, der von der Geburtskohorte 1945 erreicht wird (in Abb. 6 nicht mehr dargestellt). In Westdeutschland wird mit der Kohorte 1940 mit 8,2 Jahren ein Maximum erreicht. Dies deutet darauf hin, dass in jüngeren Jahren vermehrt Periodeneffekte beziehungsweise Faktoren, die mit der Berechnung von Periodensterbetafeln in Verbindung stehen bei der Entstehung der Geschlechterdifferenzen in der Periodenlebenserwartung wirksam wurden, die die vorherrschenden Kohorteneffekte sukzessive überlagern und zu diesem Auseinanderdriften von Perioden- und Kohortenentwicklung führen.

5. Zusammenfassung und Schlussfolgerungen

Wie in fast allen westlichen Industriestaaten ist auch in Westdeutschland nach dem Zweiten Weltkrieg zunächst für einige Dekaden eine Vergrößerung der geschlechtsspezifischen Sterblichkeitsunterschiede zugunsten der Frauen zu erkennen. Seit Beginn der 1980er Jahre erfolgt jedoch – ebenso wie in den meisten anderen westeuropäischen und nordamerikanischen Ländern – eine kontinuierliche Reduktion der männlichen Übersterblichkeit. Im Groben zeigt sich für den gleichen Zeitraum in Ostdeutschland eine ähnliche Entwicklung. Erst seit der Mitte der 1980er Jahre folgen die geschlechtsspezifischen Sterblichkeitsunterschiede hier eher dem typisch osteuropäischen Muster mit einer Ausweitung der Differenzen bis in die Mitte der 1990er Jahre und einem erst dann erfolgenden Schließen der Geschlechterschere.

Als Ursache für diese Entwicklungen der geschlechtsspezifischen Sterblichkeitsunterschiede seit Mitte des 20. Jahrhunderts werden in der internationalen Literatur sehr viele unterschiedliche Faktoren diskutiert, die durchaus alle in unterschiedlicher Weise und Intensität an der Höhe und der Veränderung der männlichen Übersterblichkeit beteiligt sein können. In diese Gruppe möglicher Faktoren werden von einigen Autoren auch Kohorteneffekte durch die während der beiden Weltkriege im Kindes-, Jugend- und jungen Erwachsenenalter befindlichen Geburtsjahrgänge vermutet. Diese Kohorteneffekte stellen den Untersuchungsgegenstand dieses Beitrags über die geschlechtsspezifischen Sterblichkeitsunterschiede in West- und Ostdeutschland dar. Der Forschungsansatz besteht im Wesentlichen in dem Gedanken, dass sich kriegsbedingte Kohorteneffekte – sofern sie denn existieren und bedeutend zur männlichen Übersterblichkeit beitragen – in gleicher Weise und West- und Ostdeutschland zeigen müssten, obwohl die beiden deutschen Teilbevölkerungen nach dem zweiten Weltkrieg für etwa 50 Jahre völlig unterschiedlichen politischen, gesellschaftlichen und ökonomischen Rahmenbedingungen und Einflussfaktoren auf Gesundheit und Sterblichkeit ausgesetzt waren.

Sowohl die in diesem Beitrag dargestellten Perioden- als auch die Kohortenanalysen legen die Vermutung nahe, dass den Veränderungen der geschlechtsspezifischen Sterblichkeitsunterschiede während der zweiten Hälfte des 20. Jahrhunderts tatsächlich derartige Kohorteneffekte zugrunde liegen. Zwar können die hier durchgeführten Analysen die Bedeutung der Kohorteneffekte im Vergleich zu den Periodeneinflüssen nicht quantifizieren, sie scheinen jedoch nicht nur marginal an den zu beobachtenden Entwicklungen beteiligt zu sein. Dies gilt vor allem bezüglich der Auseinanderentwicklung der durchschnittlichen Lebenserwartung von Frauen und Männern zwischen 1950 und 1980. Aber auch das in Ostdeutschland zwischen 1980 und 1985 in Periodenbetrachtung zu beobachtende Schließen der Geschlechterdifferenzen, das parallel zur westdeutschen Entwicklung verlief und für osteuropäische Bevölkerungen völlig untypisch ist, deutet auf die Wirkung gleicher Ursachen in beiden Teilen Deutschlands hin. Je näher die Beobachtungszeit jedoch an die Gegenwart heranrückt, desto stärker scheinen diese Kohorteneffekte durch Periodeneinflüsse überdeckt zu werden. Hierin läst sich auch der wesentliche Grund für den in Ostdeutschland festzustellenden Wechsel vom west- zum osteuropäischen Muster der Entwicklung der männlichen Übersterblichkeit vermuten. Da die von den Kriegsjahrgängen bewirkten Kohorteneffekte mit dem Aussterben der betroffenen Geburtsjahrgänge schrittweise als Ursache für die männliche Übersterblichkeit in Periodenbetrachtung ausscheiden, ist für die kommenden Jahre von einem weiteren Schließen der Geschlechterschere auszugehen. Dies ist vor allem für die Prognose der zukünftigen Mortalitätsentwicklung in Deutschland von besonderer Bedeutung. Bis auf welches Niveau sich die Unterschiede in der Lebenserwartung von Frauen und Männern am Ende reduzieren werden, hängt letztlich davon ab, in welchem Ausmaß geschlechtsspezifische Auswirkungen von Periodeneffekten wirksam werden und wie diese mit den biologischen Faktoren interagieren, die die Grundlage für die Überlebensvorteile der Frauen darstellen.

Literatur

Bedard, Kelly/ Deschênes, Olivier (2006): The long-term impact of military service on health: evidence from World War II and Korean War veterans. In: The American Economic Review 96 (1). 2006. 176-194.

Buettner, Thomas (1995): Sex differentials in old-age mortality. In: Population Bulletin of the United Nations 39. 1995. 18-44.

Caselli, Graziella (1990): The influence of cohort effects on differentials and trends in mortality. In: Vallin et al. (Hrsg.) (1990): 230-249.

Dinkel, Reiner Hans (1984): Sterblichkeit in Perioden- und Kohortenbetrachtung - zugleich eine ansatzweise Berechnung der Kohortensterbetafel für Deutschland. In: Zeitschrift für Bevölkerungswissenschaft 10 (4). 1984. 477-500.

Dinkel, Reiner Hans (1986): Theorie und Technik demographischer Prognose. In: Allgemeines Statistisches Archiv 70 (1). 1986. 28-51.

Dinkel, Reiner Hans (1994): Die Sterblichkeitsentwicklung der Geburtsjahrgänge in den beiden deutschen Staaten. Ergebnisse und mögliche Erklärungshypothesen. In: Imhof et al. (Hrsg.) (1994): 155-170.

Dinkel, Reiner Hans (1994): Kohortensterblichkeit für die Geburtsjahrgänge 1900 bis 1962 in den beiden Teilen Deutschlands. In: Zeitschrift für Bevölkerungswissenschaft 18 (1). 1994. 95-116.

Dinkel, Reiner Hans/ Höhn, Charlotte/ Scholz, Rembrandt D. (Hrsg.) (1996): Sterblichkeitsentwicklung unter besonderer Berücksichtigung des Kohortenansatzes. München: Boldt.

Gärtner, Karla/ Grünheid, Evelyn/ Luy, Marc (Hrsg.) (2005): Lebensstile, Lebensphasen, Lebensqualität. Interdisziplinäre Analysen von Gesundheit und Sterblichkeit aus dem Lebenserwartungssurvey des BiB. Wiesbaden: VS Verlag für Sozialwissenschaften.

Gepper, Jochen/ Kühl, Jutta (Hrsg.) (2006): Gender und Lebenserwartung. Bielefeld: Kleine.

Gjonça, Arjan/ Brockmann, Hilke/ Maier, Heiner (2000): Old-age mortality in Germany prior to and after reunification. In: Demographic Research 3 (1). 2000.

Haenszel, William (Hrsg.) (1966): Epidemiological approaches to the study of cancer and other chronic diseases. Washington, D.C.

Hammond, E. Cuyler (1966): Smoking in relation to the death rates of one million men and women. In: Haenszel (Hrsg.) (1966): 127-171.

Haudidier, Benoît (1996): Vergleich der Sterblichkeitsentwicklung in der Bundesrepublik Deutschland und in Frankreich. In: Dinkel et al. (Hrsg.) (1996): 139-152.

Haudidier, Benoît (2005): Sterblichkeit nach Todesursachen in Frankreich und in der Bundesrepublik Deutschland seit 1950: Übereinstimmungen und Unterschiede. In: Zeitschrift für Bevölkerungswissenschaft 30 (1). 2005.153-161.

Helmert, Uwe/ Müller, Rolf/ Voges, Wolfgang (2006): Die Bedeutung sozialschichtspezifischer und berufsbezogener Faktoren zur Erklärung der Differenz der Mortalitätsentwicklung zwischen Frauen und Männern in Deutschland. Ergebnisse von zwei prospektiven Studien im Zeitraum 1984 bis 2003. In: Geppert et al. (Hrsg.) (2006): 77-91.

Höhn, Charlotte. (1996): Kohortensterblichkeit unter besonderer Berücksichtigung der Weltkriege. In: Dinkel et al. (Hrsg.) (1996): 45-66.

Horiuchi, Shiro (1983): The long-term impact of war on mortality: old-age mortality of the First World War survivors in the Federal Republic of Germany. In: Population Bulletin of the United Nations 15. 1983. 80-92.

Imhof, Arthur/ Weinknecht, Rita (Hrsg.) (1994): Erfüllt leben - in Gelassenheit sterben. Beiträge eines Symposiums vom 23. - 25. November 1993 an der Freien Universität Berlin. Berlin: Duncker & Humbolt.

Lopez, Alan D./ Caselli, Graziella/ Valkonen, Tapani (Hrsg.) (1995): Adult mortality in developed countries. From description to explanation. Oxford: Clarendon Press.

Luy, Marc/ Di Giulio, Paola (2005): Der Einfluss von Verhaltensweisen und Lebensstilen auf die Mortalitätsdifferenzen der Geschlechter. In: Gärtner et al. (Hrsg.) (2005): 365-392.

Luy, Marc (2002a): Die geschlechtsspezifischen Sterblichkeitsunterschiede - Zeit für eine Zwischenbilanz. In: Zeitschrift für Gerontologie und Geriatrie 35 (5). 2002. 412-429.

Luy, Marc (2002b): Warum Frauen länger leben. Erkenntnisse aus einem Vergleich von Kloster- und Allgemeinbevölkerung. In: Materialien zur Bevölkerungswissenschaft. Bd. 106. 2002. Wiesbaden: Bundesinstitut für Bevölkerungsforschung.

Luy, Marc (2003): Causes of male excess mortality: Insights from cloistered populations. In: Population and Development Review 29 (4). 2003. 647-676.

Luy, Marc (2004a): Mortality differences between western and eastern Germany before and after reunification. A macro and micro level analysis of developments and responsible factors. In: Genus 60 (3-4). 2004. 99-141.

Luy, Marc (2004b): Verschiedene Aspekte der Sterblichkeitsentwicklung in Deutschland von 1950 bis 2000. In: Zeitschrift für Bevölkerungswissenschaft 29 (1). 2004. 3-62.

Luy, Marc (2006): Ursachen der männlichen Übersterblichkeit: Eine Studie über die Mortalität von Nonnen und Mönchen. In: Geppert et al. (Hrsg.) (2006): 36-76.

McDonough, Peggy et al. (1999): Gender and the socioeconomic gradient in mortality. In: Journal of Health and Social Behavior 40. 1990. 17-31.

Pampel, Fred C. (2002): Cigarette use and the narrowing sex differential in mortality. In: Population and Development Review 28 (1). 2002. 77-104.

Pressat, Roland (1973): Surmortalité biologique et surmortalité sociale. In: Revue Francaise de Sociologie 14 (numéro spécial). 1973. 103-110.

Preston, Samuel H./ Wang, Haidong (2006): Sex differences in the United States: the role of cohort smoking patterns. In: Demography 43 (4). 2006. 631-646.

Schott, Jürgen (1996): Zur kohortengemäßen Analyse der Sterblichkeit. In: Dinkel et al. (Hrsg.) (1996): 103-114.

Schwarz, Karl (1956): Gesamtüberblick über die Bevölkerungsentwicklung 1939-1946-1955. In: Wirtschaft und Statistik. 1956. 375-384.

Sommer, Bettina (1996): Zur Entwicklung der Sterblichkeit aus der Sicht der amtlichen Statistik. In: Dinkel et al. (Hrsg.) (1996): 11-25.

Statistisches Bundesamt (1949): Versuch einer deutschen Bevölkerungsbilanz des Zweiten Weltkrieges. In: Wirtschaft und Statistik. 1949. 226-230.

Statistisches Bundesamt (2006): Generationensterbetafeln für Deutschland. Modellrechnungen für die Geburtsjahrgänge 1871-2004. Wiesbaden: Statistisches Bundesamt.

Trovato, Frank/ Lalu, N. M. (1996): Narrowing sex differentials in life expectancy in the industrialized world: early 1970's to early 1990's. In: Social Biology 43 (1-2). 1996. 20-37.

Trovato, Frank/ Lalu, N. M. (2001): Narrowing sex differences in life expectancy: regional variations, 1971-1991. In: Canadian Studies in Population 28 (1). 2001. 89-110.

Trovato, Frank/ Heyen, Nils B. (2006): A varied pattern of change of the sex differential in survival in the G7 countries. In: Journal of biosocial Science 38. 2006. 169-182.

Vallin, Jacques (1995): Can sex differentials in mortality be explained by socio-economic mortality differentials? In: Lopez et al. (Hrsg.) (1995): 179-200.

Vallin, Jacques/ D'Souza, Stan/ Palloni , Alberto (Hrsg.) (1990): Measurement and analysis of mortality: new approaches.Oxford: Clarendon Press.

Vaupel, James W./ Carey, James R./ Christensen, Kaare (2003): It´s never too late. In: Science 301. 2003. 1679-1681.

Vaupel, James W./ Mantn, Kenneth G./ Stallard, Eric (1979): The impact of heterogeneity in individual frailty on the dynamics of mortality. In: Demography 16 (3). 1979. 439-454.

Waldron, Ingrid (1978): Type A behaviour and coronary heart disease in men and women. In: Social Science & Medicine 12B. 1978. 167-170.

Waldron, Ingrid (1986): Sex differences in human mortality: the role of genetic factors. In: Social Science & Medicine 17 (6). 1983. 321-333.

Kapitel II: Gesellschaftliche und wirtschaftliche Aspekte

Der Einfluss der Bevölkerungsentwicklung auf das künftige Erwerbspersonenpotenzial in Ost- und Westdeutschland

Johann Fuchs, Doris Söhnlein

1. Einleitung

Wie viele Arbeitskräfte den Betrieben zur Verfügung stehen, hängt von dem Umfang und der Struktur der Bevölkerung, aber auch von ihrer Beteiligung am Erwerbsleben ab. Wegen der demografischen Entwicklung wird schon heute – in Zeiten noch hoher Arbeitslosigkeit – befürchtet, dass in Deutschland künftig die der Wirtschaft zur Verfügung stehenden Arbeitskräfte knapp werden.

Gegen dieses weit verbreitete Szenario wird oft eingewandt, es beruhe auf der einfachen Verlängerung der in der Vergangenheit beobachteten Trends. Dies sei jedoch unzulässig, da es die Möglichkeit anderer, heute noch nicht vorhersehbarer Entwicklungen gäbe, die Einfluss auf die Arbeitsmarktsituation nehmen könnten. Außerdem könne mit einer höheren Erwerbsbeteiligung einer Arbeitskräfteknappheit entgegengesteuert werden.

Prinzipiell sind diese Einwände richtig. Denn die Qualität von Prognosen hängt davon ab, inwiefern die zugrunde liegenden Annahmen über die Entwicklung möglicher Einflussgrößen in der Zukunft stimmen. Die vorliegende Analyse will dazu beitragen, die Unsicherheiten bei Prognosen des Erwerbspersonenpotenzials besser einschätzen zu können. Hierzu wird dessen prognostizierte Veränderung den Einflussfaktoren natürliche Bevölkerungsbewegung, Migration und Änderung der Erwerbsbeteiligung zugeordnet. Damit kann zum einen die Wirkung einzelner Komponenten abgeschätzt werden, zum anderen sind Aussagen zur Prognosesicherheit möglich. Denn die untersuchten Einflussgrößen sind unterschiedlich gut prognostizierbar; Geburten und Sterbefälle entwickeln sich beispielsweise ziemlich stabil und ihre Arbeitsmarktwirkungen lassen sich weit vorausschätzen.

Die gesamtdeutsche Entwicklung des Erwerbspersonenpotenzials wird im Wesentlichen von den Trends in den alten Bundesländern bestimmt. Aber auch in Ostdeutschland stehen dem Arbeitsmarkt immer weniger Personen zur Verfügung. Da sich Ost und West (immer noch) in vieler Hinsicht unterscheiden, ist es sinnvoll, die Analysen entsprechend zu trennen und Unterschiede heraus zu arbeiten. Im Mittelpunkt der vorliegenden Untersuchung steht deshalb die Frage, inwieweit der

Rückgang des Arbeitskräftepotenzials in Ost und West auf Veränderungen in der Bevölkerung oder im Erwerbsverhalten zurückzuführen ist.

Die Untersuchung basiert auf Projektionsvarianten des Instituts für Arbeitsmarkt- und Berufsforschung (IAB). Im Folgenden wird zunächst das zugehörige Projektionsmodell vorgestellt (Kapitel 2). Kapitel 3 erläutert die prognostizierte Entwicklung des Erwerbspersonenpotenzials in Ost- und Westdeutschland anhand der IAB-Projektion. Des Weiteren werden die Haupteinflussfaktoren abgeleitet (Kapitel 4). Es wird gezeigt, wie sich die Effekte dieser Einflussfaktoren isolieren lassen. Anschließend wird dargestellt, wie unterschiedlich stark die Effekte sowohl relativ als auch absolut sind. In Verbindung mit Befunden zur Sensitivität von Bevölkerungsprojektionen hinsichtlich des Einflusses von Fertilität und Mortalität sowie Überlegungen zur künftigen Entwicklung von Migration und Erwerbsbeteiligung lassen sich im Kapitel 5 fundierte Aussagen darüber ableiten, in welcher Weise das Arbeitskräfteangebot beeinflussbar ist.

2. Datenmaterial und Projektionsmodell

Zum Arbeitskräfteangebot zählen Erwerbstätige und Erwerbslose. Berücksichtigt werden sollte auch die Stille Reserve, also die in der Statistik nicht enthaltenen, ‚versteckten' Arbeitslosen. Diese Gesamtheit aus Erwerbstätigen, Erwerbslosen und Stiller Reserve wird Erwerbspersonen- oder Arbeitskräftepotenzial genannt. Unter gegebenen institutionellen Rahmenbedingungen stellt dieses Potenzial die Obergrenze der am Arbeitsmarkt verfügbaren Arbeitskräfte dar.

Das Erwerbspersonenpotenzial setzt sich analytisch aus den beiden Faktoren Erwerbsbeteiligung und Bevölkerung zusammen. Die Erwerbsbeteiligung wird anhand der Erwerbsquote gemessen, die sich rechnerisch aus den Erwerbstätigen und Erwerbslosen bezogen auf die gleichaltrige Bevölkerung ergibt. Potenzialerwerbsquoten enthalten im Zähler zusätzlich die Stille Reserve.

Erwerbspersonenpotenzial = Potenzialerwerbsquoten x Bevölkerung

Eine Projektion des Erwerbspersonenpotenzials beruht somit auf einer getrennten Vorausschätzung von Erwerbsquoten und Bevölkerung. Dabei wird angenommen, dass beide Faktoren weitgehend unabhängig voneinander variierbar sind.

Besonders wichtig ist diese Annahme im Kontext von Fertilität und Frauenerwerbsbeteiligung. Mikroökonometrische Untersuchungen belegen überwiegend einen negativen Zusammenhang zwischen Frauenerwerbstätigkeit und Fertilität. In makroökonometrischen Analysen findet man diesen Zusammenhang eher weniger (Vlasblom et al. 2004), tatsächlich findet sich in den makroökonometrischen IAB-

Schätzungen nur eine schwache Abhängigkeit weiblicher Potenzialerwerbsquoten von der Geburtenrate (Total Fertility Rate, TFR) (Fuchs; Weber 2005). In der Projektion der Erwerbsquoten wurde deshalb die TFR der Bevölkerungsprojektion übernommen (Fuchs; Dörfler 2005). Für die umgekehrte Wirkungsrichtung haben McNown und Rajbhandary für die USA mit einer Kointegrationsanalyse keine signifikanten Reaktionen der Fertilität auf Änderungen der Erwerbsquote gefunden (2003). Internationale Querschnittsbetrachtungen stützen dieses Ergebnis teilweise, machen aber darauf aufmerksam, wie wichtig der institutionelle Kontext ist (Adserà 2004, Jaumotte 2003).

Die hier verwendete Projektion des Erwerbspersonenpotenzials reicht bis zum Jahr 2050. Basisjahr der Projektion ist – nach Aktualisierungen - das Jahr 2004. Die Vorausschätzung ist untergliedert nach Altersgruppen und Geschlecht, sowie nach Deutschen (Ost und West) und Ausländern (ohne Ost-West-Trennung). Die Projektion beruht auf Schätzungen künftiger Potenzialerwerbsquoten (Fuchs; Dörfler 2005) und der entsprechenden Bevölkerung (Fuchs; Söhnlein 2005).

Projektion der Erwerbsbeteiligung

Auf Basis ökonometrischer Schätzungen nimmt die IAB-Projektion eine deutliche Zunahme der Erwerbsbeteiligung von Frauen an. So liegen die Erwerbsquoten[1] der westdeutschen Frauen im Alter von 30 bis 49 Jahren schon 2020 bei 90 Prozent und mehr - mit steigender Tendenz. Die derzeit noch höheren Erwerbsquoten ostdeutscher Frauen sinken im Projektionszeitraum nur unwesentlich. In der Projektion gleichen sich ost- und westdeutsche Erwerbsquoten bis 2050 an. Vergleichsweise niedrig ist die Erwerbsbeteiligung der Ausländerinnen in Deutschland. Obwohl es derzeit keine Anzeichen für eine grundlegende Änderung gibt, werden bei den Ausländerinnen leicht zunehmende Erwerbsquoten angenommen.

Abbildung 1 zeigt am Beispiel der Potenzialerwerbsquoten 40- bis 44-jähriger Frauen, wie sich die Frauenerwerbsbeteiligung in den mittleren Altersgruppen von 1990 bis 2000 entwickelt hat und sich bis 2050 annahmegemäß entwickeln könnte. Die Erwerbsbeteiligung der westdeutschen Frauen ist seit 1990 deutlich gestiegen und wird weiter – allerdings abgeschwächt – zunehmen. Es wird angenommen, dass sie langfristig in etwa das Niveau der Erwerbsquote der ostdeutschen Frauen erreicht. Deren Potenzialerwerbsquote sinkt über die Jahre hinweg geringfügig. Die Erwerbsquote der ausländischen Bevölkerung steigt zwar, bleibt jedoch auch künftig deutlich unter dem Niveau der West- und Ostdeutschen.

---

1 Vereinfachend wird im Text meist der Begriff Erwerbsquote gebraucht, auch wenn Potenzialerwerbsquoten gemeint sind. Die Argumentation bleibt trotzdem konsistent.

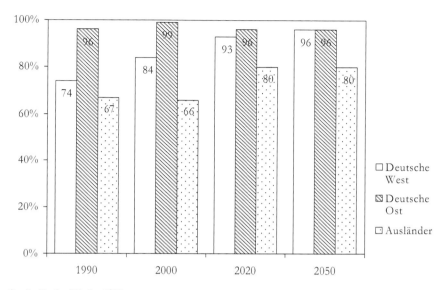

Quelle: Fuchs; Dörfler 2005.

Entgegen dem langjährigen Trend werden in der IAB-Projektion auch die Erwerbsquoten der Älteren (50- bis 64-Jährigen) deutlich angehoben. Dies berücksichtigt die Änderungen im Rentenrecht, die in den letzten Jahren erfolgt sind. Beispielsweise steigt die projizierte Erwerbsquote der 60- bis 64-jährigen deutschen Männer von 45,5 Prozent in 2003 auf 62,8 Prozent in 2050, bei den Frauen von 26,4 Prozent auf 45,8 Prozent

In welchem Umfang die Erwerbsquoten im Durchschnitt zunehmen, zeigt Tabelle 1.[2] Im Jahr 2050 stimmen die altersspezifischen Erwerbsquoten der Deutschen in Ost und West überein. Die nach wie vor sichtbaren Abweichungen sind ausschließlich eine Folge unterschiedlicher Altersstrukturen.

Deutlich hebt sich in der Tabelle die niedrige Erwerbsquote der Ausländerinnen von jenen der übrigen Gruppen ab. Der Rückgang der durchschnittlichen Erwerbsquote der Ausländerinnen wird im Übrigen durch Verschiebungen in der Altersstruktur der Bevölkerung verursacht.

---

2 Die Frage, unter welchen Voraussetzungen sich ein Anstieg der Frauenerwerbsbeteiligung verwirklichen lässt, wird hier nicht behandelt.

Tabelle 1: Durchschnittliche Potenzialerwerbsquoten der 15- bis 64-Jährigen
(in Prozent der gleichaltrigen Bevölkerung)

	2004	2020	2050
Deutsche Frauen West	73,1	76,6	80,3
Deutsche Frauen Ost	80,3	79,6	79,0
Ausländerinnen	60,2	63,6	63,0
Deutsche Männer West	85,8	84,4	85,5
Deutsche Männer Ost	85,9	86,7	84,6
Ausländer	88,0	89,6	90,0

Quelle: Fuchs; Dörfler 2005

Die Bevölkerungsprojektion des IAB

Die Bevölkerung wurde mit der Komponentenmethode nach Alter und Geschlecht
fortgeschrieben (Fuchs; Söhnlein 2005). Entsprechend der Projektion der Erwerbsbeteiligung erfolgte eine Trennung nach alten und neuen Ländern sowie nach Deutschen und Ausländern (letztere nur für Gesamtdeutschland). Damit waren auch
Binnenwanderungen, Außenwanderungen von Deutschen und Ausländern sowie
Einbürgerungen in die Projektion einzubeziehen. In Tabelle 2 sind die zentralen
Annahmen zusammengestellt.

Insgesamt wurden sieben Varianten (N, 0 bis 5) gerechnet, die sich im Wesentlichen hinsichtlich der Höhe des jährlichen Wanderungssalden der Ausländer unterscheiden, d.h. nicht variiert wurden die Annahmen zur Fertilität, Mortalität, zu
Einbürgerungen und zur Binnenwanderung.[3]

---

3 Beim Modell N, das gänzlich ohne Wanderungen gerechnet wurde, wurden auch keine Einbürgerungen berücksichtigt.

Tabelle 2:   Annahmen der IAB-Bevölkerungsprojektion

Varianten		N	0	1	2	3	4	5
Außen-wande-rung	Ausländer (jährlicher Saldo)	keine	Wanderungs-saldo = 0	Wanderungs-saldo 100.000	Wanderungs-saldo 200.000	Wanderungs-saldo 300.000	Wanderungs-saldo 400.000	Wanderungs-saldo 500.000
			2004 bis 2006 alle Varianten insgesamt 136,9 Tsd.					
	Deutsche	keine	2004 23,6 Tsd., 2005 14,8 Tsd., Rückgang bis auf 0 in 2039, Anzahl insgesamt ca. 475 Tsd.					
Binnen-wande-rung	Deutsche	keine	von Ost nach West 2004 49,8, Rückgang bis 0 in 2021, Anzahl insgesamt 486 Tsd.					
Einbürge-rungen		keine	1,5 Prozent des Bestandes der ausländischen Bevölkerung des vergangenen Jahres					
Lebenser-wartung (LE)	Deutsche West	LE ♂ 75,42 (fernere LE 60-jährig 19,72) LE ♀ 81,43 (fernere LE 24,02), Anstieg um jährlich 1 Prozent bis 2050: LE ♂ 80,85 (fernere LE 60-jährig 23,95) LE ♀ 86,08 (fernere LE 27,9)						
	Deutsche Ost	LE ♂ 73,36 (fernere LE 60-jährig 18,66) LE ♀ 80,07 (fernere LE 22,86), lin. Angleichung an West bis 2022, 2050: LE ♂ 80,85 (fernere LE 60-jährig 23,95) LE ♀ 86,08 (fernere LE 27,9)						
	Ausländer	LE ♂ 82,35 (fernere LE 24,70) LE ♀ 83,80 (fernere 26,14) konstant über gesamten Zeitraum						
Fertilität (TFR)	Deutsche West	TFR konstant bei 1,382						
	Deutsche Ost	TFR 2002 bei 1,198 - Angleichung an Westniveau bis 2017						
	Ausländer	TFR konstant bei 1,37						
	Zusam-men	TFR insgesamt 1,348, wegen Ostangleichung in 2017 ca. 1,38						

aus: Fuchs; Söhnlein 2005

Auf einige Datenprobleme in der Bevölkerungsprojektion sei hier nur kurz hingewiesen:

- Das Modell benötigt Geburtenziffern und Sterbewahrscheinlichkeiten,
  die nach Deutschen und Ausländern trennen. Dazu standen aus der amtlichen Statistik aber keine zeitnahen Angaben für die Subpopulationen
  Deutsche West, Deutsche Ost und Ausländer zur Verfügung. Um dieses
  Problem zu lösen, wurden die für Deutschland insgesamt verfügbaren
  Fertilitäts- und Mortalitätsziffern mit Hilfe älterer Daten - sowie im Falle
  der Sterbeziffern der Human Mortality Database - hochgerechnet.

- Die Zuordnung von Berlin zu den neuen Bundesländern in vielen Statistiken führt zu Strukturbrüchen in den Zeitreihen. Deshalb wurde Berlin
  nachträglich auf altes und neues Bundesgebiet aufgeteilt.

- Seit 2000 gilt ein neues Staatsbürgerschaftsrecht: Kinder von Ausländerinnen besitzen automatisch die deutsche Staatsbürgerschaft, wenn ein
  Elternteil seit mindestens acht Jahren in Deutschland lebt. Daraus ergeben sich eine Reihe statistischer Probleme: So ziehen Ausländer teilweise
  mit „deutschen" Kindern fort, was die Aufteilung der Fortzüge auf Deutsche und Ausländer beeinflusst. Weiter ändern sich die bislang zu erwar-
  tenden Einbürgerungsquoten. Nicht zuletzt müssen die „Ausbürgerun-
  gen" von deutschen Kindern (mit Eltern ohne deutsche Staatsangehörigkeit) nach dem 18. Lebensjahr abgeschätzt werden. Es wurde entschieden, die Geburtenziffern und Einbürgerungsquoten auf dem Niveau vor
  der Gesetzesänderung zu belassen. In der Folge mussten einige Daten
  (z.B. der Bevölkerungsbestand der Ausländer) entsprechend angepasst
  werden.[44]

Je nachdem, wie sehr sich Migranten und Eingebürgerte von ihrer Herkunfts- und
der Zielbevölkerung unterscheiden, werden die Parameter beider Bevölkerungen
beeinflusst. Im Modell übernehmen Migranten und Eingebürgerte augenblicklich
die Verhaltensweisen der bereits ansässigen Bevölkerung (also gleiche Fertilität,
Mortalität und Erwerbsquoten). Das dürfte in der Realität kaum der Fall sein. So
lange die Migranten beziehungsweise Eingebürgerten ein eher kleiner Teil der bereits ansässigen Bevölkerung sind, wirkt sich diese Annahme kaum auf die Modellergebnisse aus. Für längere Zeiträume sind Angleichungsprozesse an die Zielbevölkerung wahrscheinlich. Die Zugezogenen und vor allem ihre Kinder sollten langfris-

---

4 Die IAB-Projektion ist keine Projektion der Bevölkerung nichtdeutscher Nationalität. Weil die
Rechnungen das neue Staatsbürgerschaftsrecht gewissermaßen statistisch rückgängig gemacht haben,
lassen sich weder Zahl noch Struktur mit dem Ausländerbestand der Bevölkerungsfortschreibung oder
dem Ausländerzentralregister vergleichen.

tig ähnliche Verhaltensweisen wie die ortsansässige Bevölkerung zeigen. Eine Tendenz dazu ist zum Beispiel bei den Erwerbsquoten zu sehen (siehe Abbildung 1).

3. Prognose des Erwerbspersonenpotenzials in Ost- und Westdeutschland bis 2050

Für 2004 wird das Erwerbspersonenpotenzial Deutschlands auf rund 44,5 Millionen Personen geschätzt. Davon waren rund 31,9 Millionen Deutsche, die im Westen leben, 8,3 Millionen Deutsche im Osten und 4,3 Millionen Ausländer in Ost und West.

Der Umfang des künftigen Erwerbspersonenpotenzials hängt entscheidend von der angenommenen Zuwanderung ab. Jedoch lässt sich gerade die Zuwanderung nicht prognostizieren. Deshalb arbeitet das IAB mit unterschiedlichen Wanderungsannahmen, die ein breites Spektrum an Möglichkeiten abdecken sollen.

Im Falle eines jährlichen Nettowanderungssaldos von 100.000 Ausländern geht das Erwerbspersonenpotenzial Deutschlands in den kommenden fünf Jahren zunächst kaum zurück.[5] Aber schon 2020 zählt das Erwerbspersonenpotenzial trotz durchaus kräftig steigender Erwerbsquoten nur noch etwas mehr als 42,1 Millionen. Bis 2050 sinkt es bei diesem Szenario auf 31,5 Millionen Personen.

Eine Nettozuwanderung von 200.000 Ausländern pro Jahr lässt das Erwerbspersonenpotenzial bis etwa 2010 leicht steigen. Die annahmegemäß über den gesamten Zeitraum gleich hoch bleibende jährliche Zuwanderung kann den demografischen Effekt jedoch zunehmend weniger kompensieren, so dass spätestens ab 2015 auch bei diesem Szenario ein Rückgang des Erwerbspersonenpotenzials einsetzt.

Je nach Umfang der Nettozuwanderung sind die Ergebnisse zwar unterschiedlich, in der Tendenz aber einheitlich. Natürlich ist das Erwerbspersonenpotenzial im Falle einer starken Immigration am Ende des Projektionszeitraumes entsprechend höher. Aber erst bei einer jährlichen Nettozuwanderung von mindestens 400.000 Ausländern bliebe das Erwerbspersonenpotenzial auf dem Ausgangsniveau des Jahres 2004. Bei diesem, wohl eher unwahrscheinlichen Szenario würden 2050 knapp 43,3 Millionen Personen zum Arbeitskräfteangebot zählen.

In Abbildung 2 ist die Entwicklung des Erwerbspersonenpotenzial von 1990 bis 2050 nach ostdeutscher, westdeutscher und ausländischer Bevölkerung unterschieden. Dabei zeigt sich, wie sehr die Entwicklung der westdeutschen Bevölkerung den Bundesdurchschnitt dominiert. Die Linien für Gesamt- und Westdeutschland sind im Bild fast deckungsgleich.

---

5 Alle Szenarien berücksichtigen auch eine langsam abnehmende Nettozuwanderung von Deutschen aus dem Ausland (siehe dazu Tabelle 2).

Das Potenzial der Westdeutschen nimmt bis 2050 um rund 20 Prozent ab. Dagegen halbiert sich bis 2050 das Erwerbspersonenpotenzials der deutschen Bevölkerung in den neuen Bundesländern.

Da das künftige Erwerbspersonenpotenzial der Ausländer in erheblichem Maße von der Zuwanderung abhängt, nimmt es bei einer Nettozuwanderung von jährlich 200.000 deutlich zu: bis 2050 beträgt die Steigerung 40 Prozent. Sollten allerdings netto nur 100.000 Ausländer zuziehen, dann sinkt das Erwerbspersonenpotenzial der Ausländer um rund 20 Prozent.

Abbildung 2:   Erwerbspersonenpotenzial 1990-2050

Szenario mit +200.000 Wanderungssaldo und steigenden Erwerbsquoten

Indexreihen mit 2004=100 %

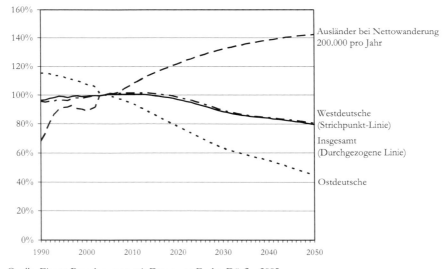

Quelle: Eigene Berechnungen mit Daten von Fuchs; Dörfler 2005.

Offensichtlich spielt die Zuwanderung für das Erwerbspersonenpotenzial eine große Rolle. Aber welche Bedeutung hat die Demografie und welche die Erwerbsbeteiligung? Im Weiteren soll die Relevanz einzelner Komponenten herausgearbeitet werden, wobei die Analyse nach Deutschen und Ausländern und nach Ost und West getrennt wird.

4. Dekomposition der Entwicklung des Erwerbspersonenpotenzials in seine Hauptkomponenten

4.1 Logik der Dekomposition

Die Veränderungen beim Erwerbspersonenpotenzial werden durch Geburten (mit erheblicher Zeitverzögerung) und Sterbefälle, dem Ausmaß der Migration und der Erwerbsbeteiligung determiniert. Fertilität und Mortalität werden hier zur „natürlichen Bevölkerungsbewegung" zusammengefasst und als demografische Komponente (im engeren Sinne) bezeichnet. Damit sind die Haupteinflussfaktoren auf das künftige Erwerbspersonenpotenzial genannt.

Das Erwerbspersonenpotenzial im Jahr t wird auf Basis der getroffenen Annahmen fortgeschrieben.[6] Unterschiedliche Annahmen ergeben unterschiedliche Szenarien, die im Weiteren als S1, S1k, S2 und S3 bezeichnet werden:

- S1 ist ein Szenario für das Erwerbspersonenpotenzial, bei dem die Bevölkerung mit der natürlichen Bevölkerungsbewegung fortgeschrieben wird. Wanderungen werden nicht berücksichtigt. Die Erwerbsquoten werden konstant gehalten (Basisjahr 2004).

- Das Szenario S1k basiert auf S1; zusätzlich wurde die Altersstruktur konstant gehalten.

- Auch beim Szenario S2 erfolgt die Bevölkerungsfortschreibung ohne Wanderungen, aber die Erwerbsquoten steigen[7] mit den angenommenen Trends.

- S3 berücksichtigt zusätzlich zu S2 noch Wanderungen.

Mit einem Vergleich der Szenarien lassen sich bestimmte Effekte ableiten (siehe Dinkel/Meinl 1991).

---

6 Die Daten für das Erwerbspersonenpotenzial liegen als Jahresdurchschnitte vor.
7 Die Bezeichnung „steigende Erwerbsquoten" ist eine Vereinfachung. Tatsächlich nehmen zwar die meisten altersspezifischen Erwerbsquoten zu, aber sie sinken bei den Jüngeren (Bildungsbeteiligung) und teilweise auch im Osten.

Tabelle 3: Dekomposition des Erwerbspersonenpotenzials

	Berechnungsweise mit Erwerbsquoten a als Zeilenvektor und Bevölkerung B als Spaltenvektor[8]	Abkürzungen der Szenarien in den Schaubildern
Veränderung des Erwerbspersonenpotenzials vom Ausgangsjahr 0 der Projektion bis zum Jahr t	$\Delta E_t = E_t - E_0$ $= a_t B_t - a_0 B_0$	
Demografischer Effekt folgt aus dem Szenario Erwerbspersonenpotenzial ohne Wanderungen und konstanten Erwerbsquoten und ist gleich dessen Veränderung	$= a_0 B^{ow}_t - a_0 B^{ow}_0$	$S1_t - S1_0$ $= \Delta S1_t$
Verhaltenseffekt aus Szenario ohne Wanderungen und variablen Erwerbsquoten zum Zeitpunkt t minus Szenario ohne Wanderungen und konstanten Erwerbsquoten aus t=0 (inkl. Interaktionseffekt Verhalten mal Bevölkerung)	$= a_t B^{ow}_t - a_0 B^{ow}_t$	$S2_t - S1_t$
Wanderungseffekt insgesamt (inkl. Interaktionseffekt aus Wanderungen mal Verhalten) Szenario mit Wanderungen minus Szenario ohne Wanderungen; jeweils bei variablen Erwerbsquoten	$= a_t B_t - a_t B^{ow}_t$	$S3_t - S2_t$
Wanderungseffekt ohne Verhaltenskomponente Szenario mit Wanderungen minus Szenario ohne Wanderungen, jeweils bei konstanten Erwerbsquoten	$= a_0 B_t - a_0 B^{ow}_t$	

8 Die jeweils nach Alter, Geschlecht, Nationalität und Ost/West getrennt vorliegenden Daten für die Erwerbsquoten und die Bevölkerung müssen entsprechend aufsummiert werden. Um die Zusammenstellung nicht zu überfrachten wurde die Vektorschreibweise gewählt. Dabei sind die Erwerbsquoten a als Zeilenvektor und die Bevölkerung B als Spaltenvektor aufzufassen.

Mischeffekt Wanderungen/Verhalten folgt aus dem Vergleich von Wanderungseffekt insgesamt und Wanderungseffekt ohne Verhaltensänderung	$= (a_t B_t - a_t B^{ow}{}_t)$ $-$ $(a_0 B_t - a_0 B^{ow}{}_t)$
Altersstruktureffekt (Teil des demografischen Effekts) ist isolierbar via Szenario mit konstanter Bevölkerungsstruktur und Vergleich mit Szenario ohne Wanderungen, konstante Erwerbsquoten	$= a_0 B^{ow;Bevstr.\ aus\ Basisjahr}{}_t$ $- a_0 B^{ow}{}_t$ $\qquad$ $S1k_t - S1_t$

Anmerkungen:

Erwerbspersonenpotenzial (E) = Erwerbsquoten (a) multipliziert mit der Bevölkerung (B), summiert über alle Altersgruppen, Geschlecht, Nationalität und Ost-/Westdeutschland

Erwerbspersonenpotenzial im Jahr t: $E_t = \sum_x a_{xt} B_{xt}$ bzw. in Vektorschreibweise $E_t = a_t B_t$

Das Basisjahr (hier 2004) wird mit 0 bezeichnet.

Im Erwerbspersonenpotenzial-Szenario ohne Wanderungen (oW) werden bei der Bevölkerungsprojektion Wanderungen überhaupt nicht berücksichtigt.

Jahresdurchschnittliche Bevölkerung des Jahres t ohne Wanderungen: $B^{oW}{}_t$

Jahresdurchschnittliche Bevölkerung des Jahres t unter Berücksichtigung von Wanderungen: B_t

Erwerbsquoten (nach Alter, Geschlecht, Nationalität, Ost/West) aus dem Jahr t: a_t

Konstante Erwerbsquoten aus dem Basisjahr 2004: a_0

Im Basisjahr gilt: $E_0 = a_0 B_0 = S1_0 = S2_0 = S3_0$

Für das Szenario mit Zuwanderung und steigenden Erwerbsquoten gilt: $E_t = a_t B_t = S3_t$

Der demografische Effekt wird mit der Veränderung des Szenarios S1 gemessen. Schreibt man die Ausgangsbevölkerung mit den altersspezifischen Fertilitäts- und Mortalitätsraten fort, berücksichtigt dabei keine Wanderungen und hält die Erwerbsquoten konstant, dann ändert sich das Erwerbspersonenpotenzial nur aufgrund der natürlichen Bevölkerungsbewegung sowie der Alterung dieser Ausgangsbevölkerung.

Hält man bei diesem Szenario auch noch die Altersstruktur konstant (S1k), dann gibt das ein Szenario, die sich von S1 lediglich hinsichtlich der Altersstruktur (konstant vs. sich ändernd) unterscheidet. Technisch wird die konstante Altersstruktur erreicht, indem man auf die projizierte Gesamtzahl der Bevölkerung die Struktur des Basisjahres (hier 2004) überträgt. Die Differenz zwischen beiden Szenarien ist der Altersstruktureffekt. Er ergibt sich, weil die Erwerbsquote vom Alter abhängt. Beispielsweise stehen jüngere Menschen häufig noch in Ausbildung und ältere sind oft schon in Rente. Wenn die heute starken Jahrgänge mittleren Alters, die sog. Baby-Boomer, in wenigen Jahren das rentennahe Alter erreichen, sinkt das Erwerbspersonenpotenzial selbst dann, wenn die Gesamtzahl der Bevölkerung konstant bleibt.

211

Die demografische Entwicklung wirkt sich damit sowohl direkt über die Zahl als auch indirekt über die Altersstruktur der Bevölkerung auf das Erwerbspersonenpotenzial aus. Weil die Erwerbsquoten auf dem Niveau des Basisjahres konstant gehalten werden, kommt der Effekt ausschließlich aufgrund der sich ändernden Altersverteilung zustande. Den Altersstruktureffekt fassen wir hier als Teil des gesamten demografischen Effekts auf, nicht zuletzt, weil sich darin größtenteils frühere generative Prozesse niederschlagen.

Als Verhaltenseffekt wird die Differenz aus zwei Szenarien mit unterschiedlichen Annahmen zur Erwerbsbeteiligung bezeichnet. Das Szenario mit steigenden Erwerbsquoten wird dem Szenario mit konstanten Quoten (aus dem Basisjahr 2004) gegenüber gestellt. In beiden Szenarien ist die natürliche Bevölkerungsentwicklung gleich und es gibt keine Migration. Damit liegt ein Verhaltenseffekt vor, bei dem die Verhaltensänderung mit der Bevölkerung des jeweiligen Jahres (t) gewichtet wird.[9]

In ähnlicher Weise wird der Wanderungseffekt errechnet: Ein Szenario mit Wanderungen (S3) wird mit einem Szenario (S2) verglichen, das keine Wanderungen berücksichtigt. Ansonsten sind beide Szenarien identisch.

Der Wanderungseffekt wird unter Berücksichtigung steigender Erwerbsquoten berechnet, weil die höheren Erwerbsquoten der Migranten im Zusammenspiel mit dem Wanderungsvolumen ein zusätzliches Erwerbspersonenpotenzial ergeben.

Es könnte jedoch auch von Interesse sein, den reinen Wanderungseffekt ohne Verhaltensänderung der Migranten herauszuarbeiten. Dazu werden die gleichen Wanderungsvarianten auf Basis konstanter Erwerbsquoten verglichen. Dieser isolierte Wanderungseffekt besagt dann, wie viel zusätzliches Potenzial aus der Nettozuwanderung resultiert, wenn die Erwerbsquoten auf dem Ausgangsniveau bleiben. Auf diesen Aspekt wird hier nur der Vollständigkeit halber hingewiesen. Ansonsten wird dieser spezielle Effekt nicht weiter untersucht.

Der Wanderungseffekt beinhaltet auch die generativen Folgen der Migration, also Geburten und Sterbefälle der Migranten. Dies ist vor allem unter dem langfristigen Aspekt wichtig. Eine reine Addition der jährlichen Wanderungen würde den tatsächlichen Wanderungseffekt unterschätzen.

Bei den Szenarien mit Wanderungen rechnet das IAB-Modell mit Einbürgerungen. Die Wirkung der Einbürgerungen kann auf der Basis der vorliegenden Daten nicht vom eigentlichen Wanderungseffekt isoliert werden. Dass beide Effekte zusammengefasst werden, lässt sich aber auch inhaltlich gut vertreten: Man kann davon ausgehen, dass die Zahl der Einbürgerungen vom Bevölkerungsbestand der Ausländer abhängt, welcher wiederum durch die Zuwanderung bestimmt wird.

---

9 Meist wird beim Verhaltenseffekt mit der Bevölkerung des Basisjahres gewichtet (z.B. Carone 2005). Der Unterschied besteht im Interaktionseffekt aus der gemeinsamen Veränderung von Erwerbsquoten und Bevölkerung. Eine Gewichtung mit der Bevölkerung des laufenden Jahres schließt diesen Interaktionseffekt beim Verhaltenseffekt ein.

Die Summe der drei Effekte Demografie, Verhalten und Wanderungen ist im Übrigen gleich der gesamten Veränderung des Erwerbspersonenpotenzials:

$$\Delta E_t = \quad E_t - E_0 \quad = \quad a_t B_t - a_0 B_0$$
$$= \quad (S1_t - S1_t) + (S2_t - S1_t) + (S3_t - S2_t) = S3_t - S1_0$$

4.2 Entwicklung der Komponenten bis 2050

Die folgenden Analysen gehen von der Wanderungsvariante mit +200.000 Nettozuwanderung pro Jahr aus. Das zugrunde liegende Bevölkerungsmodell ist in etwa vergleichbar mit der mittleren Projektionsvariante aus der 10. koordinierten Bevölkerungsvorausberechnung des Statistischen Bundesamtes (Sommer 2003).

Mehr oder weniger Zuwanderung zeigt sich ausschließlich im Wanderungseffekt. Weder der demografische Effekt noch der Verhaltenseffekt wird von der konkreten Wanderungsannahme beeinflusst.

Erwerbspersonenpotenzial der deutschen Bevölkerung in den alten Bundesländern

Abbildung 3 zeigt den demografischen Effekt der Dekomposition des Erwerbspotenzials der alten Bundesländer. Würde dieses nur von der natürlichen Bevölkerungsbewegung bestimmt, dann nähme es zunächst langsam ab. Die Geschwindigkeit des Rückgangs steigerte sich aber rasch, und im Jahr 2050 wäre das Erwerbspersonenpotenzial um ein Drittel geringer als 2004 (Szenario S1).

Durch einen Vergleich mit dem Szenario, bei dem über den gesamten Zeitraum die Altersverteilung von 2004 zugrund gelegt wird (S1k), lässt sich der Altersstruktureffekt ermitteln. Offensichtlich ist ein erheblicher Teil des Schrumpfungsprozesses bereits in der heutigen Altersverteilung der Bevölkerung angelegt. Selbst wenn sich deren Altersstruktur nicht verändern würde, nähme das Erwerbspersonenpotenzial der Westdeutschen von 2004 bis 2050 um 30 Prozent ab.

Allerdings wechselt der Einfluss des Altersaufbaus. Bis 2019 würde das Erwerbspersonenpotenzial auf der Basis heutiger (2004) Strukturen geringfügig unter dem von Szenario S1 liegen; ab 2020 darüber. Diese Entwicklung kann man mit der Alterung der geburtenstarken Jahrgänge erklären. Um ein Beispiel zu geben: Die 1965 Geborenen erreichen 2020 das 55. Lebensjahr. Die Erwerbsquote dieser Altersklasse ist deutlich niedriger als die jüngerer Altersgruppen (Es wurde oben erläutert, dass der Altersstruktureffekt eine Folge altersspezifisch unterschiedlicher Erwerbsquoten ist).

Abbildung 3:   Dekomposition des Erwerbspersonenpotenzials der deutschen
Bevölkerung in den alten Bundesländern: Demografischer Effekt
2004 = 100 %

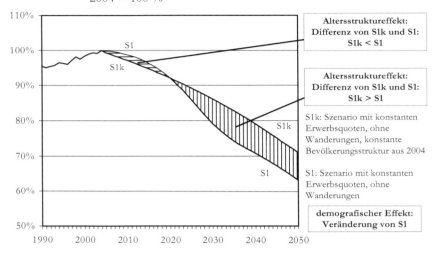

Bis 2004 tatsächliche Entwicklung, ab 2005 Projektion
Quelle: Eigene Berechnungen mit Daten von Fuchs; Dörfler 2005.

In Abbildung 4 wird der Verhaltenseffekt dargestellt. Der Anstieg der Erwerbsquoten bewirkt nur einen vergleichsweise geringen Zugewinn beim Erwerbspersonenpotenzial, obwohl die prognostizierten Erwerbsquoten für das Jahr 2050 der Deutschen nicht mehr viel von der absoluten Obergrenze (100 Prozent) entfernt sind. Man vergleiche dazu noch einmal Abbildung 1.

Bei steigenden Erwerbsquoten (Szenario S2) fällt der Rückgang des Erwerbspersonenpotenzials in 2050 lediglich vier Prozentpunkte geringer aus als im Basisszenario S1, bei dem die Erwerbsquoten konstant gehalten werden. Diese vier Prozentpunkte stellen den Verhaltenseffekt dar.

Abbildung 4: Dekomposition des Erwerbspersonenpotenzials der deutschen Bevölkerung in den alten Bundesländern: Verhaltenseffekt

2004 = 100 %

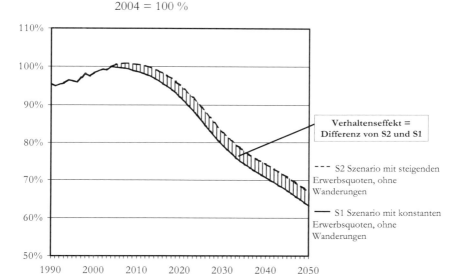

Bis 2004 tatsächliche Entwicklung, ab 2005 Projektion
Quelle: Eigene Berechnungen mit Daten von Fuchs; Dörfler 2005.

Der in Abbildung 5 angegebene Wanderungseffekt schließt die Wirkung zunehmender Erwerbsquoten bei Migranten ein. Aus dem Variantenvergleich ist erkennbar, wie stark der Wanderungseffekt sich kumulativ entwickelt. Mit Wanderungen und Einbürgerungen (Szenario S3) nähme das Erwerbspersonenpotenzial deutlich schwächer ab als ohne (S2). Bis zum Jahr 2050 könnte sich ein Unterschied von rund 13 Prozentpunkten aufbauen.

Bei den Westdeutschen spielen neben der Zuwanderung Deutscher aus dem Ausland (abzüglich der Fortzüge ins Ausland) auch die Nettozuzüge Ostdeutscher und Einbürgerungen eine Rolle. Getragen von den Einbürgerungen haben damit auch die Zuzüge von Ausländern eine gewisse Bedeutung, da im Modell jährlich ein fester Anteil der Ausländer eingebürgert wird.

Abbildung 5: Dekomposition des Erwerbspersonenpotenzials der deutschen Bevölkerung in den alten Bundesländern: Wanderungseffekt

2004 = 100 %

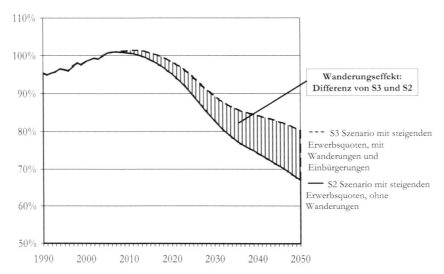

Bis 2004 tatsächliche Entwicklung, ab 2005 Projektion
Quelle: Eigene Berechnungen mit Daten von Fuchs; Dörfler 2005.

Erwerbspersonenpotenzial der deutschen Bevölkerung in den neuen Bundesländern

In Abbildung 6 wird der demografische Effekt für die neuen Bundesländer darge-stellt. Das Szenario S1 mit konstanten Erwerbsquoten, das zugleich keine Wande-rungen berücksichtigt, zeigt einen Rückgang des Erwerbspersonenpotenzials um mehr als 50 Prozent bis zum Jahr 2050. Auch in Ostdeutschland spielt die Alters-struktur eine große Rolle (S1k). Deutlich mehr als 10 Prozentpunkte sind auf die Alterung zurückzuführen.

Weder Veränderungen bei den Erwerbsquoten noch Wanderungen führen da-gegen zu einem spürbaren Effekt. Die Szenarien S2 (mit steigenden Erwerbsquoten, ohne Zuwanderung) und S3 (steigende Erwerbsquoten, mit Zuwanderung) weichen vom Szenario S1 im Jahr 2050 jeweils etwas weniger als einen Prozentpunkt ab. Grafisch waren diese Unterschiede nicht mehr darstellbar.

Abbildung 6: Dekomposition des Erwerbspersonenpotenzials der deutschen Bevölkerung in den neuen Bundesländern: Demografischer Effekt

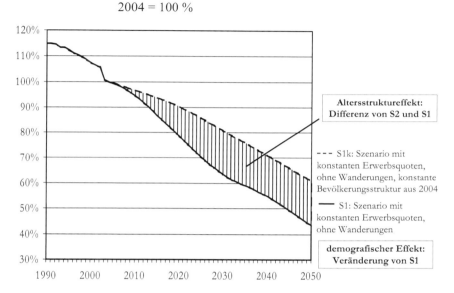

Bis 2004 tatsächliche Entwicklung, ab 2005 Projektion
Quelle: Eigene Berechnungen mit Daten von Fuchs; Dörfler 2005.

Erwerbspersonenpotenzial der Ausländer in Gesamtdeutschland

Die Entwicklung des Erwerbspersonenpotenzials der Ausländer wird wesentlich von der Zuwanderung bestimmt. Es liegen keine Schätzungen vor, die dieses Potenzial der Ausländer auf Ost und West aufteilen, obwohl dies mit zusätzlichen Annahmen möglich wäre. Da in Ostdeutschland derzeit nur sehr wenige Ausländer leben, sind schon die Ausgangsdaten für den Osten entsprechend unsicher. Die prognostizierte Entwicklung würde damit von zu vielen höchst unsicheren Annahmen abhängen, als dass man einen Ost-West-Vergleich anstrengen sollte. Die Analysen für das Erwerbspersonenpotenzial der Ausländer werden deshalb nur in der nun folgenden zusammenfassenden Gegenüberstellung gezeigt.

217

Neben den prozentualen Veränderungen sind die absoluten Entwicklungen interessant. Die folgenden Tabellen vergleichen diese absoluten Effekte für die drei Gruppen (Deutsche Ost, Deutsche West und Ausländer) und für verschiedene Zeiträume.

In Tabelle 4 ist der demografische Effekt, einschließlich des Altersstruktureffekts, abgebildet. Bis 2050 ergeben die Projektionen einen Rückgang des Erwerbspersonenpotenzials um 18,2 Millionen Erwerbspersonen, wovon die Westdeutschen, mit einem Minus von 11,7 Millionen, am stärksten betroffen sind. Bei den Westdeutschen wie auch insgesamt fällt die Abnahme in der Zeit nach 2020 überproportional aus.

Tabelle 4:   Demografischer Effekt auf das Erwerbspersonenpotenzial
              - in Millionen Personen -

Demografischer Effekt	2004-2020	2020-2050	2004-2050
Alte Länder (nur Deutsche)	-2,5	-9,2	-11,7
Neue Länder (nur Deutsche)	-1,8	-2,9	-4,7
Ausländer (+200.000 Nettozuwanderung p.a.)	-0,0	-1,8	-1,8
Insgesamt	-4,3	-13,9	-18,2

Quelle: Eigene Berechnungen mit Daten von Fuchs; Dörfler (2005).

Absolut nimmt das Erwerbspersonenpotenzial der Ostdeutschen nicht so stark ab, doch das war angesichts der geringeren Bevölkerungszahl nicht zu erwarten. Wie man im vorangegangenen Abschnitt gesehen hat, sinkt das Potenzial der Ostdeutschen jedoch relativ viel stärker als das der Westdeutschen. Mehr überrascht, dass diese Entwicklung bei den Ostdeutschen früher beginnt, denn ein weitaus größerer Teil des Rückgangs findet bereits bis 2020 statt. Dies dürfte eine Folge der Halbierung der Geburtenzahlen nach der Wende sein. Statt wie vorher rund 200.000 wurden in den ersten Jahren nach der Wende nur noch etwa 100.000 Kinder geboren. Diese nie geborenen Kinder fehlen inzwischen am Arbeitsmarkt; ein Effekt, der sich in den nächsten Jahren verstärken wird.

Das Erwerbspersonenpotenzial der Ausländer wird bis 2020 von demografischen Prozessen in seiner Zahl nicht sichtbar reduziert. Erst danach wirken sich diese auch auf das Arbeitskräfteangebot der Ausländer aus.

Wie sicher ist nun diese prognostizierte Entwicklung? Der Einfluss der demografischen Komponente hängt von der gegebenen Altersstruktur ab, von den Geburten und der Lebenserwartung. Die Altersstruktur ist gegeben und nicht veränderbar. Dieser Teil des demografischen Effekts wurde mit dem Altersstruktureffekt quantifiziert. Möglicherweise werden aber mehr Kinder geboren also angenommen oder die Zahl der Sterbefälle ist geringer.

Ein Anstieg der Geburtenziffern hätte mit Sicherheit deutliche Auswirkungen auf die Erwerbsbevölkerung und damit auf das zukünftige Potenzial an Arbeitskräften. Allerdings setzen diese Wirkungen mit Zeitverzögerung ein, denn Neugeborene zählen frühestens 15 Jahre nach ihrem Geburtsjahr zum Erwerbspersonenpotenzial. Analysen mit der Annahme einer bestandserhaltenden Fertilität (TFR 2,1) belegen, dass es ungefähr 30 Jahre dauert, bis der Rückgang der Erwerbsbevölkerung gestoppt wird – auf einem gegenüber heute niedrigeren Niveau und nur bei einer Nettozuwanderung (Fuchs, Söhnlein 2006). Wenn man von einem ausgeglichenen Wanderungssaldo ausgeht, dann würde selbst bei dieser hohen Geburtenziffer die Erwerbsbevölkerung weiter abnehmen.

Simuliert wurde weiter eine deutliche Senkung der Mortalität (allgemein 30 Prozent höhere altersspezifische Überlebenswahrscheinlichkeiten). Auf das Erwerbspersonenpotenzial wirkt sich dies nicht nennenswert aus (Fuchs, Söhnlein 2006).

Für die nächsten Jahrzehnte muss der demografische Effekt damit als ein (beinahe) festes Datum betrachtet werden.

Im Vergleich zu den übrigen Komponenten stellt sich die demografische als die quantitativ wichtigste heraus (Tabelle 5). Dagegen ist der Einfluss einer im Trend steigenden Erwerbsbeteiligung gering, obwohl die Erwerbsquoten der Deutschen in den mittleren Altersgruppen bis 2050 ein Niveau erreicht haben, das kaum mehr steigerungsfähig sein dürfte. Bei den Ausländern gibt es jedoch noch Spielräume bei den Erwerbsquoten der Frauen. Für die Wirkung auf das Erwerbspersonenpotenzial Deutschlands muss man bei den Ausländerinnen deren relativ geringe Bevölkerungszahl berücksichtigen.

Mehr verspricht eine Verlängerung der Lebensarbeitszeit. Eine Schätzung zu den Auswirkungen der „Rente mit 67" kommt für das Jahr 2050 auf ein zusätzliches Erwerbspersonenpotenzial im Umfang von 0,8 bis 2,5 Millionen älteren Arbeitskräften (Fuchs 2006). Um diese Personen würde sich der oben angegebene Verhaltenseffekt erhöhen. Ansonsten muss die in Tabelle 3 angegebene Verhaltenskomponente nahezu als Obergrenze angesehen werden.

Tabelle 5:   Veränderung des Erwerbspersonenpotenzial in
Ost- und Westdeutschland zwischen 2004 und 2050
- in Millionen Personen -

2004 bis 2050	Demografie	Verhalten	Wanderung	Insgesamt
Alte Länder (nur Deutsche)	-11,7	+1,2	+4,2	-6,3
Neue Länder (nur Deutsche)	-4,7	+0,0	+0,1	-4,6
Ausländer (+200.000 Nettozuwanderung p.a.)	-1,8	+0,1	+3,5	+1,8
Deutschland insgesamt	-18,2	+1,4	+7,8	-9,0

Quelle: Eigene Berechnungen mit Daten von Fuchs; Dörfler (2005).

Aus der Zuwanderung und den Einbürgerungen ergeben sich erhebliche Gewinne für die Westdeutschen. Bei den Ostdeutschen heben sich positive (Einbürgerungen) und negative Effekte (Ost-West-Fortzüge) weitgehend auf.

Mögliche Fehleinschätzungen hinsichtlich der Wanderungen und der Einbürgerungen schlagen sich im Übrigen ausschließlich innerhalb der Wanderungskomponente nieder. Überschätzt man beispielsweise die Einbürgerungen, dann wäre der Wanderungseffekt bei den Deutschen niedriger, bei den Ausländern höher.

Der in der Tabelle aufgeführte gesamte Wanderungseffekt ist zunächst eine Folge der künftigen Außenwanderung. Der dabei eingeschlossene Einbürgerungseffekt resultiert auch aus früheren Zuzügen nach Deutschland.

Der Migrationseffekt enthält den generativen Effekt aus Geburten und Sterbefällen. Diese werden von der Alters- und Geschlechtsstruktur der Migranten beeinflusst. Eine günstigere Altersstruktur würde langfristig zu einem stärkeren Migrationseffekt führen (zum Einfluss der Altersstruktur der Zuwanderung auf das Erwerbspersonenpotenzial siehe Dinkel et al. 1993). Allerdings gibt es hier Grenzen, denn diese Struktur ist – aus deutscher Sicht – bereits recht günstig (Fuchs; Söhnlein 2005, 2006).

5. Resümee

Die nach Ost und West getrennte Dekomposition hat zu dem erwarteten Ergebnis geführt, dass die prognostizierten Veränderungen des Erwerbspersonenpotenzials vor allem der natürlichen Bevölkerungsentwicklung zuzuschreiben sind, wobei die heute vorliegende Altersstruktur einen wichtigen Teil dazu beiträgt. Höhere Erwerbsquoten bremsen, können aber den Trend nicht aufhalten. Das Erwerbspersonenpotenzial wird außerdem stark von der Zuwanderung beeinflusst. Doch obwohl eine im langfristigen Durchschnitt durchaus hohe Zuwanderung angenommen wurde, lässt sich auch damit der Potenzialrückgang nicht stoppen.

Damit sollte sich die deutsche Gesellschaft darauf einstellen, dass das Arbeitskräfteangebot auf lange Sicht erheblich kleiner – und zugleich älter – sein wird. Gegenmaßnahmen benötigen ihre Zeit, bis sie wirken. Heimische Personalreserven, die aktivierbar wären, finden wir langfristig gesehen hauptsächlich bei Ausländerinnen und Älteren. Damit bekommen Maßnahmen zur Arbeitsmarktintegration von Ausländerinnen sowie eine längere Lebensarbeitszeit ein höheres Gewicht.

Literatur

Adserà, Alicia (2004): Changing fertility rates in developed countries. The impact of labor market institutions. In: Population Economics, 17, 17-43.

Carone, Guiseppe (2005): Long-term labour force projections for the 25 EU Member States: A set of data for assessing the economic impact of ageing. Economic Papers (European Economy, European Commission, Directorate-General for Economic and Financial Affairs), No. 235.

Dinkel, Reiner H./ Lebok, Uwe (1993): Die langfristige Entwicklung des Erwerbspersonenpotenzials bei alternativen Annahmen über die (Netto-)Zuwanderung nach Deutschland. In: Mitteilungen aus der Arbeitsmarkt- und Berufsforschung (MittAB), 4, 495-506.

Dinkel, Reiner Hans/ Meinl, Erich (1991): Die Komponenten der Bevölkerungsentwicklung in der Bundesrepublik Deutschland und der DDR zwischen 1950 und 1987, In: Zeitschrift für Bevölkerungswissenschaft, Jg. 17, 2/1991, 115-134.

Fuchs, Johann (2006): Rente mit 67 - Neue Herausforderungen für die Beschäftigungspolitik, IAB-Kurzbericht 16/2006.

Fuchs, Johann/ Dörfler; Katrin (2005): Projektion des Erwerbspersonenpotenzials bis 2050 – Annahmen und Datengrundlage. IAB-Forschungsbericht 25/2005.

Fuchs, Johann/ Söhnlein, Doris (2006): Effekte alternativer Annahmen auf die prognostizierte Erwerbsbevölkerung. IAB-Discussion Paper 19/2006.

Fuchs, Johann/ Söhnlein, Doris (2005): Vorausschätzung der Erwerbsbevölkerung bis 2050. IAB-Forschungsbericht 16/2005.

Fuchs, Johann/ Brigitte Weber (2005): Neuschätzung der Stillen Reserve und des Erwerbspersonenpotenzials für Westdeutschland (inkl. Berlin-West). IAB-Forschungsbericht 15/2005.

Höhn, Charlotte (1999): Die demographische Alterung - Bestimmungsgründe und wesentliche Entwicklungen. In: Evelyn Grünheid/ Charlotte Höhn: Demographische Alterung und Wirtschaftswachstum, Opladen, 9-33.

Jaumotte, Florence (2003): Female Labour Force Participation: Past Trends and Main Determinants in OECE Countries. Economic Department Working Paper No. 376 (Hrsg.: OECD, ECO/WKP(2003)30).

McNown, Robert/ Rajbhandary, Sameer (2003): Time series analysis of fertility and female labor market behavior. In: Journal of Population Economics, 16: 501-523.

Schulz, Erika (1999): Demographische Alterung und Entwicklung der Frauenerwerbsbeteiligung. In: Evelyn Grünheid, Charlotte Höhn: Demographische Alterung und Wirtschaftswachstum, Opladen, 89-107.

Sommer, Bettina (2003): Bevölkerungsentwicklung bis 2050. Annahmen und Ergebnisse der 10. koordinierten Bevölkerungsvorausberechnung. In: Wirtschaft und Statistik, 8, 693-701.

Vlasblom, Jan Dirk/ Schippers, Joop J. (2004): Increases in Female Labour Force Participation in Europe: Similarities and Differences. In: European Journal of Population, Vol. 20, No. 4, 375-392.

Die Bevölkerungsentwicklung in den Regionen Deutschlands – Ein Spiegelbild der vielfältigen ökonomischen und sozialen Disparitäten

Steffen Maretzke

1. Einleitung

Die demografische Entwicklung in den Regionen Deutschlands vollzieht sich im Kontext sehr unterschiedlicher Einflussfaktoren. Zum einen wird sie maßgeblich durch die natürliche Bevölkerungsentwicklung, also durch Fertilität und Mortalität geprägt. Zum anderen übt auch die Migration einen nachhaltigen Einfluss auf die regionale Bevölkerungsdynamik aus.

Als eine der Ursachen für Migrationsbewegungen sind räumliche Ungleichheiten zu nennen: Regionen mit einer mehrheitlich positiven Ausprägung ihrer Standortfaktoren realisieren Wanderungsgewinne, Regionen mit ungünstigeren Voraussetzungen verlieren an Einwohnern. Die Migrationseffekte können jedoch von den Einflüssen der spezifischen Fertilität und Mortalität in den jeweiligen Regionen überlagert, also verstärkt oder kompensiert werden. Dieser Beitrag soll die Abhängigkeit demografischer Prozesse vom Ausmaß regionaler Disparitäten untersuchen. Die Frage ist, ob sich regionale Ungleichheiten letztendlich in regionalen Besonderheiten der Alters- und Geschlechterstruktur beziehungsweise der Bevölkerungsentwicklung niederschlagen.

Um diese Frage zu beantworten, werden im Folgenden zuerst wesentliche Muster regionaler Disparitäten in Deutschland beschrieben und diese im Weiteren der Regionalstruktur demografischer Prozesse und Strukturen gegenübergestellt. Differenzierte Analysen der Wechselbeziehungen von Indikatoren aus den Teilbereichen „Regionale Disparitäten" und „Demografie" sollen im Anschluss zeigen, ob und in welcher Intensität sich Zusammenhänge zwischen den beiden Teilbereichen beobachten lassen.

2. Regionale Disparitäten in Deutschland

Der Abbau regionaler Ungleichheiten ist eine wichtige Zielstellung raumbezogener Politik und Planung. Entsprechend sind:

- die Herstellung gleichwertiger Lebensverhältnisse in allen Teilräumen (ROG §1(2)6) und
- der Ausgleich der räumlichen und strukturellen Ungleichgewichte zwischen den bis zur Herstellung der Einheit Deutschlands getrennten Gebieten (ROG §1(2)7)

als wichtige Leitvorstellungen des raumordnerischen Handelns im aktuellen Raumordnungsgesetz verankert. Um einen Überblick über das aktuelle Ausmaß dieser regionalen Disparitäten in Deutschland zu geben, sollen im Folgenden wachstumsrelevante Potenzialfaktoren identifiziert und deren Regionalstruktur analysiert und bewertet werden.

2.1 Wesentliche Potenzialfaktoren regionalwirtschaftlicher Entwicklung

Die regionalökonomischen Theorien liefern zahlreiche – teils komplementäre, teils substitutive – Erklärungsansätze zu den Triebkräften und Hemmnissen der regionalen Wirtschaftsentwicklung. Zu den Potenzialfaktoren, die die wirtschaftliche Entwicklung und damit auch die Wettbewerbsfähigkeit einer Region maßgeblich prägen, gehören diesen Theorien zufolge:

- die Ausstattung einer Region mit „klassischen" Produktionsfaktoren wie Sach- und Humankapital,
- die sektorale Wirtschaftsstruktur, ,
- die Innovationskapazität (unternehmerische und öffentliche Forschungs- und Entwicklungs-Kapazitäten),
- das Marktpotenzial beziehungsweise die geografische Standortgunst,
- die öffentliche Infrastruktur und die Existenz von Agglomerationsvorteilen, die sich unter anderem aus der hohen Bevölkerungsdichte und dem daraus resultierenden großen „Marktpotenzial", sowie aus der starken Konzentration von Unternehmen aus gleichen Branchen an einem Ort ableiten lassen.

Die Wettbewerbsfähigkeit einer Region hat zwei Dimensionen: Produktivität und Beschäftigungsstand. Während das Wachstum von Einkommen und Bruttoinlandsprodukt (BIP) in der Vergangenheit in vielen Regionen größtenteils auf der gestiegenen Produktivität beruhte, stagnierte die Beschäftigung oder sie entwickelte sich sogar rückläufig. Die Notwendigkeit, die Beschäftigungsintensität des Wachstums zu erhöhen stellt eine große Herausforderung für die Wettbewerbsfähigkeit der Regionen dar.

Farhauer und Granato (2006) haben die hier genannten Erklärungsansätze für die westdeutschen Regionen untersucht und zeigen, welche Faktoren generell die Beschäftigungsentwicklung einer Region beeinflussen. Danach sind gute Standortbedingungen, eine günstige Branchenzusammensetzung, mittlere Betriebsgrößen und hoch qualifizierte Arbeitnehmer positiv, während sich die Präsenz vieler Großbetriebe, hoher Löhne und eine Ballung von Krisenbranchen negativ auswirken.

Weitere Faktoren, die die regionale Wirtschaftsentwicklung maßgeblich prägen können, sind beispielsweise die Existenz von Headquarterfunktionen, weiche Standortfaktoren, administrative Raumgrenzen, die Effizienz der öffentlichen Verwaltung, das Ausmaß und die Wirksamkeit der Unterstützungsdienste für Unternehmen, die Verfügbarkeit sozialer Einrichtungen, die herrschende Einstellung gegenüber der Unternehmertätigkeit sowie verschiedene andere institutionelle Aspekte (vgl. Untiedt et al. 2006).

Im Folgenden wird ein Set an regionalen Struktur- und Entwicklungsindikatoren, das die zuvor genannten wachstumsrelevanten Potenzialfaktoren mehr oder weniger gut beschreibt, abgegrenzt (Tabelle 1) und differenzierter bewertet.

Tabelle 1:   Ausgewählte regionale Struktur- und Entwicklungsindikatoren

Regionale Strukturindikatoren

Indikator	Abkürzung	Definition
Wirtschaftsstruktur [i]	a_dl03	Anteil der sozialversicherungspflichtig Beschäftigten der Bereiche Verkehr und Nachrichtenübermittlung; Kredit- u. Versicherungsgewerbe; Grundstücks- u. Wohnungswesen, überwiegend unternehmensorientierte Dienstleistungen; Gesundheits-, Veterinär- u. Sozialwesen 2003
Hochwertige Ausbildungsabschlüsse	a_huf03	Anteil der sozialversicherungspflichtig Beschäftigten mit Fachschul-, Fachhochschul- oder Hochschulabschluss, 2003
Langzeitarbeitslosigkeit	q_alq0903	Langzeitarbeitslose je 100 abhängige Erwerbspersonen, 37865
Betriebsgröße[ii]	b_grt03	Durchschnittliche Zahl der Beschäftigten in Betrieben des produzierenden Gewerbes 2003
Ausstattung mit hochrangiger Infrastruktur	hr_is04	Erreichbarkeit des jeweils nächstgelegenen Autobahnanschlusses, Verkehrsflughafens und Fernbahnhofes (in Minuten), 2004
Produktivität	q_bip03	Bruttoinlandsprodukt in € je Erwerbstätigen, 2003
.de-domain-Dichte[iii]	q_dom04	Registrierte .de-domains je 100 Einwohner, 2004
Einkommensniveau	q_eink03	Verfügbares Primäreinkommen privater Haushalten in 1000 € je Einwohner, 2003
Erwerbstätigenbesatz	q_ewt03	Erwerbstätige je 100 Einwohner 2003
Regionale Entwicklungsindikatoren		
Langzeitarbeitslosigkeit	alq9603	Entwicklung der Zahl Langzeitarbeitsloser je 100 abhängige Erwerbspersonen, September 1996 bis 2003
Erwerbstätigenanteil	ant9704eb	Entwicklung des des Erwerbstätigenanteils, 1997 bis 2004
Einkommensniveau	eink9503	Entwicklung des verfügbaren Primäreinkommens privater Haushalten in 1000 € je Einwohner, 1995 bis 2003

Indikatoren zur Alters- und Geschlechterstruktur der Bevölkerung

Durchschnittsalter der Bevölkerung	dalins04	Durchschnittsalter der Bevölkerung 2004 (in Jahren)
Geschlechterstruktur der Erwerbsfähigen	f100m04ef	Zahl der erwerbsfähigen Frauen (15-64jährige) je 100 erwerbsfähige Männer, 2004

Binnenwanderungsindikatoren

Durchschnittliche Wanderungsdistanz	ddist_g04	Durchschnittliche Distanz der Wanderungen über Kreisgrenzen (in Km), 2004
Ost-West-Fortzüge	qfz_d_e04	Ost ↔ West-Fortzüge von Deutschen je 10.000 Einwohner, 2004
Saldo der Ost ↔ West Binnenwanderungen	qQsb_d_e04	Saldo der Ost ↔ West-Binnenwanderungen von Deutschen je 10.000 Einwohner, 2004
Geschlechterstruktur des BWS	qsb_mw_g_e04	Differenz des weiblichen und männlichen Binnenwanderungssaldos der Wanderungsverflechtung der AL ↔ NL, je 10000 Einwohner 2004
Saldo der Binnenwanderungen (BWS)	qsgi0204	Durchschnittliches jährliches Saldo der Binnenwanderungen über Kreisgrenzen je 10.000 Einwohner, 2002 bis 2004

Demografische Entwicklungsindikatoren

Geschlechterstruktur	e_f100m9704	Entwicklung der Zahl erwerbsfähiger Frauen (15-64jährige) je 100 erwerbsfähige Männer, 1997 bis 2004 (in %)
Bevölkerungszahl	e_bev9704	Entwicklung der Bevölkerungszahl, 1997 bis 2004 (in %)
Durchschnittsalter der Bevölkerung	e_dalins_9704	Entwicklung des Durchschnittsalters der Bevölkerung, 1997 bis 2004 (in%)
Binnenwanderungssaldo	e_qsb9703	Absolute Differenz der Binnenwanderungssalden 2002/2003/2004 (JD) und 1996/1997/1998 (JD) - (je 10.000 Einwohner)

[i] Farhauer und Granato zeigen in ihren Analysen, dass vor allem die Branchen des tertiären Sektors wie wirtschaftsbezogene Dienstleistungen, Gesundheits- und Sozialwesen sowie freizeitbezogene Dienstleistungen eine überdurchschnittliche Beschäftigungsentwicklung bewirken. Vgl. Farhauer Oliver, Granato Nadia. a.a.O. S.3f.

[ii] Betriebe des verarbeitenden Gewerbes, Bergbau und Gewinnung von Steinen und Erden mit im Allgemeinen 20 Beschäftigten und mehr, einschl. Handwerk.

[iii] Um eine eigene Homepage im Internet präsentieren zu können, muss man zuvor eine domain anmelden. Neben der .de-domain, die für Deutschland reserviert ist, gibt es noch weitere domains (u.a. .eu; .org;; .net; .com; .info), die eher kommerziell genutzt werden.

Offensichtlich ist, dass die neuen Bundesländer im Vergleich zu den alten Bundesländern eine geringere Wirtschaftskraft und ein ungleich höheres Niveau der Arbeitslosigkeit aufweisen (vgl. Abb. 1). Diese Defizite resultieren sicherlich auch aus der schlechteren Ausstattung der ostdeutschen Regionen mit wichtigen Potenzialfaktoren. Die geringere durchschnittliche Betriebsgröße der Unternehmen im Bergbau und verarbeitenden Gewerbe zeigt beispielsweise, dass es in diesen Regionen deutlich weniger bedeutende, exportorientierte Unternehmen gibt. Um hochrangige Infrastruktureinrichtungen zu erreichen, muss man in den neuen Bundesländern deutlich mehr Zeit aufwenden und auch die aktive Internetnutzung ist weit weniger verbreitet. Einzig hinsichtlich des Indikators „Hochwertige Ausbildungsabschlüsse" ergeben sich günstigere Werte für die ostdeutschen Regionen. Aus zwei Gründen ist allerdings zu vermuten, dass dieser Potenzialfaktor in den neuen Ländern nur eingeschränkt zum Tragen kommt: Zum einen ist die aktuelle Arbeitsmarktsituation dort problematisch, zum anderen wurden viele dieser Ausbildungsabschlüsse zu DDR-Zeiten erworben und entsprechen damit nur noch in eingeschränktem Maße den veränderten Anforderungen des Arbeitsmarktes.

Neben diesen gravierenden Ost-West-Unterschieden zeigt sich auch, dass die einzelnen Indikatoren, gemessen am Variationskoeffizienten, ein sehr differenziertes regionales Streuungsniveau aufweisen. Sowohl in den alten, als auch in den neuen Bundesländern zeigen sich unter anderem in Bezug auf den „Erwerbstätigenbesatz" oder das „Einkommensniveau" nur geringe Abweichungen der Extremwerte vom Mittelwert, während diese bei den „hochwertigen Ausbildungsabschlüssen" oder der „Langzeitarbeitslosigkeit" in Ost und West deutlich größer ausfallen.

Zu beachten ist, dass sich die regionalen Strukturindikatoren jeweils im Kontext ihrer eigenen, prägenden Einflussfaktoren entwickeln. Es ist daher nicht zu erwarten, dass sich das regionale Streuungsniveau verschiedener Strukturindikatoren gleicht. So ist plausibel, dass die Werte beim Erwerbstätigenbesatz oder der Altersstruktur der Bevölkerung nicht so stark um den Mittelwert streuen wie beispielsweise beim regionalen Bevölkerungspotenzial. Dessen Wert ist in starkem Maße von der historisch gewachsenen Siedlungsstruktur geprägt, die als Ergebnis eines langwierigen Verstädterungsprozesses neben dichten Ballungsräumen auch große periphere Räume mit einer sehr geringen Einwohnerdichte aufweist.

Analysiert man dagegen das regionale Streuungsniveau eines einzelnen Indikators in verschiedenen Teilräumen, dann sollte man schon ein vergleichbares Niveau und ähnliche Muster der regionalen Streuung erwarten können. Ist dem nicht so, können diese Abweichungen ein Anhaltspunkt für strukturelle Probleme beziehungsweise regionale Disparitäten sein, bei denen Handlungsbedarf besteht.

In der vorliegenden Studie wird vor allem für die Indikatoren „Betriebsgröße", „Einkommensniveau", „Arbeitslosigkeit", „Hochwertige Ausbildungsabschlüsse" und „Internetnutzung" ein solcher Handlungsbedarf signalisiert. Maßnahmen, die eingesetzt werden, um diesen regionalen Ungleichgewichten entgegenzuwirken, sollten sich an den Strukturen des „wettbewerbsfähigeren" Teilraumes orientieren, denn dieser hat seine Güte bereits unter Beweis gestellt. Für die ostdeutschen Regionen liefe diese Entwicklung auf einen Disparitätenabbau, zum Beispiel beim Thema Internetnutzung, als auch auf eine weitere regionale Ausdifferenzierung von Strukturindikatoren hinaus (Betriebsgröße, Einkommensniveau, Arbeitslosigkeit).

Abbildung 1:   Regionale Disparitäten ausgewählter Indikatoren in den Arbeitsmarktregionen der alten (AL) und neuen (NL) Bundesländer: Einkommensniveau (q_eink03), Erwerbstätigenbesatz (q_ewt03), Produktivität (q_bip03), Wirtschaftsstruktur (a_dl03).de-domain-Dichte (q_dom04), Langzeitarbeitslosigkeit (alq0903), Ausstattung mit hochrangiger Infrastruktur (hr_is04), Hochwertige Ausbildungsabschlüsse (a_huf03), Betriebsgröße (b_gr03).

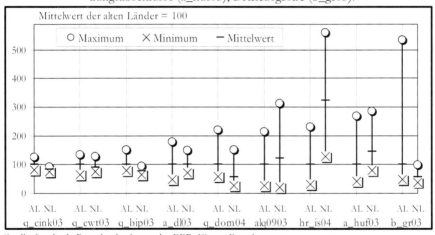

Quelle: Laufende Raumbeobachtung des BBR, Eigene Berechnungen

2.2 Die Regionalstruktur ausgewählter Indikatoren der Wirtschaftsentwicklung

Aus der Vielzahl der Indikatoren zur Wirtschaftsentwicklung wurden über eine multiple Regressionsanalyse vier Indikatoren herausgefiltert (vgl. Abb.2 und Abb.3), die die Regionalstruktur der Wirtschaftskraft in den Arbeitsmarktregionen Deutschlands zu 83% und deren Varianz zu 68% erklärt.

230

Abbildung 2: Regionalstruktur der Strukturindikatoren .de-domain-Dichte (q_dom04) und Betriebsgröße (b_gr03)

Registrierte .de-Domains je 100 Einwohner, 2004

- bis unter 4
- 4 bis unter 6
- 6 bis unter 8
- 8 bis unter 10
- 10 und mehr

Durchschn. Zahl der Beschäftigten in Betrieben des produzierenden Gewerbes, 2003

- bis unter 80
- 80 bis unter 100
- 100 bis unter 130
- 130 bis unter 160
- 160 und mehr

Die Zahl der registrierten .de-domains, hier auch .de-domain-Dichte genannt, lag im Jahr 2004 in den ostdeutschen Arbeitsmarktregionen mit 5,7 .de-domains je 100 Einwohner mehr als 35 Prozent unter dem westdeutschen Vergleichswert (Alte Bundesländer = 8,8). Dieses deutlich geringere Niveau der aktiven Internetnutzung kann verschiedene Ursachen haben. Ein wesentlicher Grund ist sicherlich, dass in den ostdeutschen Regionen aktuell noch immer deutlich weniger private Haushalte als im Westen an die moderne Breitband-Technik (DSL, Powerline, Kabel, Funk) angeschlossen werden können. Bei den Analysen zur Berechnung des Infrastruktur-indikators für die Neuabgrenzung der GRW-Fördergebiete zeigte sich, dass im Jahr 2005 in den neuen Bundesländern noch immer nur 74 Prozent der privaten Haushalte potenziell an eine der oben genannten Breitband-Techniken angeschlossen werden können (Alte Bundesländer = 87%). Zudem fällt die Schwankungsbreite des regionalen Ausstattungsniveaus, gemessen am Variationskoeffizienten, deutlich größer als in den alten Ländern aus. Dies zeigt, dass es neben den relativ gut ausgestatteten Regionen auch viele Gebiete gibt, in denen die potenzielle Anschlussmöglichkeit der Haushalte weit unter dem ostdeutschen Durchschnittswert liegt (Maretzke 2005).

Die geringere .de-domain-Dichte kann aber auch davon zeugen, dass es in den ostdeutschen Regionen weniger Personen gibt, die selbst bei vorhandener Anschlussmöglichkeit an die Breitband-Technik über die Ressourcen verfügen, eine eigene Homepage zu erstellen: Möglicherweise ist es ihnen zu teuer, ihnen fehlt die Hardware, oder sie verfügen nicht über das erforderliche Know how, um eine eigene Webpräsentation zu erstellen. Auch der Bedarf nach einer eigenen Homepage könnte im Osten einfach weniger stark ausgeprägt sein. Damit informiert dieser Indikator indirekt auch über die Qualität des Humankapitals beziehungsweise über das Innovationspotenzial, das in einer Region genutzt werden kann.

Sowohl in den alten, als auch in den neuen Bundesländern weist dieser Indikator ein deutliches Stadt-Land-Gefälle auf (vgl. Abb. 2). Das Niveau der regionalen Disparitäten ist, gemessen am Variationskoeffizienten, im Osten etwas größer als im Westen. Unter den 100 Arbeitsmarktregionen mit der höchsten .de-domain-Dichte befinden sich mit Berlin (11,1) und Dresden (7,7) lediglich zwei ostdeutsche Regionen. Die westdeutschen Arbeitsmarktregionen Hamburg, Köln, Husum, Düsseldorf und München weisen mit Werten von über 13 .de-domains je 100 Einwohner die höchste Dichte auf. Die mit Abstand niedrigsten Werte konzentrieren sich demgegenüber vor allem auf die ländlichen Regionen der neuen Bundesländer. Im Durchschnitt kommen hier nur 3,3 .de-domains auf 100 Einwohner, wobei dieser Indikator in den Arbeitsmarktregionen Pasewalk, Schönebeck, Staßfurt, Prenzlau, Salzwedel und Stendal sogar unter 2,5 liegt. Die westdeutsche Region Helmstedt, die unter den westdeutschen Arbeitsmarktregionen den niedrigsten Wert aufweist, erreichte immerhin einen Wert von 4,2.

Betriebsgröße

Die durchschnittliche Betriebsgröße der Unternehmen im Bergbau[1] und verarbeitenden Gewerbe lag im Jahr 2003 bei 127 Beschäftigten je Betrieb. In den alten Bundesländern waren es mit 137 Beschäftigten je Betrieb fast 70 Prozent mehr Beschäftigte als in den neuen Bundesländern (82 Beschäftigte je Betrieb). Das Niveau der regionalen Disparitäten fiel, gemessen am Variationskoeffizienten, im Westen deutlich größer als im Osten aus. Dies verdeutlicht, dass es in den neuen Ländern nur wenige mittelgroße und große Betriebe gibt. Diese deutlich kleinteiligere Betriebsgrößenstruktur zeigt, wie stark der zurückliegende passive Sanierungsprozess die ostdeutsche Industrielandschaft bereits verändert hat. Noch Anfang der 90er Jahre lag der ostdeutsche Industriebesatz weit über dem westdeutschen Vergleichswert.

Farhauer und Granato (2006) zeigen in ihrer Arbeit, dass entgegen der verbreiteten Vermutung nicht Kleinbetriebe der eigentliche Hoffnungsträger für Beschäftigungszuwächse sind, sondern mittelgroße Betriebe. Bei einer durchschnittlichen Betriebsgröße von 127 Beschäftigen in Deutschland gibt es in den neuen Ländern aber selbst von diesen mittelgroßen Betrieben nur sehr wenige (Neue Bundesländer = 82 Beschäftigte je Betrieb). Dies ist unter anderem auch deshalb ein Problem für die wirtschaftliche Entwicklung der neuen Länder, weil gerade die mittleren und großen Unternehmen überdurchschnittlich hohe Umsatzanteile über den Export realisieren. So kann es nicht verwundern, dass die Exportumsätze der ostdeutschen Industrie noch immer weit hinter den westdeutschen Umsätzen liegen. Im Jahr 2004 erreichten die ostdeutschen Unternehmen mit 38,6 Milliarden Euro nur einen Anteil von 7,2 Prozent am Auslandsumsatz, während ihr Beschäftigtenanteil 13,6 Prozent erreichte. Aber selbst dieser Wert liegt noch weit unter ihrem Bevölkerungsanteil von 20,4 Prozent.[2]

Sowohl in den alten, als auch in den neuen Bundesländern steigt die Betriebsgröße mit zunehmendem Verdichtungsgrad der Region (vgl. Abb. 2). Entsprechend konzentrieren sich die großen Betriebe vor allem in den Agglomerationsräumen. Die Tatsache, dass die Betriebe der ostdeutschen Agglomerationsräume mit einer durchschnittlichen Beschäftigtenzahl von 82 immer noch um mehr als 30 Prozent kleiner als die Betriebe der westdeutschen ländlichen Räume (121 Beschäftigte je

---

1 Ergebnisse für Betriebe mit im Allgemeinen 20 Beschäftigten und mehr, einschl. Handwerk.
2 Vgl. http://www.statistik-portal.de/Statistik-Portal/de_jb12_jahrtab24.asp, Eigene Berechnungen

Betrieb) sind veranschaulicht eindrucksvoll, dass sich der ostdeutsche Deindustrialisierungsprozess flächendeckend vollzogen hat.

Unter den 100 Arbeitsmarktregionen mit den im Durchschnitt größten Betrieben finden sich mit Zwickau (132 Beschäftigte je Betrieb) und Berlin (116 Beschäftigte je Betrieb) nur zwei ostdeutsche Regionen. Im Falle von Zwickau ist diese günstige Position sicherlich dem starken Engagement der Volkswagen AG zu verdanken, während Berlin noch immer davon profitiert, dass viele große Betriebe im Westteil der Stadt agieren. In den westdeutschen Arbeitsmarktregionen Salzgitter, Dingolfing, Leverkusen und Wolfsburg befinden sich bundesweit die größten Betriebe, mit zum Teil weit über 400 Beschäftigten. Die im Durchschnitt kleinsten Betriebe sind in den Arbeitsmarktregionen Pasewalk, Grimma, Parchim, Bergen, Neuruppin, Güstrow und Eberswalde zu finden, mit weniger als 60 Beschäftigten. Unter den westdeutschen Arbeitsmarktregionen weist die Region Husum den niedrigsten Wert auf, mit im Durchschnitt 61 Beschäftigten je Betrieb.

Langzeitarbeitslosigkeit

Im September 2003 waren von 100 abhängigen Erwerbspersonen 4,1 Personen bereits länger als ein Jahr arbeitslos. Waren in den alten Bundesländern zu diesem Zeitpunkt im Schnitt 2,9 Erwerbspersonen betroffen, so lag dieser Wert in den neuen Bundesländern mit 8,4 fast dreimal so hoch. Bei der amtlichen Arbeitslosenquote (Arbeitslose insgesamt je 100 abhängige Erwerbspersonen) fielen diese Unterschiede zwischen den alten und neuen Ländern nicht so krass aus (Alte Bundesländer = 9,0%, Neue Bundesländer = 19,3%). Wenn man berücksichtigt, dass das Niveau der regionalen Disparitäten, gemessen am Variationskoeffizienten, im Osten zudem noch wesentlich niedriger als im Westen lag, wird deutlich, dass sich die wirtschaftsstrukturellen Probleme der neuen Länder in einem flächendeckend hohen Niveau der Langzeitarbeitslosigkeit manifestieren.

Während sich in den alten Bundesländern im Niveau der Langzeitarbeitslosigkeit 2003 ein klares Stadt-Land-Gefälle zeigt, weisen die ostdeutschen Agglomerationsräume ein deutlich niedrigeres Niveau als die peripherer gelegenen Räume auf.

234

Abbildung 3: Regionalstruktur der Strukturindikatoren Langzeitarbeitslosigkeit (q_alq0903) und hochwertige Ausbildungsabschlüsse (a_huf03)

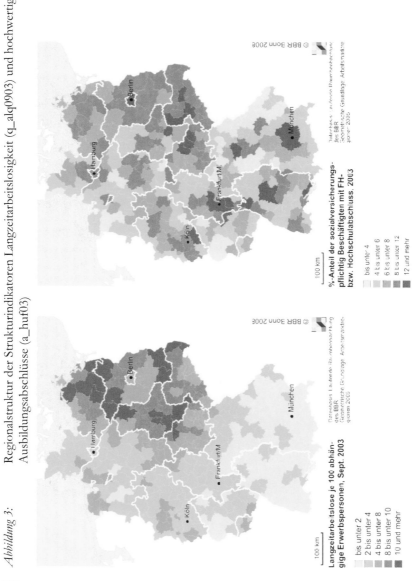

100 km

Langzeitarbeitslose je 100 abhängige Erwerbspersonen, Sept. 2003

- bis unter 2
- 2 bis unter 4
- 4 bis unter 8
- 8 bis unter 10
- 10 und mehr

100 km

%–Anteil der sozialversicherungspflichtig Beschäftigten mit FH- bzw. Hochschulabschluss, 2003

- bis unter 4
- 4 bis unter 6
- 6 bis unter 8
- 8 bis unter 12
- 12 und mehr

Nur wenige ostdeutsche Regionen können sich in die Phalanx der westdeutschen Regionen einreihen. Diese ostdeutschen Regionen profitieren dabei entweder von ihrer Nähe zum westdeutschen Arbeitsmarkt (Sonneberg, Eisenach, Suhl, Meiningen, Gotha) und/oder weisen selbst eine vergleichsweise günstige Wirtschaftsentwicklung auf (Jena). In diesen ostdeutschen Regionen sind weniger als sechs von 100 abhängigen Erwerbspersonen langzeitarbeitslos. Unter den westdeutschen Arbeitsmarktregionen mit dem höchsten Niveau der Langzeitarbeitslosigkeit finden sich vor allem jene Regionen, die bereits seit Jahrzehnten an der Modernisierung ihrer altindustriellen Strukturen arbeiten (Essen, Bremerhaven, Osterode, Dortmund, Bochum, Gelsenkirchen). In diesen Regionen waren im September 2003 mindestens 5,2 Prozent der Erwerbspersonen bereits länger als ein Jahr arbeitslos.

Das höchste Niveau der Langzeitarbeitslosigkeit findet man in den ostdeutschen Arbeitsmarktregionen Staßfurt, Görlitz, Löbau-Zittau, Sangerhausen, Neubrandenburg, Prenzlau und Pasewalk, wo die Langzeit-Arbeitslosenquote mindestens zwölf Prozent erreichte. Demgegenüber konzentrieren sich die Arbeitsmarktregionen mit dem niedrigsten Niveau vor allem auf den süddeutschen Raum, denn in den Arbeitsmarktregionen Garmisch-Partenkirchen, Weilheim, Traunstein, Dingolfing, Donauwörth-Nördlingen, Cochem und Landsberg war nicht einmal ein Prozent der abhängigen Erwerbspersonen von Langzeitarbeitslosigkeit betroffen.

Hochwertige Ausbildungsabschlüsse

Im Jahr 2003 waren in Deutschland 8,7 Prozent der sozialversicherungspflichtig Beschäftigten im Besitz eines Fachschul-, Fachhochschul- oder Hochschulabschlusses. Im Gegensatz zu allen anderen hier berücksichtigten Potenzialfaktoren ist dies der einzige Indikator, bei dem die ostdeutschen gegenüber den westdeutschen Regionen eine vergleichsweise günstigere Ausstattung aufweisen. Mit 11,2 Prozent liegt der Anteil der sozialversicherungspflichtig Beschäftigten mit einem hochwertigen Ausbildungsabschluss um mehr als 20 Prozent über dem westdeutschen Vergleichswert (9,2 Prozent). Das Niveau der regionalen Disparitäten, gemessen am Variationskoeffizienten, fällt in den ostdeutschen Regionen zudem deutlich geringer als in den westdeutschen aus, so dass viele Regionen der neuen Länder in diesem Teilbereich eine vorteilhafte Potenzialausstattung aufweisen.

Sowohl in den alten, als auch in den neuen Bundesländern zeigt sich ein Süd-Nord-Gefälle in der Verbreitung dieser Abschlüsse. Entsprechend finden sich in den Arbeitsmarktregionen der Bundesländer Sachsen, Thüringen und Bayern auch die höchsten Potenzialwertausprägungen dieses Indikators. In den Arbeitsmarktregionen Dresden, Jena und München verfügen mindestens 16,9 Prozent der sozialversicherungspflichtig Beschäftigten über einen Fachschul-, Fachhochschul- oder Hochschulabschluss. Die niedrigsten Werte konzentrieren sich dagegen ausnahmslos auf westdeutsche Arbeitsmarktregionen, von denen fast 80 einen Wert von weniger als fünf Prozent realisieren. Die Regionen Neustadt/Aisch, Regen-Zwisel und Schwandorf realisieren sogar Anteilswerte von unter drei Prozent.

In den neuen Ländern sind es vor allem Arbeitsmarktregionen des Bundeslandes Sachsen-Anhalt, die bei diesem Indikator einen vergleichsweise niedrigen Anteilswert aufweisen. In den Regionen Burg, Salzwedel, Sangerhausen und Stendal liegt dieser jedoch mindestens bei fünf Prozent.

Die vergleichsweise günstige Ausstattung der Beschäftigten ostdeutscher Arbeitsmarktregionen mit hochwertigen Ausbildungsabschlüssen ist vor allem ein Erbe aus DDR-Zeiten, wo „Bildung" ein durch zahlreiche Instrumente und Initiativen staatlich geförderter Wert war, von denen mehr oder weniger alle Bürger profitierten. Diese hochwertigen Ausbildungsabschlüsse können derzeit jedoch nur schwer in eine Beschäftigung auf dem ersten Arbeitsmarkt umgesetzt werden, weil sich dieses Potenzial in einem äußerst angespannten Arbeitsmarkt behaupten muss. Auch werden zahlreiche DDR-Abschlüsse von vielen Arbeitgebern nur eingeschränkt anerkannt. Im Ergebnis dieser Situation akzeptieren im Osten viele Beschäftigte mit hochwertigen Ausbildungsabschlüssen mehr oder weniger freiwillig auch solche Jobs, die dieses Potenzial an hochwertiger Ausbildung „formal gesehen" nicht abrufen. Per Saldo resultiert auch aus diesem Verhalten eine verstärkte Verdrängung der gering qualifizierten Beschäftigten vom ostdeutschen Arbeitsmarkt.

3. Demografische Prozesse und Strukturen

Demografische Prozesse und Strukturen lassen sich über sehr viele Indikatoren beschreiben. Wenn sich das Niveau der regionalen Disparitäten auf das demografische Verhalten und damit auch auf die demografischen Prozesse und Strukturen auswirken, sollten die Indikatoren zum Thema „Demografie" vor allem die Schwerpunkte:

- Bevölkerungsentwicklung und
- Alters-, Geschlechterstruktur und deren Entwicklung

beschreiben, denn darin kumulieren letztendlich alle Effekte der verschiedenen demografischen Einflussfaktoren (Fertilität, Mortalität und Migration).

Weil die Menschen gerade über ihr Binnenwanderungsverhalten die aktuelle Lebensqualität ihrer Heimatregion im Vergleich mit anderen Regionen und damit das subjektiv wahrgenommene Niveau regionaler Disparitäten reflektieren und bewerten, sollen in dieser Analyse auch Binnenwanderungsindikatoren Berücksichtigung finden. Die im Kontext dieses Beitrages berücksichtigten „Demografie"-Indikatoren sind in Tabelle 1 zusammengestellt.

Um bereits bei der Beschreibung demografischer Prozesse und Strukturen einen ersten Eindruck über deren mögliche Wechselwirkungen mit regionalen Disparitäten vermitteln zu können, wurden die demografischen Indikatoren unter anderem auf einer vom Autor entwickelten „Regionalen Typisierung der Beschäftigungsdynamik (1997 bis 2003)" aggregiert, die veranschaulicht, wie die Regionen in Deutschland den notwendigen Strukturwandel und die Herausforderungen der Globalisierung bewältigen. In Abhängigkeit von der Existenz regionaler Trends der Erwerbstätigenentwicklung wurden dabei die folgenden drei Basis-Regionstypen:

- Wachstumsregionen
- Stagnationsregionen und
- Schrumpfungsregionen

abgegrenzt. Diese Basis-Regionstypen wurden dann mit Hilfe eines differenzierten Satzes regionaler Strukturindikatoren - über eine Cluster- und Diskriminanzanalyse – weiter ausdifferenziert (vgl. Abbildung 4).

Abbildung 4:   Regionstypisierung auf Basis der Erwerbstätigenentwicklung
1997 bis 2003

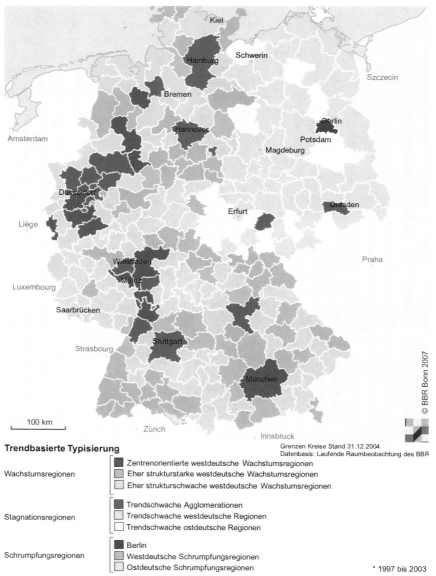

Trendbasierte Typisierung

Grenzen Kreise Stand 31.12.2004
Datenbasis: Laufende Raumbeobachtung des BBR

Wachstumsregionen

- ■ Zentrenorientierte westdeutsche Wachstumsregionen
- ▨ Eher strukturstarke westdeutsche Wachstumsregionen
- ▨ Eher strukturschwache westdeutsche Wachstumsregionen

Stagnationsregionen

- ■ Trendschwache Agglomerationen
- □ Trendschwache westdeutsche Regionen
- □ Trendschwache ostdeutsche Regionen

Schrumpfungsregionen

- ■ Berlin
- ▨ Westdeutsche Schrumpfungsregionen
- ▨ Ostdeutsche Schrumpfungsregionen

* 1997 bis 2003

238

Ein Blick auf das regionale Muster ausgewählter demografischer Strukturindikatoren (vgl. Tab. 2 und Abb. 5 und 6) zeigt, dass die demografische Entwicklung der Vergangenheit deutliche Spuren in der regionalen Alters- und Geschlechterstruktur der Bevölkerung hinterlassen hat und dass sich deutliche regionale Unterschiede im Binnenwanderungsverhalten der Bevölkerung zeigen.

Tabelle 2: Regionalstruktur ausgewählter demografischer Indikatoren, 2004

Regionstyp	Durch-schnitts-alter der Bevölke-rung (in Jah-ren)	Erwerbs-fähige Frauen (15-64 Jährige) je 100 er-werbs-fähige Männer	Durch-schnitt-liche Distanz der Wande-rungen über Kreis-grenzen (in Km)	Saldo der Bin-nen-wande-rungen je 10.000 Einwoh-ner 2002/03/04 (JD)
Wachstumsregionen	41,7	98,5	113	31,2
Zentrenorientierte westdeutsche Wachstumsregionen	42,1	99,7	109,9	25,2
Eher strukturstarke wesdeutsche Wachstumsregionen	41,2	97,4	120,5	37,3
Eher strukturschwache westdeutsche Wachstumsregionen	41,5	97	107,7	37
Stagnationsregionen	42,5	97,6	115,9	-5,4
Trendschwache Agglomerationen	42,7	98,5	115,9	-16,7
Trendschwache westdeutsche Regionen	42,1	96,9	110,7	18,6
Trendschwache ostdeutsche Regionen	43,8	93,7	137,8	-16
Schrumpfungsregionen	43,7	95,8	156,1	-27,1
Berlin	42,3	97,7	237,1	-16,9
Westdeutsche Schrumpfungsregionen	43,1	97,5	122,6	5,4
Ostdeutsche Schrumpfungsregionen	44,4	94,2	154,1	-50,4
Alte Länder	42,2	98,1	114,1	9,5
Neue Länder	43,9	94,8	165,2	-36,6
Deutschland	42,6	97,4	124	0

Quelle: Laufende Raumbeobachtung des BBR, eigene Berechnungen

Abbildung 5: Regionalstruktur der Indikatoren „Durchschnittsalter der Bevölkerung" (DALins04) und „Geschlechterstruktur der Erwerbsfähigen" (f100m04ef)

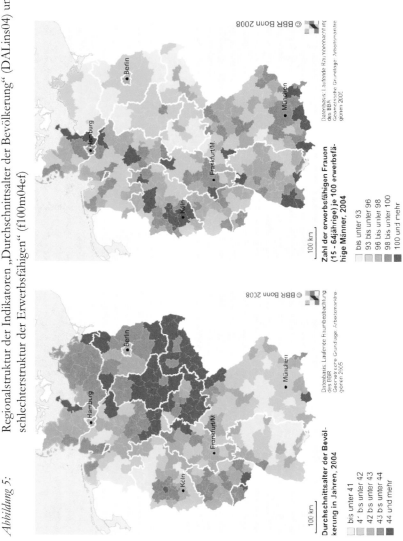

Durchschnittsalter der Bevölkerung in Jahren, 2004

- bis unter 41
- 41 bis unter 42
- 42 bis unter 43
- 43 bis unter 44
- 44 und mehr

100 km

Datenbasis: Laufende Raumbeobachtung des BBR
Geometrische Grundlage: Arbeitsmarktregionen 2005

© BBR Bonn 2008

Zahl der erwerbsfähigen Frauen (15 – 64jährige) je 100 erwerbsfähige Männer, 2004

- bis unter 93
- 93 bis unter 96
- 96 bis unter 98
- 98 bis unter 100
- 100 und mehr

100 km

Datenbasis: Laufende Raumbeobachtung des BBR
Geometrische Grundlage: Arbeitsmarktregionen 2005

© BBR Bonn 2008

Quelle: Laufende Raumbeobachtung des BBR, eigene Berechnungen

Am Durchschnittsalter der Bevölkerung wird besonders offensichtlich (Abb. 5), dass sich die demografischen Strukturen der Schrumpfungsregionen wesentlich ungünstiger als in den anderen Regionen gestalten. Ein besonders hohes Durchschnittsalter weisen vor allem die ostdeutschen Stagnations- und Schrumpfungsregionen auf.

Während die Bevölkerung der Wachstumsregionen im Schnitt 41,7 Jahre alt ist, liegt dieser Wert in den Schrumpfungsregionen bereits zwei Jahre höher. Der Alterungsprozess der Bevölkerung ist in diesen Regionen schon wesentlich stärker als in den anderen Regionen ausgeprägt. Den höchsten Wert dieses Indikators weisen die Regionen Löbau-Zittau, Altenburg, Plauen und Chemnitz auf, in denen das Durchschnittsalter der Bevölkerung über 46 Jahren liegt. Demgegenüber ist die Bevölkerung der Arbeitsmarktregionen Cloppenburg, Vechta, Borken, Lingen und Paderborn im Schnitt unter 39,5 Jahre alt.

Auch in Bezug auf die Geschlechterstruktur der Bevölkerung zeigen sich deutliche Unterschiede zwischen den Regionstypen. In den meisten Ländern beträgt das Verhältnis der Neugeborenen 105 bis 106 Jungen zu 100 Mädchen. Später verschiebt sich diese Relation aufgrund der höheren Sterblichkeit von Männern. Im regionalen Kontext wird diese Entwicklung durch Wanderungen weiter modifiziert. In den Wachstumsregionen kommen 2004 auf 100 erwerbsfähige Männer 98,5 erwerbsfähige Frauen. In den Schrumpfungsregionen liegt dieser Wert lediglich bei 95,8. Der Unterschied zwischen den beiden Regionstypen kann sich nun sowohl aus Unterschieden in der Sterblichkeit, wie auch aus den selektiven Wirkungen der Wanderung ergeben. Hinsichtlich der Ost ⇔ West-Binnenwanderungen lässt sich hier zumindest festhalten, dass die Wanderungsbilanz der Frauen, insbesondere in den ostdeutschen Stagnations- und Schrumpfungsregionen deutlich schlechter als die der Männer ausfiel. Frauen reagierten im Jahr 2004 offensichtlich stärker auf die Strukturschwächen des Ostens als die Männer.

Auch die anderen Binnenwanderungsindikatoren (Abb. 6) weisen darauf hin, dass in den Schrumpfungsregionen vor allem die Push-Faktoren wirken. Die Menschen dieser Regionen überwinden bei der Verlegung ihres Wohnsitzes zum einen deutlich größere Distanzen, wofür die durchschnittliche Wanderungsdistanz von 156 km spricht (Wachstumsregionen = 113 km). Zum anderen konzentrieren sich im Zeitraum 2002 bis 2004 die Binnenwanderungsverluste gerade auf die Schrumpfungsregionen. Im Durchschnitt dieser drei Jahre wiesen diese Regionen einen negativen Saldo von 27,1 Personen je 10.000 Einwohner auf. Die Wachstumsregionen realisierten dagegen als einziger Regionstyp Binnenwanderungsgewinne (31,2 Personen je 10.000 Einwohner). Die Wanderungsverluste konzentrieren sich in diesem Zeitraum vor allem auf die ostdeutschen Stagnations- und Schrumpfungsregionen, wobei sich in den Arbeitsmarktregionen Pasewalk, Schwerin, Bitterfeld, Prenzlau, Cottbus, Görlitz, Staßfurt und Neubrandenburg per Saldo mehr als 130 Personen je 10.000 Einwohner ihren Wohnort in einen anderen Kreis verlegten.

Abbildung 6: Regionalstruktur der Indikatoren „Durchschnittliche Wanderungsdistanz" (dist_g04) und „Saldo der Binnenwanderungen" (qsgj0204)

Durchschnittliche Distanz der Wanderungen über Kreisgrenzen in Km, 2004

bis unter 100
100 bis unter 125
125 bis unter 150
150 bis unter 200
200 und mehr

Datenbasis: Laufende Raumbeobachtung des BBR
Geometrische Grundlage: Arbeitsmarktregionen 2005

© BBR Bonn 2008

Durchschnittliches jährliches Saldo der Binnenwanderungen über Kreisgrenzen je 10.000 Einw., 2002 - 2004

bis unter -50
-50 bis unter 0
0 bis unter 25
25 bis unter 50
50 und mehr

Datenbasis: Laufende Raumbeobachtung des BBR
Geometrische Grundlage: Arbeitsmarktregionen 2005

© BBR Bonn 2008

242

Die höchsten Binnenwanderungsgewinne konzentrierten sich in diesem Zeitraum auf die westdeutschen Arbeitsmarktregionen Konstanz, Westerstede, Ratzeburg, Landsberg und Lüneburg. Aber auch die ostdeutschen Arbeitsmarktregionen Oranienburg und Eberswalde konnten Binnenwanderungsgewinne von mehr als 80 Personen je 10.000 Einwohner realisieren. Die vorteilhafte Entwicklung dieser ostdeutschen Regionen resultiert vor allem aus ihrer Randlage zu Berlin, bieten diese Regionen den Berlinern doch äußerst attraktive Wohnstandorte im suburbanen Raum.

Ausgewählte demografische Prozesse

Auch der Blick auf das regionale Muster der ausgewählten demografischen Entwicklungsindikatoren zeigt, dass vor allem die Schrumpfungsregionen eine sehr ungünstige Bevölkerungsdynamik aufweisen, die sich auch in der Alters- und Geschlechterstruktur der Bevölkerung niederschlägt (vgl. Tab. 3 und Abb. 7 und 8).

Tabelle 3:   Regionalstruktur ausgewählter demografischer Trends, 2004

Regionstyp	Entwicklung der Bevölkerungszahl 1997-2004 (in %)	Entwicklung des Durchschnittsalters der Bevölkerung, 1997-2004 (in %)	Entwicklung der Zahl erwerbsfähiger Frauen (15-64 Jährige) je 100 erwerbsfähige Männer, 1997-2004 (in %)	Differenz des Binnenwanderungssaldos (je 10.000 Einwohner) der Jahre 2002-2004 und 1996-1998
Wachstumsregionen	3,4	3,6	1,3	10,4
Zentrenorientierte westdeutsche Wachstumsregionen	2,9	3	1,4	20,5
Eher strukturstarke westdeutsche Wachstumsregionen	4	4,3	1,1	16,2
Eher strukturschwache westdeutsche Wachstumsregionen	3,7	4,3	1,5	-40
Stagnationsregionen	0,8	4	1	-2
Trendschwache Agglomerationen	0,8	3,4	1,2	5,7
Trendschwache westdeutsche Regionen	1,5	4,4	1,2	-2,3
Trendschwache ostdeutsche Regionen	-2,1	7	-1,4	-63,7
Schrumpfungsregionen	-3,3	6	-0,1	-9,9
Berlin	-1,1	4,1	0,9	46,3
Westdeutsche Schrumpfungsregionen	-0,7	4,2	1,1	-3,9
Ostdeutsche Schrumpfungsregionen	-5,5	7,8	-1,2	-32,6
Alte Länder	1,8	3,7	1,2	4,5
Neue Länder	-3,9	6,8	-0,8	-18,3
Deutschland	0,5	4,4	0,8	0

Abbildung 7: Regionalstruktur der Indikatoren „Bevölkerungsentwicklung" (e_bev9704) und „Entwicklung des Durchschnittsalters" (e_dalins_9704)

245

Gegenüber dem Jahr 1997 haben die Schrumpfungsregionen mit über drei Prozent einen weiteren Bevölkerungsrückgang zu verzeichnen, während die Wachstumsregionen mit über drei Prozent den stärksten Zuwachs realisierten. Unter den Regionen mit einem Bevölkerungsrückgang waren es wiederum die ostdeutschen Stagnations- und Schrumpfungsregionen, die den stärksten Rückgang der Bevölkerungszahl aufwiesen (vgl. Abb. 7). In den Arbeitsmarktregionen Bitterfeld, Görlitz, Cottbus, Pasewalk und Prenzlau verringerte sich die Bevölkerungszahl in diesem Zeitraum sogar um mehr als zehn Prozent. Die Regionen mit dem größten Bevölkerungszuwachs konzentrieren sich demgegenüber vor allem auf die westdeutschen Bundesländer sowie auf wenige suburbane Regionen im Umland von Berlin. Die Regionen Lüneburg, Landsberg, Eberswalde und Oranienburg realisierten Wachstumsraten der Bevölkerung von mindestens neun Prozent.

Der Bevölkerungsrückgang ging in den Schrumpfungsregionen zugleich mit einer höheren Intensität des Alterungsprozesses einher, gemessen an der Zunahme des Durchschnittsalters der Bevölkerung (Abb. 7). Allein von 1997 bis 2004 stieg das Durchschnittsalter der Bevölkerung hier um sechs Prozent an, wobei die ostdeutschen Stagnations- und Schrumpfungsregionen noch höhere Steigerungsraten aufwiesen. In den Wachstumsregionen verlief dieser Alterungsprozess deutlich langsamer. Das Durchschnittsalter der Bevölkerung erhöhte sich in diesen Regionen lediglich um 3,6 Prozent. Schaut man sich die Extremwerte dieser Entwicklung an, dann stehen den ostdeutschen Regionen Cottbus, Güstrow, Parchim, Neubrandenburg, Bergen, Prenzlau und Pasewalk - mit einem Anstieg des Durchschnittsalters von mindestens zehn Prozent - die westdeutschen Arbeitsmarktregionen München, Bielefeld, Hamburg, Lüneburg und Braunschweig gegenüber, in denen sich dieser Wert maximal um 2,5 Prozent erhöhte.

Abbildung 8: Regionalstruktur der Indikatoren „Entwicklung der Geschlechterstruktur" (e_f100m9704) und „Entwicklung des Binnenwanderungssaldos" (eqsb9703)

© BBR Bonn 2008

Entwicklung des Binnenwanderungssaldos im Durchschnitt der Jahre 2002 - 2004 gegenüber 1996 - 1998 je 10.000 Einwohner (Absolutwerte)

- bis unter -50
- -50 bis unter -25
- -25 bis unter 0
- 0 bis unter 50
- 50 und mehr

100 km

© BBR Bonn 2008

Entwicklung der Zahl erwerbsfähiger Frauen (15-64jährige) je 100 erwerbsfähige Männer in % 1997 - 2004

- bis unter -2
- -2 bis unter 0
- 0 bis unter 1
- 1 bis unter 2
- 2 und mehr

100 km

247

Neben diesem forcierten Alterungsprozess war in den Schrumpfungsregionen, im Gegensatz zu den anderen Regionen, zudem eine weitere Abnahme des Frauenanteils an der erwerbsfähigen Bevölkerung zu beobachten. Letztendlich verringerte sich einzig in den ostdeutschen Stagnations- und Schrumpfungsregionen der Anteil der Frauen weiter, so dass den erwerbsfähigen Männern dieser Regionen zunehmend weniger Frauen ihrer Altersgruppe gegenüberstehen (Abb. 8). Während sich die Zahl der erwerbsfähigen Frauen je 100 erwerbsfähige Männer in den ostdeutschen Regionen Mühlhausen, Sonneberg, Arnstadt und Riesa um mindestens 3,5 Prozent verringerte, war in den westdeutschen Regionen Daun, Landsberg, Husum und Lüneburg ein Anstieg dieses Wertes um drei Prozent und mehr zu beobachten, ein deutliches Signal für die Umverteilungswirkungen der Ost-West-Wanderungsverflechtungen.

Einen wesentlichen Beitrag zu diesen regional unterschiedlichen Trends der demografischen Entwicklung leistet neben der natürlichen Bevölkerungsentwicklung, die hier nicht weiter thematisiert werden soll, vor allem die Binnenwanderung. Infolge der relativ einseitigen, zum Teil langfristigen und zudem noch selektiven Wanderungen konzentrieren sich die negativen Wirkungen der Wanderung vor allem auf die Schrumpfungsregionen. Im Vergleich zum jahresdurchschnittlichen Binnenwanderungssaldo der Jahre 1996/97/98 haben sich die Binnenwanderungsverluste dieser Regionen im Durchschnitt der Jahre (JD) 2002 bis 2004 weiter verstärkt (Abb. 8). Auch die strukturschwachen westdeutschen Wachstumsregionen erlebten in diesem Zeitraum eine deutliche Verschlechterung ihrer Wanderungsbilanz. Die gravierendste Verschlechterung ihrer Binnenwanderungsbilanz erfuhren in diesem Zeitraum die ostdeutschen Arbeitsmarktregionen Grimma, Oranienburg, Parchim, Eberswalde, Luckenwalde, Pirna und Burg.

Die Wanderungsbilanz der Wachstumsregionen hat sich in diesem Zeitraum dagegen weiter verbessert, vor allem die der zentrenorientierten und strukturstarken westdeutschen Wachstumsregionen. Unter den Regionen mit einer deutlich besseren Wanderungsbilanz finden sich - einmal abgesehen von den Regionen mit Aufnahmeeinrichtungen - viele westdeutsche, als auch ostdeutsche Regionen (z.B. Krefeld, Aachen, Dresden und Erfurt).

Die Tatsache, dass viele Regionen mit einer ungünstigen Bevölkerungsentwicklung zugleich eine höhere Intensität des Alterungsprozesses der Bevölkerung aufweisen und vice versa lässt schon vermuten, dass zwischen diesen beiden Faktoren ein deutlicher Zusammenhang besteht. Zudem konzentrieren sich die extremen demografischen Strukturen und Trends durchgängig auf die Wachstums- und Schrumpfungsregionen, ein deutliches Signal dafür, dass sich die regionalen Disparitäten in den demografischen Strukturen und Trends niederschlagen. Im Weiteren sollen diese vermuteten Zusammenhänge zwischen den „Regionalen Disparitäten" und der „demografischen Entwicklung" nun quantifiziert und bewertet werden.

4. Wechselwirkungen von regionalen Disparitäten und demografischer Entwicklung

Um diese wechselseitigen Abhängigkeiten quantifizieren und bewerten zu können wurden in einem ersten Schritt die regionalen Struktur- und Entwicklungsindikatoren (Tab. 1) auf ihre Wechselwirkungen mit den demografischen Struktur- und Entwicklungsindikatoren untersucht, jeweils differenziert für Deutschland, die alten und neuen Bundesländer sowie für die bereits ausführlich diskutierten drei Regionstypen (vgl. Tab. 1 im Anhang).

Die Korrelationskoeffizienten dieser Analysen zeigen, dass die stärksten Wechselwirkungen auf der Ebene von Deutschland gesamt beziehungsweise der „Schrumpfungsregionen" zu beobachten sind. Dies ist ein deutliches Signal dafür, dass sich die demografischen Prozesse und Strukturen in dieser regionalen Abgrenzung in einer starken Abhängigkeit vom Niveau der regionalen Disparitäten gestalten. Auch in den Stagnationsregionen zeigen sich diese Zusammenhänge etwas häufiger, sie fallen aber weniger stark aus. Die regionale Abgrenzung „Alte Bundesländer" beziehungsweise „Neue Bundesländer" ist dagegen weniger geeignet, diese Wechselwirkungen sinnvoll zu quantifizieren, was an der deutlich geringeren Zahl hochsignifikanter Korrelationskoeffizienten deutlich wird. In den Wachstumsregionen zeigen sich überhaupt keine Zusammenhänge. Die demografischen Prozesse und Strukturen werden hier offensichtlich stärker von anderen Einflussgrößen geprägt.

Die Struktur und Stärke der zu beobachtenden Korrelationen macht auf die folgenden Wechselwirkungen zwischen den regionalen Disparitäten und der demografischen Entwicklung aufmerksam:

- Das Arbeitslosigkeits- und Einkommensniveau sowie deren Entwicklung sind gemeinsam mit der Beschäftigungsentwicklung äußerst zentrale Einflussfaktoren für die regionalen Unterschiede demografischer Prozesse und Strukturen.

- Die demografischen Faktoren, die am stärksten in Wechselwirkung mit den regionalen Struktur- und Entwicklungsindikatoren stehen sind:
    - das Durchschnittsalter der Bevölkerung,
    - die Intensität des Binnenwanderungssaldos,
    - die Entwicklung der Bevölkerungszahl und
    - die Entwicklung des Durchschnittsalters der Bevölkerung.

Zudem gestaltet sich die Intensität der Ost-West-Fortzüge gerade der deutschen Bevölkerung in äußerst starker Abhängigkeit vom Disparitätenniveau. Großräumige Wanderungen bleiben für die Einwohner dieser

Regionen eine wichtige Möglichkeit zur wirksamen Verbesserung ihrer individuellen Lebensperspektive (vgl. auch Maretzke 2004).

In einem zweiten Schritt werden die regionalen Struktur- und Entwicklungsindikatoren der 270 Arbeitsmarktregionen in Deutschland nun über lineare Regressionsmodelle daraufhin untersucht, welchen Erklärungsbeitrag diese für die regionalen Unterschiede der demografischen Struktur- und Entwicklungsindikatoren leisten. Im Ergebnis dieser Modellierung können Aussagen darüber getroffen werden, inwieweit die regionalen Struktur- und Entwicklungsindikatoren (unabhängige Variablen) geeignet sind, die regionalen Varianzunterschiede des ausgewählten demografischen Indikators zu erklären.

Im Ergebnis dieser zahlreichen multivariaten Analysen kann festgehalten werden, dass sich wirklich brauchbare Regressionsmodelle weniger für die demografischen Strukturindikatoren, als vielmehr für die demografischen Entwicklungsindikatoren finden lassen.

Das beste Regressionsmodell konnte hier für den Indikator „Entwicklung des Durchschnittsalters der Bevölkerung" entwickelt werden. Daher soll es im Folgenden auch etwas differenzierter diskutiert werden.

Die regionalen Strukturindikatoren
- .de-Domain-Dichte,
- Primäreinkommen der Haushalte,
- hochwertige Ausbildungsabschlüsse und
- Ausstattung mit hochrangiger Infrastruktur,
zusammen mit den regionalen Entwicklungsindikatoren
- der Langzeitarbeitslosigkeit,
- des Primäreinkommens der Haushalte,
- des Erwerbstätigenanteils bzw.
- der .de-domain-Dichte

erklären mehr als 80 Prozent der Varianz in der Entwicklung des Durchschnittsalters der Bevölkerung, wobei der multiple Korrelationskoeffizient R bei 0,902 liegt. Nimmt man die Schrumpfungsregionen als Orientierungsgröße zur Bewertung dieses Modells, dann zeigt sich, dass es gut interpretierbare Aussagen liefert. Nach diesem Modell weisen vor allem jene Regionen den größten relativen Anstieg des Durchschnittsalters der Bevölkerung auf, die

- durch eine geringe .de-domain-Dichte gekennzeichnet sind,
- ein geringes Einkommensniveau der Haushalte aufweisen;
- seit 1997 einen hohen Einkommenszuwachs der Haushalte sowie

250

- eine relativ ungünstige Beschäftigungsentwicklung realisierten;
- einen stärkeren Anstieg der Langzeitarbeitslosigkeit erfahren haben und
- relativ schlecht an hochrangige Infrastrukturen angebunden sind

und vice versa.

Es entspricht vermutlich nicht den Erwartungen, dass nach diesem Modell eher die Schrumpfungsregionen die vergleichsweise günstigere Entwicklung des Primäreinkommens aufweisen. Diese überdurchschnittlichen Einkommenssteigerungen waren in diesen Regionen, die zumeist ja auch Förderregionen sind, jedoch tatsächlich zu verzeichnen, ausgehend von einem weit unterdurchschnittlichen Basiswert. Viele Experten sehen in diesen hohen Einkommenssteigerungsraten jedoch eine Gefahr, weil diese den Abbau des extrem hohen Arbeitslosigkeitsniveaus - gerade in den Schrumpfungsregionen – erschweren. Schließlich ist die Produktivitätslücke zwischen den alten und neuen Bundesländern noch immer sehr hoch.

5. Trends der BIP- und Erwerbstätigenentwicklung bis 2010

Angesichts der Erkenntnis, dass das Niveau der Arbeitslosigkeit, die Beschäftigungs- und Arbeitslosenentwicklung vor allem in den Schrumpfungsregionen zentrale Einflussfaktoren für die demografische Entwicklung sind, ist von besonderem Interesse, welche Voraussagen die Experten für die Entwicklung dieser Arbeitsmarktindikatoren in den nächsten Jahren treffen.

Als Anhaltspunkt für deren Entwicklung sollen hier die Forschungsergebnisse von Schnur und Zika herangezogen werden, die erst kürzlich eine Prognose der Erwerbstätigenentwicklung bis 2020 vorgelegt haben (2005). Zwar wurde im Rahmen dieser Arbeit lediglich die Erwerbstätigenentwicklung auf Ebene der alten und neuen Bundesländer vorausgeschätzt, da die neuen Länder aber mehrheitlich dem Regionstyp „Schrumpfungsregionen" zuzuordnen sind, geben die Ergebnisse eine gute Orientierung dafür, mit welcher Beschäftigungsdynamik diese Regionen in den nächsten Jahren zu rechnen haben. Das Zukunftsbild, das die Experten des Instituts für Arbeitsmarktforschung und Berufsbildung in Nürnberg (IAB) von den neuen Bundesländern zeichnen, unterscheidet sich allerdings nur wenig von dem, das wir bereits in den letzten Jahren gesehen haben. Das ostdeutsche Bruttoinlandsprodukt wird einerseits bis 2020 nicht stärker als die Erwerbstätigenproduktivität wachsen, woraus ein jährlicher Abbau des Beschäftigungsniveaus von circa einem Prozent resultiert (Alte Bundesländer +0,5%). Andererseits wird die Wirtschaftskraft der neuen Länder bis dahin meist weniger stark als in den alten Ländern wachsen. Eine weitere Verschärfung der Ost-West-Disparitäten ist damit absehbar.

6. Fazit

Die Ergebnisse dieser Analyse machen deutlich, dass sich die demografischen Prozesse und Strukturen sehr wohl in Abhängigkeit vom Niveau regionaler Disparitäten gestalten. Die Bevölkerung, vor allem die Frauen, reagieren dabei sehr sensibel auf die strukturellen Stärken oder Schwächen einer Region, was sich kurzfristig vor allem im Wanderungsverhalten (vgl. auch Mertens et al. 2006)[3] und langfristig in der Entwicklung der Bevölkerungszahl sowie in der Intensität des Alterungsprozesses der Bevölkerung niederschlägt.

Die Extreme der Bevölkerungsentwicklung zeigen einen deutlichen Zusammenhang zu den Extremen der regionalen Disparitäten. So weisen die Wachstumsregionen vor allem im Ergebnis kontinuierlicher und selektiver Wanderungsgewinne eine äußerst vorteilhafte Alters- und Geschlechterstruktur der Bevölkerung und eine günstigere Bevölkerungsentwicklung auf, während die Schrumpfungsregionen durch

- einen überdurchschnittlich starken Bevölkerungsrückgang,
- eine höhere Intensität des Alterungsprozesses der Bevölkerung und
- eine weitere Deformation der Geschlechterstruktur der Erwerbsfähigen (Mangel an erwerbsfähigen Frauen)

geprägt sind.

Aus den Wechselwirkungen von regionalen Disparitäten und demografischer Entwicklung ergeben sich sowohl für die Wachstums-, als auch für die Schrumpfungsregionen zum Teil beachtliche Herausforderungen. Da die Zahl der „demografischen" Wachstumsregionen tendenziell eher rückläufig ist - allein aufgrund der langfristigen Wirkungen des niedrigen Geburtenniveaus - und die daraus resultierenden „Wachstumsprobleme" von den betroffenen Regionen in der Regel leichter zu bewältigen sind als die schrumpfungsbedingten, sollen hier vor allem die Konsequenzen für die strukturschwachen Regionen herausgearbeitet werden. Nach dieser Analyse gelten diese Aussagen demnach vor allem für die Schrumpfungsregionen.

Angesichts der Vorausschätzungen von IAB-Experten ist davon auszugehen (Schnur et al. 2005), dass sich die Arbeitsmarktsituation vor allem in den neuen Bundesländern und damit auch in den Schrumpfungsregionen bis 2020 nicht entspannen wird. Die regionalen Disparitäten bleiben bestehen oder verstärken sich weiter, so dass auch die Push- und Pull-Faktoren weiter wirksam sein werden, die

---

3 Mertens und Haas zeigen in ihrer Arbeit, dass bei steigender regionaler Arbeitslosigkeit freiwillige Arbeitsplatzwechsel sinken und unfreiwillige Arbeitsplatzwechsel steigen. Nach ihren Erkenntnissen fällt die Entscheidung für regionale Mobilität insbesondere dann positiv aus, wenn die Nichtmobilität zu einer extrem schlechteren Situation wie längerer Arbeitslosigkeit führen würde.

die Wanderungsprozesse in starkem Maße prägen. Vor allem die Schrumpfungsregionen müssen sich daher darauf einstellen, dass

- sie auch künftig einen überdurchschnittlich starken Rückgang der Bevölkerungszahl (infolge deformierter Altersstrukturen der Bevölkerung und anhaltender Binnenwanderungsverluste) sowie eine höhere Intensität des Alterungsprozesses der Bevölkerung erleben werden. Langfristig könnten sich die quantitativen Wanderungsverluste der Schrumpfungsregionen um bis zu 30 Prozent verringern; nicht, weil sich die Einheimischen mit den strukturellen Schwächen besser arrangieren, sondern allein aufgrund des überdurchschnittlich starken Rückgangs der höchstmobilen Altersgruppen der Bevölkerung (Maretzke 2004). Die altersspezifischen und damit qualitativen Mobilitätsziffern, aus denen sich ja gerade die selektiven Wirkungen der Wanderung ableiten, bleiben eher unverändert.

- sich der Anteil der Frauen an der erwerbsfähigen Bevölkerung weiter verringern wird, weil Frauen stärker auf das regionale Disparitätenniveau reagieren als Männer. Welche Konsequenzen diese Entwicklung unter anderem für die Bereiche Familie, Gesundheit und Pflege, Beschäftigung, Wertesysteme hat, kann derzeit noch nicht vollständig abgeschätzt werden. Der politische Radikalismus, den wir derzeit gerade in Ostdeutschland erleben, wird bereits von einigen - wohl nicht zu unrecht - auch auf einen Frauenmangel und die Überalterung der Bevölkerung zurückgeführt.[4]

- sich der Druck auf die öffentlichen und damit auch kommunalen Finanzen spürbar erhöhen wird. Die Einnahmen gehen zurück, während die Ausgaben nur in einzelnen Aufgabenfeldern sinken. Im Bereich der öffentlichen Schulden ist langfristig allein aus der demografischen Entwicklung eine relative Steigerung der Schulden je Einwohner ableitbar. Im Saldo ist ein weiterer Anstieg der Ausgaben wahrscheinlich, weil große Ausgabenpositionen im Sozialbereich deutliche Steigerungen erfahren werden (vgl. auch Junkernheinrich et al. 2005)[5]. Auch andere Einnahmen, wie Gebühren, Entgelte (z.B. Konzessionsabgaben), Beiträge und Zuweisungen sind meist eng an die Bevölkerungsentwicklung gekoppelt.

---

4 Vgl. Frank Schirrmacher. "Nackte Äste" - Die neue soziale Basis der NPD ist eine demografische. In: Frankfurter Allgemeine Zeitung vom 20.09.2006, Nr. 219, S. 35 - http://www.spiegel.de/kultur/gesellschaft/0,1518,438071,00.html

5 Im Jahr 2015 könnte infolge des Bevölkerungsrückgangs allein auf die dann in den kreisfreien Städten des Ruhrgebietes lebende Bevölkerung eine zusätzliche Belastung von 670 Mill. € pro Jahr zukommen. Das entspricht rd. 1,3 % des verfügbaren Einkommens bzw. 17,20 € pro Einwohner und Monat.

- sich infolge der abnehmenden Auslastung von Infrastruktureinrichtungen die Kostendeckungsbeiträge für den Betrieb dieser Einrichtungen unmittelbar reduzieren. Solche Kostenremanenzen können technische, rechtliche (z.B. arbeitsrechtliche) oder politische Ursachen (Rücksichtnahme auf die Bürger) haben (BMVBS und BBR 2007). Tendenziell bringt diese Entwicklung steigende spezifische Kosten (Kosten je Nutzer) mit sich.

- die betroffenen Regionen die öffentlichen Leistungen immer weniger alleine absichern können. Der gezielte und forcierte Einsatz regionaler Kooperationen kann hier einen effizienten Ausweg bieten.

- die Arbeitslosenquote allein aufgrund der spezifischen Alters- und Sozialstruktur der Bevölkerung höher als in anderen Regionen ausfällt (Struktureffekt infolge des höheren Anteils Älterer und gering Qualifizierter);

- der wichtige Standortfaktor „Humankapital" durch die selektive Abwanderung der jungen und frisch ausgebildeten Erwerbspersonen kontinuierlich geschwächt wird. In Verbindung mit der zunehmenden Investitionsschwäche, die sich direkt aus der absehbaren Verknappung der öffentlichen Finanzen ableitet, verengen sich für die regionalen Akteure die Gestaltungsspielräume zur Verbesserung der regionalen Standortattraktivität weiter. Letztendlich besteht für die betroffenen Regionen die Gefahr, dass sich hier eine sich selbst verstärkende Abwärtsspirale zwischen fehlender Standortattraktivität und Abwanderungsbereitschaft der Bevölkerung entwickelt. Die einheimische Bevölkerung reagiert über ihr Wanderungsverhalten auf die schlechten Standortqualitäten, wodurch die Standortqualität selbst weiter geschwächt wird, was wiederum zu neuen Abwanderungen führen kann.

Die Orientierung des Wanderungsverhaltens der Bevölkerung am regionalen Disparitätenniveau hat aber auch eine internationale Dimension. In dem Maße, wie Deutschland den Reformstau und seine Wachstumsschwäche nicht überwindet und sich den potenziellen Wanderern in anderen Ländern attraktivere Arbeits- und Lebensbedingungen bieten, wird es auch zu wachsenden Abwanderungszahlen Deutscher ins Ausland kommen. Im Oktober 2007 informierte das Statistische Bundesamt, dass im Jahr 2006 rund 155.300 Deutsche ihrer Heimat den Rücken gekehrt haben (vgl. Statistisches Bundesamt 2007). Das war nach Angaben der Statistiker die höchste registrierte Abwanderung von Deutschen seit 1954. Von den ausgewanderten Deutschen, die ein Durchschnittsalter von 32.2 Jahren hatten, waren insgesamt deutlich mehr als die Hälfte Männer (56%). Der Deutsche Industrie- und Handelskammertag (DIHK) warnt bereits vor dem Verlust gut ausgebildeter Arbeitskräfte, denn wegen der schlechten Rahmenbedingungen verließen gerade die "qualifizierten und hoch motivierten Köpfe" Deutschland.[6] Andererseits kommen nur wenige hoch qualifizierte Ausländer nach Deutschland, auch weil deren Zuwanderung noch immer restriktiven Mindesteinkommensregelungen unterliegt.[7] Stabilisieren sich die Abwanderungsprozesse in dieser Einseitigkeit, dann wird die Selektivität dieser Wanderungen künftig immer stärker zu Lasten Deutschlands gehen.

---

6 http://www.dihk.de/inhalt/informationen/news/meldungen/meldung007845.html

7 So erhalten hochqualifizierte Spezialisten und leitende Angestellte nach dem neuen Zuwanderungsgesetz nur dann eine Niederlassungserlaubnis, wenn sie ein Gehalt in Höhe von mindestens dem doppelten der Beitragsbemessungsgrenze der gesetzlichen Krankenversicherung nachweisen. Vgl. §19(2)3 des Gesetzes zur Steuerung und Begrenzung der Zuwanderung und zur Regelung des Aufenthalts und der Integration von Unionsbürgern und Ausländern (Zuwanderungsgesetz) vom 30. Juli 2004. In: Bundesgesetzblatt Jahrgang 2004 Teil I Nr. 41 vom 5.8.2004

Tabelle 1: Wechselwirkungen/Korrelationskoeffizienten der regionalen mit den demografischen Struktur- und Entwicklungsindikatoren, Deutschland, alte und neue Bundesländer

Deutschland	alq0903	b_gr03	q_eink03	alq9603	ant9704e	eink9503
DALins04	**0,679**	-0,200	-0,425	0,568	**-0,712**	0,183
f100m04ef	-0,498	0,260	**0,623**	-0,433	0,427	-0,459
Dist_g04	0,501	-0,317	-0,421	0,460	-0,498	0,185
Qfz_D_e04	**0,709**	-0,296	-0,557	**0,608**	-0,573	0,330
qsgi0204	**-0,740**	0,232	0,513	-0,578	**0,757**	-0,417
Qsb_D_e04	**-0,700**	0,298	0,557	**-0,603**	0,571	-0,328
Qsb_mw_G_e04	-0,423	0,175	0,342	-0,396	0,305	-0,353
e_bev9704	**-0,757**	0,209	0,526	-0,580	**0,787**	-0,322
e_dalins_9704	**0,773**	-0,324	**-0,683**	**0,670**	**-0,663**	0,525
e_f100m9704	**-0,668**	0,261	0,534	**-0,601**	0,573	-0,487
eqfb9703	-0,014	-0,014	0,004	0,034	-0,037	-0,010

Alte Länder	alq0903	b_gr03	q_eink03	alq9603	ant9704e	eink9503
DALins04	0,515	0,026	-0,076	0,204	-0,585	-0,348
f100m04ef	0,180	0,044	0,379	0,093	-0,020	-0,201
Dist_g04	-0,170	-0,203	-0,109	0,101	-0,168	-0,044
Qfz_D_e04	0,184	-0,027	-0,105	0,032	-0,132	-0,157
qsgi0204	-0,313	-0,056	0,042	-0,068	0,511	-0,037
Qsb_D_e04	-0,177	0,035	0,116	-0,039	0,138	0,156
Qsb_mw_G_e04	0,128	-0,077	-0,039	0,093	-0,163	-0,045

	alq0903	b_gr03	q_eink03	alq9603	ant9704e	eink9503
e_bev9704	-0,551	-0,060	0,139	-0,135	**0,641**	0,140
e_dalins_9704	-0,197	-0,005	-0,372	-0,017	-0,071	0,247
e_f100m9704	-0,017	-0,060	0,060	-0,005	0,100	-0,077
eqfb9703	-0,090	-0,015	0,016	0,051	-0,054	-0,026
Neue Länder	**alq0903**	**b_gr03**	**q_eink03**	**alq9603**	**ant9704e**	**eink9503**
DALins04	0,230	0,082	0,049	0,123	-0,337	0,267
f100m04ef	-0,200	0,364	0,562	-0,062	0,287	-0,271
Dist_g04	0,574	-0,074	-0,473	0,233	-0,451	-0,223
Qfz_D_e04	0,087	-0,097	-0,437	-0,030	-0,153	-0,037
qsgi0204	-0,484	0,160	**0,608**	-0,191	**0,667**	-0,193
Qsb_D_e04	-0,101	0,154	0,450	0,022	0,167	-0,008
Qsb_mw_G_e04	0,128	0,136	0,031	0,046	-0,035	-0,159
e_bev9704	-0,447	0,027	0,512	-0,191	**0,617**	-0,146
e_dalins_9704	0,455	-0,376	-0,597	0,141	-0,548	0,115
e_f100m9704	-0,038	0,239	0,320	-0,042	0,220	-0,316
eqfb9703	0,115	0,063	-0,091	0,018	0,001	0,044

Quelle: Eigene Berechnungen

Tabelle 2: Wechselwirkungen/Korrelationskoeffizienten der regionalen mit den demografischen Struktur- und Entwicklungsindikatoren, Wachstums-, Stagnations- und Schrumpfungsregionen

Wachstumsregionen	alq0903	b_gr03	q_eink03	alq9603	ant9704e	eink9503
DALins04	0,154	0,077	0,276	0,109	-0,291	-0,004
fl00m04ef	0,119	-0,093	0,432	0,166	-0,209	-0,105
dist_g04	-0,196	-0,196	-0,055	-0,045	-0,326	0,062
qfz_D_e04	-0,085	0,348	0,154	-0,054	0,024	-0,197
qsgi0204	0,050	-0,167	-0,196	0,167	0,206	-0,237
qsb_D_e04	0,115	-0,306	-0,086	0,008	0,060	0,216
qsb_mw_G_e04	0,273	-0,039	-0,113	0,076	-0,060	-0,104
e_bev9704	-0,132	-0,150	-0,183	0,090	0,268	-0,269
e_dalins_9704	-0,074	0,023	-0,276	-0,234	0,137	0,324
e_fl00m9704	-0,062	-0,180	0,116	0,166	-0,132	-0,195
eqfb9703	-0,278	0,002	0,064	0,009	0,002	0,027

Stagnationsregionen	alq0903	b_gr03	q_eink03	alq9603	ant9704e	eink9503
DALins04	**0,633**	0,036	-0,290	0,309	-0,557	0,194
fl00m04ef	-0,334	0,343	0,549	-0,413	0,322	-0,589
dist_g04	0,307	-0,293	-0,312	0,380	-0,304	0,183
qfz_D_e04	0,510	-0,230	-0,409	0,446	-0,392	0,298
qsgi0204	-0,528	0,076	0,355	-0,298	0,497	-0,541
qsb_D_e04	-0,497	0,229	0,407	-0,437	0,384	-0,293
qsb_mw_G_e04	-0,340	0,136	0,282	-0,377	0,259	-0,315
e_bev9704	-0,570	-0,027	0,350	-0,231	0,527	-0,374
e_dalins_9704	0,544	-0,270	**-0,620**	0,576	-0,422	**0,629**

| e_f100m9704 | -0,557 | 0,248 | 0,421 | -0,563 | 0,465 | -0,569 |
| eqfb9703 | -0,102 | 0,041 | 0,058 | -0,090 | 0,105 | -0,186 |
Schrumpfungsregionen	alq0903	b_gr03	q_eink03	alq9603	ant9704e	eink9503
DALins04	0,548	-0,304	-0,354	0,378	-0,499	0,353
f100m04ef	**-0,618**	0,500	**0,713**	-0,430	0,577	-0,557
dist_g04	0,536	-0,419	-0,519	0,446	-0,512	0,212
qfz_D_e04	**0,849**	**-0,647**	**-0,730**	**0,648**	**-0,639**	0,561
qsgi0204	-0,722	0,357	0,539	-0,498	**0,787**	-0,538
qsb_D_e04	**-0,850**	**0,662**	**0,733**	**-0,648**	0,648	-0,571
qsb_mw_G_e04	-0,483	0,522	0,472	-0,444	0,381	-0,469
e_bev9704	**-0,731**	0,287	0,533	-0,482	**0,771**	-0,468
e_dalins_9704	**0,817**	**-0,628**	**-0,761**	**0,653**	**-0,730**	**0,642**
e_f100m9704	**-0,655**	0,527	0,590	-0,541	**0,603**	-0,598
eqfb9703	0,034	-0,048	0,004	0,046	0,002	-0,018

Quelle: Eigene Berechnungen

Literatur

BMVBS und BBR (2007): „Die demographische Entwicklung in Ostdeutschland und ihre Auswirkungen auf die öffentlichen Finanzen". In: Forschungen, Heft 128 S. 19 f. Bearbeiter: Jörg Pohlan, Jens-Martin Gutsche u.a..

Farhauer, Nadia/ Granato, Oliver (2006): „Regionale Arbeitsmärkte in Westdeutschland. Standortfaktoren und Branchenmix entscheidend für Beschäftigung". In: IAB Kurzbericht Ausgabe Nr. 4 / 24.3.2006.

Wirtschaftspolitik für den Aufbau Ost (2005): „Königsweg nicht in Sicht". In: Jahresgutachten 2004/05 des Sachverständigenrates zur Begutachtung der gesamtwirtschaftlichen Lage, S. 460 Ziff. 615.

Junkernheinrich, Martin/ Micosatt, Gerhard (2005): Kurzfassung der Studie „Kommunale Daseinsvorsorge im Ruhrgebiet bei rückläufiger Bevölkerung- Einnahmeseitige Handlungsspielräume, aufgabenbezogene Bedarfsverschiebungen, kommunalpolitische Handlungsoptionen 11 Kernaussagen". Regionalverband Ruhr (Hg.), Januar 2005.

Maretzke, Steffen (2005): „Aktualisierung des Infrastrukturindikators für die Neuabgrenzung der Fördergebiete der Gemeinschaftsaufgabe ‚Verbesserung der regionalen Wirtschaftsstruktur‘". Bundesamt für Bauwesen und Raumordnung Bonn, S. 14f.

Maretzke, Steffen (2004): „Binnenwanderungen in Deutschland im Kontext regionaler Disparitäten". In: Regionalbarometer neue Länder: Fünfter zusammenfassender Bericht, BBR Bonn, S. 5-16.

Mertens, Antje/ Haas, Anette (2006): „Regionale Arbeitslosigkeit und Arbeitsplatzwechsel in Deutschland – Eine Analyse auf Kreisebene". In: Jahrbuch für Regionalwissenschaft (2006) 26: S. 147f.

Schnur, Peter/ Zika, Gerd (2005): „Projektion des Arbeitskräftebedarfs bis 2020 - Nur zögerliche Besserung am deutschen Arbeitsmarkt". In: IAB Kurzbericht Nr. 12/2005, S. 5.

Statistisches Bundesamt (2007): „56% der deutschen Auswanderer sind Männer". In: Zahl der Woche Nr. 43 vom 30.10.2007.

Untiedt, Gerhard/ Alecke, Björn (2006): „Bundesstaatliche Ordnung und Bedeutung finanzieller Ausgleichssysteme für die Raumordnung". Endbericht eines Forschungsprojektes im Auftrag des BMVBS und BBR Bonn, S. 24 f.

Die langsame Annäherung - Demografisch relevante Einstellungsunterschiede und der Wandel in den Lebensformen in West- und Ostdeutschland

Jürgen Dorbritz, Kerstin Ruckdeschel

1. Einleitung

Seit der Wende hat sich in den neuen Bundesländern ein weitreichender demografischer Wandel vollzogen (siehe auch Grünheid in diesem Band). Die Geburten-, Heirats- und Scheidungsziffern sind nach 1990 schnell und tief gesunken, haben sich inzwischen aber wieder dem westdeutschen Niveau genähert. Die Heirat und die Geburt der Kinder sind in einen späteren Lebensabschnitt verlagert worden. Kinderlosigkeit ist keine Seltenheit mehr und der ohnehin hohe Anteil nichtehelicher Geburten hat sich weiter erhöht. Generell sind die Lebensformen im Wandel. Die Lebenserwartung steigt unvermindert an. Die Bevölkerung altert schnell und regional sehr unterschiedlich. Nicht zuletzt strömen mehr Ausländer aus bis 1990 kaum bekannten Regionen in die neuen Bundesländer und nach wie vor verlieren die neuen Bundesländer Bevölkerung über die Abwanderung in die alten Bundesländer.

Dieser demografische Wandel soll nicht Gegenstand der nachfolgenden Darstellungen sein, sondern wird lediglich als Ausgangspunkt herangezogen. Wir gehen davon aus, dass die besonderen Muster in den verschiedenen demografischen Verhaltensweisen in der ehemaligen DDR und im früheren Bundesgebiet auch durch besondere Einstellungen begründet waren. In dem vorliegenden Beitrag soll analysiert werden, ob nach wie vor signifikante Einstellungsunterschiede zwischen West- und Ostdeutschen bestehen. Zu fragen ist, inwieweit es eine Annäherung gegeben hat oder sich Unterschiede erhalten beziehungsweise ausgeprägt haben. Wir wollen wissen, in welchem Umfang DDR-spezifische Einstellungsmuster konserviert oder modifiziert wurden und ob sie über Generationen weitergegeben werden. Und schließlich soll untersucht werden, wie Ost-West- und West-Ost-Wanderungen den Einstellungswandel beeinflussen.

Für die Analyse wurden soziale Gruppen nach Herkunfts- und Wohngebiet gebildet, jeweils wiederum aufgeteilt in zwei Altersgruppen (20 – 39 und 40 – 65 Jahre). Als Datenbasis fungiert in erster Linie die Internationale Population Policy Acceptance Study (IPPAS), eine Umfrage zu Meinungen und Einstellungen der

Bevölkerung zum Demografischen Wandel und zu bevölkerungsrelevanten Politiken (vgl. Abschnitt 2: Daten und Methode). Im Abschnitt zur Konservierung von DDR-Verhaltensmustern wird darüber hinaus auf Ergebnisse des Mikrozensus zurückgegriffen. Zur Behandlung des Themas wurden drei Analyseschwerpunkte gebildet:

1. Distanz gegenüber den neuen sozialen Institutionen
2. Beunruhigung über den Demografischen Wandel
3. Konservierung von DDR-Verhaltensmustern

Zu jedem dieser Schwerpunkte wurde eine Arbeitshypothese entwickelt, die zu Beginn der jeweiligen Abschnitte vorgestellt wird.

2. Daten und Methode

Die Analysen beruhen im Wesentlichen auf der International Population Policy Acceptance Study (IPPAS). Es wurden aber auch Ergebnisse des Mikrozensus herangezogen. Bei der IPPAS handelt es sich um ein von der EU gefördertes Projekt unter der Koordination des Bundesinstitutes für Bevölkerungsforschung, an dem 14 europäische Länder teilgenommen haben. Inhalt der Studie war die Frage nach der Wahrnehmung und Bewertung des Demografischen Wandels und seiner Folgen in der Bevölkerung und die Zustimmung zu politischen Maßnahmen. In der deutschen Studie sind von März bis Juni 2003 insgesamt 4.110 Personen im Alter zwischen 20 und 64 Jahren mittels eines standardisierten Fragebogens befragt worden, davon die Hälfte aus den neuen Bundesländern. Für die Auswertungen zu den Einstellungsunterschieden zwischen West- und Ostdeutschen wurde die Stichprobe in zwei Altersgruppen, 20- bis 39-Jährige und 40- bis 65-Jährige, unterteilt, um Alterseffekte auszuschließen. Um außerdem herkunftsbedingte Sozialisationseffekte besser zuordnen zu können, wurde die Stichprobe in vier Wohn- und Herkunftsgruppen unterteilt (Tabelle 1):

1. West: In Westdeutschland geborene und zum Zeitpunkt der Befragung in Westdeutschland lebende Befragte (im Weiteren als Westdeutsche bezeichnet)
2. Ost: In Ostdeutschland geborene und zum Zeitpunkt der Befragung in Ostdeutschland lebende Befragte (im Weiteren als Ostdeutsche bezeichnet)
3. West aus Ost: In Ostdeutschland geborene und zum Zeitpunkt der Befragung in Westdeutschland lebende Befragte

4. Ost aus West: In Westdeutschland geborene und zum Zeitpunkt der Befragung in Ostdeutschland lebende Befragte

Da die Fallzahlen für die letzten beiden Gruppen (West aus Ost, Ost aus West) sehr klein sind (vgl. Tabelle 1), wurde größtenteils auf die Auswertung dieser beiden Gruppen verzichtet, d.h. sie wurden aus den Analysen ausgeschlossen. Die Indikatoren, die zur Überprüfung der einzelnen Hypothesen herangezogen wurden, werden jeweils in den entsprechenden Kapiteln dargestellt und erläutert.

Tabelle 1: Deutscher PPAS differenziert nach Alter, Geschlecht und Herkunfts-/Wohnort; N

Geschlecht	Alter	Region West	Ost	West aus Ost	Ost aus West
Frauen	20-39 J.	414	374	33	32
	40-65 J.	456	559	37	33
Männer	20-39 J.	391	349	32	23
	40-65 J.	457	553	30	35
Gesamt		1718	1835	132	123

Quelle: Deutsche PPAS

Im Abschnitt, in dem die Distanz gegenüber den neuen sozialen Institutionen behandelt wird, sind zunächst die Dimensionen mit einer Faktorenanalyse reduziert worden. Danach wurde eine logistische Regression berechnet, um zu analysieren, welche der Dimensionen zur Differenzierung zwischen West- und Ostdeutschen beitragen.

Zur Behandlung der Themen „Beunruhigung über den Demografischen Wandel" und „Konservieren der DDR-Verhaltensmuster" sind anhand der im Fragebogen verwendeten fünfstufigen Skalen in einem ersten Schritt Mittelwerte berechnet worden, die dann mit Hilfe des T-Tests auf signifikante Unterschiede in den Einstellungen zwischen West- und Ostdeutschen überprüft worden sind.

3. Datenanalyse

Distanz gegenüber den neuen sozialen Institutionen

Das Ende der DDR kann als Austausch beziehungsweise als Wandel aller sozialen Institutionen, von der Wirtschaft bis hin zu den Formen des partnerschaftlichen Zusammenlebens, interpretiert werden. „Wir haben in den Ländern der ehemaligen DDR eine einzigartige experimentelle Situation, in der das gesamte Institutionen-

und Rechtssystem schlagartig ausgetauscht wird, aber die Mentalitäten, die eingeübten Verhaltensweisen und die subjektiven Befindlichkeiten zunächst weiterbestehen" (Lepsius 1991, 72). Durch diesen Austausch kam es zu einer Art „behavioural lag" in den neuen Bundesländern, das heißt, die geltenden gesellschaftlichen Wertvorstellungen und Verhaltensweisen entsprechen (noch) nicht in allen Bereichen den neuen Institutionen. Dem ökonomischen Wandel folgte kein entsprechender Wandel des sozialen Raums. Die plötzlichen Veränderungen führten stattdessen eher zu einem Abwehrverhalten, das den defensiven Strategien der ehemaligen DDR ähnelt, so unsere Ausgangsvermutung (Alheit et al. 2004, 337). Die Übertragung dieser Aussage auf die soziale Institution der Ehe und Familie führt uns zur Hypothese, dass die westlich geprägte Institution der Ehe im Osten wenig akzeptiert wird und damit verbundene Handlungsangebote nicht oder nur eingeschränkt wahrgenommen werden. Zur Überprüfung dieser Hypothese sollen drei Indikatoren herangezogen werden:

1. Die Bewertung der sozialen Institution Ehe
2. Die Bewertung des Wandels in den familiendemografischen Trends
3. Die Bewertung des Wandels in den Formen partnerschaftlichen Zusammenlebens

Die Bewertung der sozialen Institution Ehe

Als Indikator zur Bewertung der Institution Ehe wurde die Aussage gewählt „Die Ehe ist eine überholte Einrichtung", eine bipolare Variable, der entweder zugestimmt oder nicht zugestimmt werden konnte. Für diese Aussage soll beispielhaft dargestellt werden, wie sich die vier Gruppen von Westdeutschen, Ostdeutschen, in Ostdeutschland geborenen Westdeutschen und in Westdeutschland geboren Ostdeutschen unterscheiden, wobei die Aussagen für die beiden zuletztgenannten Personengruppen aufgrund der geringen Fallzahlen nur eingeschränkt gültig sind (vgl. Tabelle 2).

Zunächst bestätigt sich, dass Jüngere generell traditionellen Institutionen ferner stehen als Ältere. In den jüngeren Altersgruppen wird der Aussage über alle Gruppierungen hinweg immer stärker zugestimmt als in den älteren. Dagegen zeigt sich die erwartete stärkere Ablehnung der Institution Ehe im Ost-Westvergleich (Westdeutsche vs. Ostdeutsche) nur in der jüngeren Altersgruppe, bei den 40- bis 65-Jährigen ist die Ablehnung sowohl bei Männern als auch bei Frauen im Westen höher als im Osten.

Zustimmung zur Aussage „Die Ehe ist eine überholte Einrichtung"; Prozentangaben

Geschlecht	Alter	Region			
		West	Ost	West aus Ost	Ost aus West
Frauen	20-39 J.	25	29	39	53
	40-65 J.	20	16	32	(24)
Männer	20-39 J.	34	39	41	(44)
	40-65 J.	20	17	(10)	31

Quelle: BiB, Deutsche PPAS; eigene Berechnungen; (), N <=10

Die Bewertung familiendemografischer Trends

Für die Bewertung familiendemografischer Trends wurde eine Liste an Fragen ausgewählt, in der

- die steigende Anzahl von Paaren, die unverheiratet zusammenleben,
- die steigende Anzahl von Paaren, die sich entscheiden, kinderlos zu bleiben,
- der Geburtenrückgang,
- die steigende Anzahl von Kindern, die einen Teil ihrer Kindheit nur mit einem Elternteil verbringen,
- der Rückgang der Eheschließungen,
- die steigende Anzahl von Alleinlebenden und
- die steigende Anzahl von Geburten in nichtehelichen Lebensgemeinschaften

auf einer Skala von 1 (sehr positiv) bis 5 (sehr negativ) von den Befragten beurteilt werden sollte (vgl. Tabelle 3). Dabei zeigt sich, dass Kinderlosigkeit, das heißt sowohl die steigende Anzahl kinderloser Paare als auch der Geburtenrückgang, im Osten signifikant negativer beurteilt wird als im Westen. Auch hier treten wieder klare Altersunterschiede zutage, denn – unabhängig von der Herkunft - beurteilen die Älteren diese Trends jeweils negativer als die Jüngeren. Ebenso fällt die Bewertung von Frauen im Vergleich zu den jeweiligen Männergruppen durchgehend schlechter aus.

Tabelle 3: Bewertung familiendemografischer Trends; Mittelwerte (1 sehr positiv bis 5 sehr negativ)

Alter	steigende Zahl unverheirateter Paare		steigende Zahl kinderloser Paare		Geburtenrückgang		steigende Zahl von Kindern, mit nur einem Elternteil	
	West	Ost	West	Ost	West	Ost	West	Ost
Frauen								
20-39	2,78	2,73	3,66*	3,81*	4,02*	4,26*	3,75	3,71
40-65	3,03	3,09	3,85*	4,03*	4,19*	4,43*	3,96	3,84
Männer								
20-39	2,85	2,83	3,61*	3,70*	3,99*	4,13*	3,8	3,81
40-65	3,14	3,14	3,84*	4,08*	4,17*	4,40*	3,98	3,91

Alter	Rückgang der Eheschließungen		steigende Zahl Alleinlebender		steigende Zahl unehelicher Kinder	
	West	Ost	West	Ost	West	Ost
Frauen						
20-39	3,19	3,2	3,5	3,44	2,91	2,86
40-65	3,45	3,47	3,63	3,62	3,13	3,1
Männer						
20-39	3,25	3,15	3,59	3,5	3,02	2,92
40-65	3,46	3,49	3,65	3,61	3,19	3,12

Quelle: Deutsche PPAS; eigene Berechnungen; * $p < 0{,}05$

Der Wandel in den partnerschaftlichen Lebensformen wurde mit drei Aussagen gemessen, die wieder auf einer fünfstufigen Likertskala basieren (1 „stimme voll zu" bis 5 „stimme überhaupt nicht zu"):

- Wenn eine alleinstehende Frau ein Kind, aber keine feste Partnerschaft haben möchte, so sollte das akzeptiert werden.
- Es ist in Ordnung, wenn ein Paar ohne die Absicht zu heiraten zusammenlebt.
- Um glücklich aufzuwachsen, braucht ein Kind Vater und Mutter.
- Hinzu kamen vier bipolare Variablen, denen zugestimmt werden konnte („stimme zu" – „stimme nicht zu"):
- Personen, die Kinder haben wollen, sollten heiraten.
- Ein Elternteil kann ein Kind genauso gut erziehen wie beide Eltern zusammen.
- Das Zusammenleben von Mann und Frau ist nur in der Ehe akzeptabel.
- Verheiratete Menschen sind normalerweise glücklicher als nicht verheiratete.

Die Ergebnisse weisen für drei Aussagen signifikante Unterschiede zwischen West- und Ostdeutschen auf (vgl. Tabelle 4), die zum einen auf eine stärkere normative Entkoppelung zwischen Ehe und Elternschaft im Osten hindeuten und zum anderen auf eine größere Toleranz gegenüber Alleinerziehenden. Die Unterschiede zwischen den Altersgruppen sind hier wesentlich geringer, weisen aber in die Richtung einer größeren Toleranz gegenüber Alleinerziehenden und nichtehelichen Geburten bei den Jüngeren. Ebenso zeigen sich systematische, wenn auch sehr geringe Unterschiede zwischen den Geschlechtern, die darauf hindeuten, dass Frauen dem Wandel partnerschaftlicher Lebens- und Familienformen gegenüber aufgeschlossener sind als Männer.

Tabelle 4: Bewertung des Wandels in den partnerschaftlichen Lebensformen; Zustimmung in %

	Alter	Kinderwunsch alleinstehender Frauen akzeptieren		Zusammenleben ohne Trauschein ist in Ordnung		Glückliches Kind braucht Vater und Mutter		Wer Kinder will, soll heiraten	
		West	Ost	West	Ost	West	Ost	West	Ost
Frauen	20-39	88,6*	96,3*	91,5	92,5	63,3	62,3	35,7*	25,1*
	40-65	86,0*	95,0*	85	84,3	73,2	79,4	53,1*	45,2*
Männer	20-39	86,2*	92,8*	92,1	94	68,7	71,9	38,0*	24,4*
	40-65	85,7*	92,7*	80	83,3	74,5	86,9	59,0*	50,1*

	Alter	Ein Elternteil kann genauso gut erziehen wie zwei		Zusammenleben ist nur in der Ehe akzeptabel		Verheiratete sind glücklicher als Unverheiratete	
		West	Ost	West	Ost	West	Ost
Frauen	20-39	53,6*	66,5*	10	5,9	18	18,5
	40-65	48,7*	58,0*	12,5	12,7	31	34,4
Männer	20-39	46,8*	53,6*	6,4	8,3	19,7	18,6
	40-65	36,0*	46,0*	14,9	14,6	37,1	40,5

Quelle: Deutsche PPAS; eigene Berechnungen; * $p < {,}05$

Die genannten Indikatoren lassen sich mit Hilfe von Faktoranalysen auf vier Dimensionen reduzieren (vgl. Tabelle 1 im Anhang): Kindorientierung, Wertschätzung der Institution Ehe, Koppelung von Ehe und Elternschaft und Toleranz alternativer Lebensformen. Mit diesen Faktoren soll in einem zweiten Schritt untersucht werden, welche davon zu einer klaren Trennung zwischen West- und Ostdeutschen beitragen. Als Methode bietet sich dafür die logistische Regression an. Bereits in den bivariaten Auswertungen wurde deutlich, dass zumindest das Alter und eventuell auch das Geschlecht zwischen Ost- und Westdeutschen diskriminieren, beide werden als Kontrollvariablen in das Modell integriert. Als dritte Kontrollvariable wird außerdem das Bildungsniveau hinzugenommen, das ebenfalls Werte und Orientierungen beeinflusst. Die Ergebnisse (vgl. Tabelle 5) bestätigen zunächst den Einfluss der Kontrollvariablen Alter und Bildung, weisen aber für das Geschlecht keinen statistisch signifikanten Einfluss nach. Für die Einstellungsvariablen, die insgesamt nur einen sehr geringen Anteil der Varianz erklären, bestätigen sich dagegen die Ergebnisse der bivariaten Analysen: Zwischen West- und Ostdeutschen bestehen signifikante Unterschiede zum einen hinsichtlich der Kindorientierung, die im Osten wesentlich stärker ist, und zum anderen hinsichtlich der normativen Koppelung von Ehe und Elternschaft, die wiederum im Westen stärker ist. Dagegen bestehen keine Unterschiede bei der Bewertung der Institution Ehe und bei der Toleranz nichtehelicher Lebensformen, wenn das Thema Kinder ausgespart bleibt.

Tabelle 5:   Ergebnisse der logistischen Regression: Zugehörigkeit zur Gruppe „West"

	Modell Exp(βj)	Sig.
Kontrollvariable		
Geschlecht (Ref. Mann)	1,127**	,002
Alter (Ref. 20 – 39 Jahre)	1,564***	,000
Bildung (Ref. niedrig)		
mittel	3,613***	,000
hoch	1,583***	,000
Erklärende Variable		
Kindorientierung	1,127**	,002
Wertschätzung Ehe	1,043	,316
Koppelung Ehe – Elternschaft	1,127**	,005
Intoleranz nichtehelicher Lebensformen	0,965	,359
Nagelkerke Pseudo R²	0,100	

Quelle: Deutsche PPAS; eigene Berechnungen; sig.: +<0,10; * < 0,05; ** < 0,01; *** < 0,001
Bildung: niedrig (ohne Abschluss, Hauptschule, POS 8.od.9. Kl.), mittel (Realschule POS, 10. Kl.), hoch (Fach/Abitur)

Für die neuen Bundesländer sind seit 1990 vier demografische Trends bestimmend: Geburtentief, Abwanderung der jüngeren Bevölkerung, Beschleunigung des Alterns der Bevölkerung und verstärkter Zuzug von ausländischer Bevölkerung. Auf die beiden letztgenannten Aspekte soll näher eingegangen werden. Dazu sind als Hypothesen formuliert worden:

1.   Der Zusammenhang zwischen Altern der Bevölkerung und der Bedrohung der sozialen Sicherungssysteme ist als weitgehend bekannt vorauszusetzen. Das Altern der Bevölkerung wird daher als negativer Trend bewertet und die Zunahme der Zahl und des Anteils älterer Menschen als Belastung angesehen. Dies gilt in zweifacher Hinsicht insbesondere für die Menschen in den neuen Bundesländern. Erstens ist eine höhere Arbeitslosigkeit mit höherer sozialer Unsicherheit verbunden, die die Beunruhigung über die Gefährdung der sozialen Sicherungssysteme verstärkt. Zweitens ist davon auszugehen, dass, von den Ballungszentren einmal abgesehen, in einem Großteil der ostdeutschen Regionen das verstärkte Altern der Bevölkerung optisch im alltäglichen Leben sichtbarer ist als in den alten Bundesländern. Beide Faktoren führen dazu, dass das Altern der Bevölkerung negativer bewertet und ältere Menschen stärker als Belastung für die Gesellschaft gesehen werden.

2.   Aufgrund der höheren Arbeitslosigkeit in den neuen Bundesländern werden Ausländer als Konkurrenten auf dem Arbeitsmarkt angesehen. Erwartet wird daher eine stärkere Distanz gegenüber Ausländern. Zu vermuten ist, dass dieser Effekt durch die Ungewohntheit des Umgangs (geringer Ausländeranteil in der ehemaligen DDR) mit fremden Kulturen und einer daraus resultierenden Ablehnung verstärkt wird.

Bewertung des Alterns der Bevölkerung und der Rolle älterer Menschen

Verschiedene Indikatoren, so die Bewertung auf einer fünfstufigen Skala der sich verschiebenden Bevölkerungsanteile jüngerer und älterer Menschen und eine direkte Schätzung des Anteils der Personen, die 65 Jahre und älter sind, wurden aus der IPPAS ausgewählt, um herauszufinden, wie die demografische Alterung in der Bevölkerung wahrgenommen wird. Die Aussagen „Ältere sind ein Hindernis für Veränderungen" und „Ältere sind eine Last für die Gesellschaft" wurden zur Abbildung der Rolle älterer Menschen in der Gesellschaft herangezogen.

Das Altern der Bevölkerung als wichtigster demografischer Trend unserer Zeit wird außerordentlich negativ beurteilt. 83,8 Prozent der in der IPPAS insgesamt

Befragten bewerten den Rückgang des Anteils jüngerer Menschen und 71,5 Prozent den Anstieg bei den älteren Menschen als negativ beziehungsweise sehr negativ. Eine negativere Sicht auf die demografische Alterung besteht in den neuen Bundesländern, wie die durchgehend höheren Mittelwerte bei den Ostdeutschen in Tabelle 6 zeigen. Hinsichtlich des rückläufigen Anteils der jüngeren Bevölkerung sind die Ost-West-Unterschiede in allen Gruppen signifikant (5-%-Niveau / in Tabelle 6 grau unterlegt). Bei der Beurteilung des Anstiegs der Anteile älterer Menschen sind die Mittelwertunterschiede bei den Frauen in der Altersgruppe 40 – 65 Jahre und bei den Männern in der Altersgruppe 20 – 39 Jahre ebenfalls signifikant. Danach wird das Altern der Bevölkerung im Osten mehrheitlich kritischer bewertet als im Westen.

Schließlich war der Anteil der Personen zu schätzen, die 65 Jahre und älter waren. Der tatsächliche Anteil betrug 17,5 Prozent im Jahr 2003. Generell zeigte sich, dass ost- und westdeutsche Frauen und Männer in beiden Altersgruppen den Anteil deutlich überschätzten (Tabelle 6). Die angegebenen Werte liegen in einem Bereich von 27,5 Prozent (Männer, West, Altersgruppe 20 – 39 Jahre) und 33,8 Prozent (Frauen, Ost, Altersgruppe 20 – 39 Jahre). Es kann angenommen werden, dass diese Überschätzung mit der Negativbewertung der demografischen Alterung in Zusammenhang steht.

Tabelle 6: Bewertung der Aussagen zum Altern der Bevölkerung und Schätzungen zum Anteil der Bevölkerung im Alter von 65 Jahren und älter in West- und Ostdeutschland nach Altersgruppen und Geschlecht (Mittelwerte)

Geschlecht	Alters-gruppen	Rückgang des Anteils jüngerer Menschen		Anstieg des Anteils älterer Menschen		Schätzung des Anteils der Personen im Alter 65+	
		West	Ost	West	Ost	West	Ost
Frauen	20 – 39	*4,13*	*4,32*	3,95	4,03	32,1	33,8
	40 – 65	*4,15*	*4,40*	*3,76*	*4,02*	*30,6*	*33,5*
Männer	20 – 39	*4,19*	*4,33*	4,04	4,16	*27,5*	*31,3*
	40 – 65	*4,22*	*4,39*	3,92	3,99	*27,8*	*31,6*

Quelle: BiB, Deutsche PPAS

Kursiv: Signifikante Unterschiede zwischen Ost- und Westdeutschen auf dem 5-%-Niveau

In diesem Kontext waren im Rahmen der IPPAS zwei Aussagen zu bewerten: Die Befragten sind mit zwei eher drastisch formulierten Aussagen konfrontiert worden, die mit dem Ziel der direkten Abbildung von Ausländerfeindlichkeit in die Befragung aufgenommen wurden. Zu bewerten waren „Deutschland gehört den Deutschen, für Ausländer ist kein Platz" und „Ausländer nehmen den Deutschen die Arbeit weg".

Generell erlauben die Analysen die Aussage, dass die Sicht der Bevölkerung auf ausländische Mitbürger ambivalent ist. Einerseits wird die Anwesenheit von Ausländern als positiv wahrgenommen, beispielsweise wenn es um den Austausch mit fremden Kulturen geht. Gleichzeitig wird eine hohe Integrationsbereitschaft erwartet. Andererseits werden Ausländer mit Illegalität, Verbreitung von Kriminalität und Terror in Verbindung gebracht. Aufgefunden wurde zudem eine stark ausgeprägte Forderung nach Begrenzung der Zuwanderung (vgl. u.a. Dorbritz et al. 2005,52 ff.).

Von wenigen Aussagen abgesehen (z.B. Ausländer sollen Sprache lernen, nach fünf Jahren Kommunalwahlrecht erhalten, integrierte Ausländer sollten deutsche Staatsbürgerschaft erhalten) finden die negativ formulierten Statements bei den Ostdeutschen eine im Trend höhere Zustimmung. Dies gilt insbesondere für die zwei zur Analyse stehenden sehr deutlichen Aussagen: Die Unterschiede zwischen Ost und West sind sowohl bei Frauen und Männern als auch in beiden Altersgruppen hochsignifikant (Tabelle 7). Die oben formulierte Hypothese über die stärkere Distanz gegenüber Ausländern in den neuen Bundesländern gilt damit als bestätigt. Im Detail ist auffällig:

- Hinsichtlich der Aussage „Deutschland gehört den Deutschen ..." gibt es zwischen Frauen und Männern und den Altersgruppen keine signifikanten Unterschiede. Hier ist lediglich die Ost-West-Dimension ausgeprägt.
- Der Aussage „Ausländer nehmen Deutschen die Arbeit weg" wird bei Frauen und bei Männern in der Altersgruppe 40 – 65 Jahre stärker zugestimmt als bei den Jüngeren. Bei den Ostdeutschen ist ein derartiger Unterschied nicht auffindbar.

Tabelle 7: Bewertung der Aussagen zu in Deutschland lebenden Ausländern in West- und Ostdeutschland nach Altersgruppen und Geschlecht (Mittelwerte)

Geschlecht	Alters-gruppen	Deutschland gehört den Deutschen, für Ausländer ist kein Platz		Ausländer nehmen Deutschen die Arbeit weg	
		West	Ost	West	Ost
Frauen	20 – 39	3,95	*3,58*	3,22	*2,65*
	40 – 65	3,84	*3,54*	3,04	*2,64*
Männer	20 – 39	3,84	*3,49*	3,20	*2,68*
	40 – 65	3,88	*3,48*	3,08	*2,61*

Quelle: BiB, Deutsche PPAS 2003
Kursiv: Signifikante Unterschiede zwischen Ost- und Westdeutschen auf dem 5-%-Niveau

Die hier vorgestellten Ergebnisse zeigen keinesfalls eine allgemeine Ausländerfeindlichkeit in Deutschland an. Es sind jeweils nur kleine Bevölkerungsgruppen, die derart formulierten Aussagen zustimmen, die aber bei den Ostdeutschen größer als bei den Westdeutschen sind. „Deutschland gehört den Deutschen …" fand im Westen zu 12,9 Prozent und im Osten zu 20,4 Prozent Zustimmung. Bei der Antwortvorgabe, dass die Ausländer den Deutschen die Arbeit wegnehmen, ist die Zustimmung deutlich höher ausgeprägt: 30,3 Prozent der West- und 47,2 Prozent der Ostdeutschen haben dieser Aussage zugestimmt beziehungsweise voll und ganz zugestimmt.

Konservierung von DDR-Mustern

Im abschließenden analytischen Teil wird der Frage nachgegangen, inwieweit sich DDR-typische Verhaltensmuster konserviert haben. Es wird wiederum auf die Daten der IPPAS zurückgegriffen. Zusätzlich werden Daten der Mikrozensen aus den Jahren 1996[1] und 2004 herangezogen und nach dem Lebensformenkonzept ausgewertet.
    Die Untersuchungen anhand der IPPAS beziehen sich auf zwei Situationen, zum einen die Familienbildung und zum anderen das Vereinbaren von Familie und Erwerbstätigkeit, die in der DDR- spezifisch ausgeprägt waren.
    Die Familienbildung besaß in der ehemaligen DDR einen besonders hohen Stellenwert. Dies ist auf eine Reihe gesellschaftlicher Umstände zurückzuführen, die sich ganz speziell in den ost- und mitteleuropäischen sozialistischen Regimes ausge-

---

1 Das Jahr 1996 ist deshalb gewählt worden, da in diesem Jahr das Lebensformenkonzept im Mikrozensus eingeführt wurde.

bildet hatten. Erstens haben die totalitären Gesellschaftssysteme zum Konservieren der familienorientierten Verhaltensmuster der 1960er Jahre beigetragen. Bei einer starken Subsumierung der Individuen unter die Gesellschaft und einer Intoleranz gegenüber individualistischen Abweichungen vom Standardmuster konnte sich ein institutioneller Wandel und Wertewandel wie in Westeuropa mit einer Individualisierung und Pluralisierung der Lebensformen nicht vollziehen. Zweitens ist eine pronatalistisch orientierte Bevölkerungspolitik betrieben worden (Geburtenbeihilfen, Ehekredite mit der Möglichkeit eines Erlasses bei der Geburt von Kindern, bevorzugte Wohnungsvergabe an Familien), die die Autoren kritisch gewertet sehen wollen, die aber auch Signale für die Familiengründung gesetzt hat. Drittens ist mit dem Ziel der Gleichstellung eine Politik des Einbeziehens der Frauen in das Erwerbsleben betrieben worden. Die darin angelegten Rollenkonflikte wurden durch ein breit gefächertes und kostengünstiges System der staatlichen Kinderbetreuung (und weitere flankierende Maßnahmen) gemildert. Viertens waren die sozialistischen Gesellschaften durch eine begrenzte Auswahlmöglichkeit an Handlungsoptionen hinsichtlich des Biographieverlaufs gekennzeichnet. In einer solchen Situation wird die Wahl der Biographieoption ‚Familiengründung' wahrscheinlicher. Fünftens schließlich war bis 1989 die Entscheidung für eine Familiengründung durch ein hohes Maß an Verlässlichkeit in den Lebensumständen begleitet. Dies ist durch eine auf die individuelle soziale Sicherheit (zugesicherte Ausbildung, Vollbeschäftigung, kostengünstige Grundversorgung, niedrige Kinderkosten) gerichtete Politik erreicht worden.

Infolge der Möglichkeiten des Vereinbarens von Familie und Erwerbstätigkeit, der Sicherheiten für die zukünftige Lebensgestaltung und der gezielten Geburtenförderung ist die Entscheidung für die Familiengründung erleichtert worden. Auch wenn es keinen nachhaltigen Anstieg des Geburtenniveaus gegeben hat, so ist Kinderlosigkeit durch die Geburt von zumindest einem Kind begrenzt und das Muster der frühen Familiengründung konserviert worden. Ein nachhaltiger Einfluss auf einen höheren Wunsch nach dritten und weiteren Kindern ist mit dem Konzept der Familienförderung in der ehemaligen DDR jedoch nicht erreicht worden. Eine niedrige Kinderlosigkeit war mit einer Orientierung auf die Ein-Kind-Familie verknüpft. Gefragt wird, ob sich dieses Muster 13 Jahre nach dem Ende der DDR noch immer im Kinderwunsch und den Idealen des Vereinbarens von Familie und Erwerbstätigkeit auffinden lässt.

Der Kinderwunsch

Es wird für die älteren Befragten (30 – 39 Jahre) angenommen, die ihre Familienbildungsphase zum Teil noch in der ehemaligen DDR durchlebt oder begonnen hatten, dass die Familienbildungsmuster der ehemaligen DDR in den Einstellungen konserviert worden sind. Für die jüngeren Befragten (20 – 29 Jahre) ist zu vermuten, dass diese Muster ebenfalls noch auffindbar sind, jedoch in abgeschwächter Form. Die Annahme ist zum einen in der unterstellten Weitergabe der elterlichen Familienbildungsmuster an die Kindergeneration begründet. Die Altersgruppe 20 - 29 Jahre des Jahres 2003 war 1990 zwischen 7 und 16 Jahre alt, hat also die DDR-Bedingungen der Familienbildung nicht unmittelbar kennengelernt, ist somit auf die Erfahrungen der Eltern angewiesen. Zum anderen gehen wir davon aus, dass die erlebte westdeutsche Realität zum Abschwächen der in der Herkunftsfamilie erlernten Orientierungen geführt hat.

Tabelle 8 zeigt den Kinderwunsch im Durchschnitt und in der Paritätsverteilung für jeweils Westdeutsche, Ostdeutsche, Frauen, Männer und Altersgruppen. Betrachtet man zunächst nur die Unterschiede zwischen den West- und Ostdeutschen im Durchschnitt, dann zeigen sich auf den ersten Blick kaum oder nur geringe Unterschiede. Frauen in der Altersgruppe 20 – 29 Jahre wünschen sich im Westen 1,85 und im Osten 1,80 Kinder. In der Altersgruppe 30 – 39 Jahre sind es 1,65 beziehungsweise 1,78 gewünschte Kinder, also im Westen ein etwas höherer Durchschnitt als im Osten. Bei den Männern fallen die Unterschiede ebenfalls gering aus. In der Altersgruppe 20 – 29 Jahre mit 1,41 zu 1,50 besteht ein leicht höherer Kinderwunsch im Osten, bei den 30 – 39-Jährigen mit 1,53 zu 1,44 ein geringfügig höherer Wert bei den Westdeutschen.

Tabelle 8:   Kinderwunsch in West- und Ostdeutschland nach Geschlecht und Alter (Anteile in %, Durchschnitte)

Geschlecht	Alters-gruppen	West Kinderzahl/Durchschnitt (D)				
		0	1	2	3+	D
Frauen	20 – 29	18,5	6,5	56,5	18,5	1,85
	30 – 39	16,5	20,4	49,0	14,1	1,65
Männer	20 – 29	31,3	9,6	47,8	11,3	1,41
	30 – 39	26,4	17,2	36,2	20,1	1,53
Geschlecht	Alters-gruppen	Ost Kinderzahl/Durchschnitt (D)				
		0	1	2	3+	D
Frauen	20 – 29	6,2	18,5	65,4	10	1,8
	30 – 39	2,9	37,4	43,9	15,8	1,78
Männer	20 – 29	21,1	18,4	54,4	6,2	1,50
	30 – 39	20,9	28,1	39,2	11,8	1,44

Quelle: BiB, Deutsche PPAS 2003

Ein Blick auf die Paritätsverteilung des Kinderwunsches relativiert obiges Ergebnis aber sofort. Drei durchgängige West-Ost-Unterschiede fallen auf.

- Die gewünschte Kinderlosigkeit ist bei den Westdeutschen generell höher als bei den Ostdeutschen. Beispiel: Die jungen Frauen im Alter von 20 – 29 Jahren im Osten wollen zu 6,2 Prozent keine Kinder, im Westen sind es 18,5 Prozent.
- Die Orientierung auf die Ein-Kind-Familie ist in Ostdeutschland deutlich stärker ausgeprägt. Beispiel: Die 30 – 39-jährigen Frauen im Osten möchten zu 37,4 Prozent nur ein Kind haben. In Westdeutschland sind es nur 20,4 Prozent.
- Westdeutsche wünschen sich häufiger drei und mehr Kinder als Ostdeutsche. Als Beispiel wird wiederum die Altersgruppe 20 – 29 Jahre herangezogen: 18,5 Prozent westdeutscher Frauen und 10,0 Prozent der ostdeutschen Frauen wollen drei oder mehr Kinder haben.

Hier bestätigen sich die generell unterschiedlichen Einstellungen zur Familienbildung zwischen West und Ost, die im Durchschnitt zu ähnlichen Ergebnissen führen. Allgemein ist zu konstatieren, dass sich der Kinderwunsch in Deutschland auf einem sehr geringen Niveau befindet. Es ist im Westen wie im Osten aufgrund spezifischer gewünschter Paritätsverteilungen ähnlich niedrig. Der Kinderwunsch im Westen ist niedrig, da es außergewöhnlich hohe Anteile an Frauen, aber insbesondere an Männern gibt, die keine Kinder haben möchten. Dies kann durch höhere Anteile bei drei und mehr gewünschten Kindern nicht kompensiert werden. Der ebenfalls gering ausfallende Kinderwunsch im Osten erklärt sich über hohe Anteile von nur einem gewünschten Kind und niedrigeren Anteilen dritter und weiterer Kinder. Fazit: Unterschiedliche Muster führen zu nahezu identischen Kinderwünschen.

Die zu Beginn dieses Abschnitts aufgestellte Hypothese findet eine weitgehende Bestätigung. Der Wunsch nach Kinderlosigkeit und nach nur einem Kind unterscheidet sich bei den West- und Ostdeutschen deutlich und entspricht vollständig den angestellten Ausgangsüberlegungen. Dies ist bei den 30 – 39-jährigen Frauen ausgeprägt, worin das Konservieren des alten Musters angezeigt ist. Das gleichzeitige Verblassen und Fortbestehen des DDR-Musters ist in der Altersgruppe 20 – 29 Jahre erkennbar. Bei den jüngeren Frauen ist ein Anstieg der gewollten Kinderlosigkeit zu erkennen (20 – 29 Jahre: 6,2 %; 30 – 39 Jahre: 2,9 %). Dennoch waren und vermutlich werden gewollte Kinderlosigkeit in den neuen Bundesländern in naher Zukunft eher eine Ausnahme bleiben. Bei den Männern ist dieser Trend nicht zu verzeichnen, die gewünschte Kinderlosigkeit erreicht auch bei den 30 – 39-Jährigen mit 20,9 Prozent einen hohen Wert. Am deutlichsten ist eine Anpassung bei den zurückgehenden Anteilen der Wünsche nach einem Kind zu sehen. Bei den ostdeutschen Frauen beträgt er in der jüngeren Altersgruppe 18,5 Prozent (Männer 18,4 %) und in der älteren Gruppe 37,4 Prozent (Männer: 28,1 %). Der hohe Wunsch nach nur einem Kind ist rückläufig, bleibt aber ebenso wie die niedrigere, aber ansteigende gewünschte Kinderlosigkeit zwischen West- und Ostdeutschen unterschiedlich. Teil der paritätsspezifischen Umstrukturierung des Kinderwunsches ist der deutliche Anstieg des Anteils von zwei gewünschten Kindern. Dies ist insbesondere im Osten ausgeprägt, aber auch im Westen anzutreffen. Bei den ostdeutschen Frauen ist dieser Anteil von den Älteren zu den Jüngeren von 43,9 Prozent auf 65,4 Prozent gestiegen. Dies bedeutet eine absolute Dominanz des Wunsches nach zwei Kindern, die im Westen weniger deutlich ausgeprägt ist. Erhalten bleiben die Unterschiede bei der Parität 3+ mit höheren Anteilen im Westen.

Insgesamt zeigt sich ein Verblassen des DDR-Musters, in dem aber noch die ursprünglichen Strukturen erkennbar sind. Der Wandel des Musters führt aber nicht direkt zur Übernahme des westdeutschen Musters, sondern zeigt eine neue spezifische Ausprägung in den neuen Bundesländern mit einer starken Zwei-Kind-Orientierung. Die westliche Polarisierung zwischen gewünschter Kinderlosigkeit und dem Wunsch nach einer Familie mit zwei oder mehr Kindern scheint jedoch im Entstehen.

Abschließend ist auf die unterschiedliche Struktur des Kinderwunsches bei Frauen und Männern hinzuweisen. Auffällig ist vor allem die hohe gewünschte Kinderlosigkeit bei den Männern, insbesondere unter den 20 – 29-jährigen Westdeutschen mit 31,3 Prozent. Der Wunsch nach einem Einzelkind ist mit 9,6 Prozent wie auch bei den Frauen (6,5 %) dieser Altersgruppe extrem niedrig. Ergebnis ist der niedrigste beobachtete Wert für den durchschnittlichen Kinderwunsch (1,41) in der vorliegenden Untersuchung. Über die Ursachen dieser Situation wird gegenwärtig eher spekuliert. Überdurchschnittlich hohe Werte bei gewünschter Kinderlosigkeit finden sich auch bei den ostdeutschen Männern. Bei den Männern ist ohnehin eine stärkere Annäherung in der gewünschten Paritätsstruktur festzustellen, wobei es aber auch hier keine Ost-West-Identität gibt. Es bleibt aber festzuhalten, dass die entworfene Hypothese eher den Verhaltenswandel der Frauen in den neuen Bundesländern abbildet.

Die Ideale des Vereinbarens von Familie und Erwerbstätigkeit

Das Vereinbaren von Familie und Erwerbstätigkeit ist ein noch immer mehrheitlich von Frauen zu bewältigendes Problemfeld geblieben. Daher werden nachfolgend nur die Vereinbarkeitsideale der Frauen betrachtet (Tabelle 9), auf die Vorstellungen der Männer wird lediglich kurz im Text verwiesen.
In der ehemaligen DDR beziehungsweise im früheren Bundesgebiet dominierten zwei unterschiedliche Modelle des Vereinbarens von Familie und Erwerbstätigkeit.

In der ehemaligen DDR war ein paralleles Vereinbaren in der Form von Vollzeiter-werbstätigkeit familienpolitisch gefördert und durch die Frauen auch realisiert wor-den. Im früheren Bundesgebiet sind die Frauen in der Mehrheit dem „Breadwinner-Homemaker-Modell" gefolgt; bei Familiengründung schieden sie zeitlich begrenzt oder gänzlich aus dem Erwerbsprozess aus. Dies haben wir mit den Antwortvorga-ben „keine Erwerbstätigkeit, solange das Kind klein ist" beziehungsweise „über-haupt keine Erwerbstätigkeit mehr, wenn Kinder da sind" abgebildet. Die hierzu formulierte Hypothese ist in ihrer Ausrichtung an die Kinderwunsch-Hypothese angelehnt. Wir erwarten, dass in beiden Regionen Deutschlands zwei unterschiedli-che Ideale des Vereinbarens existieren, wobei die Ostdeutschen das Vereinbaren auf Vollzeitbasis und die Westdeutschen den Berufsausstieg favorisieren. Bei den jünge-ren Frauen in Ostdeutschland ist vor allem aufgrund der hohen Arbeitslosigkeit eine zunehmende Bedeutung des Erwerbsausstiegs zu erwarten. Für die jüngeren Frauen in Westdeutschland wird infolge des geschlechterspezifischen Rollenwandels eine zunehmende Orientierung auf paralleles Vereinbaren vermutet.

Tabelle 9: Ideale des Vereinbarens von Familie und Erwerbstätigkeit von Frauen in West- und Ostdeutschland nach dem Alter (in %)

Region	Alters-gruppen	Arbeitszeitregime									Keine Erw.-tät.	
		Vollzeit				Teilzeit						
		Kinderzahl										
		0	1	2	3+	0	1	2	3+		Kind klein	Generell mit Kind
West	20 – 39	10,6	4,6	4,9	1,4	1,6	13,6	28,9	6,3		24,3	3,8
	40 – 65	6,9	5,3	4,6	1,8	3,0	13,2	23,4	8,4		26,4	7,1
Ost	20 – 39	5,3	21,7	21,1	4,1	0,3	10,0	21,7	5,9		8,5	1,5
	40 – 65	5,3	18,8	19,5	5,3	0,2	9,7	26,2	5,5		8,5	1,1

Quelle: BiB, Deutsche PPAS 2003

Generell ist festzuhalten, dass es in Deutschland unter den Frauen einen ausgeprägten Vereinbarkeitswillen gibt, der im Osten stärker ausgeprägt ist. Werden die Modelle „Vollzeit- und Teilzeiterwerbstätigkeit mit Kindern" zusammengefasst, dann haben sich in der Altersgruppe 20 – 39 Jahre im Osten 84,4 Prozent und im Westen 59,7 Prozent für eines der Vereinbarkeitsmodelle entschieden. Folgende Ergebnisse sind hervorzuheben:

- Das höhere Ideal der Kinderlosigkeit bei den Westdeutschen zeigt sich auch bei den gewählten Vereinbarkeitsidealen. Frauen in der Altersgruppe 20 – 39 Jahre wollen zu 10,6 Prozent vollerwerbstätig und kinderlos sein, bei den Ostdeutschen sind es nur 5,3 Prozent.

- Ostdeutsche orientieren sich stärker an der Vereinbarkeit. Die größten Gruppen mit jeweils 21,7 Prozent in der Altersgruppe 20 – 39 Jahre bilden die Frauen, die sich für Vollzeit und ein Kind beziehungsweise Teilzeit und zwei Kinder entschieden haben. Bei den 40 – 65-Jährigen dominiert das Ideal der Teilzeiterwerbstätigkeit mit Kindern (26,2 %). Die zweitgrößte Gruppe favorisiert das Modell Vollzeit und zwei Kinder (19,5 %). Der Ausstieg aus dem Erwerbsleben mit der Geburt von Kindern ist mit 8,5 Prozent beim zeitweiligen Ausstieg und mit 1,5 beziehungsweise 1,1 Prozent beim gänzlichen Ausstieg von geringer Bedeutung.

- Bei den Westdeutschen spielt das Vereinbaren von Vollzeiterwerbstätigkeit und Kinderhaben nur eine untergeordnete Rolle. In der Altersgruppe 20 – 39 Jahre ist ebenfalls mit 28,9 Prozent ein Vereinbarkeitsmodell (Teilzeit, 2 Kinder) am häufigsten genannt worden. Die nächstgrößere Gruppe (24,3 %) hat sich dann aber schon für das traditionelle Westmodell eines begrenzten Ausstiegs aus dem Erwerbsleben entschieden, solange die Kinder klein sind. Das Modell eines gänzlichen Ausstiegs ist auch im Westen relativ selten gewählt worden. In der Altersgruppe 40 – 65 Jahre wurde am häufigsten (26,4 %) das begrenzte Ausstiegsmodell genannt, gefolgt von der Teilzeitarbeit mit zwei Kindern (23,4 %).

Zusammenfassend lässt sich feststellen: Wenn Ostdeutsche Familie und Beruf vereinbaren wollen, dann streben sie dies mehrheitlich auf der Basis einer Vollerwerbstätigkeit an. Haben Westdeutsche sich Vereinbarkeit zum Ziel gesetzt, möchten sie das auf der Grundlage von Teilzeiterwerbstätigkeit verwirklichen. Berufsausstiege kommen für Ostdeutsche kaum in Frage, im Westen dagegen ist der begrenzte Ausstieg durchaus eine Alternative. Aus der Sicht der aufgestellten Hypothesen sind nach den Ergebnissen zwei Dinge festzuhalten: Erstens hat sich der erste Teil der Hypothese bestätigt. Die bis zum Ende der DDR unterschiedlichen familienpolitischen Konzepte in beiden deutschen Staaten finden sich noch immer in besonderen

Einstellungen wieder. Für Ostdeutsche ist zu verzeichnen, dass sie das Ideal des Berufsausstiegs nicht angenommen haben. Der zweite Teil der Hypothese mit der Annahme einer gegenseitigen Annäherung hat sich nur in Ansätzen bei den Westdeutschen bestätigt. Für Ostdeutschland ist sie eindeutig abzulehnen. Die jüngere Altersgruppe favorisiert hier den Berufsausstieg als Vereinbarkeitsmodell ebenso wenig wie die ältere Gruppe. Im Westen ist in der Altersgruppe 20 – 39 Jahre eine etwas stärkere Vereinbarkeitsorientierung als in der älteren Gruppe auffindbar, die einen Einstellungswandel andeuten könnte. Letztlich sind sich die Vereinbarkeitsideale der jüngeren und älteren Westdeutschen ähnlicher als die der jüngeren Altergruppen im Osten beziehungsweise im Westen.

Der Wandel der Lebensformen

Der Wandel in den Lebensformen im Sinne einer Umverteilung der Bevölkerung auf bereits bestehende Lebensformen mit einem Bedeutungsverlust von Verheiratetsein und Kinderhaben, nicht aber das Entstehen bislang unbekannter Formen des Zusammenlebens, ist ein Prozess, der im früheren Bundesgebiet schon seit geraumer Zeit beobachtet wird. In den vorhergehenden Abschnitten ist ein beginnender Einstellungswandel hinsichtlich der Familienbildung und dem Vereinbaren von Familie und Erwerbstätigkeit in Ostdeutschland nachgewiesen worden. Davon ausgehend stellt sich die Frage, ob der Einstellungswandel mit der Etablierung neuer Verhaltensmuster auch in den neuen Bundesländern einhergeht.

Aufgrund der hohen Fallzahlen im Mikrozensus ist hier eine Unterteilung in fünfjährige Altersgruppen möglich. Davon werden drei Altersgruppen betrachtet. Gezeigt wird, wie sich die Verteilung der Bevölkerung auf die Lebensformen zwischen 1996 und 2004 im Alter von 25 – 29, 30 - 34 und 35 - 39 Jahren verändert hat. Eine Unterteilung zwischen West- und Ostdeutschen wie in den vorherigen Abschnitten kann nicht vorgenommen werden. Unterschieden wird an dieser Stelle zwischen der Bevölkerung, die in den alten beziehungsweise neuen Bundesländern lebt. Das angewendete Lebensformenkonzept basiert auf vier Merkmalen der Lebenssituation: 1. der Partnersituation (mit oder ohne Partner leben), 2. der Familienstand (verheiratet sein oder nicht verheiratet sein), 3. der Kinderzahl (keine Kinder im Haushalt haben oder mit Kindern zusammenleben und wenn ja, wie viele) und 4. dem Zusammenleben mit den eigenen Eltern (ja, nein). Wird die Kinderzahl nach 0,1,2 und 3+ differenziert, gelangt man zu 13 unterschiedlichen Lebensformen (Tabelle 10). Betrachtet werden an dieser Stelle nur die Lebensformen der Frauen.

Bei der Interpretation der Ergebnisse ist zu beachten, dass sich im Wandel der Lebensformen nicht nur die Veränderungen im Familienbildungs- und Lösungsverhalten zeigen, sondern immer auch und insbesondere im Osten die Effekte der Altersmustertransformation abgebildet werden. Anhand der Mikrozensusdaten ist es letztlich nicht möglich, die verschiedenen Effekte voneinander zu isolieren. Bevor eine Interpretation der Daten aus dem Blickwinkel der bereits aufgestellten Hypothesen erfolgt, sollen ohne Beachtung aller Details die wichtigsten Ergebnisse dargestellt werden:

- Der Auszug aus dem elterlichen Haushalt verzögert sich im Westen nach wie vor allmählich, während im Osten ein deutlicher Anstieg des Anteils der Ledigen zu verzeichnen ist, die noch im elterlichen Haushalt wohnen (Altersgruppe 25 – 29 Jahre, 1996: 7,9 %; 2004: 13,6 % / Tabelle 10, Sp. 1). Der spätere Beginn der Familiengründung, verlängerte Ausbildungszeiten und ein verlängertes Verbleiben im Elternhaus infolge des schwierigen Einstiegs in das Erwerbsleben sind als verursachend anzunehmen.

- Der Anteil der Alleinlebenden ist sowohl im Westen als auch im Osten in allen betrachteten Altersgruppen angestiegen (Tabelle 10, Sp. 2). Die Zuwächse sind wiederum besonders stark im Osten ausgeprägt, wo das Hinausschieben des Beginns der Familienbildung noch immer in vollem Gang ist. Die Anteile haben sich in jeder Altersgruppe mehr als verdoppelt. Bei den 30 – 34-Jährigen hat ein Anstieg von 4,5 Prozent auf 12,3 Prozent stattgefunden. In der Altersgruppe 35 – 39 Jahre erhöhte sich der Anteil von 3,0 Prozent auf 6,4 Prozent. In dieser Altersgruppe dürfte der Effekt der späteren Familiengründung nur noch ein geringes Gewicht haben. Die Lebensform „Alleinleben" dürfte verhaltensbedingt an Bedeutung gewonnen haben. Zu beachten ist allerdings, dass das Alleinleben nach Ehescheidungen einen wachsenden Einfluss auszuüben beginnt.

- Lebensformen, zu deren Haushalt keine eigenen Kinder gehören, nehmen in ihrer Bedeutung zu (Tabelle 10, Sp. 1 - 3, 7, 14). Dies ist in erster Linie eine Folge der gestiegenen Anteile der bei den Eltern lebenden Ledigen und der Alleinlebenden. Aber auch der Anteil der nichtehelichen Lebensgemeinschaften ohne Kinder hat sich erhöht. Zwischen 1996 und 2004 ist im Osten in der Altersgruppe 30 – 34 Jahre ein Anstieg von 11,8 Prozent auf 26,6 Prozent eingetreten, bei den 35 – 39-Jährigen war eine Erhöhung von 8,8 Prozent auf 15,8 Prozent zu beobachten.

Tabelle 10: Lebensformen von Frauen im früheren Bundesgebiet und den neuen Bundesländern nach Altersgruppen, 1996 und 2004 (in %)

Altersgruppen (Jahre)	Lebensformen		Ehepaare nach der Kinderzahl				Nichteheliche Lebensgemeinschaften nach der Kinderzahl				Alleinerziehende nach der Kinderzahl			Insgesamt	
	Ledige bei den Eltern	Allein lebend	0	1	2	3+	0	1	2	3+	1	2	3+	Kinder	Kindern
Spalte	1	2	3	4	5	6	7	8	9	10	11	12	13	14	15
Neue Bundesländer 1996															
25 – 29	7,9	11,1	7,5	24	15	2,1	9,4	8,7	3	1	8,5	3	0	35,9	64,1
30 – 34	1,6	4,5	3,4	24	35	6,4	2,4	5,8	3	1	7,6	4	1	11,8	88,2
35 – 39	1,4	3	3,2	27	37	8,4	1,2	3,3	2	1	6,6	4	1	8,8	91,2
Früheres Bundesgebiet 1996															
25 – 29	12,4	20,5	15	17	13	3,2	12	1,6	0	0	3,2	1	0	60,1	39,9
30 - 34	3,8	13,2	12	19	27	9,6	5,9	1,6	1	0	4	2	1	35	65
35 - 39	2	9,4	10	20	31	13	3,2	1,3	1	0	4,6	3	1	24,6	75,4

Alters-gruppen (Jahre)	Lebensformen		Ehepaare nach der Kinderzahl				Nichteheliche Lebensgemeinschaften nach der Kinderzahl				Alleinerziehende nach der Kinderzahl			Insgesamt	
	Ledige bei den Eltern	Allein-lebend	0	1	2	3+	0	1	2	3+	1	2	3+	Kinder	Kindern
Neue Bundesländer 2004															
25 – 29	13,6	20,5	5,9	11	6,8	1	16	11	3	0	8,2	3	0	56	44
30 - 34	2,9	12,3	5	18	18	4,3	6,4	11	6	1	9,5	4	1	26,6	73,4
35 - 39	1,8	6,4	4,5	27	23	5,8	3,2	7,1	4	1	10	5	1	15,8	84,2
Früheres Bundesgebiet 2004															
25 – 29	12,9	21,8	13	14	11	3,2	15	2,5	1	0	3,7	1	0	62,5	37,5
30 - 34	3,6	15,2	11	18	23	8,2	8,8	2,6	1	0	4,4	2	1	38,9	61,1
35 - 39	2,1	11,3	9,6	18	29	11	4,9	2,4	1	0	5,4	3	1	27,9	72,1

Quelle: Statistisches Bundesamt, Mikrozensen 1996 und 2004

- Die Anteile der Ehepaare mit Kindern sind im Osten deutlich gesunken (Tabelle 10, Sp. 4-6). Dabei sind verschiedene Effekte auseinanderzuhalten. In der Altersgruppe 25 – 29 Jahre sind deutliche Rückgänge bei den Ehepaaren mit einem und zwei Kindern auszumachen (Ein Kind: 1996: 23,5 %, 2004: 11,1 %; zwei Kinder, 1996: 14,5 %, 2004: 6,8 %). Diese Rückgänge sind in starkem Maß auf den schnellen Anstieg des Alters der Mütter bei der Geburt ihrer Kinder zurückzuführen. Die 25 – 29-Jährigen des Jahres 1996 waren 1990 19 – 23 Jahre alt, haben also einen kleinen Teil ihrer Familienbildungsbiographie noch im Rahmen des ostdeutschen Altersmuster der frühen Geburt durchlebt. Die gleiche Altersgruppe des Jahres 2004 war 1990 erst 11 – 15 Jahre alt und ist daher bereits dem westdeutschen Muster der späteren Geburt ihrer Kinder gefolgt. In der Altersgruppe 35 – 39 Jahre bietet sich ein komplett anderes Bild. Hier sind deutliche Rückgänge nur bei den Ehepaaren mit zwei Kindern feststellbar (1996: 37,2 %, 2004: 23,3 %), während die Anteile der Ein-Kind-Ehen konstant geblieben sind. Auch hier hilft eine Verdeutlichung der unterschiedlichen Lebensalter im Jahr 1990. Die 35 – 39-Jährigen des Jahres 1996 waren 1990 in einem Alter von 29 – 33 Jahren, hatten ihre Familienbildungsphase zu einem großen Teil bereits beendet. Dagegen waren die 35 – 39-Jährigen aus 2004 im Jahr 1990 erst 21 – 25 Jahre alt. Die Familienbildung hatte bereits begonnen, war aber noch nicht abgeschlossen. Vor allem erste Kinder sind bereits geboren gewesen, während die Geburt zweiter oder dritter Kinder nach der Wende nicht mehr erfolgte. Dies erklärt den gleichen Anteil bei ersten Kindern und niedrigere bei zweiten und dritten Kindern. Die Veränderungen in der Altersgruppe der 30 – 34-Jährigen (Rückgänge bei ersten, zweiten und dritten Kindern) dürften sowohl durch das Stoppverhalten nach 1990 als auch durch das ansteigende Gebäralter verursacht sein.

- Erhöht haben sich im Trend auch die Anteile der nichtehelichen Lebensgemeinschaften und der Alleinerziehenden. Bei den kinderlosen nichtehelichen Lebensgemeinschaften ist ein deutlicher Anstieg in der Altersgruppe 25 – 29 Jahre zu beobachten (1996: 9,4 %, 2004: 16,1 %). Der spätere Beginn der Familiengründung führt dazu, dass sich die kinderlose Lebenszeit vor der Geburt der Kinder verlängert und damit nichteheliche Lebensgemeinschaften ohne Kinder an Bedeutung gewinnen. Generell besitzt in den neuen Bundesländern das unverheiratete Zusammenleben mit Kindern in nichtehelichen Lebensgemeinschaften oder als Alleinerziehende(r) eine größere Bedeutung. An dieser Stelle zeigen sich die Effekte des hohen Anteils der Kinder, deren Mütter bei ihrer Geburt nicht verheiratet waren. Zudem sind Auswirkungen des inzwischen wieder hohen Niveaus der Scheidungshäufigkeit zu vermuten.

Die Veränderungen in der Verteilung der Bevölkerung auf die Lebensformen sind für den relativ kurzen Abschnitt von 1996 bis 2004 deutlich. Im Westen haben sich die bekannten Trends kontinuierlich und allmählich fortgesetzt. Alleinleben und damit auch Kinderlosigkeit gewinnen an Bedeutung, nichteheliche Lebensgemeinschaften und Alleinerziehende haben Zuwächse erfahren; die Bedeutung der Ehe als Lebensform hat sich verringert. Im Osten verläuft der Wandel in die gleiche Richtung, besitzt aber eine ungleich höhere Dynamik. Ein wesentliches Ergebnis ist eine Annäherung bei den Mustern der Familienbildung in der jüngeren Bevölkerung. Für die 30-Jährigen und Älteren zeigen sich 1996 und auch 2004 noch besondere West-Ost-Muster. Im Westen ist die Kinderlosigkeit höher und es finden sich höhere Anteile an Familien mit drei und mehr Kindern. Im Osten sind höhere Anteile der Ein-Kind-Familien charakteristisch. Das Beispiel der Altersgruppe 30 – 34 Jahre aus dem Jahr 2004 soll die Größenordnungen verdeutlichen: Im Westen lebten in 27,9 Prozent der Haushalte von Frauen keine Kinder, im Osten beträgt der Anteil nur 15,9 Prozent. 43,8 Prozent der Frauen im Osten haben ein Kind, im Westen sind es nur 25,3 Prozent. Die Anteile der Familien mit zwei Kindern sind im Westen mit 34,0 Prozent etwas höher als im Osten (32,2 %). Dies gilt auch für den Anteil der Familien mit drei oder mehr Kindern (Westen: 12,9 %, Osten: 8,3 %). Dies sind typische Unterschiede, wie sie auch im Kinderwunsch und den Vereinbarkeitsidealen von Familie und Erwerbstätigkeit aufgefunden wurden. Bei den 25 – 29-Jährigen (1990 im Alter von 11 – 15 Jahren) des Jahres 2004 sind diese Unterschiede nicht mehr so deutlich auffindbar, dennoch haben sich Besonderheiten erhalten. Bei den westdeutschen Frauen kommt „keine Kinder haben" mit 62,3 Prozent etwas häufiger vor (Osten: 56,1 %). Ostdeutsche Frauen leben dafür häufiger in Familien mit einem Kind (Osten: 30,1 %, Westen: 20,3 %). Westdeutsche haben mit 3,2 Prozent etwas häufiger drei oder mehr Kinder als die Ostdeutschen mit 1,7 Prozent.

Die Unterschiede in den Mustern der Familienbildung sind somit noch erkennbar. Allerdings ist die Familienbildung in dieser Altersgruppe noch nicht beendet, so dass kein endgültiges Urteil gefällt werden kann. Zudem ist zu beachten, dass die Familienbildung in den neuen Bundesländern noch immer etwas früher beginnt, womit geringere Anteile von Frauen ohne Kinder und höhere Anteile mit einem Kind einhergehen. Die hier noch festgestellten Unterschiede könnten jedoch ein reiner Alterseffekt sein. Unabhängig von dieser Unsicherheit zeigen die Ergebnisse, dass hinsichtlich der Familienbildung bei den jüngeren ostdeutschen Frauen ein Wandel der Verhaltensmuster stattgefunden hat. Die in den neuen Bundesländern im Jahr 2004 in der Altersgruppe 25 – 29 Jahre aufgefundene Verteilung der Bevölkerung auf die Lebensformen ähnelt der westdeutschen Verteilung in der gleichen Altersgruppe deutlich stärker als den Mustern bei den älteren ostdeutschen Frauen.

4. Zusammenfassung und Diskussion der Ergebnisse

Die Analysen in den Themengebieten Ehe, Familie und Erwerbstätigkeit, demografische Alterung und Ausländer haben gezeigt, dass Ost- und Westdeutsche in einigen Punkten noch immer unterschiedliche Einstellungen haben. Folgende Erkenntnisse können aus unserer Untersuchung gewonnen werden:

Die Menschen in Ost- und Westdeutschland unterscheiden sich kaum hinsichtlich ihrer Einstellung, in welcher Form Partnerschaft gelebt werden sollte. Es ist gleichermaßen eine Distanz gegenüber der Ehe und eine hohe Toleranz gegenüber nichtehelichen Lebensformen festzustellen. In zweierlei Hinsicht bestehen Unterschiede bei den Einstellungen gegenüber Kindern. Erstens haben Kinder im Osten eine höhere Bedeutung (niedrigere gewünschte Kinderlosigkeit). Zweitens ist Eltern- und Verheiratetsein stärker entkoppelt (höhere Anteile Alleinerziehender und nichtehelicher Lebensgemeinschaften mit Kindern). Man findet im Westen die Kombination von Individualisierung (gewünschte Kinderlosigkeit, höhere Singleanteile) und Institutionalisierung (wenn Kinder vorhanden, dann Ehe). In den Einstellungen der Ostdeutschen ist dagegen eher die Kombination von Familialismus und Deinstitutionalisierung anzutreffen. Es besteht ein Nebeneinander von einem hohen Kinderwert, umgesetzt allerdings häufig mit der Geburt nur eines Kindes, und der Entkoppelung von Ehe und Geburt von Kindern. Dies kommt auch darin zum Ausdruck, dass Ostdeutsche einerseits den Geburtenrückgang und die steigende Anzahl kinderloser Paare negativer bewerten und andererseits den Kinderwunsch alleinstehender Frauen stärker akzeptieren, die Aussage „Wer Kinder will, soll heiraten" häufiger ablehnen, aber signifikant öfter bejahen, dass ein Elternteil ein Kind genauso gut erziehen kann wie Mutter und Vater zusammen. Als Erklärungsansatz nehmen wir an, dass es sich um eine Kombination der Konservierung von DDR-typischen Verhaltensmustern (siehe den nachfolgenden Abschnitt) und der Distanz gegenüber den neuen sozialen Institutionen handelt. Der Austausch der Wirtschafts- und Sozialordnung der ehemaligen DDR ist auch als Austausch beziehungsweise Wandel der sozialen Institutionen zu sehen, was auch für die Institution der Ehe/Familie gilt. Wir nehmen an, dass gegenüber den neuen sozialen Institutionen ein distanziertes Verhältnis entstanden ist. Die Menschen im Osten folgen einem Abwehrverhalten, das den in der DDR erlernten defensiven Strategien angepasst ist (Alheit et al. 2004, 337). Daher werden die Handlungsangebote der neuen Institutionen nicht beziehungsweise nur eingeschränkt wahrgenommen. Gemeint ist hier nicht ein Trend zu einer umfassenden Deinstitutionalisierung, sondern eine verhaltensbedingte Schwächung, die hauptsächlich auf der Entkoppelung von Kinderhaben und Verheiratetsein beruht.

Ein zweiter Erklärungsansatz für die beobachteten Unterschiede in Einstellungen und Verhalten wird in der Konservierung von Verhaltensmustern vermutet, die in der ehemaligen DDR bestanden und von der Eltern- an die Kindergeneration weiter gegeben wurde. Aufgefunden wurde dies im Kinderwunsch in einer starken Orientierung auf die Ein-Kind-Familie, in der Ablehnung des Hausfrauen-Ernährer-Modells und des nach wie vor stark ausgeprägten Ideals, Familie und Erwerbstätigkeit zu vereinbaren. Wir folgen hier der These der intergenerationalen Modernisierungsresistenz. Dabei wird davon ausgegangen, dass die soziale Kohärenz zwischen den Generationen in den neuen Bundesländern stärker als im Westen ausgeprägt ist. Als Ursachen werden vermutet, dass erstens eine stärkere emotionale Nähe zwischen Eltern und Kindern existiert (Szydlik 1997, 196), zweitens die Familie als zentrale Unterstützungsinstanz eine höhere Bedeutung besitzt und drittens wie bereits dargestellt die Verhaltensorientierungen der westlichen Institutionen nur abgeschwächt wirken. Dies begünstigt die Weitergabe von Einstellungsmustern an die nachrückenden Generationen. Zu diskutieren ist an dieser Stelle, ob die befragten Frauen in den neuen Bundesländern, die ein Vollzeitvereinbarkeitsmodell als Ideal gewählt haben, tatsächlich noch das in der ehemaligen DDR praktizierte Vereinbarkeitsmodell meinen. Nickel (1993, 237) hat dieses Modell als ‚patriarchalisches Vereinbarkeitsmodell' bezeichnet, in dem den Frauen neben der Erwerbstätigkeit weitgehend auch die komplette Hausfrauenrolle zugewiesen war. Die Frage, ob tatsächlich dieses Modell gemeint ist, kann anhand der in der IPPAS gestellten Fragen nicht beantwortet werden.

In einem dritten Punkt ist die von uns so genannte „demografische Bedrohungshypothese" überprüft worden. In Deutschland kritisch und kontrovers diskutierte demografische Veränderungen werden in den neuen Bundesländern negativer bewertet, so die Annahme. Im Konzept der hier vorgelegten Analysen waren dies die demografische Alterung und die Zuwanderung ausländischer Bevölkerung. Die zur demografischen Alterung entwickelte Hypothese bestätigte sich nur in Teilen. Die Bewertung der Rolle älterer Menschen in der Gesellschaft (ältere Menschen sind ein Hindernis für Veränderungen) war unter den Ostdeutschen ebenso wenig negativ wie unter den Westdeutschen. Dagegen wird die demografische Alterung (Rückgang des Anteils Jüngerer, Anstieg des Anteils Älterer) im Osten signifikant negativer gesehen. Die Autoren gehen davon aus, dass in der Bevölkerung der Zusammenhang zwischen dem Altern der Bevölkerung und den Schwierigkeiten in den sozialen Sicherungssystemen weitgehend bekannt ist. Dies wird im Vergleich zum Westen als bedrohlicher eingestuft und führt zu der festgestellten negativeren Wertung. Verstärkend dürfte an dieser Stelle wirken, dass der Demografische Wandel in vielen Regionen Ostdeutschlands für die Menschen immer deutlicher wahrnehmbar wird. Das Altern der Bevölkerung hatte bis zum Jahr 1990 kaum stattgefunden, sich dann aber massiv beschleunigt. Das Beispiel des Stadtkreises Hoyerswerda in Sachsen soll als Beispiel dienen. In Abbildung 1 wird der Altersaufbau von 2003 gezeigt, der sich in dem vergleichsweise kurzen Zeitraum seit 1990 erheblich verändert hat. Der am stärksten besetzte Jahrgang ist der im Alter von 63 Jahren.

Ein solcher Altersaufbau entsteht, wenn eine Abwanderung jüngerer Bevölkerung mit einem Geburtentief und einem Anstieg der Lebenserwartung zusammenfällt.

Abbildung 1:   Altersaufbau der Bevölkerung in Hoyerswerda, 2003 (absolute Zahlen)

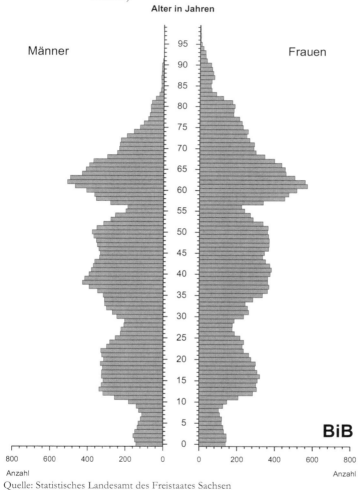

Quelle: Statistisches Landesamt des Freistaates Sachsen

Die Bevölkerung Hoyerswerdas ist nicht nur erheblich gealtert, sondern auch stark geschrumpft. Die Bevölkerungszahl hat sich von 71484 (01.01.1990) auf 42607 (31.12.2005) verringert. Dies entspricht einem Rückgang auf 61,4 Prozent. Die Geburtenzahl ist von 839 auf 217 zurückgegangen. Die Bevölkerungsverluste durch Abwanderung betragen im betrachteten Zeitraum 25564. Die Zahl der Gestorbenen übersteigt die der Lebendgeborenen um 3201. Insgesamt ergibt sich aus der Bilanz von Geburten und Sterbefällen sowie der Bilanz der Zu- und Abwanderungen ein Bevölkerungsrückgang von 28877 Personen.

Nicht nur Dominanz der älteren Menschen im Stadtbild, auch das Wissen um die Bevölkerungsrückgänge durch die Abwanderung jüngerer Menschen, leerstehende Wohnungen in Regionen, in denen man sich noch sehr gut an den einstigen Wohnungsmangel erinnern kann, Rückbau in den Randgebieten oder die hohe Arbeitslosigkeit sind den Menschen bewusste Aspekte des Demografischen Wandels, die zu negativeren Sichtweisen führen.

Eine ähnlich kritischere Sichtweise als im Westen besteht hinsichtlich der Einstellung gegenüber Ausländern („Ausländer nehmen den Deutschen die Arbeit weg", „Deutschland gehört den Deutschen, es ist kein Platz für Ausländer"). Die gemessenen Unterschiede sind hoch signifikant. Drei Erklärungsansätze scheinen relevant zu sein. Erstens werden aufgrund der hohen Arbeitslosigkeit in den neuen Bundesländern Ausländer verstärkt als Konkurrenten auf dem Arbeitsmarkt wahrgenommen. Dieser Zusammenhang ist anhand der IPPAS-Daten empirisch nachweisbar. Dies trägt zum Entstehen von Bedrohungsgefühlen bei. Rippl et al. (2005, 305) bestätigen das anhand von Untersuchungen zur EU-Osterweiterung als Mobilisierungsschub für ethnozentristische Einstellungen: „Obwohl von individuellrealistischen Bedrohungen im Gesamtmodell keinerlei Einfluss auf die abhängigen Variablen zu verzeichnen ist, erweist sich unter den besonderen Bedingungen von ökonomischer Ressourcenknappheit in Ostdeutschland diese Variable als wichtigste Ursache von Fremdgruppenabwertung". Im Zuge der Diskussion um die höhere Ausländerfeindlichkeit im Osten wird auch die Frage aufgeworfen, ob die autoritären Herrschaftsformen der DDR häufiger autoritäre Persönlichkeiten hervorgebracht haben. Dieser Punkt ist in der Literatur ebenfalls umstritten. Bei Rippl et al. (2005, 304) wird hier ein Zusammenhang mit einem Hinweis auf die besondere Situation im Osten festgestellt: „Einerseits führen hier autoritäre Persönlichkeitseigenschaften direkt in nationalistische Einstellungen, schlagen sich also weniger über den ‚Umweg' der Bedrohungsgefühle nieder. Dies deutet darauf hin, dass Autoritarismus in Ostdeutschland eher eine persönliche Disposition auf Basis von Sozialisationserfahrungen darstellt".

Zweitens ist zu vermuten, dass aufgrund niedriger Ausländeranteile in der ehemaligen DDR eine gewisse Ungeübtheit im Umgang mit fremden Kulturen besteht, die zur Distanz gegenüber Ausländern beiträgt. Drittens haben wir in der Literatur auch ein Beispiel der Anwendung der These der intergenerationalen Modernisierungsresistenz auf das Thema Ausländerfeindlichkeit gefunden. Hier wird unterstellt, dass nicht nur Familienbildungsmuster, sondern auch Meinungen, Vorurteile und mentale Dispositionen aus der Zeit des Nationalsozialismus im intergenerationalen Tradierungsprozess weitergegeben wurden. „Eine weitere Erklärung für den erschreckend fruchtbaren Boden für rechtsextreme Bewegungen, besonders die unsäglichen ‚national befreiten Zonen' in der untersuchten Region, könnte die erstaunliche Beobachtung sein, dass Vorurteile, Meinungen und mentale Dispositionen fast ungebrochen aus dem Nationalsozialismus haben übernommen und in intergenerationalen Tradierungsprozessen auch weitergegeben werden können" (Alheit et al. 2004, 339). Dies ist dadurch erleichtert worden, dass in der ehemaligen DDR nie eine umfassende Aufarbeitung des Themas stattgefunden hatte. Ein gesicherter empirischer Beleg für die Richtigkeit dieser These liegt allerdings nicht vor. Es ist angezeigt, vorsichtig zu bleiben, wenn ein Zusammenhang zwischen der DDR-Sozialisation und ausländerfeindlichen Einstellungen formuliert wird.

Viertens ist im Rahmen der Analysen zum Wandel der Lebensformen der Frage nachgegangen worden, ob ein Verblassen der DDR-typischen Einstellungs- und Verhaltensmuster auffindbar ist. Bezüglich des Wandels in den Lebensformen ist dies eindeutig mit ja zu beantworten. Der Wandel in den Lebensformen in den neuen Bundesländern hat seit der Mitte der 1990er Jahre eine zunehmende Dynamik erfahren. Muster mit westdeutschen Merkmalen wie steigender Kinderlosigkeit und häufigerem Alleinleben beginnen sich auszubreiten und führen zu der Schlussfolgerung, dass unter den jüngeren Ostdeutschen eine Annäherung stattfindet. Gleichzeitig lassen sich auch noch Elemente der Lebensformverteilung finden, wie sie für die Frauen in den neuen Bundesländern im Alter von 35 – 39 Jahren typisch sind, die ihre Familienbildungsphase noch zu DDR-Zeiten durchlebt haben. Kreyenfeld und Konietzka (2004, 40) gelangen hier zu ähnlichen Ergebnissen. Ein endgültiges Urteil kann zu diesem Zeitpunkt noch nicht gefällt werden. Das liegt vor allem daran, dass die Familienbildungsphase noch nicht beendet und der beobachtete Wandel sowohl durch Verhaltensänderungen als auch durch die später beginnende Familienbildung beeinflusst ist. Beide Effekte können für die jüngeren Jahrgänge noch nicht auseinander gehalten werden, weitere Zeitverlauf orientierte Analysen insbesondere nach Geburtsjahrgängen werden erforderlich sein.

Die jüngeren Jahrgänge im Osten beginnen sich also ähnlich wie ihre westdeutschen Altersgenossen hinsichtlich der Familienbildung zu verhalten. Dies ist ganz offensichtlich auch in den Einstellungen zur Familienbildung angelegt und zeigt sich besonders deutlich in den distanzierten Haltungen gegenüber der Ehe und der Akzeptanz von nichtehelichen Lebensformen mit Kindern. Dies sehen die jungen Ostdeutschen ähnlich wie die jungen Westdeutschen. Bezüglich des Geburtenrückgangs und der Kinderlosigkeit jedoch sind die Menschen im Osten traditioneller eingestellt geblieben. Es findet sich damit wie bei der Verteilung der Lebensformen auch bei den Einstellungen eine Mixform von Tradiertem und Adaptiertem.

Es besteht somit noch immer eine Diskrepanz von Institution und Lebenswelt, ein Ergebnis, dass sich mit der schon 1997 getroffenen Einschätzung von Woderich (1997, 32) deckt, der davon ausgeht, dass die sozial- und kulturgeschichtlich geformte Lebenswelt mit einem „Fundus an Deutungs- und Handlungsmustern" etwas ist, was sich nur langsam verändert.

Anhang

Tab. 1: Zuordnung der Items zu den vier Faktoren

Kindorientierung	Wertschätzung der Institution Ehe	Koppelung Ehe und Elternschaft	Intoleranz alternativer Lebensformen
Negative Bewertung: • Geburtenrückgang • steigende Zahl kinderloser Paare • steigende Zahl Einzelkinder • steigende Zahl Alleinlebender • steigende Zahl von Kindern m. einem Elternteil	Negative Bewertung: • steigende Zahl Scheidungen • steigende Zahl unehelicher Kinder • steigende Zahl unverheirateter Paare • Rückgang Eheschließungen • eingetragene, gleichgeschlechtliche Partnerschaften	Zustimmung: • glückliches Kind braucht Vater und Mutter • ein Elternteil kann genauso gut erziehen wie zwei (rekod.) • wer Kinder will, soll heiraten • Ehe ist überholte Einrichtung (rekod.) • Verheiratete sind glücklicher als Unverheiratete	Zustimmung: • Zusammenleben ist nur in Ehe akzeptabel • Zusammenleben ohne Trauschein ist in Ordnung (rekod.) • schlechte Ehe ist besser als keine Ehe

Quelle: Deutsche PPAS; eigene Berechnungen

Literatur

Dorbritz, Jürgen/ Andrea Lengerer/ Kerstin Ruckdeschel (2005): Einstellungen zu demographischen Trends und zu bevölkerungsrelevanten Politiken. Ergebnisse der Population Policy Acceptance Study. Sonderheft der Schriftenreihe des Bundesinstituts für Bevölkerungsforschung, 60.

Lepsius, Rainer (1991): Ein unbekanntes Land, Plädoyer für soziologische Neugierde. In: Giesen, Bernd, Leggewie, Claus (Hrsg.): Experiment Vereinigung, Ein sozialer Großversuch. Rotbuch Taschenbuch 35, Berlin, 71 – 76.

Alheit, Peter/ Bast-Haider, Kerstin/ Drauschke, Petra (2004): Die zögernde Ankunft im Westen. Biographien und Mentalitäten in Ostdeutschland, Campus Verlag, Frankfurt/New York, 349.

Szydlik, Marc, 1997: Zur Qualität der Filiationsbeziehungen – Ein Vergleich von Ost- und Westdeutschen. In: Becker, Rolf (Hrsg.): Generationen und sozialer Wandel, Opladen, 12 S.

Woderich, Rudolf (1997): Eigensinn und Selbstbehauptung in der Lebenswelt. In: Thomas Bulmahn (Hrsg.): Vereinigungsbilanzen. Die deutsche Einheit im Spiegel der Sozialwissenschaften. Aus Politik und Zeitgeschichte, B 40-41/1997.

Rippl, Susanne/ Baier, Dirk/ Kindervater, Angela/ Boehnke, Klaus (2005): Die EU-Osterweiterung als Mobilisierungsschub für ethnozentristische Einstellungen? Die Rolle von Bedrohungsgefühlen im Kontext situativer und dispositioneller Faktoren. In: Zeitschrift für Soziologie, Jg. 34, Heft 4, Lucius & Lucius Verlag, Stuttgart, 288 - 310.

Nickel, Hildegard-Maria (1993): Mitgestalterinnen des Sozialismus - Frauenarbeit in der DDR In: Helwig, Gisela, Nickel, Hildegard Maria (Hrsg), Frauen in Deutschland 1945 - 1992, Berlin, Akademie-Verlag, 233 - 256.

Kreyenfeld, Michaela/ Konietzka, Dirk (2004): Angleichung oder Verfestigung von Differenzen? Geburtenentwicklung und Familienformen in Ost- und Westdeutschland. In: Berliner Debatte Initial 15 Jg., 26-41.

Fremdenfeindlichkeit in Ost- und Westdeutschland: Ein Städtevergleich

Peter Preisendörfer

1. Einführung

Zwischen Ost- und Westdeutschland bestehen in einigen Lebensbereichen noch immer beträchtliche Unterschiede. Ein solcher Unterschied, der für das alltägliche Leben und das gesellschaftliche Miteinander von Bedeutung ist, betrifft „die Akzeptanz" ausländischer Mitbürger/innen.[1] Individuelle Erfahrungsberichte, Medienreportagen, Bevölkerungsumfragen und offizielle Statistiken über fremdenfeindliche Übergriffe verweisen in die Richtung, dass Vorbehalte gegenüber Ausländern und fremdenfeindliche Einstellungen in Ostdeutschland weiter verbreitet sind als in Westdeutschland. Laut dem Verfassungsschutzbericht 2005 (Bundesministerium des Innern 2006: 23ff.) beispielsweise gab es – bezogen auf je 100.000 Einwohner – im Jahr 2005 in den neuen Bundesländern mehr als dreimal so viele „Gewalttaten mit rechtsextremistischem Hintergrund" wie in den alten Bundesländern. Mehr als 40 Prozent der rechten Gewalttaten (im Osten und Westen) richteten sich gegen Fremde, waren also fremdenfeindlich motiviert (fremdenfeindliche bzw. antisemitische Gewalttaten).

Gleichwohl ist die Diagnose größerer Ausländerfeindlichkeit in Ostdeutschland kontrovers und umstritten. Es gibt durchaus auch Umfragen, die nur geringe Ost-West-Unterschiede in der Fremdenfeindlichkeit finden (so zum Beispiel der ALLBUS 2000). Problematisch erscheint, dass die genannte Diagnose allzu oft mit einer Art Generalverdacht gegenüber allen Ostdeutschen verbunden ist. Heftig und gerne wird auch über mögliche Ursachen debattiert, wobei zu wenig bedacht wird, dass vor jeder Ursachenanalyse genauere Beschreibungen des zu erklärenden Phänomens stehen sollten.

---

1 Zwecks sprachlicher Vereinfachung wird im Weiteren zumeist auf den „innen"-Zusatz (bei Mitbürger/innen, Ausländer/innen usw.) verzichtet. Außerdem müsste der Terminus „Ausländer" eigentlich stets in Anführungszeichen gesetzt werden, da die später verwendete empirische Datenbasis zum Teil auch Personen mit deutschem Pass als Ausländer zählt (mehr dazu in Abschnitt 2). Auch darauf wird der Einfachheit halber verzichtet.

Der vorliegende Beitrag bewegt sich überwiegend auf der deskriptiven Ebene der Problemdiagnose. Beschränkt auf zwei Städte, Rostock in Ostdeutschland und Mainz in Westdeutschland, wird untersucht, welche Erfahrungen Ausländer mit fremdenfeindlichem Verhalten in den beiden Städten machen. Anders als beim Gros der empirischen Arbeiten in diesem Bereich (für einen Einblick vgl. zum Beispiel diverse Beiträge in dem Sammelband von Alba et al. 2000) wird nicht die deutsche Bevölkerung mit ihren in Umfragen deklarierten Einstellungen ins Blickfeld genommen, sondern die ausländischen Mitbürger mit ihren persönlichen Wahrnehmungen und Betroffenheiten. Die empirische Datenbasis sind mündliche Interviews mit Ausländern in Rostock und Mainz.

Das Hauptanliegen des Artikels ist ein Städtevergleich auf der Dimension der alltäglichen Erfahrungen mit Fremdenfeindlichkeit. Gestützt auf die oben angesprochenen Befunde und Vermutungen, wird im Sinne einer Arbeitshypothese erwartet, dass negative Erfahrungen mit Fremdenfeindlichkeit in Rostock häufiger sind als in Mainz. Diese „Pauschalhypothese" bedarf auf der Beschreibungsebene einer Konkretisierung, die hier geleistet werden soll und dabei im Endergebnis durchaus einige Überraschungen bringt. Soweit die Frage der Ursachen überhaupt thematisiert wird, wird ein wichtiger Punkt sein, dass bei den beobachtbaren Unterschieden im Ost-West-Vergleich stets zu berücksichtigen ist, dass die Zusammensetzung der ausländischen Wohnbevölkerung und dabei insbesondere die bisherige Aufenthaltsdauer der Ausländer erheblich differiert.

Um die notwendigen Hintergrundinformationen zu vermitteln, werden diese Unterschiede in der Zusammensetzung der ausländischen Bevölkerung in den beiden Städten im Folgenden zuerst beschrieben (Abschnitt 2). Anschließend wird die empirische Datenbasis erläutert, die sich auf 357 Interviews mit Ausländern in Rostock und 292 Interviews in Mainz stützt (Abschnitt 3). Die Ergebnisse zu den Unterschieden bei den fremdenfeindlichen Erfahrungen werden in zwei Schritten vorgestellt: im ersten Schritt werden bivariate Rostock-Mainz-Vergleiche präsentiert, diese werden dann im zweiten Schritt durch multivariate Analysen ergänzt (Abschnitt 4). In den Schlussbemerkungen werden die wichtigsten Punkte nochmals kurz resümiert (Abschnitt 5).

2. Ausländische Wohnbevölkerung in Rostock und Mainz

Als größte Stadt in Mecklenburg-Vorpommern hatte die Hansestadt Rostock im Jahr 2002 (dem Jahr unserer Erhebung in Rostock) rund 195.000 Einwohner. Von diesen besaßen rund 5.000 keine deutsche Staatsangehörigkeit, sodass der „Ausländeranteil" unter drei Prozent lag. Die entsprechenden Werte für die rheinland-pfälzische Landeshauptstadt Mainz waren im Jahr 2003 (dem Erhebungsjahr in Mainz) rund 183.000 Einwohner, davon rund 32.000 Einwohner ohne deutschen Pass, sodass sich ein „Ausländeranteil" von 17 Prozent ergibt.[2]

Die oben aufgeführten „Ausländeranteile" umfassen lediglich die Personen ohne deutsche Staatsangehörigkeit. Folgende Beispiele machen jedoch deutlich, warum eine für die vorliegende Untersuchung brauchbare Ausländer-Definition schwieriger zu erstellen ist. So gelten Personen mit zwei oder mehr Staatsbürgerschaften nach dem administrativen Zählmodus nicht als Ausländer, wenn eine der Staatsbürgerschaften auf „D" lautet. Ebensowenig „offizielle Ausländer" sind Personen, die beispielsweise nach einer Eheschließung, nach einem positiv beschiedenen Asylverfahren oder nach einer langjährigen Erwerbstätigkeit zur deutschen Staatsbürgerschaft übergewechselt sind. Trotz der restriktiven Zuwanderungspolitik in Deutschland sind diese Gruppen zahlenmäßig nicht zu vernachlässigen (ausführlicher dazu zum Beispiel Salentin et al. 2003). Quantitativ bedeutsam sind auf jeden Fall die (Spät)Aussiedler, die in der Zeit seit 1989 aus Osteuropa und den Gebieten der ehemaligen Sowjetunion nach Deutschland gekommen sind und als Deutschstämmige praktisch automatisch einen deutschen Pass bekommen haben. Obwohl sie formell Deutsche sind, liegt es nahe, sie in einer „Ausländerstudie" als eine eigenständige Gruppe zu berücksichtigen.

Überwiegend abgestellt auf die Verhältnisse in Rostock (da die Rostocker Studie zeitlich etwa ein Jahr früher stattfand als jene in Mainz) haben wir im Vorfeld der Stichprobenziehung die „ausländische Wohnbevölkerung" in Gruppen eingeteilt und über diverse Quellen in etwa die Größe dieser Gruppen eruiert. Das Ergebnis dieser Einteilung nebst Auszählung, die dann auch auf Mainz übertragen wurde, findet sich in Tabelle 1.

---

2 Es wird an dieser Stelle und in diesem Abschnitt davon abgesehen, die statistischen Broschüren und Publikationen zu zitieren, denen die Zahlenwerte entnommen sind. Dies nicht zuletzt deshalb, weil man solche „Daten zur Statistik" inzwischen auch problemlos im Internet recherchieren kann.

Tabelle 1:   Größe und Zusammensetzung der „ausländischen Wohnbevölkerung" in Rostock und Mainz in den Jahren 2002/2003

	Rostock		Mainz	
	Absolut	Prozent	Absolut	Prozent
Aussiedler (seit 1989)	5.000	50	7.000	18
Asylbewerber	700	7	1.600	4
Ausländische Studenten/ Wissenschaftler	600	6	5.000	13
Jüdische Einwanderer	800	8	1.000	2
EU15-Ausländer und Gastarbeiter (Türkei, ehem. Jugoslawien)	900	9	20.000	51
Osteuropäer (mit Russland, Weißrussland u.ä.)	500	5	1.500	4
Vietnamesen/Chinesen/ Koreaner (DDR-Vertragsarbeiter)	1.000	10	1.200	3
Süd-/Mittelamerikaner	200	2	400	1
Nordamerikaner	50	1	600	2
Sonstige Ausländer	250	2	700	2
Insgesamt	10.000	100	39.000	100

Erläuterung: Bei allen Absolut-Zahlen in der Tabelle handelt es sich um gerundete Werte, die zum Teil auf Schätzungen beruhen. Die Gruppen sind exklusiv konstruiert, d.h. Personen, die in die Gruppen 1-4 fallen, sind in den Gruppen 5-10 nicht noch einmal enthalten.

Mit Blick auf Rostock lässt sich aus der Tabelle ablesen, dass zu den 5.000 „offiziellen Ausländern" rund 5.000 Aussiedler hinzukommen, wodurch die Grundgesamtheit auf 10.000 steigt. Die Aussiedler sind damit in Rostock die eindeutig dominierende „Ausländergruppe". Im Feld der Ausländer ohne deutschen Pass stehen quantitativ die ehemaligen DDR-Vertragsarbeiter, die überwiegend aus Vietnam stammen, an erster Stelle. Ein großer Teil der DDR-Vertragsarbeiter, die in früheren Phasen auch aus Mittel- und Südamerika kamen, ist zwar aus Deutschland beziehungsweise Rostock abgewandert; eine nunmehr stabile Restpopulation konnte sich aber halten und etablieren. Mit rund 900 Personen erstaunlich niedrig ist in

Rostock die Zahl der EU15-Ausländer und der Ausländer aus den (für Westdeutschland) klassischen Gastarbeiterländern. Ebenfalls niedrig ist die Zahl der ausländischen Studenten und Wissenschaftler. Weitgehend unbekannt dürfte der alteingesessenen Bevölkerung in Rostock sein, dass in ihrer Mitte rund 800 jüdische Einwanderer aus der ehemaligen Sowjetunion leben – so genannte Kontingentflüchtlinge, die seit Anfang der 1990er Jahre mit einem vereinfachten Aufnahmeverfahren und mit der Perspektive eines dauerhaften Verbleibs nach Deutschland gekommen sind.

Gänzlich anders als in Rostock verteilt sich gemäß Tabelle 1 die ausländische Bevölkerung in Mainz auf die zehn Gruppen. Mit über 50 Prozent stellen die EU15-Ausländer und die Ausländer aus den klassischen Gastarbeiterländern (darunter rund 7.000 Türken und rund 4.500 Italiener) die Mehrheit. Bemerkenswert für Mainz ist auch die mit rund 5.000 im Vergleich zu Rostock wesentlich höhere Zahl ausländischer Studenten und Wissenschaftler.

Dividiert man die in Tabelle 1 aufgeführten Zahlen durch die Einwohner, ergibt sich für Rostock ein „Ausländeranteil" von rund fünf Prozent und für Mainz ein Anteil von rund 21 Prozent. In Worten ausgedrückt bedeutet dies, dass jeder fünfte Mainzer ein „Ausländer" ist, während man unter hundert Rostockern nur auf fünf „Ausländer" trifft.

3. Empirische Datenbasis

In seinen empirischen Analysen stützt sich dieser Beitrag auf mündliche Interviews (face-to-face) mit ausländischen Mitbürgerinnen und Mitbürgern in Rostock und Mainz. Die im Durchschnitt 45-minütigen Interviews wurden von Studierenden der Universitäten Rostock und Mainz im Rahmen von Forschungspraktika durchgeführt.[3] Die Erhebung in Rostock fand in den Monaten Januar bis April 2002 statt, die in Mainz ein Jahr später, von Januar bis Mai 2003. Jeder Student im Forschungspraktikum hatte die Aufgabe, zehn bis zwölf Interviews zu realisieren.

Für die beiden Stichproben bildeten die Zahlen in Tabelle 1 den Ausgangspunkt. Die Studenten wurden so auf die Ausländergruppen verteilt, dass bei den Interviews die Gruppen in etwa ihrem Anteil in der Grundgesamtheit entsprechend vertreten sein sollten. Nachdem die Studierenden ihre Ausländergruppe kannten, sollten sie im Rahmen der Vorgabe von zehn bis zwölf zu realisierenden Interviews

3 Allen Studentinnen und Studenten (am Institut für Soziologie und Demographie der Universität Rostock und am Institut für Soziologie der Universität Mainz), die über eine Zeitspanne von zwei Semestern an der Studie mitgewirkt haben, möchte der Autor an dieser Stelle für ihr Engagement danken. Explizit danken möchte ich zudem Manuela Meyerfeldt und Maren Rinn, die als Lehrende an den Forschungspraktika beteiligt waren. Die Gesellschaft der Förderer der Universität Rostock e.V. hat den Rostocker Teil der Studie mit einem kleinen Geldbetrag unterstützt.

eine Schneeballstichprobe initiieren. Dafür sollten sie mit drei oder vier Personen starten, die in unterschiedlichen sozialen Kreisen platziert sind und im ersten Schritt interviewt wurden. Diese ersten Interviewpartner sollten dann den Studenten weitere potenzielle Interviewpartner nennen, von denen einer (und nur einer) im zweiten Schritt per Zufall ausgewählt und interviewt werden sollte. Weiter war dann noch ein dritter und eventuell sogar ein vierter „Schneeballschritt" erforderlich. Es muss an dieser Stelle zugestanden werden, dass sich nicht alle Studenten streng an dieses Prozedere hielten; vielmehr haben sich einige die Arbeit erleichtert, indem sie beispielsweise auf den Zufallsmechanismus in ihrer Mini-Schnellballstichprobe verzichtet haben.

Insgesamt dürfte angesichts dieses Vorgehens klar sein, dass die in den beiden Städten realisierten Stichproben mit Schwächen belastet sind. Schwerwiegender als die Regelverstöße einiger Studenten ist dabei zweifellos der Tatbestand, dass wir nur eine deutsche Version des Fragebogens hatten, sodass eigentlich nur Ausländer interviewt werden konnten, die halbwegs mit der deutschen Sprache vertraut waren. Viele Studenten haben sich zwar redlich bemüht (mit Zeichensprache, Wörterbüchern, Dolmetschern usw.), aber dies ändert nichts an einer Stichprobenverzerrung hin zu den schon länger in Deutschland lebenden und damit vermutlich besser integrierten Ausländern. Wichtig erscheint in diesem Zusammenhang allerdings, dass der Verzerrungsmechanismus in Rostock und Mainz identisch war. Da es im vorliegenden Beitrag in erster Linie um einen Vergleich der beiden Städte geht, ließe sich bei optimistischer Sicht argumentieren, dass die Differenzen zwischen den Städten von der parallel laufenden Verzerrung nicht entscheidend beeinflusst werden.

Wie die Stichproben mit n=357 in Rostock und n=292 in Mainz im Endergebnis aussehen, ist in Tabelle 2 festgehalten. In ihrem Aufbau stimmt Tabelle 2 mit Tabelle 1 überein, und aus einem Vergleich der Prozentwerte lässt sich ersehen, bei welchen Gruppen es in den Besetzungsstärken größere Abweichungen gibt.

Durch eine Gewichtung der Daten mit den Gruppengrößen in der Grundgesamtheit (gemäß Tabelle 1) lassen sich diese Abweichungen problemlos korrigieren. Dabei wurden die Gewichte so gewählt, dass die Fallzahlen in den Teilstichproben Rostock und Mainz erhalten blieben. Alle nachfolgenden Analysen verwenden die nach diesem Modus gewichteten Daten.

Tabelle 2: Größe und Zusammensetzung der Befragtenstichproben in Rostock und Mainz

	Rostock		Mainz	
	Absolut	Prozent	Absolut	Prozent
Aussiedler (seit 1989)	114	32	38	13
Asylbewerber	43	12	12	4
Ausländische Studenten/ Wissenschaftler	50	14	8	3
Jüdische Einwanderer	24	7	10	3
EU15-Ausländer und Gastarbeiter (Türkei, ehem. Jugoslawien)	26	7	144	49
Osteuropäer (mit Russland, Weißrussland u.ä.)	33	9	21	7
Vietnamesen/Chinesen/Koreaner (DDR-Vertragsarbeiter)	23	6	18	6
Süd-/Mittelamerikaner	19	5	4	2
Nordamerikaner	1	1	9	3
Sonstige Ausländer, keine Zuordnung	24	7	28	10
Insgesamt	357	100	292	100

Zum inhaltlichen Fragenprogramm der mündlichen Interviews lässt sich sagen, dass die Fragebögen in Rostock und Mainz nur in Teilbereichen (etwa knapp zur Hälfte) deckungsgleich waren. Neben den Fragen zu den Erfahrungen mit Fremdenfeindlichkeit wurden weitere Informationen zur sozialen Integration und zu zahlreichen stadtspezifischen Dingen erhoben (für Ausländer „gefährliche" Stadtteile, Bekanntheitsgrad verschiedener Einrichtungen für Ausländer in der Stadt etc.), die aber nicht im Mittelpunkt dieses Beitrags stehen.[4]

---

4 Ein ausführlicher Beitrag zu den Ergebnissen der Rostocker und Mainzer Ausländerbefragung wurde Ende 2003 in der Sozialen Welt publiziert (Preisendörfer 2003). Der vorliegende Artikel orientiert sich über weite Strecken an dieser Vorläuferpublikation.

4. Erfahrungen mit Fremdenfeindlichkeit im Städtevergleich

Ausgehend von Umfrageergebnissen zu fremdenfeindlichen Einstellungen und von statistischen Zahlen über fremdenfeindlich motivierte Straftaten im Vergleich von Ost- und Westdeutschland (vgl. die Hinweise in Abschnitt 1), sind wir mit der Erwartung an unsere Daten herangetreten, dass die von uns befragten Ausländer in Rostock häufiger mit fremdenfeindlichen „Ressentiments" konfrontiert sind als die in Mainz. Diese mit „Ressentiments" umschriebenen negativen Erfahrungen wurden – mit der groben und im Detail nicht weiter ausgearbeiteten Idee einer Ordnung nach „Schweregrad" – in der Form von drei Variablenblöcken erfasst: Sorgen und Ängste um Fremdenfeindlichkeit, alltägliche Erfahrungen mit Fremdenfeindlichkeit sowie direkte und indirekte Viktimisierung. Tabelle 3 gibt, vergleichend für Rostock und Mainz, einen Überblick über die einzelnen Fragen und Antworten in diesen drei Bereichen.

Die meisten, aber nicht alle Werte in Tabelle 3 liegen (der Ausgangserwartung entsprechend) in Rostock höher als in Mainz. So deuten im Block der „Sorgen und Ängste um Fremdenfeindlichkeit" die ersten drei abgefragten Sachverhalte auf eine von den in Rostock lebenden Ausländern deutlich stärker wahrgenommene Fremdenfeindlichkeit hin. Die vierte Frage steht hingegen auf den ersten Blick dazu im Widerspruch: Auf die Frage „Wie häufig ist Ausländer- und Fremdenfeindlichkeit in Deutschland ein Thema, über das Sie in Ihrer Familie und in Ihrem Freundeskreis diskutieren?" antworten die Befragten in Mainz öfter mit „häufig/sehr häufig" als die in Rostock. Angesichts der tatsächlichen Situation bei der Fremdenfeindlichkeit, wie sie sich auch aus der Sicht unserer Befragten darstellt, lässt sich dieses Ergebnis nur dergestalt interpretieren, dass die Gefährdungslage in Rostock von den Betroffenen tendenziell verdrängt und verschwiegen wird. Ein solches „Ausblenden" ist sicherlich ein überraschendes Ergebnis, aber im Sinne eines persönlichen Schutzmechanismus im Nachhinein durchaus verständlich.

Weniger drastisch gestalten sich die bivariaten Rostock-Mainz-Unterschiede bei den alltäglichen Erfahrungen mit Fremdenfeindlichkeit. Diese wurden über die bewusst eher allgemein gehaltene Frage erfasst: „Wie häufig haben Sie in folgenden Bereichen des Alltags Fremdenfeindlichkeit persönlich erfahren?". In den drei relativ anonymen Situationskonstellationen „auf der Straße", „in öffentlichen Verkehrsmitteln" und „beim Einkaufen" berichten die Ausländer in Rostock häufiger von fremdenfeindlichen Erfahrungen als in Mainz. Anders und wiederum überraschend ist es aber in den drei nicht beziehungsweise weniger anonymen Situationen „in der Nachbarschaft", „am Arbeitsplatz/bei der Ausbildungsstelle" und „bei der Polizei".

Tabelle 3:   Erfahrungen mit Fremdenfeindlichkeit in der Form von Sorgen und Ängsten, von negativen Erfahrungen im Alltag und von direkter und indirekter Viktimisierung

	Rostock	Mainz
SORGEN UND ÄNGSTE UM FREMDENFEINDLICHKEIT		
Wie ist die Einstellung der Rostocker/Mainzer gegenüber Ausländern? % sehr ablehnend, ablehnend, teils/teils	56	37
Müssen Ausländer in Rostock/Mainz Angst vor Fremdenfeindlichkeit haben? % ja, eher ja	55	16
Haben Sie selbst in Rostock/Mainz Angst vor Fremdenfeindlichkeit? % ja, eher ja	23	6
Ist Fremdenfeindlichkeit in eigener Familie und eigenem Freundeskreis Diskussionsthema? % sehr häufig, häufig	40	51
ALLTÄGLICHE ERFAHRUNGEN MIT FREMDENFEINDLICHKEIT		
Erfahrungen auf der Straße? % sehr häufig, häufig, gelegentlich	25	16
Erfahrungen in öffentlichen Verkehrsmitteln? % sehr häufig, häufig, gelegentlich	21	17
Erfahrungen beim Einkaufen? % sehr häufig, häufig, gelegentlich	17	11
Erfahrungen in der Nachbarschaft? % sehr häufig, häufig, gelegentlich	11	13
Erfahrungen bei Polizei? % sehr häufig, häufig, gelegentlich	11	19
Erfahrungen am Arbeitsplatz/Ausbildungsstelle? % sehr häufig, häufig, gelegentlich	8	16

DIREKTE UND INDIREKTE VIKTIMISIERUNG

Selbst schon Opfer von Beschimpfung? % einmal, mehrmals	39	37
Selbst schon Opfer von Bedrohung? % einmal, mehrmals	15	10
Selbst schon Opfer von Körperverletzung? % einmal, mehrmals	5	1
Familienmitglied oder Freund schon Opfer von Körperverletzung? % einmal, mehrmals	31	12

Hier liegen die Werte entgegen der Ausgangserwartung in Mainz höher als in Rostock.[5] Ob dieses Ergebnis auf einen tatsächlichen Unterschied im Ausmaß und der Qualität der Fremdenfeindlichkeit im Alltag, die Ausländern in den beiden Städten widerfährt, hinweist, kann an dieser Stelle noch nicht beantwortet werden. So könnten die Antworten auch durch die Aufenthaltsdauer in Deutschland und damit (technisch gesprochen) durch die Risikozeit für das Sammeln negativer Erfahrungen beeinflusst sein (mehr dazu im Folgenden).

Im letzten Variablenblock der „direkten und indirekten Viktimisierung" geht es darum, ob und inwieweit die befragte Person selbst schon ein- oder mehrmals Opfer eines fremdenfeindlichen Übergriffs war oder aber eine betroffene Person aus ihrem näheren sozialen Umfeld (Familienmitglied oder Freund) kennt. 39 Prozent der befragten Ausländer in Rostock und 37 Prozent in Mainz erlebten bereits ein- oder mehrmals fremdenfeindlich motivierte Beschimpfungen. Von Bedrohungen hingegen berichten 15 Prozent in Rostock und zehn Prozent in Mainz. Während in Mainz ein Prozent der Interviewpartner angeben, dass sie selbst schon mindestens einmal Opfer einer Körperverletzung wurden, sind es in Rostock fünf Prozent. Mit 31 Prozent gegenüber zwölf Prozent eindeutig höher liegt in Rostock auch die indirekte Viktimisierung, das heißt der Anteil derer, bei denen schon einmal ein Familienmitglied oder ein Freund Opfer einer Körperverletzung wurde.

Wie bereits oben angedeutet, ist es wahrscheinlich, dass das Ausmaß der Erfahrungen mit Fremdenfeindlichkeit von der bisherigen Aufenthaltsdauer der befragten Ausländer in Deutschland abhängt. Auch die Ausländergruppe, der eine Person angehört, könnte die Ergebnisse beeinflussen. Dass sich Rostock und Mainz

---

5 Dass es sinnvoll ist, zwischen anonymen und nicht-anonymen Situationskonstellationen zu unterscheiden, war uns bei der Konstruktion des Fragebogens noch nicht bewusst. Eine Faktorenanalyse mit den Daten der Itembatterie zu den alltäglichen Erfahrungen mit Fremdenfeindlichkeit in verschiedenen Alltagssituationen hat die genannte Unterscheidung nahe gelegt, denn sie lieferte eine zweifaktorielle Lösung.

hinsichtlich der Zusammensetzung der Ausländergruppen stark unterscheiden, wurde schon in Tabelle 1 belegt. Informationen über die bisherige Aufenthaltszeit der befragten Personen in Deutschland ergeben sich aus der Frage „Wann sind Sie nach Deutschland gekommen?". Das arithmetische Mittel der Aufenthaltsdauer liegt in Rostock bei 5,8 Jahren (Median: 4,0 Jahre), in Mainz hingegen bei 15,8 Jahren (Median: 14,0 Jahre). Ob zwischen Rostock und Mainz in den Erfahrungen mit Fremdenfeindlichkeit – auch nach Kontrolle für die Differenzen bei der Aufenthaltsdauer und der Gruppenzusammensetzung – ein Unterschied verbleibt beziehungsweise wie sich der Unterschied verändert, zeigen die im folgenden Absatz beschriebenen multiplen Regressionsmodelle.

Als abhängige Variablen für diese Regressionsmodelle fungieren ein 0-4 Index der „Sorgen und Ängste um Fremdenfeindlichkeit", zwei 0-3 Indizes der „alltäglichen Erfahrungen mit Fremdenfeindlichkeit" und ein 0-4 Index der „direkten und indirekten Viktimisierung". Diese Indizes wurden aus den Einzelfragen von Tabelle 3 gebildet. Es handelt sich um additive Indizes, wobei alle Antworten nach dem Muster von Tabelle 3 dichotomisiert wurden (als 0/1-Variablen). Um bei der Addition den Verlust von Fällen mit fehlenden Werten zu vermeiden, wurden diese durch die jeweiligen Variablenmittelwerte substituiert. Basierend einerseits auf den Ergebnissen von Tabelle 3 und andererseits auf den Ergebnissen von Faktorenanalysen, wurden (wie in Fußnote 5 angesprochen) die sechs Fragen, die auf die alltäglichen Erfahrungen mit Fremdenfeindlichkeit abstellen, nochmals aufgespalten: in einen Index mit Bezug auf Erfahrungen in anonymen Situationen (Straße, öffentliche Verkehrsmittel, Einkaufen) und in einen Index mit Bezug auf Erfahrungen in nicht-anonymen Situationen (Nachbarschaft, Polizei, Arbeitsplatz).

Der Kovariatensatz der OLS-Regressionsmodelle enthält jeweils die Aufenthaltszeit in Deutschland in Jahren, vier Dummies für die Ausländergruppen, die „Erkennbarkeit als Ausländer" und den Wohnort der Befragten (0=Mainz, 1=Rostock). Als Kovariate wurde zusätzlich die quadrierte Aufenthaltszeit aufgenommen, um der Annahme Rechnung zu tragen, dass der Einfluss der Aufenthaltsdauer in den ersten Jahren besonders groß ist, sich mögliche Effekte dann aber im Verlauf der Zeit abschwächen (nicht-linearer Einfluss mit einem konkaven Verlaufsmuster). Die ursprünglich zehn Ausländergruppen (Tabellen 1 und 2) wurden auf fünf reduziert: Aussiedler, Asylbewerber, ausländische Studenten/Wissenschaftler, jüdische Einwanderer und zusammengefasst in einer großen Gruppe (54 Prozent der Befragten) jene, die überwiegend als Arbeitsmigranten (Gast-/Vertragsarbeiter etc.) nach Deutschland gekommen sind und in den Modellschätzungen als Referenz-Ausländergruppe dienen. Die potenzielle Einflussgröße „Erkennbarkeit als Ausländer" basiert auf Einstufungen im Anhang zum Fragebogen, bei denen die Interviewer – mit fünf Skalenwerten von „sicher nicht erkennbar" bis „auf jeden Fall erkennbar" – einschätzen sollten, inwieweit die befragte Person von ihrem Aussehen her auf der Straße als Ausländer/in erkennbar ist. Für viele Formen diskriminierenden Verhaltens ist die Erkennbarkeit beziehungsweise Taxierung als Ausländer eine unabdingbare Voraussetzung, und deshalb wurde sie in den Satz der unabhängigen Variablen hinein genommen. Die Ergebnisse der dergestalt ausgelegten OLS-Regressionen finden sich in Tabelle 4.

Aus der Tabelle lässt sich ablesen, dass mit zunehmender Aufenthaltsdauer in Deutschland mehr Erfahrungen mit Fremdenfeindlichkeit gesammelt werden. Bei den „Sorgen und Ängsten um Fremdenfeindlichkeit", den „alltäglichen Erfahrungen mit Fremdenfeindlichkeit in nicht-anonymen Situationen" und der „Viktimisierung" sind die Effekte der Aufenthaltszeit mit einem konkaven Verlaufsprofil signifikant; nur bei den „alltäglichen Erfahrungen mit Fremdenfeindlichkeit in anonymen Situationen" zeigt sich kein nennenswerter Einfluss.

Was die Ausländergruppen betrifft, sind die Aussiedler weniger besorgt und insgesamt offenbar auch weniger von Fremdenfeindlichkeit betroffen; mit der bemerkenswerten Ausnahme, dass sie im persönlicheren Kontakt mit Deutschen (in der Nachbarschaft, am Arbeitsplatz) genauso oft negative Erfahrungen machen wie die anderen Ausländergruppen. Die Asylbewerber sind insgesamt am häufigsten mit ausländerfeindlichen Verhaltensmustern seitens der Deutschen konfrontiert. Mehr oder weniger im Mittelbereich liegen demgegenüber die ausländischen Studenten/Wissenschaftler und die jüdischen Einwanderer. Erstaunlich bei den jüdischen Immigranten ist allerdings der signifikante Effekt bei der Viktimisierung. Wie die nähere Untersuchung der Einzelfragen zeigt, kommt dieser Effekt hauptsächlich dadurch zustande, dass jüdische Einwanderer überdurchschnittlich häufig davon berichten, schon ein- oder mehrmals beschimpft worden zu sein; bei Bedrohungen und Körperverletzungen lassen sich hingegen keine nennenswerten Häufungen feststellen.

Den Erwartungen entsprechend bringt die Einstufung der Interviewer, ob die befragte Person als Ausländer erkennbar ist, hochsignifikante Effekte auf alle vier Facetten der Erfahrungen mit Fremdenfeindlichkeit in Tabelle 4. Auch das Ergebnis, dass der Einfluss der Erkennbarkeit in anonymen Situationen stärker ausgeprägt ist als in nicht-anonymen Situationen, vermag nicht zu überraschen.

Tabelle 4: Bestimmungsfaktoren der Erfahrungen mit Fremdenfeindlichkeit in der Form von Sorgen und Ängsten, von negativen Erfahrungen im Alltag und von direkter und indirekter Viktimisierung (OLS-Regressionen, unstandardisierte Regressionskoeffizienten, t-Werte in Klammern)

	Sorgen/ Ängste	Erfahrungen in anonymen Situationen	Erfahrungen in nicht-anonymen Situationen	Viktimi- sierung
Aufenthaltszeit (AZ) in Deutschland in Jahren				
AZ/10	0,50* (3,79)	0,01 (0,08)	0,23* (2,97)	0,42* (3,67)
AZ/quadriert	-0,11* (3,23)	-0,01 (0,13)	-0,04* (2,07)	-0,06* (2,02)
Ausländergruppe				
Aussiedler	-0,48* (3,65)	-0,38* (3,47)	-0,04 (0,49)	-0,28* (2,45)
Asylbewerber	0,44* (2,54)	0,12 (0,79)	0,11 (1,12)	0,36* (2,38)
Ausländische Studenten/ Wissenschaftler	-0,04 (0,24)	-0,16 (1,12)	-0,08 (0,80)	0,04 (0,31)
Jüdische Einwanderer	-0,11 (0,51)	0,08 (0,43)	0,21 (1,71)	0,60* (3,27)
Erkennbarkeit als Ausländer	0,09* (2,79)	0,13* (4,72)	0,07* (3,78)	0,12* (4,40)
Wohnort Rostock	1,12* (10,87)	0,49* (5,64)	-0,05 (0,92)	0,72* (8,00)
Konstante	0,48* (2,63)	0,03 (0,18)	0,08 (0,72)	-0,23 (1,48)

Adj. R2	0,21	0,11	0,07	0,16
Fallzahl	643	643	643	643

Erläuterung: * signifikant auf dem 5%-Niveau. Bei den abhängigen Variablen „Sorgen und Ängste um Fremdenfeindlichkeit" und „direkte und indirekte Viktimisierung" handelt es sich um Indizes mit einer Spannweite von 0-4. Die abhängigen Variablen „Erfahrungen mit Fremdenfeindlichkeit in anonymen Situationen" und „Erfahrungen mit Fremdenfeindlichkeit in nicht-anonymen Situationen" sind Indizes mit einer Reichweite von 0-3. Die Indizes wurden aus den dichotomisierten Indikatoren der Tabelle 3 gebildet. Die Referenzkategorie beim Wohnort ist Mainz. Die Referenz bei den Ausländergruppen sind die Gruppen 4-10 in den Tabellen 1 bzw. 2, also im Wesentlichen diejenigen Ausländer, die als Arbeitsmigranten (Gastarbeiter, ehemalige DDR-Vertragsarbeiter usw.) nach Deutschland gekommen.

Abstellend auf die uns zentral interessierende Wohnortvariable lässt sich aus Tabelle 4 ersehen, dass bei den Sorgen und Ängsten, den Erfahrungen in anonymen Situationen und der Viktimisierung die Rostock-Effekte massiv ausfallen. Gemessen an den (in der Tabelle nicht ausgewiesenen) standardisierten Regressionskoeffizienten beziehungsweise hilfsweise an den (in der Tabelle in Klammern stehenden) t-Werten, ist die Ortsvariable der stärkste Einflussfaktor im Kovariatensatz der drei Regressionsmodelle. Lediglich bei den alltäglichen Erfahrungen mit Fremdenfeindlichkeit in nicht-anonymen Situationen ergibt sich auf der multivariaten Analyseebene keine signifikante Rostock-Mainz-Differenz. In nicht-anonymen Situationen, wie zum Beispiel in der Nachbarschaft oder am Arbeitsplatz, herrscht das „Gesetz des Wiedersehens", und das Miteinander von Deutschen und Ausländern scheint diesbezüglich in Rostock und Mainz ähnlich zu funktionieren.

Ein Ergebnis in Tabelle 4 ist, dass mit der Aufenthaltszeit in Deutschland die Erfahrungen mit Fremdenfeindlichkeit zunehmen. Die Bedeutung der Aufenthaltszeit kann bei den Erfahrungen mit Fremdenfeindlichkeit allerdings zwei Seiten haben: Mit der Aufenthaltsdauer erhöht sich zum einen die Risikozeit und damit die Wahrscheinlichkeit, irgendwann einmal negative Erfahrungen zu sammeln. Zum anderen verbessert sich die Integration/Assimilation und damit sinkt vermutlich die Häufigkeit negativer Etikettierungen als Ausländer. Obwohl nach den Ergebnissen von Tabelle 4 in der subjektiven Bilanzierung der Betroffenen der erstgenannte Effekt klar überwiegt, erscheint es sinnvoll, noch einmal einen etwas genaueren Blick speziell auf den Wirkungsmodus der Aufenthaltsdauer im Rostock-Mainz-Vergleich zu werfen. Dazu sind, basierend auf acht separaten Regressionsläufen, in Tabelle 5 für die Erfahrungen mit Fremdenfeindlichkeit zum einen die bivariaten Rostock-Effekte (Regressionen mit Mainz/Rostock als einziger Kovariate), zum anderen die Rostock-Effekte bei statistischer Kontrolle der Aufenthaltsdauer (Regressionen mit der Aufenthaltsdauer und Mainz/Rostock als Kovariaten) notiert.

| Tabelle 5: | Bivariate und kontrollierte Rostock-Effekte auf die Erfahrungen mit Fremdenfeindlichkeit in der Form von Sorgen und Ängsten, von negativen Erfahrungen im Alltag und von direkter und indirekter Viktimisierung (OLS-Regressionen, unstandardisierte Regressionskoeffizienten, t-Werte in Klammern) |

	Sorgen/ Ängste	Erfahrungen in anonymen Situationen	Erfahrungen in nicht-anonymen Situationen	Viktimi-sierung
Bivariate Rostock-Effekte	0,84* (9,17)	0,34* (4,49)	-0,20* (3,81)	0,41* (5,07)
Kontrollierte Rostock-Effekte	1,05* (10,07)	0,40* (4,55)	-0,09 (1,46)	0,67* (7,26)

Erläuterung: * signifikant auf dem 5%-Niveau. Die abhängigen Variablen (Sorgen und Ängste um Fremdenfeindlichkeit, Erfahrungen mit Fremdenfeindlichkeit in anonymen Situationen, Erfahrungen mit Fremdenfeindlichkeit in nicht-anonymen Situationen, direkte und indirekte Viktimisierung) sind wie in Tabelle 4. Die bivariaten Rostock-Effekte sind Effekte in Regressionsmodellen, die allein den Wohnort (0=Mainz, 1=Rostock) als Kovariate enthalten. Die kontrollierten Rostock-Effekte sind demgegenüber Effekte in Regressionsmodellen, die zusätzlich die Aufenthaltsdauer (in einfacher und quadrierter Form) als Kovariate berücksichtigen.

Wie in Tabelle 5 ersichtlich, verstärken sich die Rostock-Mainz-Unterschiede nach statistischer Kontrolle für die Aufenthaltsdauer. Dies bedeutet, dass die Ausländer in Rostock im Vergleich zu Mainz noch wesentlich häufiger über Fremdenfeindlichkeit berichten würden, wenn sie schon so lange in Rostock leben würden wie die in Mainz ansässigen Ausländer. Dies macht die Situationsdiagnose für Rostock noch ungünstiger als im einfachen bivariaten Vergleich. Für Rostock etwas positiver einzuschätzen sind nur die Erfahrungen, die Ausländer mit Fremdenfeindlichkeit in nicht-anonymen Situationen sammeln. Nach Tabelle 5 schneidet Rostock in der bivariaten Ausgangssituation diesbezüglich sogar zunächst günstiger ab als Mainz. Bei gleicher Aufenthaltszeit verschwindet der Unterschied zwischen den beiden Städten jedoch; dies entspricht dem festgestellten Verstärkungseffekt insoweit, als zu dem bivariaten Effekt etwas hinzu addiert werden muss.[6]

6 Wird neben der Aufenthaltsdauer für die Ausländergruppen und die Erkennbarkeit als Ausländer kontrolliert, kommt es, was ein Rückblick auf Tabelle 4 verdeutlicht, zu einer weiteren Verstärkung/Erhöhung der Rostock-Effekte.

Im nächsten und letzten Untersuchungsschritt sei nun gefragt, ob die Aufenthaltsdauer, die Gruppenzugehörigkeit und das Merkmal der Erkennbarkeit in Rostock und Mainz ähnlich oder aber unterschiedlich wirken. Es könnte sein und prima facie spricht einiges dafür, dass sich Rostock und Mainz nicht nur im Niveau fremdenfeindlicher Ressentiments unterscheiden, sondern auch im Wirkungsmodus der Bestimmungsfaktoren der Fremdenfeindlichkeit. Diese Vermutung lässt sich überprüfen, indem wir für die vier Indizes fremdenfeindlicher Erfahrungen jeweils getrennte Regressionen für Rostock und Mainz berechnen und die Koeffizienten der Kovariaten (Aufenthaltszeit, Ausländergruppen, Erkennbarkeit als Ausländer) paarweise miteinander vergleichen. Im Folgenden sollen die vier wichtigsten Ergebnisse und Schlussfolgerungen dieser Analysen angesprochen werden: (1) Für beide Städte zeigt sich in ähnlicher Weise, dass Ausländer mit einer schon längeren Aufenthaltsdauer mehr persönliche Erfahrungen mit fremdenfeindlichem Verhalten seitens Deutscher machen, wobei der Effekt nicht-linear ist und einem konkaven Verlaufsmuster folgt. (2) Im Vergleich zur Bezugsgruppe der Arbeitsmigranten (vor allem Gast-/Vertragsarbeiter) sehen sich die Aussiedler in Rostock, nicht aber die Aussiedler in Mainz seltener mit Fremdenfeindlichkeit konfrontiert. Dies könnte damit zusammenhängen, dass die Vergleichs- und Bezugsgruppe in Rostock überwiegend aus ehemaligen vietnamesischen Vertragsarbeitern besteht, während es sich in Mainz überwiegend um alteingesessene Gastarbeiter aus europäischen Ländern und der Türkei handelt. (3) Die jüdischen Einwanderer berichten (im Vergleich zu den anderen Ausländergruppen) in Rostock insgesamt seltener, in Mainz hingegen häufiger über fremdenfeindliche Erfahrungen. Dies ist ein Befund, der in weiteren Ost-West-Vergleichsstudien Beachtung verdient beziehungsweise nochmals genauer geprüft werden sollte; unter anderem auch aufgrund der kleinen Fallzahl der befragten jüdischen Einwanderer in der vorliegenden Studie. (4) Dass die Erkennbarkeit als Ausländer die Häufigkeit fremdenfeindlicher Erfahrungen in Rostock sehr viel stärker beeinflusst als in Mainz, bestätigt eher die Erwartungen. Während Menschen unterschiedlicher Herkunft auf den Straßen und Plätzen von Mainz eher zum normalen Bild gehören, haben als Ausländer erkennbare Personen in Rostock einen höheren „Aufmerksamkeitswert". Zu DDR-Zeiten war dieser Aufmerksamkeitswert noch überwiegend positiv im Sinne eines „Exotencharakters". Dies hat sich jedoch nach der Wiedervereinigung ins Negative gewendet; die Rollenzuschreibung hat sich gewandelt „weg von der des Ausländers als Exoten und hin zu der des Ausländers als Fremden" (Müller 1996: 94).[7]

---

7 In ihrer Retrospektive des Lebens von Ausländern in der DDR und speziell in Rostock gibt Britta Müller (1996: Kap. 3) die Hinweise, dass bei den DDR-Männern „Frauen und Studentinnen aus den mittelasiatischen Sowjetrepubliken der Hit" waren, dass Studenten aus afrikanischen Ländern bei den DDR-Studentinnen hoch im Kurs standen und dass es zur „roten Aristokratie" gehörte, sich als Politiker standesgemäß „mit Chilenen zu schmücken".

6. Schlussbemerkungen

Sozialstrukturvergleiche zwischen ost- und westdeutschen Städten zeigen einen gravierenden Unterschied im Anteil ausländischer Mitbürger/innen an der Bevölkerung. In den zwei hier untersuchten Städten Rostock und Mainz beläuft sich der „offizielle Ausländeranteil" (Ausländer definiert als Personen, die aktuell keinen deutschen Pass haben) auf knapp 3 versus 17 Prozent. Würde man zusätzlich die diversen Formen von Einbürgerungen in den zurückliegenden (z.B. zehn) Jahren berücksichtigen, fiele der Unterschied noch drastischer aus (Salentin et al. 2003).

Nach den Ergebnissen der vorliegenden Studie kommt zu diesem Unterschied in der bloßen Zahlenbilanz hinzu, dass die Ausländer in Rostock im Vergleich zu denen in Mainz häufiger belastende Erfahrungen mit fremdenfeindlichem Verhalten seitens der einheimischen Bevölkerung machen. Dass Ausländer in Rostock häufiger als in Mainz über Fremdenfeindlichkeit berichten und auch persönlich davon betroffen sind, ist ein Befund, der im Lichte unserer Daten klar und eindeutig ist. Lediglich in Situationskonstellationen, in denen Deutsche und Ausländer in festen und wiederkehrenden sozialen Beziehungen stehen (vor allem am Arbeitsplatz und in der Nachbarschaft), ergeben sich keine Rostock-Mainz-Differenzen. Würden die Rostocker Ausländer im Schnitt schon so lange in Deutschland leben wie die Mainzer Ausländer, würde sich – da mit zunehmender Aufenthaltsdauer die „Risikozeit" für negative Erfahrungen steigt – der Abstand in den errechneten Prozentwerten fremdenfeindlicher Erfahrungen zum Teil mehr als verdoppeln. Dies bedeutet, dass das höhere Niveau der Fremdenfeindlichkeit in Rostock in der einfachen (bivariaten) Rostock-Mainz-Gegenüberstellung noch unterschätzt wird.

Die niedrige Zahl von Ausländern und das subtile beziehungsweise mitunter auch offene Klima der Fremdenfeindlichkeit könnte als ein Modernisierungsrückstand von Ostdeutschland gewertet werden. Zwar bedarf es im Osten (wie in Westdeutschland) einer Phase der Gewöhnung an fremde Sprachen und Sitten. Auch ökonomische Schwierigkeiten können als Standardargument herhalten, um auf dem Weg über relative Deprivation, Anomie etc. fremdenfeindliche Tendenzen in Teilgruppen der ostdeutschen Bevölkerung zu erklären. Dies ändert aber nichts an der Situationsdiagnose des Hier und Jetzt und an den konkreten Betroffenheiten derer, die ausländerdiskriminierendes Verhalten persönlich erfahren. Die Ergebnisse dieser Studie legen nahe, dass es bei der Angleichung der Lebensverhältnisse in Ost- und Westdeutschland nicht nur auf die „Autobahnkilometer pro Kopf" und die „Ausstattung der Haushalte mit Videorecordern" ankommen sollte, sondern auch auf Bemühungen, ein Klima der Toleranz zwischen Lokalitäten und Nationalitäten zu schaffen. Strukturell gesehen hat die Ost-West-Differenzierung ja durchaus gewisse Parallelen mit der Ausländer-Deutsch-Kategorisierung.

Literatur

Alba, Richard/ Schmidt, Peter/ Wasmer, Martina (Hg.)(2000): Deutsche und Ausländer: Freunde, Fremde oder Feinde. Wiesbaden: Westdeutscher Verlag.

Bundesministerium des Innern (Hg.)(2006): Verfassungsschutzbericht 2005. Berlin: Bundesinnenministerium (die jährlichen Verfassungsschutzberichte sind auch über das Internet abrufbar unter: www.bmi.bund.de oder www.verfassungsschutz.de).

Müller, Britta (1996): Ausländer im Osten Deutschlands. Das Beispiel Rostock. Köln: ISP.

Preisendörfer, Peter (2003): Soziale Integration und Erfahrungen mit Fremdenfeindlichkeit von Ausländer/innen in Rostock und Mainz. Soziale Welt 54: 519-540.

Salentin, Kurt/ Wilkening, Frank (2003): Ausländer, Eingebürgerte und das Problem einer realistischen Zuwanderer-Integrationsbilanz. Kölner Zeitschrift für Soziologie und Sozialpsychologie 55: 278-298.

Motive für die Wanderung von West- nach Ostdeutschland und Rückkehrtypen

Angela Jain, Jenny Schmithals

1. Einleitung

Die öffentliche Diskussion um das Wanderungsverhalten innerhalb Deutschlands wird vom negativen Bild des Wegzugs insbesondere der vielen jungen Menschen aus Ostdeutschland bestimmt. Jedoch trägt vor allem der zu geringe Gegenstrom maßgeblich zu den beobachteten Wanderungsdefiziten bei: Es gibt zu wenig Zuwanderer, die von ostdeutschen Städten angezogen werden. Dabei sind die Rückkehrbereitschaft der Abgewanderten und ihre Heimatbindung erstaunlich hoch – so kann sich die Mehrzahl der in der Zukunftsstudie Sachsen-Anhalt (vgl. Zukunftschancen 2004) befragten Abwanderer aus Sachsen-Anhalt eine Rückkehr vorstellen.

Strategien der regionalen Bevölkerungsentwicklung sollten hier ansetzen: Es gilt, bestehende Stärken hervorzuheben und weiter auszubauen, um eine vorwärtsgerichtete Dynamik und eine Verbesserung des Images Ostdeutschlands zu erreichen, damit mehr Menschen motiviert werden, zu bleiben, wiederzukommen oder einen ersten Schritt in eine neue Heimat zu wagen.

Der Rückwanderung ist in der Migrationsforschung bislang nicht viel Aufmerksamkeit geschenkt worden. Entsprechend gibt es wenige Quellen und Statistiken über Rückwanderungsbewegungen. Auch in den Medien ist dieses Thema weniger präsent als Ab- oder Zuwanderung. Krohn und Schildt (2002) bezeichnen Exil- und Remigrationsforschung als in ihren Anfängen befindlich. Auch Beck (2004) stellt fest, dass Rückwanderung zwar früh als Wanderungsbewegung entdeckt wurde (vgl. z.B. Ravenstein 1885), jedoch kaum Versuche unternommen wurden, sie in die existierenden Forschungsansätze und -theorien einzubauen. Seit den 1960er Jahren sind Forschungsarbeiten beispielsweise über Rückkehrende aus den USA nach Europa, über britische Remigranten aus Australien und Kanada oder über aus Großbritannien in die Karibik zurückkehrende Wandernde entstanden. Schwerpunkte in der internationalen Rückwanderungsforschung sind Untersuchungen dazu, was Rückwanderung für die einzelnen Migranten bedeutet und welche Auswirkung sie auf die Abwanderungsgebiete hat.
Ein großes Forschungsdefizit existiert auch im Bereich Binnenwanderung. Im Mittelpunkt der wissenschaftlichen Diskussion über demografische Entwicklungen

stehen bisher eher Geburtenentwicklung und Alterung der Bevölkerung auf der einen Seite und internationale Migrationen auf der anderen Seite. Dabei gibt es eine quantitativ bedeutsame Binnenwanderung in Deutschland, wobei die Hauptströme einer Ost-West- oder einer Nord-Süd-Wanderungsbewegung folgen. Es wandern aber nicht nur Menschen aus den neuen Ländern ab. Der Migrationsstrom der Personen, die von den alten in die neuen Länder wandern ist durchaus groß, auch wenn ihm weder von der Wissenschaft noch von den Medien viel Aufmerksamkeit geschenkt wird. Zwischen 1989 und 2001 zogen 2.882.700 Menschen aus Ost- nach Westdeutschland, in umgekehrter Richtung waren es 1.518.200 (vgl. Beck 2004). Der Verlust an Einwohner/innen durch räumliche Bevölkerungsbewegungen wäre also ohne die West-Ostwanderung weitaus dramatischer gewesen. Aktuell sind etwa die Hälfte der Zuwanderer nach Ostdeutschland Rückwanderer.

Beck (2004) bezeichnet die West-Ost-Migration, die entgegen der dominanten Wanderungsrichtung erfolgt, als Gegenstrommigration. Gegenstrommigration passt nach ihrer Einschätzung nicht in die gängigen Erklärungsmuster der Migrationsforschung, da gegen den Hauptstrom zu wandern zumeist bedeutet, von einer ökonomisch stärkeren in eine ökonomisch schwächere Region zu migrieren. Die Frage, warum sich Menschen für diese Wanderungsrichtung entscheiden, wird damit besonders interessant.

Will man Binnenzuwanderung in Zukunft fördern, muss man mehr über die Wanderungsmotive der West-Ost-Wanderer wissen. In den Jahren direkt nach der Wende waren für einen Großteil der Zugezogenen berufliche Motivationen ausschlaggebend – insbesondere Beamte, Politiker, Wissenschaftler und Manager kamen für den „Aufbau Ost" in die neuen Bundesländer (vgl. z.B. Hansch 1993; Roesler 2003). Die Migrationsmotive der heutigen West-Ost-Wandernden sind wesentlich unbekannter.

Forschungsvorhaben „Rückwanderung als dynamischer Faktor für ostdeutsche Städte"

Das im Rahmen des Programms „Aufbau Ost" vom Bundesministerium für Verkehr, Bau und Stadtentwicklung (BMVBS) geförderte Forschungsprojekt „Rückwanderung als dynamischer Faktor für ostdeutsche Städte"[1] hat das Ziel verfolgt, am Fallbeispiel Magdeburg politische, wirtschafts- und gesellschaftsseitige Maßnahmen zur kontinuierlichen Begleitung und Förderung von Rückwanderungsbereitschaft und realisierter Rückwanderung in die neuen Bundesländer zu entwerfen. Dabei wurde davon ausgegangen, dass die gezielte Förderung von Binnenzuwande-

---

1 Das Vorhaben mit einer Laufzeit von September 2005 bis Oktober 2006 wurde von der Hochschule Magdeburg-Stendal (FH) und dem nexus Institut für Kooperationsmanagement und interdisziplinäre Forschung (Berlin) bearbeitet und vom Lehrstuhl für Medienwissenschaft und Medienkultur der Universität Leipzig medial begleitet.

rung in der Zukunft eine wichtige Strategie zur Regionalentwicklung sein kann. Es sollten Menschen betrachtet werden, die aus West- nach Ostdeutschland neu zuziehen oder zurückkehren, und ihr erworbenes Wissen, ihre Fähigkeiten und ihre Tatkraft mit in die neuen Länder bringen.

Städte besitzen insbesondere für jüngere Menschen am Beginn ihres beruflichen Lebensweges eine höhere Anziehungskraft. Die Stadt Magdeburg wurde daher bewusst gewählt, da hier die Aussichten für eine Zu- und Rückwanderungsförderung als Erfolg versprechend angesehen wurden. Außerdem wurde Magdeburg als Modellstadt ausgesucht, da sie ein typisches Beispiel für eine der ostdeutschen Städte darstellt, die zu DDR-Zeiten eine Funktion als Industriestandort hatten und in Folge der Schließung vieler veralteter und nicht mehr konkurrenzfähiger Betriebe einen enormen Bevölkerungsverlust verkraften mussten. Im Jahr 1991 lebten rund 280.000 Einwohner in Magdeburg, heute sind es weniger als 230.000. Insbesondere Menschen im erwerbsfähigen Alter sind nach der Wende aus Magdeburg weggegangen. Nach Angaben des Statistischen Landesamtes Sachsen-Anhalt beträgt die aktuelle Erwerbslosenquote etwas über 20 Prozent. Ein Blick auf den Arbeitsmarkt zeigt aber, dass nur rund sieben Prozent der Erwerbstätigen in Sachsen-Anhalt einen Hochschul- beziehungsweise Fachhochschulabschluss haben. Da die Möglichkeiten auf dem Arbeitsmarkt für Hochschul-Absolventen vergleichsweise unattraktiv sind, verlassen viele junge Akademiker nach ihrem Studienabschluss das Bundesland.

Die anwendungsorientierten Ziele des Forschungsvorhabens wurden durch eine Literaturanalyse zum Thema Rückwanderung und durch empirische Erhebungen begleitet. Es erfolgte eine standardisierte Befragung von Menschen, die in den Jahren 2003 und 2004 nach Magdeburg gewandert sind. Unter diesen Zuwanderern wurden die Rückwanderer, also Personen, die früher schon einmal in Magdeburg gelebt haben, identifiziert. Wesentliches Ziel der empirischen Untersuchungen war, die Migrationsmotive dieser Menschen fundiert zu analysieren. Der Schwerpunkt des vorliegenden Beitrags liegt auf der Darstellung der Ergebnisse dieser Erhebungen.

2. Rückwanderung im historischen und internationalen Kontext betrachtet

Im internationalen Vergleich lässt sich feststellen, dass die Förderung von Rückwanderung in einigen Ländern bereits eine längere Tradition besitzt. So gibt es in Finnland und Irland schon seit längerem gezielte Programme für Abgewanderte, die eine Rückkehr attraktiver machen sollen (vgl. Zukunftschancen 2004). Ähnliche Konzepte bestehen in Schwellenländern wie Mexiko, China oder Indien (vgl. Hunger 2003).

In der existierenden Literatur zur Rückwanderung können vier große Problemfelder unterschieden werden: koloniale Remigration, politisch-nationalistisch bedingte

Remigration, Integration der Remigranten im Heimatland sowie Kapitalrückführung. Ein neben der dauerhaften Rückwanderung sehr interessantes Phänomen, das sich derzeit unter anderem in den osteuropäischen Ländern abzeichnet, ist die Pendelmigration. So lässt sich am Beispiel Polens und Litauens feststellen, dass in der Mehrzahl der Familien mindestens eine Person existiert, die im Ausland arbeitet. Der Kontakt zur Heimat ist jedoch sehr eng und wird ständig aufrechterhalten. Diese Arbeitsmigranten pendeln zwischen globalisierten Arbeitsanforderungen und den heimatlichen Traditionen hin und her. Einige von ihnen sind zwar unterhalb ihrer Qualifikation beschäftigt, verdienen jedoch mehr als im Heimatland. Andere wollen ihre Erfahrungen, die sie im Ausland sammeln, später in der Heimat einsetzen. Viele junge Leute gehen beispielsweise zu Ausbildungszwecken ins Ausland, kehren aber dann zurück, um für ausländische Unternehmen in ihrem Heimatland zu arbeiten (vgl. Haug 2005).

Strategien zur Förderung von Rück- oder Zuwanderung können auf diesen Erkenntnissen aufbauen. Es wird deutlich, wie bedeutsam die heimatlichen Bindungen und Besonderheiten beziehungsweise Traditionen insbesondere dann sind, wenn Menschen ins Ausland wandern. Hieraus lässt sich ableiten, dass die Heimatorte einiges dazu beitragen können, den Kontakt zu den Abwanderern aufrecht zu erhalten und somit die Chancen auf Rückkehr zu erhöhen.

Neben Faktoren wie Arbeitsplatzangebot, funktionierende Infrastrukturen und attraktives Lebensumfeld spielen soziale Netzwerke eine entscheidende Rolle beim Migrationsentschluss. „Das zentrale Argument ökonomischer Ansätze, Wanderungen erfolgten lohngerichtet und seien somit letztlich auf ein individuelles Kosten-Nutzer-Kalkül zurückzuführen, findet durch empirische Untersuchungen nur bedingt Bestätigung" (vgl. Steiner 2004, 43). So ist die Wanderungswahrscheinlichkeit wesentlich höher, wenn in der potenziellen Rück- oder Zuwanderungsregion noch Familie, Freundschaften oder auch professionelle Kontakte vorhanden sind.

Es ist wenig wahrscheinlich, dass es sich bei (potenziellen) Rückwanderern in der Hauptsache um in ihren Hoffnungen enttäuschte oder gescheiterte Abgewanderte handelt. Vielmehr kommen viele verschiedene Typen von Rückkehrenden in Betracht; die meisten von ihnen bringen ein einträgliches gesellschaftliches oder wirtschaftliches Potenzial für ihre Heimatregion mit. Bei Betrachtung der Motive für Migration zeigt sich, dass in der Literatur mit Blick auf „freiwillige" Wanderungen, also auf Wanderungen, die nicht aus Gründen von Flucht oder Vertreibung erfolgen, berufliche Gründe am stärksten hervorgehoben wird. Dies reflektiert zum einen sicherlich das Hauptwanderungsmotiv ‚Arbeitsmigration'. Zum anderen mag dies aber auch seinen Ursprung darin haben, dass „weiche" Einflussfaktoren bislang nur wenig Beachtung in den Untersuchungen fanden: Die ökonomische beziehungsweise volkswirtschaftliche Sichtweise stand im Vordergrund, mögliche Push- und Pull-Faktoren wurden zumeist mit der Forderung nach optimalen Infrastruktur-, Arbeits- und Einkommensbedingungen hinterlegt. Auf die Frage, welche Bedeutung Familie und soziale Netzwerke für die Entscheidung haben, wurde bislang kaum eingegangen.

In diesem Zusammenhang sind besonders internationale Netzwerke zur Pflege der sozialen und geschäftlichen Kontakte von Exilanten mit ihrer Heimatregion sowie die Rolle von internationalen Vermittlungsagenturen für Hochqualifizierte hervorzuheben. In Ländern wie den USA, Australien und der Schweiz, die bereits eine längere Tradition in der Anwerbung von hoch qualifizierten Arbeitskräften haben, wurde zum Teil erkannt, dass die Zufriedenheit der Familie mit der Wanderungsentscheidung und dem neuen Wohnort sehr wichtig ist. Insgesamt wird die Bedeutung privater Motive inzwischen als sehr hoch eingeschätzt, die darauf abzielenden Strategien und Wirkungen jedoch kaum systematisch untersucht. Einzelne Studien zeigen allerdings, dass gerade kleine und mittlere Unternehmen die Expertise und die Unterstützung von Personalvermittlungsagenturen bei der Rekrutierung von Hochqualifizierten nutzen (vgl. Pethe 2004).

Mögliche Rückkehr-Typen

Der Anteil der von West nach Ost wandernden Männer ist höher als der von Frauen. Viele der Rückkehrenden befinden sich in der Phase der Familiengründung beziehungsweise migrieren mit Kindern (vgl. Beck 2004). Es kann davon ausgegangen werden, dass Wanderungsmotive eng mit Lebensphasen verknüpft sind. Eine große Gruppe von Rückwanderern, die vor allem aus Gründen der Verbundenheit mit ihrer Heimat zurückkehren, sind ältere Menschen – nach Abschluss des Berufslebens oder nach dem Tod des Lebenspartners. Diese Gruppe stellt eine nicht zu unterschätzende Triebkraft bei der wirtschaftlichen und gesellschaftlichen Belebung der Heimatregion dar: Zum einen haben diese Menschen ein großes Interesse daran, sich aktiv in die Gesellschaft einzubringen, zum anderen haben sie besondere Bedürfnisse und fragen spezifische Dienstleistungen nach. Darüber hinaus zeigt sich eine große Bereitschaft, nach dem Berufsleben noch einmal einer anderen Tätigkeit nachzugehen und sich beispielsweise eine betriebliche Existenz aufzubauen. In der Literatur lassen sich die nachfolgend aufgeführten Rückkehr-Typen herauslesen (vgl. z.B. Dienel et al. 2005).

- *„Erfolgreich abgewanderte Rückwanderer"*: Existenz- oder Unternehmensgründer, die nach einer erfolgreich verlaufenden beruflichen Tätigkeitsphase ihre Erfahrungen, ihr Wissen und/ oder ihr Kapital in ihrer Heimatregion einbringen wollen.
  Nach Cerase (1967) ist dies der Typus der „konservativen Rückwanderer", die zwar einen zufrieden stellenden Arbeitsplatz gefunden haben, aber große Teile ihres Verdienstes sparen, um in der Heimat ein Stück

Land zu kaufen oder ein eigenes Geschäft zu eröffnen. Zusammengefasst nach Beck (2004) sind dies Rückkehrer, die ihre selbst gesteckten Ziele und die gewünschten sozioökonomischen Veränderungen erreicht haben, wie beispielsweise die Erwirtschaftung der finanziellen Mittel für den Erwerb von Eigentum oder für den Aufbau einer neuen beruflichen Existenz in der „alten" Heimat.

- *„Rückkehrer der nächsten Generation"*: zum Studium in die Ursprungsregion zurückkehrende Kinder von abgewanderten Eltern .

  Das Beispiel Portugal zeigt, dass gerade die Anwerbung der Kinder von Abwanderern durch erleichterten Zugang zum Studium Erfolg versprechend sein kann. Für Ostdeutschland interessant sind insbesondere die Kinder von Personen, die in den 1990er Jahren nach Westdeutschland abgewandert sind.

- *„Studiumsrückkehrer"/ „Ausbildungsrückkehrer"*: nach Abschluss des Studiums zurückkehrende Absolventen beziehungsweise nach Abschluss der Ausbildung zurückkehrende Facharbeiter.

  Zielregionen bei der Bildungsmigration und beim Eintritt in den Arbeitsmarkt in der Altersgruppe der 18 - 30-Jährigen sind zumeist Kernstädte (vgl. Mai 2005). In der Phase der Haushalts- und Familiengründung findet oftmals eine regionale Wanderung ins Umland statt.

- *„Beziehungsrückkehrer"*: dem Partner folgende oder den Partner begleitende Person (mit oder ohne eigene Berufsambition).

  Wie in den Studien zu internationalen Personalvermittlungsagenturen deutlich wurde, spielen die Ehe- oder Lebenspartner eine tragende Rolle bei der Wanderungsentscheidung. Entsprechend gilt es, auch ihnen Angebote zu machen und für sie die Rahmenbedingungen attraktiv zu gestalten.

- *„Familienrückkehrer"*: Personen, die zur Pflege ihrer Eltern oder anderer Verwandter in ihre Heimat zurückkehren, Eltern, die im Alter hinter ihren Kindern herziehen, oder Personen, die nach Verwitwung zu Verwandten zurückkehren.

  Für ostdeutsche Städte wie Görlitz findet sich die Tendenz bestätigt, dass vielfach Eltern den Wunsch hegen, ihren abgewanderten Kindern im Alter zu folgen (vgl. Merkel 2004). Der Pflegeaspekt älterer Angehöriger ist in Bezug auf Familienfreundlichkeit ebenso zu bedenken wie die Versorgung von Kindern.

- *„Traditionsrückkehrer"*: Erben, die alten Familienbesitz wieder beleben.

  Es zeigt sich in den wenigen existierenden Befragungen, dass der Erwerb und auch das Erbe von Grundeigentum ein starkes Motiv ist, zu bleiben oder in eine Region (zurück) zu kommen (vgl. von Reichert 2002, Newbold et al. 2001, Shumway et al. 1996). Dies trifft insbesondere auf die Gruppe älterer Menschen zu (vgl. Born et al. 2004).

- *„Senioren-Rückkehrer"*, die nach Abschluss ihrer Berufslaufbahn wieder zu ihren Wurzeln in die Heimat zurückkehren.

Sowohl Beck (2004) als auch Born u. a. (2004) identifizieren diesen Typus, der insofern ein besonderes Potenzial birgt, als dass er genügend Zeit wie auch zumeist Kapital mit sich bringt, um zum einen zu konsumieren und die Nachfrage nach Wohnraum und Dienstleistungen stabil zu halten und zum anderen aktiv in der Gesellschaft tätig zu werden oder eine nachberufliche Existenz aufzubauen. Insgesamt weisen ältere Menschen jedoch eine geringere Wanderungshäufigkeit auf. Verstärkt findet in dieser Gruppe auch eine Wanderung in ländliche Räume statt.

- *„Eigenheim-Pendler"*, die in einem Wachstumszentrum arbeiten und in ihrer Heimat leben.

Dieser Typus findet sich vielfach in den osteuropäischen Staaten, wo Familienmitglieder häufig in prosperierenden Regionen arbeiten und regelmäßig zwischen Heimat und Arbeitsmarkt pendeln.

- *„Emotionale Rückkehrer"* mit Heimweh nach ihrer Herkunftsregion.

Die Ergebnisse verschiedener Studien deuten darauf hin, dass die emotionalen Rückkehrgründe (familiäre Gründe, vertraute Umgebung, Heimweh u.ä.) gegenüber ökonomischen Motiven dominieren (vgl. Brecht 1995; Blechner 1998; Hannken 2004).

- *„Gescheiterte Abwanderer"*, die nach Arbeitsplatzverlust wieder zurückkommen.

Neben dem beruflichen „Scheitern" spielt auch die mangelnde persönliche Integration am Zielort eine wichtige Rolle. Dies gilt es zu differenzieren, wenn im Zuge der Rückwanderung nach neuen Anknüpfungspunkten gesucht werden soll.

3. Quantitative und qualitative Befunde zur Re- Migration in ostdeutsche Städte

Zur Datenerhebung wurde im Frühjahr 2006 eine standardisierte telefonische Befragung von Zuwanderern und Rückkehrern nach Magdeburg durchgeführt. In einer Vollerhebung wurden alle Personen kontaktiert, die in den Jahren 2003 und 2004 aus einem anderen Bundesland nach Magdeburg zugezogen waren. Die Grundgesamtheit bestand demnach aus 3416 Personen (Einwohner-Meldeamt 2003 und 2004). Da es sich als schwierig herausstellte, auf Grundlage der Daten des Einwohnermeldeamtes die Telefonnummern aller Personen zu ermitteln, wurde die Telefonbefragung durch eine schriftliche Befragung ergänzt. Auf diese Weise konnten insgesamt 444 Interviews realisiert werden. Von diesen Personen haben 133 schon früher einmal in Magdeburg gelebt, sind also Rückwanderer . Die anderen 311 werden im Folgenden als Zuwanderer bezeichnet.

Die meisten Fragen des Interviewleitfadens sahen vorgegebene Antwortmöglichkeiten vor, einige waren jedoch auch offen formuliert. Mit 35 Rückwanderern, die sich dazu bereit erklärten, wurden zusätzlich qualitativ vertiefende, biografische Interviews geführt. Bei fünf von ihnen stellte sich während der Interviews heraus, dass es sich nicht um Rückkehrende im eigentlichen Sinn handelt, so dass diesem Beitrag die Auswertung von 30 Intensivbefragungen zugrunde liegt.

3.1 Ergebnisse der quantitativen Erhebung zur Zu- und Rückwanderung nach Magdeburg

Da es nicht darum gehen kann, alleine Rückwanderung zu fördern und die Zuwanderung dabei zu vernachlässigen, wurden im Rahmen der Auswertung der quantitativen Erhebung sowohl Rück- als auch Zuwanderer berücksichtigt und gegenübergestellt. Bezogen auf ganz Sachsen-Anhalt teilt sich die Gruppe der Zugezogenen auf etwa 50 Prozent Zu- und 50 Prozent Rückwanderer auf (empirica 2006, 27). Im Verhältnis zur Bestandsbevölkerung finden Zuzüge jedoch überproportional in Kern- und Großstädte (mit mehr als 50.000 Einwohnern) statt. Eine entsprechend geringere Zuwanderung haben ländliche Räume zu verzeichnen (vgl. empirica 2006, 16).

Der letzte Wohnort der befragten Rück- und Zuwanderer liegt zum überwiegenden Teil in den alten Bundesländern. Bei den Rückwanderern sind es über 70 Prozent, nur rund ein Viertel kommt aus den neuen Bundesländern zurück nach Magdeburg und fünf Prozent aus dem Ausland. Bei den Zuwanderern liegt der Anteil aus den alten Bundesländern bei 52 Prozent, gut 40 Prozent ziehen aus den neuen Bundesländern nach Magdeburg zu, sechs Prozent kommen aus dem Ausland. Bei den Rückkehrenden wird deutlich, dass viele im Laufe ihres Lebens in die alten Bundesländer abgewandert sind, sich jedoch entschieden haben, wieder nach Magdeburg zurückzukehren.

Die Altersstruktur der Rückwanderung zeigt zwei interessante Schwerpunkte (vgl. Abb. 1): Die größte Gruppe der Rückkehrenden ist zwischen 25 und 29 Jahren alt. Daneben gibt es eine relativ große Gruppe so genannter „Altersrückwanderer", die über 60 Jahre alt sind. In den Jahrgangsgruppen 25 bis 39 Jahre wandern im Vergleich mehr Frauen in ihre alte Heimat; bei den älteren Jahrgängen sind es deutlich mehr Männer.

Abbildung 1:   Altersstruktur der Rückwanderer

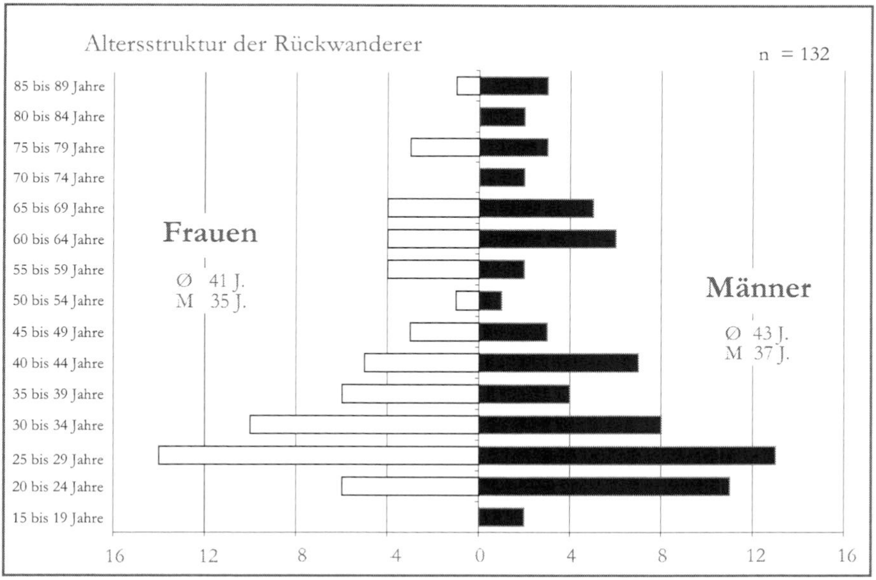

Quelle: eigene Erhebung

Die Altersstruktur bei der Zuwanderung (vgl. Abb. 2) unterscheidet sich deutlich von der Rückwanderung. Es gibt hier einen klaren Schwerpunkt bei den Altersgruppen zwischen 20 und 29 Jahren. Eine Zuwanderung von Personen über 40 Jahren findet nur in geringem Maße statt.

Abbildung 2:   Altersstruktur der Zuwanderer

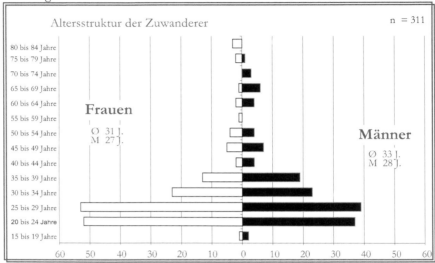

Quelle: eigene Erhebung

Zuwanderer sind im Verhältnis jünger als Rückwanderer: das Durchschnittsalter liegt bei den Zuwanderern bei 31 beziehungsweise 33 Jahren (Frauen / Männer), bei den Rückwanderern liegt es jeweils um zehn Jahre höher. Unter den Rückkehrenden gibt es in der jüngsten Altersgruppe mehr Männer als Frauen (20 bis 24 Jahre), bei den Zuwanderern dagegen mehr Frauen als Männer. Fast zwei Drittel der weiblichen Zuwanderer sind jünger als 30 Jahre. Unter den männlichen Zuwanderern ist die Gruppe der erwerbsfähigen Personen im Alter von 30-49 Jahren am stärksten besetzt. Dieser Gruppe sind auch die meisten männlichen und weiblichen Rückwanderer zuzuordnen, so dass Magdeburg einen Zustrom von Arbeitskräften erfährt.

Beim Vergleich der Berufsgruppen unter den Zu- und Rückwanderern zeigt sich, dass die Gruppe der Erwerbstätigen, insbesondere bei den Rückwanderern, in der Gruppenstärke abnimmt. Dies ist in erster Linie auf die Altersrückwanderung nach Abschluss der Berufslaufbahn zurückzuführen: die Gruppe der Rentner wächst bei den Rückwanderern sehr stark an (von 7 auf 23,5 %). Außerdem wird deutlich, dass die Studierenden bei den Zuwanderern eine klare Mehrheit darstellen (43 %). Es sind aber nicht ausschließlich Schüler, die von der Schule zum Studium wechseln, sondern auch eine Reihe von zuvor Berufstätigen. Bei den Rückwanderern ist nach ihrem Umzug nach Magdeburg außerdem eine vergleichsweise höhere Arbeitslosigkeit zu verzeichnen: Sie steigt von fünf Prozent vor der Rückwanderung

322

auf 17 Prozent danach. Zusammengefasst lässt sich sagen: Von den Rückwanderern sind 40 Prozent nicht erwerbstätig, dazu kommen 13,6 Prozent Schüler und Studierende, denen die Erwerbstätigkeit noch bevorsteht. Die Zuwanderer sind nur zu 19 Prozent nicht erwerbstätig, dazu kommen 44 Prozent Schüler und Studierende. Dies lässt sich leicht daraus erklären, dass Zuwanderung in erster Linie berufs- oder studienbedingt erfolgt, da andere Wanderungsmotive (Familie, Freunde) wegfallen.

Für den Vergleich der Zufriedenheit mit ihrer Arbeitssituation vor und nach dem Umzug wurden die Migranten um eine Selbsteinschätzung gebeten: „Ist der Wechsel nach Magdeburg für Sie mit einem Aufstieg verbunden oder eher mit einer Einschränkung ihrer beruflichen Situation?" Vor dem Zuzug waren die Rückwanderinnen am zufriedensten von allen mit ihrem Arbeitsplatz (86,5 %). Sie waren auch vergleichsweise häufig in Führungspositionen beschäftigt. Nach der Rückkehr nimmt die Zufriedenheit deutlich ab. Männliche Zuwanderer sind hingegen häufiger unzufrieden als vor dem Zuzug. Männliche Rückwanderer sind insgesamt mit ihrer gegenwärtigen Situation – im Vergleich zu den anderen Gruppen – am unzufriedensten (21 %).

Zusammenfassend kann zur Situation der Erwerbsarbeit vor und nach dem Umzug nach Magdeburg festgestellt werden, dass Zuwanderer „Vorteile" mit ihrer neuen Arbeit erzielen beziehungsweise ihre Situation verbessern konnten. Sie sind zufriedener mit ihrer Arbeitsstelle und ihrem Gehalt, und zumindest die Männer sind auch häufiger entsprechend ihrer Qualifikation beschäftigt. Rückkehrende Frauen sind sehr viel öfter unter Qualifikation beschäftigt als vor dem Zuzug und damit insgesamt am stärksten von einer beruflichen Abstufung in Zusammenhang mit dem Umzug betroffen. Betrachtet man die Abnahme der Zufriedenheit in Bezug auf die Arbeitssituation und das Gehalt, belegt dies die These, dass vor allem junge qualifizierte Frauen wegen fehlender Stellen und schlechter Bezahlung für entsprechend qualifizierte Arbeit abwandern. Überaschend ist, dass die weiblichen Rückkehrenden zufriedener als die männlichen bezüglich ihrer Arbeit und am zufriedensten von allen bezüglich ihres Gehalts sind - sind sie doch relativ häufig unterhalb ihrer Qualifikation beschäftigt. Als Schlussfolgerung steht fest: Männliche Zuwanderer sind die „Gewinner" beim Vergleich der Zufriedenheit mit Job und Gehalt und den tatsächlich erzielten Einkommen. Männliche Rückwanderer sind dagegen die Verlierer, was die Zufriedenheit mit der Arbeitssituation generell, dem Gehalt und der ihrer Beschäftigung gemäßen Qualifikation angeht. Vermutlich machen sie deshalb ihren Verbleib in Magdeburg am stärksten von den Jobchancen für sich selbst abhängig. Sie erzielen aber dennoch deutlich höhere Einkommen als die weiblichen Zu- und Rückkehrenden. Weibliche Rückkehrende sind die „heimlichen Verlierer". Sie beurteilen zwar ihre Situation nach dem Zuzug insgesamt positiver als die Vergleichsgruppen, erfahren aber gleichzeitig eine deutliche Verschlechterung bei Job- und Gehaltszufriedenheit und sind außerdem seltener ihrer Qualifikation gemäß beschäftigt.

Einen wesentlichen Schwerpunkt der Befragung stellten die Rückwanderungsmotive dar. Zu Beginn des Forschungsprojekts wurde – gestützt auf die Ergebnisse der Studie „Zukunftschancen junger Frauen und Familien in Sachsen Anhalt" (2004) – die These aufgestellt, dass private Motive für die Rückkehr eine zentrale Rolle spielen. Die Ergebnisse belegen die These eindeutig: Private Gründe spielen für 60 Prozent der Rückwanderer eine wichtige Rolle, während ausschließlich berufliche Gründe nur in 30 Prozent der Fälle genannt werden.

Mit Blick auf die einzelnen Beweggründe (vgl. Abb. 3), die für eine Rückkehr ausschlaggebend waren, liegen das fehlende Heimatgefühl und die fehlende Familie an erster Stelle. Bei den beruflichen Motiven stellt sich heraus, dass die meisten an ihrem vorigen Wohnort zwar eine Arbeitsstelle hatten, dann aber eine Arbeit in Magdeburg finden konnten und aus diesem Grund wieder zurückgezogen sind („Job außerhalb"). Eine weitere Gruppe war insgesamt unzufrieden mit der Situation an ihrem vorigen Arbeitsplatz, weshalb die Betroffenen dann den Wohnort wechselten („Arbeitsplatzsituation außerhalb"). Darüber hinaus kommen auch viele junge Menschen zurück, nachdem sie ihre Ausbildung beziehungsweise ihr Studium an einem anderen Ort absolviert haben („Studium/Ausbildung außerhalb").

Da private Gründe bei der Auswertung überwiegen, wird hier noch einmal der Einfluss der beiden großen Gruppen der Nichtberufstätigen (Rentner und Studierende) gesondert berücksichtigt. In diesem Zusammenhang stellt sich die Frage, ob bei Personen im erwerbsfähigen Alter private oder berufliche Gründe überwiegen. Erwartungsgemäß dominieren bei den Rentnern private Gründe (82 %). Dies trifft aber auch bei den über 50-Jährigen (59 %) und den 30- bis 49-Jährigen (55 %) zu, das heißt, die hohe Bedeutung privater Gründe wird bestätigt. Bei den jüngeren Altersgruppen dominieren eher berufliche Gründe. Dabei ist einschränkend zu sagen, dass die Aufnahme eines Studiums von den Antwortenden sowohl als privater als auch beruflicher Grund bezeichnet wurde.

Abbildung 3: Motive für die Rückwanderung (Mehrfachnennungen möglich)

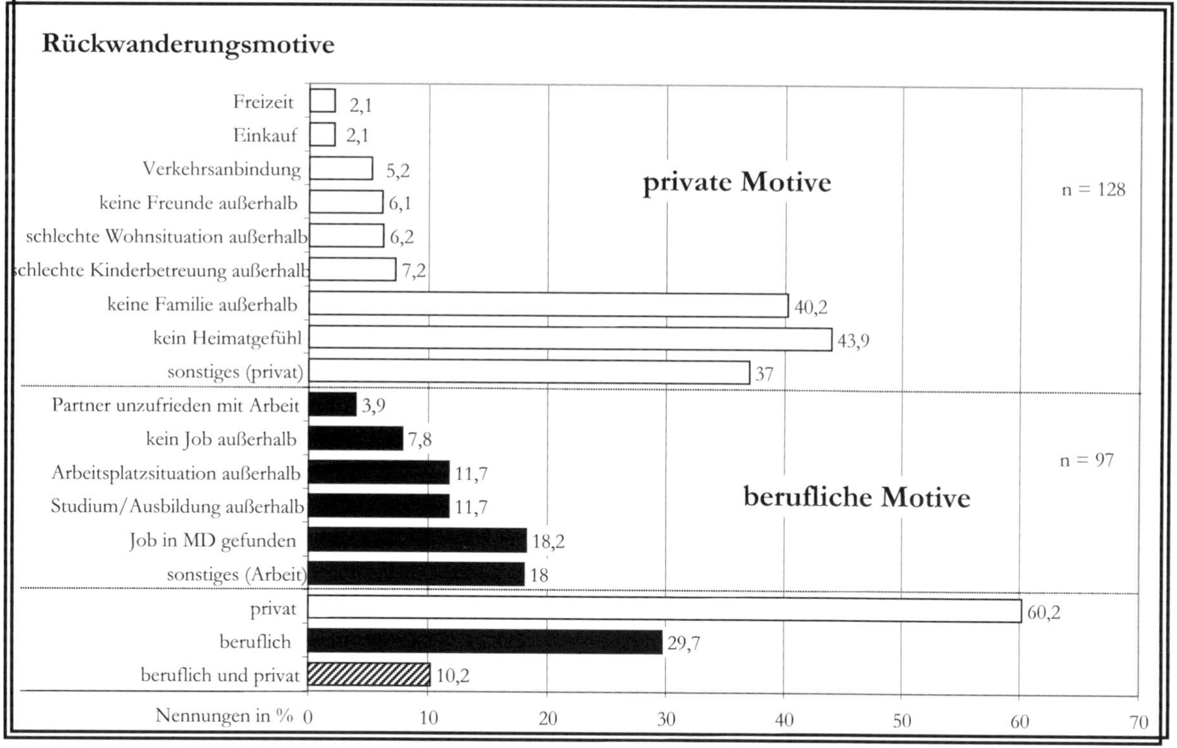

Rückwanderungsmotive

private Motive

n = 128

Motiv	%
Freizeit	2,1
Einkauf	2,1
Verkehrsanbindung	5,2
keine Freunde außerhalb	6,1
schlechte Wohnsituation außerhalb	6,2
schlechte Kinderbetreuung außerhalb	7,2
keine Familie außerhalb	40,2
kein Heimatgefühl	43,9
sonstiges (privat)	37

berufliche Motive

n = 97

Motiv	%
Partner unzufrieden mit Arbeit	3,9
kein Job außerhalb	7,8
Arbeitsplatzsituation außerhalb	11,7
Studium/Ausbildung außerhalb	11,7
Job in MD gefunden	18,2
sonstiges (Arbeit)	18
privat	60,2
beruflich	29,7
beruflich und privat	10,2

Nennungen in % 0 10 20 30 40 50 60 70

Quelle: eigene Erhebung

325

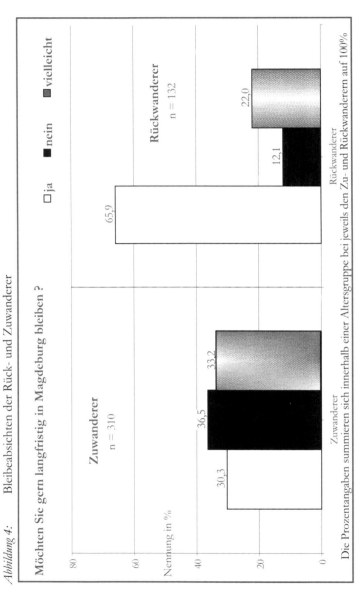

Abbildung 4: Bleibeabsichten der Rück- und Zuwanderer

Möchten Sie gern langfristig in Magdeburg bleiben ?

Nennung in %

□ ja ■ nein ■ vielleicht

Zuwanderer
n = 310

Rückwanderer
n = 132

30,3
36,5
33,2

65,9
12,1
22,0

Die Prozentangaben summieren sich innerhalb einer Altersgruppe bei jeweils den Zu- und Rückwanderern auf 100%

Quelle: eigene Erhebung

Bezüglich ihrer Perspektiven langfristig zu bleiben, zeigt sich bei Zuwanderern zum Befragungszeitpunkt ein heterogenes Bild (vgl. Abb. 4): Über ein Drittel strebt nach einem erneuten Wohnortswechsel, ein Drittel ist sich noch nicht sicher und knapp ein Drittel hat Magdeburg als neue Heimat gewählt. Dagegen sind die Rückkehrenden überwiegend (66 %) entschlossen zu bleiben – männliche Rückwanderer (71 %) noch mehr als die Frauen (61 %).

Die Entscheidung zu bleiben hängt in erster Linie von den Arbeitsperspektiven ab (über 70 %, vgl. Abb. 5). Nicht zu unterschätzen sind hier auch die Jobchancen des Partners, insbesondere bei den Zuwanderern. Bei diesen folgt auf dem dritten Platz der Prioritätenliste die künftige Entwicklung der Stadt Magdeburg. Hier zeigt sich, dass die Attraktivität einer Stadt – vor allem für Zuwanderung – nicht allein von Arbeitsplätzen abhängig ist, sondern beispielsweise auch Freizeitmöglichkeiten, Kinderbetreuungs- und Bildungsmöglichkeiten eine wichtige Rolle spielen. Für die Rückkehrenden steht an Platz zwei die Zufriedenheit der Familie mit dem Leben in der Stadt Magdeburg, dies gilt vor allem für die Frauen. Männlichen Rückwanderern ist dagegen die künftige Entwicklung der Stadt wichtiger.

Der Bleibewunsch variiert auch nach dem Alter der Migranten. Während die Zuwanderer der jüngeren Altersgruppen relativ entschlossen sind, dass sie nicht langfristig in Magdeburg bleiben wollen, ergibt sich bei der Altersgruppe der 30 bis 49-Jährigen ein noch eher unentschlossenes Bild. Ab einem Alter von 50 Jahren sind sowohl Zuwanderer als auch Rückkehrende zum Bleiben entschlossen. Bei den Rückkehrenden ist schon in den jüngeren Altersgruppen die Mehrheit entschlossen, ihren Lebensmittelpunkt in der Stadt zu belassen – lediglich bei der jüngsten Gruppe überwiegt noch die Unsicherheit.

Abbildung 5: Faktoren, die die Realisierung von Bleibewünschen beeinflussen

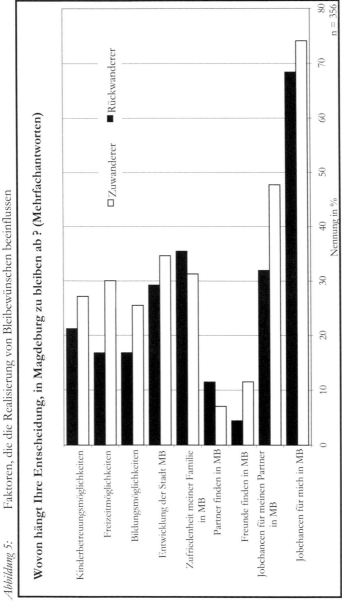

Wovon hängt Ihre Entscheidung, in Magdeburg zu bleiben ab ? (Mehrfachantworten)

Quelle: eigene Erhebung

3.2 Schlussfolgerungen aus der Auswertung der biografischen Interviews

Die Analyse der biografischen Interviews dient dazu, einen Einblick in die Struktur der West-Ost-Wanderung zu erhalten und sich so zum Beispiel der Frage zu nähern, ob bestimmte Motive die Rückwanderung dominieren.

Viele der in Kapitel 2 aufgeführten Rückkehrtypen sind unter den 30 intensiv befragten Rückkehrern vertreten. Meist führt die Unzufriedenheit mit der Arbeit oder der Lebenssituation am vorherigen Wohnort in Kombination mit starken sozialen Bindungen an Menschen im Heimatort zum Rückkehrwunsch. Bei den Rückkehrenden handelt es sich in der Mehrzahl um überdurchschnittlich gebildete, engagierte und aktive Personen, die in der Lage sind, ihr Leben zu gestalten und die sich in ihrem Lebensumfeld, sei es auf privater, sei es auf beruflicher Ebene, einbringen. Man kann feststellen, dass die Rückkehrenden nicht nur räumlich flexibel sind, sondern sich auch im Berufsleben offen für Veränderungen zeigen und dass es ihnen dadurch auch gelingt, immer wieder Fuß zu fassen. Die Rückkehrenden, insb. die älteren unter ihnen, sind zum Beispiel bereit, auch Tätigkeiten auszuüben, die nicht ihrer eigentlichen Qualifikation entsprechen bzw. sie bilden sich fort und lassen sich umschulen. Teilweise nehmen sie diese beruflichen Veränderungen speziell aus dem Grund in Kauf, dass ihnen diese Flexibilität die Rückkehr ermöglicht. Ebenso eindeutig zeigt sich, dass in den allermeisten Fällen soziale oder berufliche Netzwerke zur Rückkehr entscheidend beigetragen haben, oft sogar beides. Die Abwanderung dagegen erfolgte nur selten anhand sozialer Netzwerke: wenn private Gründe der Auslöser für den Wegzug gewesen waren, handelt es sich in der Regel um Abwander/innen, die ihrem Partner/ihrer Partnerin hinterher gezogen sind. Am neuen Wohnort fällt es den meisten schwer, sich neue Freundschafts- und Bekannten-Netzwerke aufzubauen, die denen in ihrer alten Heimat vergleichbar sind. Nach der Rückkehr werden diese Kontakte vereinzelt noch aufrechterhalten aber nicht im gleichen Maß gepflegt wie die Kontakte in die Heimat während der Zeit der Abwesenheit.

4 Ausblick: Mögliche Maßnahmen zur Rückkehrförderung

Die Ergebnisse aus den empirischen Untersuchungen lassen die Schlussfolgerung zu, dass nicht Arbeit und Einkommen allein ausschlaggebend für eine Wanderungsentscheidung sind. Allerdings macht die Studie auch deutlich, dass eine Perspektive hinsichtlich beruflicher oder persönlicher Entfaltungsmöglichkeiten vorhanden sein muss, damit Abgewanderte eine (Rück-) Wanderung in Erwägung ziehen. Gerade in Bezug auf Familienfreundlichkeit von Kommunen und Betrieben, (Weiter-) Bildungsmöglichkeiten – auch für die eigenen Kinder – und Mitwirkungsangebote im Bereich des gesellschaftlichen Engagements werden Potenziale gesehen, welche die

Bindung zu einer Region stärken und ihre Attraktivität erhöhen können. Hieraus wiederum können tragfähige und dauerhafte soziale Netzwerke entstehen, die zum einen Haltefaktoren für die Bevölkerung vor Ort darstellen und zum anderen nach außen hin, also beispielsweise auf Abgewanderte, eine starke Anziehungskraft ausüben können.

Viele Rückwanderer setzen sich bei ihrer Rückkehr Gewinn bringend für die Region ein. Vor dem Hintergrund der jeweiligen Motivlage, der Erfahrungen, des Wissens und des Kapitals sollten deshalb spezifische Strategien zur Unterstützung bei der Rückkehr angeboten werden.

Eine wirkungsvolle Maßnahme zur Gewinnung von hoch qualifizierten Arbeitskräften ist, Studierenden attraktive Studien- und Lebensbedingungen zu bieten. In diesem Zusammenhang kommt der gezielten Entwicklung von Angeboten für Frauen und insbesondere für Mütter eine besondere Bedeutung zu. Damit Studierende nach Abschluss ihrer Hoch- oder Fachhochschulausbildung nicht wieder abwandern, bedarf es entsprechender Angebote auf dem Arbeitsmarkt.

Als wichtigste Maßnahme zur Förderung von Rückwanderung wird der Aufbau einer Netzwerkagentur zur Aufrechterhaltung und zum Aufbau sozialer und geschäftlicher Kontakte vorgeschlagen. Ziel ist es, die persönlichen Beziehungen der Abgewanderten mit ihrer Heimatregion und den Menschen dort zu pflegen. Es geht darum, potenziellen Rückkehrern Hilfestellungen bei ihrer Entscheidungsfindung zu geben. Ein erwiesenermaßen bewährtes Mittel dazu ist der Aufbau und die Pflege einer Internetplattform[2]. Eine große Bedeutung für die erfolgreiche Vermittlung von Rückkehrangeboten hat auch die Zusammenarbeit der Kontaktagentur mit den örtlichen Arbeitsagenturen oder Jobcentern. Hier fehlt es noch häufig an Bewusstsein über die Bedeutung einer gezielt regionalen Stellenvermittlung. Mit Blick auf die Zu- oder Rückwanderung von Arbeitskräften spielen nicht nur Netzwerke und die professionelle Unterstützung bei der Wanderung eine wichtige Rolle. Von großer Bedeutung sind auch attraktive Rahmenbedingungen für Arbeitskräfte, Unternehmen und Selbständige. So kann ein geringer Verwaltungsaufwand unter Umständen zum Standortfaktor für die (Wieder-) Ansiedlung eines Unternehmens oder für eine Existenzgründung werden.

Wichtige Kernelemente, die eine Region für (Rück-) Wanderung attraktiv machen, sind neben entsprechend qualifizierten Erwerbsmöglichkeiten auch ein attraktives und familienfreundliches Lebensumfeld, geeignete Bildungsangebote für unterschiedliche Zielgruppen sowie Kultur- und Freizeitmöglichkeiten. Das Potenzial, das sich aus dem sozialen beziehungsweise ehrenamtlichen Engagement ergibt, wird vielfach noch zu wenig gezielt eingesetzt oder bricht sich an bürokratischen Hür-

---

2 Als Beispiel siehe www.kontakt-ostdeutschland.de. Diese Seite wurde im Rahmen des Forschungsprojekts eingerichtet und soll abgewanderten Magdeburgern Perspektiven zur Rückwanderung aufzeigen.

den. Letztlich sind Integration, Mobilität, Identität und auch Wohnqualität Kernmotive bei der persönlichen Standortwahl.

Zusammengefasst werden Offenheit und Durchlässigkeit also immer mehr zu Schlüsselbegriffen für einen erfolgreichen wirtschaftlichen und sozialen Strukturwandel. So wird die Attraktivität ostdeutscher Städte und Gesellschaften auch davon abhängen, wie offen sie Neuem entgegen treten, wie schnell und flexibel sie auf neue Entwicklungen reagieren und ob sie in der Lage sind, ihre ordnungspolitischen, sozioökonomischen, politischen und institutionellen Rahmenbedingungen anzupassen. Nur so lässt sich eine gesellschaftliche und wirtschaftliche (Wieder-) Belebung durch Rück- und Zuwanderung realisieren.

5 Literatur

Beck, Grit (2004): „Wandern gegen den Strom: West-Ost-Migration in Deutschland". In: Frank Swiaczny und Sonja Haug (Hrsg.): Bevölkerungsgeographische Forschung zur Migration und Integration. Materialien zur Bevölkerungswissenschaft, Heft 112. Wiesbaden

Blechner, Gerda (1998): „Altwerden in der Heimat und in Deutschland. Zurückgekehrte und hiergebliebene alte, italienische Migranten – aus drei Regionen – im Vergleich". Frankfurt am Main.

Born, Karl Martin/ Goltz, Elke/ Saupe, Gabriele (2004): „Wanderungsmotive zugewanderter älterer Menschen". In: Raumforschung und Raumordnung Heft 2/2004, 62. Jahrgang. S. 109-120.

Brecht, Beatrix (1995): „Analyse der Rückkehr von Gastarbeitern". Akademische Abhandlungen zu den Wirtschaftswissenschaften. Berlin.

Cerase, Francesco P. (1967): „A Study of Italian Migrants returning form the U.S.A". In: International Migration Review 1. S. 67-74.

Dienel, Christiane/ Jain, Aangela/ Schmithals, Jenny/ Thies, Susanne (2005): „Analytischer Literaturbericht: Rückwanderung als dynamischer Faktor für ostdeutsche Städte". URL: http://www.uni-leipzig.de/~medienwi/studie/portal/studie_download.htm (Stand: September 2006).

Empirica Institut (2006): „Zuwanderung nach Sachsen-Anhalt". Unveröffentlichter Bericht im Auftrag des Ministeriums für Wirtschaft und Arbeit des Landes Sachsen-Anhalt. Berlin

Haug, Sonja (2005): Migration aus Mittel- und Osteuropa nach Deutschland. In: Sonja Haug und Frank Swiaczny (Hrsg.): Migration in Europa. Materialien zur Bevölkerungswissenschaft Heft 115. Wiesbaden. S.133-152.

Hannken, Helga (2004): „Internationale Migration von und nach Afrika: der weite Weg zurück nach Eritrea. Immigration – Emigration – Remigration". Münster.

Hansch, Winfried (1993): „Wanderungen aus den alten Bundesländern in die Region Berlin/Brandenburg". In: Deutschland Archiv 26, 3: S.286-296.

Hunger, Uwe (2003): „Vom Brain Drain zum Brain Gain – Die Auswirkungen der Migration von Hochqualifizierten auf Abgabe- und Aufnahmeländer". Bonn.

Krohn, Claus-Dieter/ Schildt, Axel (Hrsg.) (2002): Zwischen den Stühlen? Remigranten und Remigration in der deutschen Medienöffentlichkeit der Nachkriegszeit. Hamburg.

Mai, Ralf (2004): „Altersselektivität und regionalpolitische Konsequenzen der Abwanderung aus Ostdeutschland". http://www.schrumpfende-stadt.de (03.05.2004).

Merkel, Ina (2004): „Hiergeblieben! Jugend in Pensionopolis". In: Berliner Debatte Initial 15 (2004) 4, S.56-63.

Newbold, K. Bruce/ Bell, Martin (2001): "Return and Onwards Migration in Canada and Australia: Evidence from Fixed Interval Data". In: International Migration Review 35, 4: 1157-1184

Pethe, Heike (2004): „Die Migration von hoch qualifizierten Arbeitskräften nach Deutschland – Eine Untersuchung zur ‚Greencard'". In: Swiaczny, F. & Haug, S. (Hrsg.): „Bevölkerungsgeographische Forschung zur Migration und Integration". Materialien zur Bevölkerungswissenschaft Heft 112. Wiesbaden. S.69-95

Ravenstein, Ernest Georg (1885): „Die Gesetze der Wanderung I". In: Széll, György (Hrsg.) (1972): „Regionale Mobilität". Elf Aufsätze. Nymphenburger Texte zur Wissenschaft Bd. 10. München, S.41-64.

Roesler, Jörg (2003): „‚Abgehauen'. Innerdeutsche Wanderungen in den fünfziger und neunziger Jahren und deren Motive". In: Deutschland Archiv 36, 4: S.562-574.

Shumway, J. Matthew/ Hall, Greg (1996): "Self-Selection, Earnings and Chicano Migration: Differences Between Return and Onwards Migrants". In: International Migration Review 30, 4:979-994.

Steiner, Christine (2004): „Bleibst Du noch oder gehst Du schon?". In: Berliner Debatte Initial 15 (2004) 4. S.42-55.

Von Reichert, Christiane (2002): „Returning and New Montana Migrants: Socio-economic and Motivational Differences". In: Growth and Change 33, Winter: S. 133-151.

Zukunftschancen (2004): „Zukunftschancen junger Frauen in Sachsen-Anhalt. Zukunftschancen junger Familien in Sachsen-Anhalt". Abschlussbericht. November 2004. http://www.menschen-fuer-sachsen-anhalt.de.

Vom Aufbau-Ost zu ALDI-Ost: Deutsch-deutsches Konsumverhalten nach 16 Jahren Einheit

Sandra Jenke, Uwe Lebok

1. Einleitung und Ausgangssituation 1989/1990

Mit der deutschen Einheit verknüpften sich zahlreiche Erwartungen. Insbesondere die Wirtschaft versprach sich zur Zeit der Wende viel, denn mit der Wiedervereinigung nahm die Zahl der Konsumenten „über Nacht" um rund 17 Millionen Menschen zu. Die Markenartikel-Industrie hoffte auf gute Umsätze, da sich – auch dem politischen Willen nach - die Lebensverhältnisse und damit auch Konsumgewohnheiten in den neuen Bundesländern nach nur wenigen Jahren jenen im Westen annähern sollten. Vor allem die Kinder (und Kindeskinder) im Osten sollten hierbei Garanten eines möglichst schnellen Übergangs von den Konsumgewohnheiten einer von Planwirtschaft geprägten Population in eine konsum- und markenfixierte Bevölkerung sein.

Um die ökonomische Grundlage für den Übergang in die Marktwirtschaft zu schaffen, erfolgten zahlreiche Initiativen der öffentlichen Hand. Insbesondere die raumplanerische Zielsetzung, in den Teilräumen der Bundesrepublik gleichwertige Verhältnisse zu schaffen (vgl. § 1 Abs. 1 ROG), war eine zentrale Aufgabe des Bundes. Der Infrastrukturausbau in dem wirtschaftlich stark angeschlagenen Beitrittsgebiet stand dabei im Mittelpunkt. Mit der raschen Einführung der D-Mark wurden zudem die wirtschaftlichen Grundlagen für die Bewohner Ostdeutschlands geschaffen, trotz ihrer wirtschaftlichen Schwäche im Jahre 1990 (gemessen am BIP) adäquat am Wirtschaftskreislauf der Bundesrepublik zu partizipieren.

Nach 16 Jahren Einheit wurden zahlreiche Infrastrukturprobleme mit großem finanziellen Aufwand über Transferleistungen gemeistert. Trotz der infrastrukturellen Angleichung konnten die Lebensverhältnisse jedoch nur ansatzweise angepasst werden. Die Arbeitsmarktlage ist weiterhin angespannt und auch die demografische Entwicklung liefert der Wirtschaft keine Daten, die auf Anhieb positive Impulse für die Zukunft erwarten lassen.

Wie sich das Konsumverhalten in den neuen Bundesländern unter den aufgezeigten Bedingungen nach der Wende entwickelt hat, soll im Fokus des folgenden Beitrags stehen. Neben der Darstellung von Gemeinsamkeiten und Unterschieden zwischen Ost- und Westdeutschland werden unter Berücksichtigung der sozioökonomischen Rahmendaten auch die Konsequenzen für die deutsche Markenartikel-Industrie aufgezeigt und Ableitungen für zukünftige Maßnahmen getroffen.

2. Sozioökonomische Rahmenbedingungen des Konsumverhaltens

2.1. Demografische Entwicklung seit 1990

Eckzahlen zur Bevölkerungsentwicklung gewinnen in der Markenartikel-Industrie immer mehr an Gewicht. In der Vergangenheit beschäftigte sich die Konsumgüterindustrie vorrangig mit allgemeinen Bevölkerungsbestandszahlen: So hat ein Land wie Deutschland mit mehr als 80 Millionen Einwohnern für ein global tätiges Erfrischungsgetränke-Unternehmen eine größere Bedeutung für dessen europaweite Branding-Strategie als ein Land wie Finnland mit gerade einmal fünf Millionen Einwohnern. Mittlerweile werden aber in den Führungspositionen von Marketing und Vertrieb auch verstärkt Werte mit Aussagekraft zur Bevölkerungsdynamik berücksichtigt. Starke strukturelle Veränderungen sind eindeutige Signale und werden dementsprechend auch in der Markenführung berücksichtigt.[1] So sind auch zentrale Erkenntnisse der deutsch-deutschen Bevölkerungsentwicklung weitgehend bekannt:

- Extremer Fertilitätsrückgang in den neuen Bundesländern nach der Wende und allmähliches Angleichen der Fertilität zwischen Ost und West (aber deutlich unter Reproduktionsniveau)
- Anstieg der Lebenserwartung in den alten und neuen Bundesländern (in den neuen Bundesländern ist dies unter anderem als Erfolg der Gesundheitspolitik zu werten)
- Kaum Außenwanderungsgewinne in Ostdeutschland: Nur wenige Zuwanderer bleiben dauerhaft in den neuen Bundesländern
- Weiterhin andauernde Binnenwanderungsverluste in den neuen Ländern gegenüber dem früheren Bundesgebiet: erhebliche Bevölkerungsverluste im Zeitraum 1985 bis 1992 und anhaltender Brain Drain junger Personen im Erwerbsalter.

Allein die Binnenabwanderung (ohne Berücksichtigung der Folgeeffekte für die Geburtenentwicklung) hat für die neuen Bundesländer zu einem Netto-Gesamtbevölkerungsverlust zwischen 1989 und 2005 von 1,7 Millionen Menschen beigetragen. Die in unterschiedlichen Bevölkerungsvorausschätzungen der 1990er

---

1 Beispielsweise gewinnt das Thema „Best Ager" als besonders konsumfreudige Zielgruppe wachsende Bedeutung bei zahlreichen Unternehmen (vgl. hierzu: Lebok/Döring 2005).

Jahre angenommene Angleichung der Binnenwanderungsbewegung (Zuwanderung = Abwanderung) blieb letztlich aus (Sommer 1992; Bucher 1993; Wendt 1994; Buslei 1995; Dinkel et al. 1995; Fuchs et al. 1991).

Die Auswirkung der Bevölkerungsdynamik hat einschneidende Konsequenzen auf die Bevölkerungsbestände, und damit letztlich auch auf die suggestive Kraft dieser Zahlen für die Bewertung in Unternehmensführungen. Abbildung 1 stellt in einer extrem vereinfachten Form die Entwicklung für jeweils zwei alte und neue Bundesländer dar. Wenn berücksichtigt wird, dass die wirtschaftliche Einschätzung von Regionen stark wachstumsorientiert erfolgt, so entspricht beispielsweise auf Länderebene die Entwicklung in den Wachstumsregionen Bayern und Baden-Württemberg den „Bedürfnissen" der Markenartikel-Industrie („positive Kurven-verläufe"). In Sachsen-Anhalt und in Mecklenburg-Vorpommern hingegen verläuft die Bevölkerungsdynamik diametral entgegengesetzt.

Abbildung 1:   Entwicklung der Bevölkerungszahlen zwischen 1990 und 2005 für ausgewählte Bundesländer

Mecklenburg-Vorpommern

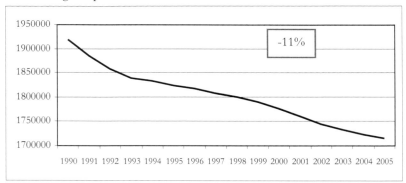

Sachsen-Anhalt

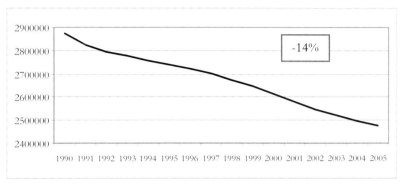

Bayern

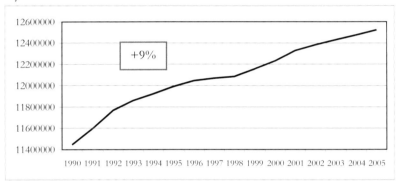

Baden-Würtemberg

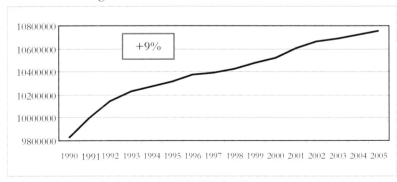

Quelle: Laufende Raumbeobachtung des BBR, BBR-Bevölkerungsprognose 2002-2020

Ähnlich eindeutig sind die Aussagen, wenn die Bevölkerungsentwicklung der vergangenen 16 Jahre kartografisch dargestellt wird (Abbildung 2). In weiten Teilen Ostdeutschlands haben erhebliche Bevölkerungsverluste stattgefunden. Positive Ausnahmen waren die Landkreise um Berlin (Stadt-Umland-Wanderung) sowie der Westen Mecklenburg-Vorpommerns, der sicherlich auch von der Nähe zur Region Hamburg profitiert.

Abbildung 2:   Bevölkerungsentwicklung auf Kreisebene 1990 bis 2005.

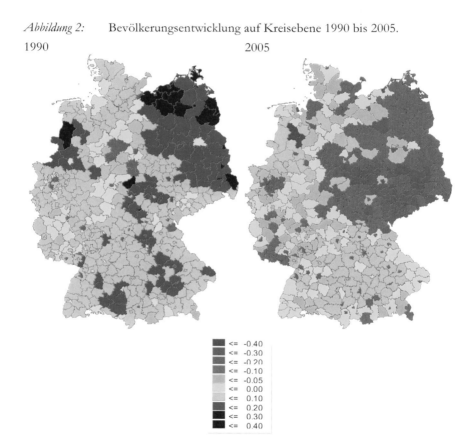

Quelle: Laufende Raumbeobachtung des BBR/BBR-Bevölkerungsprognose 2002-2020

Die bisherige demografische Entwicklung brachte zudem tiefgreifende strukturelle Veränderungen mit sich, die von großer Bedeutung für das Konsumentenverhalten sind. Insbesondere die demografische Alterung veränderte die Bevölkerungszusammensetzung einzelner Landkreise der neuen Bundesländer vollständig. Um die Dynamik der Alterungsprozesse aufzuzeigen, wurde mit Hilfe von Daten des Bundesamtes für Bauwesen und Raumordnung (BBR) ein in seinen Altersbegrenzungen leicht verändertes Billeter-Maß ($J^* = (P_{0-19} - P_{60+})/P_{20-59}$) berechnet (vgl. Dinkel 1989; Heigl 1998; Schimany 2003). Je kleiner die Maßzahl ausfällt, desto „demografisch älter" ist die jeweilige Bevölkerung – und umgekehrt.

Obwohl die gesamte Population der Bundesrepublik aufgrund der bestehenden Bevölkerungsdynamik von fortschreitender Alterung geprägt ist, gibt es regional deutliche Unterschiede (Abbildung 3). Deutlich zu erkennen ist, dass J^* in nahezu allen Landkreisen des Bundesgebietes weiter zurückgegangen ist. Im Jahre 2005 sind nur in wenigen Gebieten demografische Verjüngungstendenzen zu beobachten (zum Beispiel im westlichen Niedersachsen). Insgesamt wurde in den meisten Landkreisen die Bevölkerung gegenüber 1990 älter. Der tiefgreifendste und nachhaltigste Wandel ist aber erneut in Ostdeutschland zu beobachten. Die Bevölkerungen dort zählen mittlerweile zu den ältesten im Bundesgebiet. Das Bundesland Mecklenburg-Vorpommern mit der 1990 jüngsten Population deutschlandweit hat sich in nur wenigen Jahren zu einer der ältesten Bevölkerungen entwickelt.

Abbildung 3: Demografische Alterung auf Kreisebene 1990 bis 2005 mittels Billeter-Maß J*

Differenz: Entwicklung 1990 bis 2005   Index 2005 (1990 = 100)

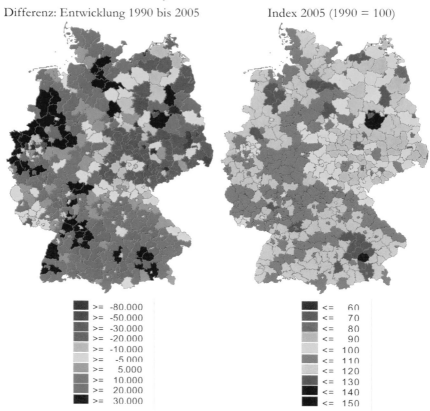

>= -80.000	<= 60
>= -50.000	<= 70
>= -30.000	<= 80
>= -20.000	<= 90
>= -10.000	<= 100
>= -5.000	<= 110
>= 5.000	<= 120
>= 10.000	<= 130
>= 20.000	<= 140
>= 30.000	<= 150

Quelle: Laufende Raumbeobachtung des BBR

Zusammenfassend lässt sich aus Sicht der Markenartikel-Industrie die Bevölkerungsentwicklung in den neuen Bundesländern wie folgt umschreiben:

1. Enormer Bevölkerungsverlust und damit Rückgang der relativen Pro-Kopf-Bedeutung der neuen Länder als potenzielle Bestandskonsumenten
2. Hohe Abwanderungsverluste insbesondere jüngerer Menschen bei insgesamt steigender Lebenserwartung sowie geringer Fertilität und damit zusammenhängend überproportionaler Alterung als Indikator für eher ungünstig einzuschätzende Rahmenbedingungen (pull-Faktoren)
3. Nur punktuell stattgefundene Bevölkerungszuwächse (Großraum Berlin, westliche Ostseeküste, in den letzten Jahren Großraum Dresden-Leipzig)

2.2. Wirtschaftsförderung und Infrastrukturausbau als finanzpolitischer Input

Bei der Datenrecherche zur Erfassung aller wirtschaftlichen Förderungen und Investitionen stößt man auf zahlreiche Schwierigkeiten, verursacht durch unterschiedliche Datenquellen, fehlende Kompatibilität und unklare Definitionen. Dennoch gibt es bereits einige Quellen über Transferleistungen, die zumindest ansatzweise das Ausmaß der Geldleistungen umschreiben. Um relativ zügig den Infrastrukturausbau in den neuen Bundesländern zu bewältigen, wurde viel Kapital in den Osten – von öffentlicher Hand, aber auch von privat – transferiert. Die im folgenden zusammengetragenen Daten der Finanztransfers können jedoch nur eine grobe Orientierung liefern, da es sich als äußerst schwierig darstellt, eine Gesamtsumme aller geleisteten Transfers zu ermitteln.

Relativ eindeutig sind dabei die Quellen, welche sich ausschließlich auf die Leistungen des Bundes beziehen. Bereits vor der deutschen Einheit im Jahre 1989 wurden Mittel des Bundes für gesamtdeutsche Hilfsmaßnahmen zur Verfügung gestellt (1989 inklusive Begrüßungsgeld insgesamt 1,6 Milliarden DM). Im Jahre 1990 wurde über drei Nachtragshaushalte eine Gesamtsumme von etwa 46,5 Milliarden DM für Ostdeutschland bereitgestellt (Sachverständigenrat, 1992). Im Zeitraum 1990 bis 1994 wurde ein „Fonds Deutsche Einheit" mit einer Gesamtlaufzeit von 4,5 Jahren und einem Gesamtfinanzierungsvolumen von 115 Milliarden DM eingerichtet. Die Gesamtausgaben des Bundes für die neuen Bundesländer summieren sich folglich über diese Leistungseinheiten auf insgesamt rund 163 Milliarden DM beziehungsweise 83 Milliarden Euro (1989 bis 1994).

Zum Abbau teilungsbedingter Sonderlasten und zum Ausgleich unterproportionaler kommunaler Finanzkraft (vgl. Art. 33 FKPG § 11 Abs. 4) wurden für den Zeitraum 1995 bis 2004 Sonderbedarfs- und Bundesergänzungszuweisungen als „zweckgebundene Investitionen im Rahmen des Solidarpakts I" gewährt. Weitere Finanzhilfen waren zum Ausgleich unterschiedlicher Wirtschaftskraft und zur Förderung des wirtschaftlichen Wachstums für die Dauer von zehn Jahren in Form eines Länderausgleichprogramms (auch bekannt unter der Bezeichnung „Aufbau Ost", vgl. Art. 35 FKPG § 2 Abs. 1) vorgesehen. Beide Subventionspakete wurden auf die sechs neuen Bundesländer (einschließlich Berlin) nach einem stringent festgesetzten Länderschlüssel aufgeteilt. Pro Jahr wurden nach Solidarpakt I etwa 14 Milliarden DM und nach dem Länderausgleich Aufbau Ost etwa 6,6 Milliarden DM jährlich nach Ostdeutschland transferiert.

Bereits im Jahr 2002 wurden beide Pakete zusammengeführt. Die Investition im Rahmen des Solidarpakts II (vgl. Bundesgesetzblatt 2001, Teil I Nr. 74) zum Abbau teilungsbedingter Sonderlasten sowie zum Ausgleich unterproportionaler kommunaler Finanzkraft wurde jährlich auf 10,5 Milliarden Euro (ungebundene Investitionen) festgelegt (mit ca. 2,8 Mrd. € für Sachsen, ca. 2,0 Mrd. € für Berlin, ca. 1,7 Mrd. € für Sachsen Anhalt, jeweils ca. 1,5 Mrd. € für Brandenburg und Thüringen sowie ca. 1,1 Mrd. € für Mecklenburg-Vorpommern). Addiert man alle der genannten Subventionen, wurden folglich bis zum Jahr 2005 den neuen Bundesländern ca. 190 Milliarden Euro hinzu geführt. Dabei soll der Solidarpakt II nach bestehender Gesetzeslage bis 2019 fortgesetzt werden, wobei ab 2009 der jährliche Fördersatz unter zehn Milliarden Euro, 2014 unter sechs und 2017 unter vier Milliarden Euro fallen soll.

Neben den zumeist ungebundenen Zuweisungen des Bundes aus Solidarpakt I und II und dem Länderfinanzausgleich finanzierten Bund, Länder, EU und die Sozialversicherungsträger (und damit indirekt auch der Bürger der alten Bundesländer) über Bruttotransfers auch weitere zentrale Ausgaben und Infrastrukturförderungen. Die Ausgabenzwecke der Bruttotransfers[2] (einschließlich der bereits oben beschriebenen Solidarpaktzuweisungen) sind im folgenden weiter aufgeschlüsselt (vgl. hierzu Ragnitz 2003; 2004):

- Ausbau einer wirtschaftsnahen Infrastruktur: Straßenbau, Bundeswasserstraßen, Schienenverkehr, Telekommunikation (unter anderem Kabelkanäle), Ausweisung von Gewerbegebieten, Wasser- und Stromversorgung, Ausbau von Bildungseinrichtungen/ Hochschulen
- Wirtschaftsförderung: Alle Mittel, die vom Staat an Unternehmen gezahlt wurden, zum Beispiel Investitions- und Zinszuschüsse (KfW- und ERP-Programme), Zinshilfen (Altschulden, Wohnungsbau)

---

2 Die Angaben beziehen sich alle auf die Bruttotransferleistungen, für die zumindest ansatzweise Aufschlüsselungen einzelner Investitionsposten bestehen. Bei den Nettotransfers liegen letztlich nur Gesamtschätzungen vor. Alle genannten Zahlen sind aufgrund der zum Teil unübersichtlichen Daten und von Veränderungen in den gesetzlichen Bestimmungen als Schätzungen zu interpretieren.

- Sozialpolitisch motivierte Ausgaben: Alle Mittel, die an private Haushalte gezahlt wurden, zum Beispiel Arbeitslosengeld, Renten-Förderung, Wohngeld, BAföG, Jugendhilfe
- Ungebundene Zuweisungen: Inklusive Leistungen aus Solidarpakt I und II sowie Länderausgleichzahlungen des Bundes und der EU

Abbildung 4 fasst die geleisteten Bruttotransfers für den Zeitraum 1991 bis 2003 zusammen (vgl. Ragnitz 2003). Dabei ist deutlich zu erkennen, dass der Großteil der Transfers sozialpolitisch motiviert war (insgesamt 627,6 Milliarden Euro). Wirtschaftsförderung im eigentlichen Sinne markiert den niedrigsten Ausgabenposten (insgesamt 86,8 Milliarden Euro). Die ungebundenen Zuweisungen summieren sich für den Betrachtungszeitraum auf insgesamt 293,9 Milliarden Euro, während die Bruttotransfers für wirtschaftsnahe Infrastrukturen bei insgesamt 151,1 Milliarden Euro liegen. Mit diesen Mitteln wurde unter anderem auch das Straßennetz nach dem Erreichbarkeitsmodell der BBR effektiv verbessert. Insbesondere der Autobahnausbau und die Verbesserung der Anschlusszeiten konzentrierten sich im Bundesgebiet bis 2004 auf das Gebiet Ostdeutschlands (vgl. Raumordnungsbericht 2004).

Zudem führten die Investitionen im Ausbau der Bildungseinrichtungen und des Hochschulsektors unter den wirtschaftsnahen Infrastrukturmitteln dazu, dass in den Fördergebieten ein überproportionaler Anstieg in den Bildungsquotienten und überdurchschnittlichere Hochschulabgängerquoten generiert wurden (vgl. in diesem Band, Steffen Maretzke: „Die Bevölkerungsentwicklung in den Regionen Deutschlands – Ein Spiegelbild der vielfältigen ökonomischen und sozialen Disparitäten").

Abbildung 4:   Bruttotransferleistungen in die neuen Bundesländer 1991 bis 2003

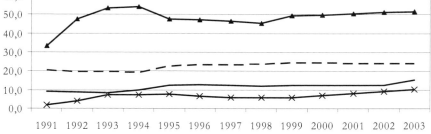

——— Wirtschaftsnahe Infrastruktur (Ausgaben insg. 151,1 Mrd. Euro)

—X— Wirtschaftsförderung (Ausgaben insg. 86,8 Mrd. Euro)

—▲— Sozialpolitisch motivierte Ausgaben (Ausgaben insg. 627,6 Mrd. Euro)

– – Ungebundene Zuweisungen (Ausgaben insg. 293,9 Mrd. Euro)

Wenn alle über die bislang bekannten Quellen geleisteten Investitionen zusammengefasst werden, so ergibt sich rein rechnerisch eine Gesamtbruttotransferleistung in die neuen Bundesländer von insgesamt rund 1,3 Billionen Euro. Trotz dieser enormen finanzpolitischen Aufwendungen mittels öffentlicher Zuschüsse (aber auch mittels indirekter Belastungen der Bürger im ehemaligen Bundesgebiet) driftet die wirtschaftliche Schere zwischen den neuen und alten Bundesländern hinsichtlich Arbeitsmarkt und Kaufkraft (steigende Arbeitslosenquote, sinkende Kaufkraft) weiter auseinander (Handelsblatt 142, 26.7.2006: Der Osten fällt weiter zurück).

2.3. Arbeitsmarkt und Kaufkraft als Bewertungskriterien bislang getätigter Investitionen

Wenn allein die Arbeitsmarktentwicklung zur Beurteilung des Investitionserfolges herangezogen wird, so muss die Bewertung eher negativ ausfallen. Gegenüber den 1990er Jahren stieg die Arbeitslosenquote[3] in den neuen Bundesländern (inklusive Berlin) von knapp über zehn Prozent auf über 21 Prozent im Jahre 2005 (Abbildung 5). Auch im Westen stieg die Arbeitslosenquote zunächst an, pendelte sich aber ab der Jahrtausendwende bei etwa zehn Prozent ein (vgl. Oeckler 2006).

Abbildung 5: Arbeitslosenquoten in alten und neuen Bundesländern bezogen auf abhängige zivile Erwerbspersonen (1991 bis 2005)

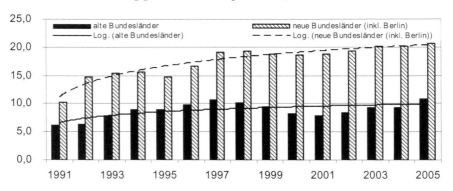

Quelle: Statistik der Bundesagentur für Arbeit

---

3 Eine Zeitreihendarstellung für den Zeitraum 1991 bis 2005 ist nur für die Stichprobe der abhängigen zivilen Erwerbspersonen der Bundesagentur für Arbeit (Nürnberg) möglich.

Die gesamte Tragweite der Entwicklung wird erkennbar, wenn die Arbeitslosenquote (ALQ) nicht nur zusammengefasst nach Ost und West, sondern auch regionalisiert betrachtet wird (vgl. Fuchs 2006): Die Betrachtung der ALQ der Jahre 1996 (als die durchschnittliche ALQ im Westen nahe zehn Prozent lag, in den neuen Bundesländern jedoch noch weiter im Ansteigen begriffen war) und 2005 zeigt, dass insbesondere im süddeutschen Raum (speziell Bayern und Baden-Württemberg) großenteils eine Entspannung auf dem Arbeitsmarkt stattfand (Abbildung 6). Demgegenüber verschlechterte sich die Arbeitsmarktsituation der zahlenmäßig sinkenden und demografisch weiter alternden Population in den neuen Ländern. Vor allem in Vorpommern/Ostbrandenburg sowie in der Lausitz aber auch in weiteren Teilen Sachsen-Anhalts wurden 2005 Arbeitslosenquoten um 30 Prozent erreicht (Abbildung 6).

Abbildung 6: Arbeitslosenquoten 1996 und 2005 auf Kreisebene (jeweils 4. Quartal)

1996   2005

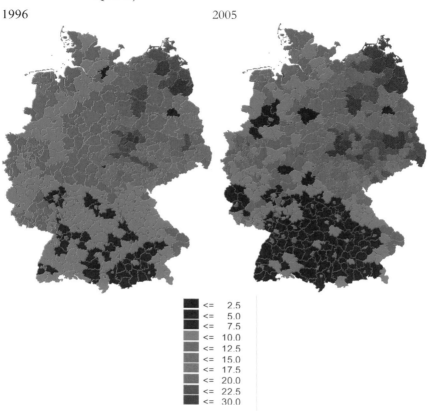

<=	2.5
<=	5.0
<=	7.5
<=	10.0
<=	12.5
<=	15.0
<=	17.5
<=	20.0
<=	22.5
<=	30.0

Quelle: IAB Pallas online

Die extrem angespannte Arbeitsmarktsituation in Ostdeutschland hat kausale Folgen für die Kaufkraft. Abbildung 7 weist das regionale Ungleichgewicht der Kaufkraft zwischen beiden Teilen Deutschlands auf der Grundlage der GfK Kaufkraft aus. Die GfK Kaufkraft bezeichnet hierbei das in Privathaushalten für Konsumzwecke verfügbare Einkommen ohne Steuern und Sozialabgaben (inklusive Transferleistung), ausgewiesen pro Kopf und Jahr (vgl. GfK Regionalforschung 2005). Auch wenn die Kaufkraft im Osten gegenüber 1990 angestiegen ist, bestehen nach wie vor eindeutige Unterschiede zwischen Ost und West. Nahezu alle Kreise der

346

neuen Bundesländer (mit Ausnahme von Berlin und den umliegenden Landkreisen) haben im Jahre 2006 eine Kaufkraft, die im Mittel 20 Prozent unter dem Bundesdurchschnitt liegt (Gassner 2006). Der relative Kaufkraftunterschied des Jahres 2006 bleibt dabei auch über alle Altersgruppen konstant.

Abbildung 7:   Relative Kaufkraft je Einwohner in Stadt- und Landkreisen im Jahre 2006 (Bundesdurchschnitt = 100)

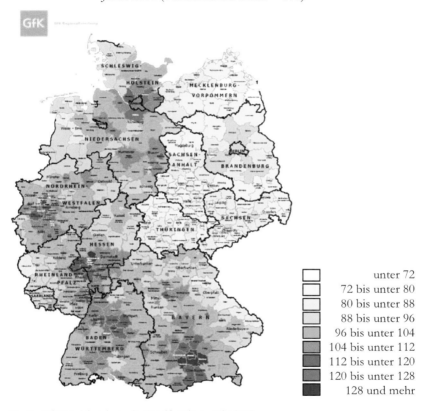

unter 72
72 bis unter 80
80 bis unter 88
88 bis unter 96
96 bis unter 104
104 bis unter 112
112 bis unter 120
120 bis unter 128
128 und mehr

Quelle: GfK Markforschung, Regionalforschung, Jahr 2005

In den neuen Ländern ist weniger Arbeit zu finden, deshalb wird auch weniger Geld ausgegeben. Kennzeichnend für die wirtschaftliche Entwicklung im Osten ist auch, dass zwar neue Arbeitsplätze vor allem im produzierenden Sektor und für ausgewählte Dienstleistungen geschaffen wurden, diese aber in der Regel nur wenig im Zusammenhang zu unternehmensbestimmenden Funktionen stehen. Abbildung 8a zeigt die Verteilung der Hauptsitze (Head Quarters) der 88 größten deutschen börsenorientierten Firmen und Privatunternehmen (mit hoher Beschäftigtenzahl). Sämtliche Hauptsitze dieser Firmen, die verantwortlich für Unternehmensführung und Markenstrategien sind, befinden sich in den alten Bundesländern und Berlin. Dasselbe Bild stellt sich auch für ausgewählte Branchen der Konsumgüterindustrie dar:

Nahezu alle ‚Big Players' der Markenartikel-Hersteller der in Abbildung 8b ausgewählten Produktkategorien haben ihren Firmensitz im ehemaligen Bundesgebiet oder Berlin. Einzige Ausnahmen bilden NETTO-Nord (Discount-Einzelhandel), Rotkäppchen-Mumm (neben Zeiss-Jena eines der wenigen Erfolgsbeispiele aus dem Osten) sowie die MEG (Erfrischungsgetränkehersteller, vorwiegend über Preiskampf und Billigprodukte aktiv). Ansonsten bieten die neuen Bundesländer diesen Branchen eher Humankapital für die Produktion und für einfache beziehungsweise vertriebliche Dienstleistungen und dienen als potenzieller Absatzmarkt für Markenartikel, die jedoch überwiegend im ehemaligen Bundesgebiet strategisch positioniert und markentechnisch geführt werden.

Letztlich wurde über die zahlreichen Transferleistungen die wirtschaftliche Infrastruktur dem Westniveau angepasst (unter anderem Straßenbau/Verkehrsinfrastruktur, Bildungseinrichtungen, Sanierungen im Wohnungsbau, Umwelt- und Landschaftsschutz). Positive Impulse für den Arbeitsmarkt im Osten konnten aber nur sehr vereinzelt ausgelöst werden. Die Head Quarters und intellektuellen Schaltzentralen der deutschen (und globalen) Markenartikel-Industrie befinden sich immer noch weitgehend im Westen (inklusive Berlin). Würde die bisherige Entwicklung im Osten fortgeschrieben werden, das heißt, die Bevölkerungsverluste und Alterungsprozesse setzen sich entsprechend den Ausgangsbedingungen weiter fort sowie der Arbeitsmarkt stagniert auf unterdurchschnittlichem Bundesniveau, so werden sich wahrscheinlich keine nachhaltigen Konsequenzen für die neuen Bundesländer ergeben. Die strukturelle Arbeitslosigkeit im Osten sowie die signifikant niedrigere Kaufkraft dürfte dann bestehen bleiben.

Abbildung 8:   Firmensitze a) der 88 größten börsennotierten deutschen Unternehmen (Stand 2005) sowie b) der größten Unternehmen in
Deutschland mit eigenständigen Marketingkonzepten nach ausgewählten Branchen im Food- und Non Food-Bereich.

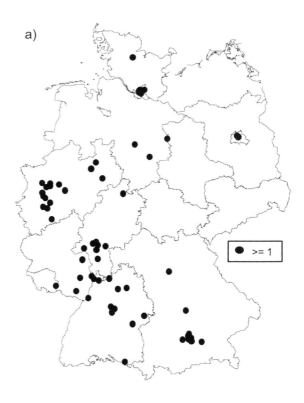

b)

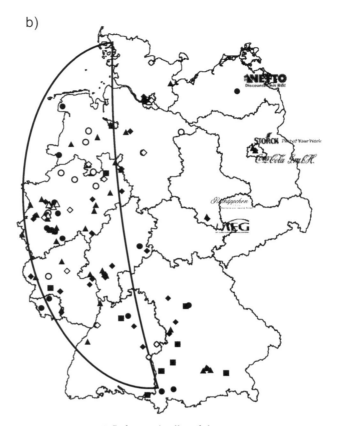

● Lebensmittelhandel

▲ Lebensmittelherstellung

◆ Getränkeherstellung

■ Milchverarbeitung

○ Fleischverarbeitung

△ Textileinzelhandel

◇ Kosmetikhandel

3. Konsumverhalten in den neuen Bundesländern

3.1. Datengrundlage

Die strukturellen Ausgangsbedingungen für die Konsumenten alter und neuer Bundesländer sind sehr verschieden. Im Folgenden soll dennoch überprüft werden, ob es endogen angelegte Unterschiede im Konsumverhalten gibt (Unterschiede, die sich nicht allein als Folge der sozioökonomischen Rahmenbedingungen, sondern über die Soziopsychologie der Verbraucher erklären lassen). Um Gemeinsamkeiten und Unterschiede im Konsumverhalten deskriptiv und - zumindest ansatzweise - multivariat zu erklären, wurde die Verbraucheranalyse (VA) des Heinrich Bauer Verlags GmbH und der Axel Springer AG für die Datenanalyse verwendet. Diese Datengrundlage bezieht sich in seiner Grundgesamtheit auf die deutschsprachige Bevölkerung ab 14 Jahren in allen Privathaushalten (etwa 64,9 Millionen Personen). Die in der Verbraucheranalyse - Klassik (2005) erfasste Stichprobengröße beträgt 30.868 Personen, die in vier Wellen auf dem Gebiet der Bundesrepublik erhoben wurde (vgl. auch Lebok et al. 2005).

Zum Untersuchungsgegenstand der Verbraucheranalyse zählen soziodemografische Angaben, Einstellungen, Life-Style-Komponenten, Freizeitinteressen, das Marken- beziehungsweise Preisbewusstsein der Verbraucher und Fragen nach dem Besitz sowie der Anschaffungsabsicht von Gebrauchsgütern und der Nutzung von Dienstleistungen. Den Großteil der Erhebung nimmt jedoch das Konsumverhalten in 664 Produktbereichen und für 1850 Marken ein. In der folgenden Datenanalyse erfolgt der Vergleich zwischen alten und neuen Bundesländern stets ohne Berlin, um mögliche Artefakte (Berlin als Sonderphänomen mit besonderen, nicht vergleichbaren Rahmenbedingungen) auszuschließen.

3.2. Allgemeiner Ost-West-Vergleich der Konsumgewohnheiten

Entsprechend der sozioökonomischen Ausgangslage bestätigt die Konsumenten-Stichprobe der VA Einkommensunterschiede zwischen Ost und West: Der Anteil derjenigen Personen, die angaben, kein frei verfügbares Haushaltseinkommen zu besitzen, ist in den neuen Bundesländern mit 20,8 Prozent deutlich höher als in den alten (15,4 Prozent). Umgekehrt besteht ein Übergewicht in den alten Ländern bei Personen mit höherem Nettoeinkommen beziehungsweise frei verfügbarem Einkommen. Angaben dieser Art sind aber bereits aus anderen Quellen bekannt (vgl. Ragnitz 2005).

Auch der Besitz beziehungsweise der Gebrauch von Kreditkarten kann als Kriterium eines finanziellen Handlungsspielraumes angesehen werden. Kreditkarten jeglicher Art (Euro-/ Mastercard, Visa, American Express usw.) werden in den neuen Ländern signifikant weniger genutzt (84,6 Prozent aller Verbraucher in Ost-deutschland haben keine Kreditkarte gegenüber 74,1 Prozent im früheren Bundes-gebiet). Die Angaben korrelieren dabei stark mit dem Alter und dem verfügbaren Einkommen. Dennoch bleiben die Unterschiede zwischen alten und neuen Bundes-ländern auch bei Altersdifferenzierung bestehen (Abbildung 9): 83,7 Prozent der 20-39-Jährigen und 83 Prozent der 40-Jährigen und älter besitzen in Ostdeutschland überhaupt keine Kreditkarte (gegenüber 69,5 Prozent im Alter 20-39 Jahre und 73,4 Prozent im Alter 40+ in Westdeutschland). Während im Westen 17,9 Prozent der Verbraucher im Alter 20-39 Jahre im Besitz einer Euro- oder Mastercard sind und 12,9 Prozent eine Visa-Card nutzen, stehen in dieser Altersgruppe im Osten gerade einmal 8,1 Prozent eine Euro-/ Mastercard und 6,9 Prozent eine Visa-Card zur Verfügung. Die bestehenden Unterschiede (gerade in der jüngeren Bevölkerung) zeigen, dass eine allmähliche Angleichung zwischen Ost und West über die Alters-kohorten bislang nur bedingt stattgefunden hat.

Abbildung 9:   Kreditkartenbesitz nach Altersgruppen in den neuen und alten Bundesländern

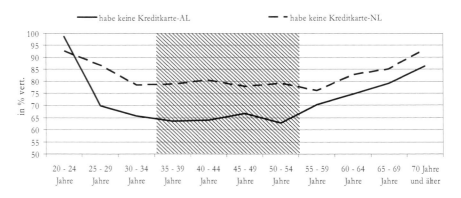

Quelle: Eigene Berechnungen nach Daten der VA (2005)

Was die aktive Teilnahme an Telekommunikationsmitteln anbelangt, so bestehen beim TV-Besitz (über 93 Prozent) keine Ost-West-Unterschiede beziehungsweise nur geringfügige Unterschiede beim Handy- und PC-Besitz. Generell haben jüngere Verbraucherzielgruppen häufiger einen Zugang zu (modernen) Kommunikations-medien, ein Gefälle zwischen alten und neuen Bundesländern bleibt aber bestehen (Abbildung 10). Insbesondere beim Besitz von DVD-Geräten (26,0 Prozent alte Länder versus 17,2 Prozent neue Länder) und bei diversen Kommunikationsanschlüssen (ISDN: 23,6 versus 14,4 Prozent; DSL: 8,3 versus 4,1 Prozent) gibt es immer noch deutliche altersgruppenübergreifende Unterschiede.

Abbildung 10:   Abbildung 10 - Moderne Kommunikationsmedien nach Alter und Wohnort (neue und alte Bundesländer)

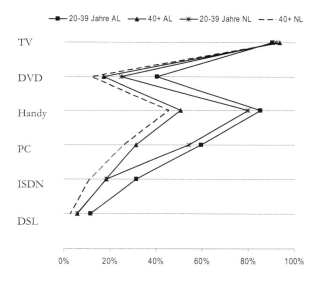

Quelle: Eigene Berechnungen nach Daten der VA (2005)

Neben diesen rein „technisch-strukturellen" Unterschieden, die für das Konsumverhalten Bedeutung haben, finden sich aber auch Abweichungen zwischen den Menschen in Ost und West bezüglich ihrer Lebenseinstellungen und Konsumgewohnheiten (Abbildung 11). Während Themen wie Gesundheit und Gesundheitsprophylaxe sowie der Wunsch nach einem in finanzieller Hinsicht sorgenfreien Leben für beide Bevölkerungsteile gleich ausgeprägt zu sein scheinen, bestehen deutliche Unterschiede im Rollenbild der Frau. Ostdeutsche Konsumenten sind deutlich stärker an einer gleichberechtigten Rollenverteilung zwischen Mann und Frau im Haushalt, in der Familie und im Beruf orientiert als die Verbraucher im Westen. Eine stärkere patriarchalische Ausrichtung („der Mann ist Versorger, bringt das Geld nach Hause, die Frau kümmert sich um die Kinder, Garten, Küche") ist eher im Westen vorherrschend.

Auf der anderen Seite sind Westbürger eindeutig konsumfreudiger: Sie neigen eher zu Spontankäufen, sind häufiger auch am Kauf von nicht-notwendigen Dingen interessiert, sind bereit, mehr Geld beim Friseur auszugeben, und zeigen eine größere Ausgabebereitschaft bei Investitionsgütern wie Möbeln und Elektrogeräten, aber auch bei Urlaubsreisen. Zudem haben sie eine vermeintlich stärkere Hinwendung zu naturreinen und umweltfreundlichen Produkten. Die subjektiv wahrgenommene „Bio-Orientierung im Westen" ist besonders ausgeprägt in den Altersgruppen 30-39 und 40-49 Jahre sowie bei einem Haushaltsnettoeinkommen von über 3.000 Euro. Zahlreiche Auftragsstudien der Konzept & Analyse AG zeigen, dass diese Angaben allein auf die subjektive Verbraucherwahrnehmung, ‚umweltbewusst' leben und sich gesund ernähren zu wollen, zurückgehen. Bioprodukte haben im realen Markt eine vergleichsweise geringe Bedeutung (nach Menge und Umsatz).

Abbildung 11: Lebens- und Konsumeinstellungen der Verbraucher in den alten und neuen Bundesländern (ausgewählte Aussagen der VA)

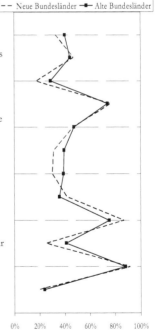

Quelle: Eigene Berechnungen nach Daten der VA (2005)

354

Ein für die Markenartikel-Industrie zentrales Statement ist: „Beim Einkauf von Lebensmitteln achten wir mehr auf die Marke als auf den Preis". 40 Prozent der in den VA befragten Verbraucher im früheren Bundesgebiet stimmten diesem Argument zu (gegenüber 32,8 Prozent in den neuen Bundesländern). In allen Altersgruppen unter 50 Jahren werden in den alten Ländern Werte nahe der 40 Prozent-Marke erreicht, während sie in den neuen Ländern um bis zu zehn Prozentpunkte darunter liegen. Nur in der Altersgruppe 50 und älter dreht sich dieses Argument zugunsten der neuen Länder um (54,6 Prozent in Ostdeutschland versus 43,4 Prozent in Westdeutschland). Die Preisargumentation korreliert in beiden Bevölkerungsteilen mit der Berufstätigkeit und der Einkommenshöhe. Dennoch ist das Markenbewusstsein im Westen stets stärker ausgeprägt als im Osten.

Die vermeintlich stärker ausgeprägte Preissensitivität im Osten müsste sich exemplarisch am Konsumverhalten im Discountbereich abbilden lassen. Die Abfrage in der Verbraucheranalyse erlaubt aber letztlich nur eine Analyse der generellen Discount-Affinität, bezogen auf Lebensmitteleinkauf und Non-Food-Kauf. Die Daten lassen keine Aussagen hinsichtlich der Menge zu. Welcher Anteil des frei verfügbaren Einkommens für Lebensmittel in Discountern wie beispielsweise Aldi, Lidl und Netto ausgegeben wird, lässt sich somit nicht bestimmen. Nach einer deskriptiven Analyse der dichotomen Ladenoptionen erscheinen die Konsumenten in den neuen Ländern zunächst ohne spezifische Discount-Auffälligkeiten. Gegenüber dem Osten wird im Westen sogar häufiger die Einkaufsoption Aldi gewählt (bei Lebensmitteln 78,8 Prozent alte Bundesländer versus 68,9 Prozent neue Bundesländer beziehungsweise bei Non-Food 36,7 Prozent versus 22,0 Prozent). Die höhere Affinität gegenüber Discountern im ehemaligen Bundesgebiet gilt auch für andere Discount-Marken (insbesondere Lidl und Plus), wobei Netto wiederum überproportional häufiger in den neuen Bundesländern ausgesucht wird (was natürlich auch mit der unterschiedlichen regionalen Verbreitung korreliert). Insgesamt lassen sich die Angaben in erster Linie als Bereitschaft bewerten, in Läden der genannten Discountketten überhaupt einzukaufen.

Die in Eigenstudien der Konzept & Analyse AG nachgewiesene stärkere Preissensitivität im Osten lässt sich auch mit Hilfe der hier vorliegenden VA-Daten ansatzweise belegen. Wenn beispielsweise der Schuhkauf als Bewertungsmaßstab herangezogen wird, so ist - unabhängig von Sozialstruktur-Effekten - eine eindeutig stärkere Affinität zum Niedrigpreis-Segment in den neuen Bundesländern festzustellen: Während im früheren Bundesgebiet 34,4 Prozent ihre Schuhe bei Deichmann und 9,8 Prozent bei Reno kaufen, sind dies in den neuen Ländern 41,0 beziehungsweise 19,5 Prozent. Deichmann ist dabei als „fair-priced" positioniert, Reno als „besonders preisgünstig".

Auch bei Konsumgewohnheiten für Weine lassen sich mittels der VA Mentalitätsunterschiede zwischen Ost und West nachweisen. Zwar wird insgesamt in Deutschland tendenziell eher „billig gekauft" (rund zwei Drittel des Marktes befindet sich im Preissegment unter 5 Euro pro Flasche Wein), doch gibt es signifikante Unterschiede, was die Kaufbereitschaft für sehr preiswerten Wein (unter 2,50 Euro) anbelangt[4]: 10,5 Prozent der Befragten in den neuen Bundesländern kaufen in dieser Preisklasse, während es im früheren Bundesgebiet 5,8 Prozent der Verbraucher sind. Insbesondere in den jungen Altersgruppen scheint diese hohe Preissensitivität bei Wein ausgeprägt zu sein: 15,5 Prozent der 20-29-Jährigen und 12,6 Prozent der 30-39-Jährigen im Osten geben an, Wein für unter 2,50 Euro pro Flasche zu kaufen. Eine doppelt so hohe Kaufbereitschaft (bei Werten um 20 Prozent) besteht auch bei niedrigem Einkommen und bei Arbeitslosigkeit. Insbesondere bei Arbeitslosen fällt auf, dass im Westen eher die Tendenz besteht, so lange wie - aus finanzieller Sicht - möglich Marken beziehungsweise Qualitätsprodukte zu kaufen.

Ohne an dieser Stelle vertiefend darauf eingehen zu wollen, welche Funktion Marken für Verbraucher erfüllen, so gilt es dennoch festzuhalten, dass Marken einen „funktionalen Mehrwert für das eigene Ego des Verbrauchers" verkörpern. Der (faktische und emotionale) Nutzen einer Marke ist für einen Verbraucher dabei um so größer, je mehr Seiten in der Persönlichkeit des Individuums durch den Kauf positiv angesprochen werden (gesteigertes Selbstwertgefühl, verstärktes Wohlfühlen, Gefühl der Belohnung etc.) (vgl. hierzu: Meffert 1997; Stein 1998; Zernisch 2003; Ries et al. 2004).

Einen Sondereffekt im deutsch-deutschen Kaufverhalten markieren die so genannten „Ostmarken". Die überproportionale Verwendung von Biermarken wie Köstritzer, Radeberger und Wernesgrüner im Osten ist dabei durchaus vergleichbar mit jener anderer, eher regional vertriebener Biere (zum Beispiel Holsten eher in Norddeutschland, Bitburger eher in Südwestdeutschland, Paulaner eher in Süddeutschland). Es gibt aber auch typische Ostprodukte, die bereits zu DDR-Zeiten erhältlich waren und nach der Wende eine Renaissance am Markt erfahren haben. Die Markenartikel-Industrie spricht in diesem Zusammenhang häufig von so genannten „Ostalgie-Produkten".

In den Abbildungen 12a-d sind die relativen Verwendungshäufigkeiten nach Altersgruppen für die ostdeutschen Marken Vita-Cola (= koffeinhaltige Limonade), Fit (Spülmittel), Spee (Waschmittel) und Florena (Haarshampoo) dargestellt. Insbesondere die Marke Vita-Cola hat es geschafft, sich im Osten in den nachwachsenden Zielgruppen zu etablieren (Abbildung 12a). Vermutet werden kann, dass Eltern bevorzugt „ihre" (DDR-) Cola auch für ihre eigenen Kinder kaufen. Anders scheint die Entwicklung für die Marke Fit zu verlaufen (Abbildung 12b). Sie wird in den jüngeren Jahrgängen Ostdeutschlands immer weniger angenommen – eine kohortenspezifische Abnahmetendenz, die sich in den Folgejahren gegebenenfalls weiter verstärken könnte.

---

4 Die Werte dürften real deutlich höher sein, da bei dieser Abfrage auch Effekte der sozialen Erwünschtheit eine große Rolle spielen.

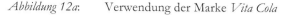

Abbildung 12a: Verwendung der Marke *Vita Cola*

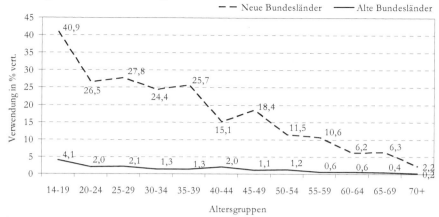

Quelle: Eigene Berechung mit VA

Abbildung 12b: Verwendung der Marke *Fit*

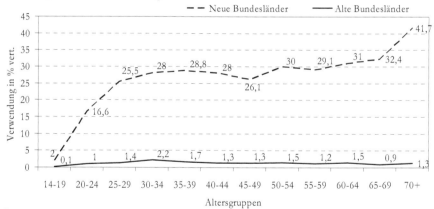

Quelle: Eigene Berechung mit VA

Auch die Marke *Spee* scheint von Generation zu Generation an Bedeutung zu verlieren (Abbildung 12c): Während noch etwa 35 Prozent der „50+-Generation" in den neuen Ländern dieses Waschmittel kaufen, sind es bei den 30-50-Jährigen deutlich unter 30 Prozent. Andererseits hat es die Marke *Spee* im Gegensatz zu vielen anderen Ostprodukten geschafft, eine gewisse Marktbedeutung auch im früheren Bundesgebiet zu erlangen. Eher kritisch ist die „Prognose" für die Ost-Shampoo-Marke

Florena zu bewerten (Abbildung 12d): Im Westen so gut wie bedeutungslos, führt im Osten ein nachhaltig wirksamer Kohorteneffekt wohl dazu, dass diese Marke ohne zusätzliche Kommunikation und strategische Marketingmaßnahmen nur schwerlich überleben dürfte.

Abbildung 12c: Verwendung der Marke *Spee*

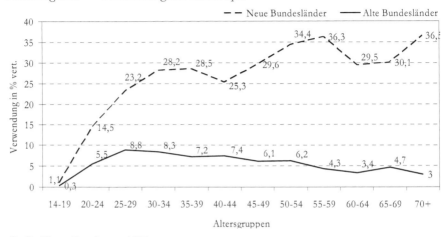

Quelle: Eigene Berechung mit VA

Abbildung 12d: Verwendung der Marke *Florena*

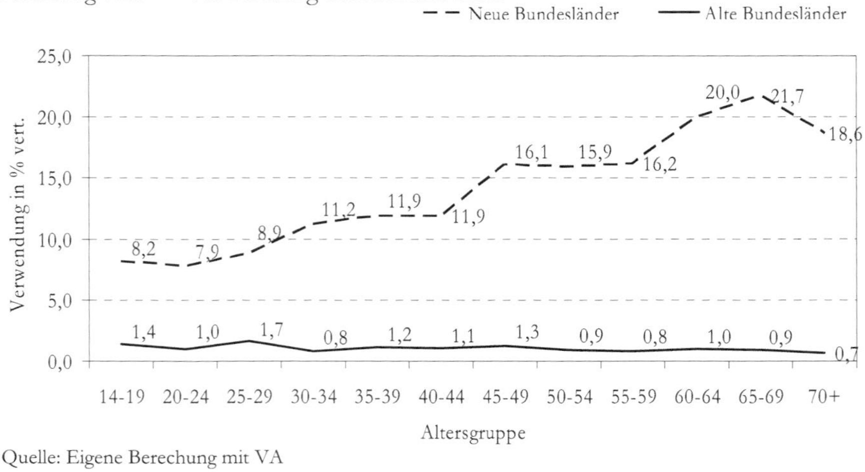

Quelle: Eigene Berechung mit VA

358

3.3. Zielgruppenspezifische Analyse der Konsumeinstellung in den alten und neuen Bundesländern

Um abschließend Aussagen darüber treffen zu können, ob das deutsch-deutsche Kaufverhalten nach Bereinigung um sozio-ökonomische Effekte dennoch zu unterscheiden ist, wurde die Stichprobe der VA nach folgenden Konsumentenzielgruppen segmentiert:

- Pensionäre und Rentner (die vorher berufstätig waren)
- (zur Zeit) Arbeitslose
- Alleinerziehende Frauen (mit Kind/Kindern unter 14 Jahren)
- 4+ Personen-Haushalte - Familien (Paarbeziehungen mit Kindern unter 14 Jahren)
- Singles (kinderlos, berufstätig, unter 40 Jahre)
- Geringes Einkommen (Haushaltsnettoeinkommen über 500 Euro)
- „Besserverdienende" (Haushaltsnettoeinkommen über 4.000 Euro)

In einer rein deskriptiven Analyse bestätigen sich zahlreiche Hypothesen:

- Geldanlageverhalten:
  Rentner und Familien in Ost und West sind stärker sicherheitsorientiert (Sparbuch, Sparverträge), wobei der Immobilienbesitz bei Rentnern in den alten Bundesländern mit 24,6 Prozent erwartungsgemäß deutlich höher ist als im Osten (8,2 Prozent). Bei Arbeitslosen gibt es dagegen kaum Unterschiede zwischen Ost und West. Besserverdienende haben grundsätzlich eine überproportionale Anlagefreude, wobei die Anlagebereitschaft im Westen höher ist (zum Beispiel 18,5 Prozent im Westen versus 11,3 Prozent im Osten bei festverzinslichen Wertpapieren). Bei Aktien bestehen keine signifikanten Unterschiede zwischen Ost und West.
- Ernährungsgewohnheiten:
  Sich mit "Fast Food"–Produkten zu ernähren, ist - unabhängig von der Region - weniger bei Rentnern, Familien und Besserverdienern verbreitet als etwa bei Singles, Arbeitslosen und den einkommensschwächeren Gruppen. Während sich bei Singles die Häufigkeit des Fast Food-Konsums zwischen Ost und West angeglichen hat (rund 17 Prozent dieser Bevölkerungsgruppe verzehren in beiden Teilen Deutschlands mindestens einmal pro Woche gekaufte, fertige Hauptmahlzeiten), steht bei den einkommensschwachen Gruppen im Westen deutlich häufiger Fast Food auf dem Speiseplan (20,0 Prozent versus 7,4 Prozent in den neuen Ländern).

- Versandhandel:
  Eine eindeutig stärkere Affinität, über den Versandhandel (beispielsweise *Quelle, bofrost, Otto*) Waren zu bestellen, ist über alle Zielgruppen hinweg in den neuen Ländern gegeben. Betrachtet man beispielsweise die Kategorie ‚Zwei bis vier Bestellungen per Versandhandel in den vergangenen zwölf Monaten', so zeigen Arbeitslose der neuen Bundesländer Prozentwerte von 28,7 (Alleinerziehende im Osten: 33,3 Prozent), die mit 16,0 Prozent (bei Alleinerziehenden 22,0 Prozent) im Westen Deutschlands wesentlich geringer ausfallen. Konsumenten in Ostdeutschland sind offenbar stärker von den Vorteilen, die mit dieser Einkaufsmöglichkeit gegenüber dem klassischen Einkaufsbummel (wie er als Life-Style im Westen vorherrscht) verbunden sind, überzeugt. Zudem reagieren sie deutlich positiver auf Rabattierungen, Coupons und sonstige Preisnachlässe.

- Konsumeinstellungen:
  Die Neigung zum Spontankauf, das Qualitätsbewusstsein sowie die Markenorientierung sind zielgruppenübergreifend in den alten Bundesländern stärker ausgebildet; insbesondere Spontankäufe und Markenloyalität finden dort in nahezu allen Bevölkerungsgruppen im Vergleich zum Osten eine doppelt so hohe Akzeptanz (aber auf unterschiedlichem Niveau). Höhere Werte in der Spontankaufneigung werden für die neuen Länder nur bei Besserverdienenden erreicht (20,9 Prozent neue Länder versus 30,3 Prozent alte Länder). Die Bereitschaft zum Kauf von umweltfreundlichen Produkten ist ebenfalls im Westen stärker ausgeprägt, nur bei Alleinerziehenden dreht sich dieses Verhältnis zugunsten der neuen Bundesländer um.

- Markenaffinitäten:
  Die Tendenz, günstigen Wein und „mehr Bier" und Spirituosen zu konsumieren, ist bei einkommensschwächeren Gruppen allgemein stärker ausgeprägt. Eine Besonderheit stellen allerdings Kaffeemarken dar: Über alle ausgewiesenen Zielgruppen haben Konsumenten in den neuen Bundesländern eine überdurchschnittlich ausgeprägte Affinität gegenüber der Marke *Jacobs*, und greifen damit gerne zu einem Produkt, das bereits zu DDR-Zeiten als „der" West-Kaffee wahrgenommen wurde.

Zahlreiche Aspekte ließen sich deskriptiv weiter umschreiben. Um auf der VA-Datenbasis ein möglichst genaues und umfassendes Bild der Gemeinsamkeiten und Unterschiede zwischen den definierten Zielgruppen in Ost- und Westdeutschland zu erhalten, würde sich ein Regressionsmodell anbieten. Da die extern bereitgestellte VA derzeit keinen direkten Zugriff auf die Originaldaten erlaubt, sind aber multivariate Analysen nur bedingt möglich. In unserem Falle haben wir zur Beschreibung des Ost-West-Phänomens eine Korrespondenzanalyse durchgeführt, die - trotz ihrer methodischen Schwächen - eine Visualisierung der Ergebnisse erlaubt (Abbildung 13).

Die X-Achse erklärt dabei 48 Prozent der Varianz (Vermögende versus Preisbewusste). 21 Prozent der Varianz wird über die Y-Achse erklärt, die sich eindeutig über die regionale Zuordnung der Konsumenten in alte und neue Länder definieren lässt (vgl. Abbildung 13). Der Vermögensaspekt wiegt damit stärker als der Regionalbezug, was aber für beide Teilpopulationen gleichermaßen gilt. Dennoch unterstreicht die Korrespondenzanalyse die Hypothese unterschiedlichen Kaufverhaltens zwischen den Bewohnern in den alten und neuen Bundesländern.

Die wichtigsten Aussagen der Analyse sollen im Folgenden vereinfacht zusammengefasst werden:

- Preisbewusstes Verhalten ist insgesamt in den neuen Ländern stärker ausgeprägt als im früheren Bundesgebiet.

- Die größte Anpassung zwischen Ost und West lässt sich bei den Besserverdienenden beobachten, wobei in dieser Bevölkerungsgruppe der Hang zu Spontankäufen tendenziell stärker im Westen und der Wunsch, Markenartikel zu reduzierten Preisen zu kaufen („Schnäppchenmentalität"), tendenziell stärker im Osten vorherrscht.

- Insgesamt ist Spontankaufneigung eindeutig stärker im früheren Bundesgebiet verankert, und das bei nahezu allen untersuchten Zielgruppen.

- Billigmarken (beispielsweise beim Wein oder Spirituosen) finden überproportional stärker im Osten und bei tendenziell sozial schwächeren Bevölkerungsgruppen Zuspruch.

- Stadt-Land-Unterschiede im Konsumverhalten bestehen im Westen kaum, bedingt aber zumindest in den neuen Bundesländern. In bevölkerungsschwachen Regionen sind Marken (verursacht durch infrastrukturelle Schwäche) eher begrenzt verfügbar. Hinzu kommen deutliche Effekte der Preissensitivität in der Bevölkerung Ostdeutschlands.

- Versandhandel und der Kauf von Markenartikeln zu Sonderpreisen findet stärker im Osten statt (vor allem bei Rentnern und Familien).

- Fast-Food als Life Style ist besonders bei Singles sowie einkommensschwachen Gruppen im Westen verbreitet. Eine Anpassung an Westniveau ist aber bei Singles in den neuen Ländern zu vermuten (Abbildung 12).

Abbildung 13: Korrespondenzanalyse über die Konsumgewohnheiten ausgewählter Zielgruppen in alten und neu- en Bundesländern

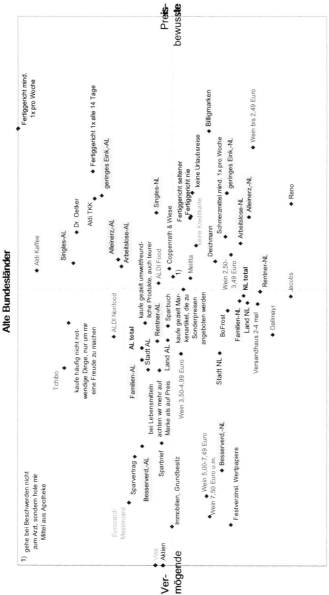

4. Zusammenfassung und Schlussfolgerungen

16 Jahre Einheit lassen sich selbstverständlich nach unterschiedlichen Standpunkten bewerten. Richtet sich das Urteil allein nach sozioökonomischen Maßstäben, so steht zunächst die Zahl 1,3 Billionen Euro im Raum, die als Richtgröße ungefähr umschreibt, welche Transfers in den Osten bislang stattgefunden haben. Die Subventionen konnten die Infrastruktur, wie das Straßen- und Schienennetz, die Bildungseinrichtungen und das Gesundheitswesen, deutlich verbessern, zahlreiche Kulturobjekte und Altstädte wurden saniert und der Umwelt- und Landschaftsschutz forciert. All diese Änderungen haben die Lebensqualität der Bewohner in den neuen Bundesländern deutlich verbessert.

Auf der anderen Seite haben die Zahlungsleistungen aber nicht dazu geführt, die soziodemografischen Veränderungen aufzuhalten oder günstig zu beeinflussen: Insbesondere die Abwanderung der jungen Erwerbsbevölkerung sowie die fortschreitende und sich verstärkende Alterung in den neuen Ländern sind hier zu nennen. Die Abwanderung kann dabei als eine Folge des ausgebliebenen flächendeckenden wirtschaftlichen Aufschwungs gewertet werden. Hohe strukturelle Arbeitslosigkeit, überproportionale Rentnerquoten und fehlende Head Quarters sind dabei aufzuzählende Charakteristika. Der Osten fungiert bislang überwiegend als ‚verlängerte Werkbank' der Markenartikel-Industrie des Westens.

Mit diesen Rahmenbedingungen vor Augen verwundert es zunächst wenig, dass auch das Konsumverhalten zwischen Ost- und Westdeutschland zum Teil deutlich voneinander abweicht. Zwar sind viele grundlegende Einstellungen und soziale Werte vergleichbar, doch bestehen immer noch nachhaltige Unterschiede zwischen den ost- und westdeutschen Verbrauchern, die sich aber nicht ausschließlich mit sozioökonomischen Variablen erklären lassen. Wichtigste Unterschiede beziehen sich vor allem auf die Marke als Kriterium für den Kaufentscheid. In den alten Bundesländern ist die Marke (verbunden mit einem vermeintlich höheren Qualitäts- und Selbstverwöhnungsanspruch) ein wichtigeres Kriterium beim Kauf eines Produkts. Verbraucher der neuen Länder reagieren hingegen durchweg preissensitiver. Sie nutzen verstärkt Coupons und Rabatte, die als Kaufanreize wirken und im Osten auch die Bestellhäufigkeit per Versandhandel und Internet steigern.

Auch die Genussorientierung beim Kaufentscheid ist in den alten Bundesländern stärker ausgeprägt. In diesem Zusammenhang sollte die größere Neigung zum Kauf von umweltfreundlichen Produkten weniger auf ein ausgeprägteres Umweltbewusstsein schließen lassen, sondern kann als Lust „sich etwas zu gönnen" interpretiert werden (im Sinne von Qualitätsgewinn unter Inkaufnahme eines vergleichsweise hohen Preises). Weitere Indikatoren dieser Genussorientierung werden durch Unterschiede im Reiseverhalten und bei der Ausgabenbereitschaft für höherwertige Konsumartikel (wie beispielsweise für Weine, Schmuck oder Ausrüstung für den Golfsport) bestätigt.

Die Gruppe der Besserverdienenden zeigt im Ost-West-Vergleich die geringsten Unterschiede: Je höher das Einkommen ist, desto weniger unterscheiden sich ost- und westdeutsche Verbraucher in ihrem Konsumverhalten. Dennoch ist auch bei besser situierten Verbrauchern in den neuen Ländern die Tendenz gegeben, Markenartikel im Sonderangebot zu kaufen (oder kaufen zu wollen). Im Umkehrschluss heißt dies, dass die Markenloyalität bei den Konsumenten in den alten Ländern insgesamt deutlich stärker ausgeprägt ist: Sie sind seltener bereit, eine Marke zu wechseln, nur um Geld zu sparen.

Neben den gegebenen Einkommenseffekten, die sich durch die unterschiedliche Arbeitsmarktsituation in Ost und West erklären, gibt es folglich auch Mentalitätsunterschiede zwischen ost- und westdeutschen Verbrauchern. Ein möglicher psychologischer Erklärungsansatz für die einkommensunabhängige Preissensitivität im Osten könnte sein, dass sich Verbraucher in den neuen Ländern möglicherweise ärmer fühlen („gefühlte Armut"), und ihnen aus diesem Grund teurere Marken- und Qualitätsartikel weniger attraktiv erscheinen. Die Bereitschaft, Geld auszugeben, um einen emotionalen (Marken-) Mehrwert zu erleben, ist geringer ausgeprägt. Einzige Ausnahme bilden hierbei „Ostalgie"-geprägte Ostmarken.

Insgesamt sind die Verbraucher des früheren Bundesgebiets prinzipiell stärker auf Konsum ausgerichtet, Geld wird leichter und schneller ausgegeben (auch bei Arbeitslosigkeit). Es besteht eine größere Tendenz zur Außendarstellung, beispielsweise über den Besitz von Markenprodukten. Konsum westlicher Prägung entspricht damit möglicherweise mehr einer Lebensart als einer reinen Versorgung mit Produkten.

In Anbetracht der bestehenden Konsumunterschiede zwischen Ost und West stehen bislang getätigte Aufbau- und Investitionsleistungen nach 16 Jahren Einheit auf dem Prüfstand. Die ungünstige Arbeitsmarktsituation im Osten kann als das größte Hemmnis bei der Angleichung der Lebensverhältnisse gewertet werden. Hohe Abwanderungszahlen, insbesondere in jungen Altersgruppen, spiegeln die eingeschränkten Perspektiven und den Pessimismus in die regionale Zukunft wider und führen zu einem weiter bestehenden Brain Drain aus dem Osten. Der erfolgreiche Infrastrukturausbau in Ostdeutschland, beispielsweise der Bildungseinrichtungen und des Wegenetzes, erweist sich dabei als ‚Drehtüreffekt': Junge Menschen werden im Osten auf hohem Niveau ausgebildet, wandern dann aber schnell in die Dienstleistungszentren des Westens ab (oder zurück), die mit deutlich besserer Perspektive locken.

Impulse für eine nachhaltige Verbesserung müssen vom Arbeitsmarkt ausgehen. Dafür wird jedoch vermutlich ein Umdenken bei den Investitionsstrategien notwendig werden, denn die bestehenden Konstellationen können alles andere als garantieren, dass eine flächendeckende Anpassung der Lebenssituation in Ost- und Westdeutschland erreicht wird. Anstelle einer flächigen Infrastrukturhilfe könnte der punktuelle Aufbau von Wissens- und Technologiezentren zur Bündelung von

Investitionen und wirtschaftlicher Potenz eine sinnvolle Alternative sein (z.B. Hauptstadtregion Berlin-Potsdam, Kultur- und Konsummetropole Dresden-Leipzig, mögliche wirtschaftliche Entwicklungsachsen Leipzig-Halle und Hamburg-Rostock). Zudem könnten (vorübergehende) steuerfreie Zonen in den Präferenzgebieten einen stärkeren Anreiz bieten, um Unternehmen zu bewegen, die strategische Unternehmensführung in den Osten zu verlagern. Ein Umdenken in der bisherigen Investitionsstrategie ist in jedem Fall angebracht.

Literaturverzeichnis

Bauer Media KG (2004): „VA-Basics. Methode Intention und Funktion der größten Markt-Media-Studie". Hamburg: Bauer.

Bucher, H. (1993): „Die Auswanderungsbeziehungen der Bundesrepublik Deutschland". In: Raumforschung und Raumordnung 51. H. 5, S. 254-266.

Bundesministerium der Finanzen (Hg.): Fortschrittsberichte „Aufbau Ost" der ostdeutschen Länder für das Berichtsjahr 2004 Gegenstand der Sitzung des Finanzplanungsrates am 16. Februar 2006. http://www.bundesfinanzministerium.de/cln_05/lang_de/nn_3792/DE/Aktuelles/Pressemitteil ungen/2006/01/20063101__PM0010.html, Stand: 27.06.2006.

Bundesministerium der Finanzen (Hg.): „Solidarpakt II – Sichere Zukunft für die neuen Länder". http://www.bundesfinanzministerium.de/cln_05/lang_de/nn_3792/DE/Finanz__und__Wirtsch aftspolitik/Wirtschaftspolitik/4871.html, Stand: 27.06.2006.

Bundesministerium der Justiz: Raumordnungsgesetz.http://www.gesetze-im-internet.de/rog/__1.html, Stand: 22.08.2006.

Buslei, Hermann (1995): „Vergleich langjähriger Bevölkerungsberechnungen in Deutschland". In: ZEW-Dokumentation 95/01, Mannheim.

Bundesamt für Bauwesen und Raumordnung (2005): „Raumordnungsbericht 2005". Band 21, Bonn.

Bundesamt für Bauwesen und Raumordnung (2000): „Regionale Aspekte des wirtschaftlichen und sozialen Wandels in den neuen Ländern. Regionalbarometer neue Länder". Vierter zusammenfassender Bericht, Bonn.

Bundesamt für Bauwesen und Raumordnung (2006): „Künftige demographische Entwicklung. Raumordnungsprognose 2020/2050". Bd. 23, Bonn.

Bundesgesetzblatt 2001, Teil I Nr. 74.

Dinkel, Reiner Hans (1989): „Demographie. Bd. 1: Bevölkerungsdynamik". München: Vahlen.

Dinkel Reiner Hans/ Lebok, Uwe (1995): „Die zukünftige Bevölkerungsentwicklung in Deutschland unter besonderer Berücksichtigung der Binnenwanderung zwischen neuen und alten Bundesländern". In: Heinritz, J. et.al (Hg.): 50. Deutscher Geographentag, Bd. 2, Potsdam, S. 41-50.

Fuchs, Johan/ Magvas, Emil/ Thon, Manfred (1991): „Erste Überlegungen zur zukünftigen Entwicklung des Erwerbspersonenpotenzials im Gebiet der neuen Bundesländer. Modellrechnungen bis 2010 und Ausblick auf 2030". In: Mitteilungen aus der Arbeitsmarkt- und Berufsforschung 4/1991, S. 689-705.

Gaßner, R. (2006): „GfK Kaufkraft". GfK Regionalforschung, Nürnberg.

Gelzer, K.; Upmeier, H.-D. (1989): Baugesetzbuch. Düsseldorf.

Gesetz über den Finanzausgleich zwischen Bund und Ländern, 1988 (BGBl I, S. 95-99).

Gesetz über den Finanzausgleich zwischen Bund und Ländern (Finanzausgleichsgesetz - FAG) 1993 (BGBl. I, S. 977-982).

Gesetz über die Maßnahmen zur Bewältigung der finanziellen Erblasten im Zusammenhang mit der Herstellung der Einheit Deutschlands, zur langfristigen Sicherung des Aufbaus in den Neuen Ländern, zur Neuordnung des bundesstaatlichen Finanzausgleichs und zur Entlastung der öffentlichen Haushalte (Gesetz zur Umsetzung des Föderalen Konsolidierungsprogramms FKPG), 1993, (BGBl. I, S. 944-991).

GfK Regionalforschung (2006): GfK Kaufkraft 2006. Vom Gesamtmarkt zum Straßenabschnitt, Nürnberg.

Grobecker, Claire/ Krack-Roberg, Elle/ Sommer, Bettina (2005): „Bevölkerungsentwicklung Deutschland 2004". In: Wirtschaft & Statistik, 12/2005, S.

Handelsblatt (2006): „Der Osten fällt weiter zurück". Nr.142 vom 26. Juli 2006, S. 1.

Handelsblatt (2006): Firmen-Rankings. http://www.handelsblatt.com/news/Default.aspx?_p=201312, Stand: 10.08.2006.

Heigl, Andreas (1996): „Determinanten regionaler Altersstrukturdifferenzen in Bayern. Eine soziodemographische Analyse". Frankfurt a.M.: Lang.

Koller, Martin (2005): „15 Jahre nach dem Fall der Mauer: Einkommen und Finanzkraft in Deutschland". Institut für Arbeitsmarkt- und Berufsforschung (IAB) der Bundesagentur für Arbeit (BA).

Lebok, Uwe/ Döring, Karen (2005): „Auswirkungen der demographischen Alterung auf Kaufverhalten und Markenbindung". Zeitschrift für Bevölkerungswissenschaft, S. 30, 1-28.

Meffert, Heribert (1998): „Marketing. Grundlagen marktorientierter Unternehmensführung". Wiesbaden: Gabler.

Oeckler, Klaus (2006): „Statistik-Bundesagentur für Arbeit". Nürnberg: IAB.

Ragnitz, Joachim (2005): „Schrumpfende Regionen in Ostdeutschland – Bleibt die Angleichung der Lebensverhältnisse eine Illusion?". Berliner Debatte Initial, 6/2005, S. 4-12.

Ragnitz, Joachim (2005): „Demographische Entwicklung in Ostdeutschland und Länderfinanzausgleich". Wirtschaft im Wandel, 3/2005, S.73-81.

Ragnitz, Joachim (2003): „Fortschrittsberichte der ostdeutschen Länder: Aufbaugerechte Verwendung der Solidarpakt-Mittel wird nicht erreicht". IWH-Pressemitteilung 24/2003.

Ragnitz, Joachim (2003): „Zur Verwendung der Solidarpakt-Mittel durch die ostdeutschen Länder". In: Deutschland Archiv 39. Jahrgang 2006, S. 581-585.

Ragnitz, Joachim (2003): „Solidarpakt: Aufbaugerechte Verwendung der Mittel noch nicht gewährleistet" In: Wirtschaft im Wandel Nr. 16/2003, S. 473-478.

Ragnitz, Joachim (2003): „Transferleistungen für die neuen Länder – eine Begriffsbestimmung". In: Wirtschaft im Wandel Nr. 9-10/2004, S. 288-289.

Ragnitz, Joachim (2004): „Solidarpakt II: Anpassungen erforderlich". In: Wirtschaft im Wandel Nr. 14/2004, S. 411-416.

Ragnitz, Joachim (2004): „Für mehr Ehrlichkeit beim Aufbau Ost". In: Wirtschaftsdienst, Heft 10/2004, S. 620-623.

Ries, Al/Ries, Laura (2004): "The Origin of Brands". New York.

Schimany, Peter (2003): „Die Alterung der Gesellschaft". Frankfurt: Campus.

Sachverständigenrat zur Begutachtung der gesamtwirtschaftlichen Entwicklung (1992): „Auf dem Wege zur wirtschaftlichen Einheit Deutschlands, Jahresgutachten 1990/91". Stuttgart: Metzler-Poeschel.

Sommer, B. (2004): „Bevölkerungsentwicklungen in den Bundesländern bis 2050". In: Wirtschaft und Statistik, S. 834-844.

Sommer, B. (1992): „Entwicklung der Bevölkerung bis 2030. Ergebnis der 7. Koordinierten Bevölkerungsvorausberechnung". In: Wirtschaft und Statistik, 4, S. 217-222.

Stein, Peer Holger (1999): „Marken-Monopole. Wie man seinen Markt dominiert". Nürnberg.

Wendt, Hartmut (1994): „Von der Massenflucht zur Binnenwanderung. Die deutsch-deutschen Wanderungen vor und nach der Vereinigung". In: Geographische Rundschau 46, H.3, S. 136-140.

Zernisch, Peter (2003): „Markenglauben managen". Weinheim.